大健康新时代
居家养老破局立势

何秋洁 著

中国经济出版社
CHINA ECONOMIC PUBLISHING HOUSE
北 京

图书在版编目（CIP）数据

大健康新时代居家养老破局立势／何秋洁著．--北京：中国经济出版社，2020.10（2023.8重印）
ISBN 978-7-5136-6274-1

Ⅰ.①大… Ⅱ.①何… Ⅲ.①养老-社区服务-研究-中国 Ⅳ.①D669.6

中国版本图书馆CIP数据核字（2020）第151966号

责任编辑 闫明明
责任印制 巢新强

出版发行 中国经济出版社
印 刷 者 北京建宏印刷有限公司
经 销 者 各地新华书店
开 本 710mm×1000mm 1/16
印 张 23.75
字 数 334千字
版 次 2020年10月第1版
印 次 2023年8月第2次
定 价 89.00元
广告经营许可证 京西工商广字第8179号

中国经济出版社 **网址** www.economyph.com **社址** 北京市东城区安定门外大街58号 **邮编** 100011
本版图书如存在印装质量问题，请与本社销售中心联系调换（联系电话：010-57512564）

前言

根据民政部、国家统计局公布的官方数据及各省、区、市近年国民经济和社会发展统计公报，可以确定我国老龄化进程正在不断加快。

一方面，老年人口数量逐年增加。2001—2017 年，我国 60 岁及以上老年人口数量逐年增长：60 岁及以上老年人口比重逐年增加，由 2008 年的 12% 增加到了 2017 年的 17.3%；2014 年我国 60 岁及以上老年人口达到 2.12 亿人，成为世界首个老年人口突破 2 亿人的国家；2017 年我国 60 岁及以上老年人口达到 2.41 亿人，人口老龄化问题相当严重。未来 5 ~ 10 年，随着婴儿潮一代逐渐进入老年，我国 60 岁及以上老年人口数量将逐年增加，老龄化进程将进一步加速。

另一方面，生育率总体下降。2011—2015 年，我国新生儿数量一直保持在 1600 万 ~ 1700 万人，但始终未超过 1700 万人；2016—2017 年，尽管受政策影响出生人口达到了 1700 万人以上，但提升幅度较小。

进入 21 世纪后，我国人口问题逐渐显现，政府从 2002 年开始逐步适度放宽生育政策。2002 年 9 月施行的《中华人民共和国人口与计划生育法》中提出符合法律、法规规定条件的，可以要求安排生育第二个子女；2013 年 11 月，党的十八届三中全会审议通过《中共中央关于全面深化改革若干重大问题的决定》，启动实施一方是独生子女的夫妇可生育两个孩子的政策。虽然生育政策放宽，但家庭养子所承担的经济压力越来越大。经研究，育儿成本几乎占我国家庭平均收入的 50%，加上房贷、教育等压力，我国居民的生育意愿并不高，生育率持续走低，特别是2015年的生育率下降到1.047，甚至不及人口世代更替水平2.1的一半。

基于此，2016年1月1日，我国正式实施“全面二孩”政策，尽管在2016年新生儿数量达到了1789万人，比2015年增加了134万人，刷新了20年来的年增长率纪录。但2017年我国新生儿数量又回落至1723万人，由此可以预测，在今后很长一段时期内，我国的生育率可能不会有较大幅度的提高。

同时，我国老年抚养比从2007年的11.1%开始逐渐增加，预计到2020年这一比例将达到16.9%，并且2030年后我国老年抚养比将超过婴儿抚养比，正式进入老龄化社会，到2050年我国老年人口占比将超过30%，高于美国等大部分发达国家。

从某种程度来说，我国提前进入老龄化社会是我国40多年来实施计划生育政策的后遗症。就我国的生育率而言，相较于20世纪90年代，进入21世纪后大约下降了1/4，尽管有效地控制了人口的增长，但同时过快地改变了人口结构。

急剧改变的人口结构给我国带来了巨大的养老压力。我国人口红利在2013年前后达到顶点，随后进入人口红利逐渐衰减的时期。2012年，中国15~59岁的劳动力人口绝对减少345万人，2014年劳动力人口减少了371万人；专家预测，2035年后我国就要进入“人口负债期”，这无疑增加了养老压力。而我国退休年龄较国外早，延迟退休政策只能小步慢走，渐进到位，在近段时期内对于解决养老问题难有显著成效。

从世界发达国家应对老龄化的经验来看，欧美和日本进入老龄化社会时，人均国内生产总值一般在5万~10万美元，而我国尚不足1万美元，属于典型的未富先老国家，居民的养老负担能力不足以承担我国巨大的养老压力。根据经济学界的共识，一个国家年轻人口的比例将在很大程度上影响国家的创新能力，而国家经济的竞争力则取决于人才的数量和质量。人口老龄化所带来的人口红利消失、青年劳动力锐减等问题，将进一步影响我国创新能力和国家经济的竞争力，由此可见，人口老龄化已成为制约我国经济发展的一大障碍。

在人口老龄化与国家经济竞争力的关系方面，日本的例子格外值得关注。20 世纪 50—80 年代，日本利用美苏争霸的契机，不遗余力地发展国内经济，不仅在美苏争霸的夹缝中滋润地生存下来，而且人均 GDP 即将超过美国，1990 年国家竞争力更是排到了世界第一；而美国在争霸中国力日渐消耗，经济发展受损严重。但随后却发生了惊人的逆转：进入 90 年代后，日本面临严重的人口老龄化问题，而美国很早就进入了老龄化社会，相比美国解决老龄化问题的轻车熟路，日本则显得笨拙迟缓，老龄化的人口结构拖累了日本的经济发展速度，其霸主地位被美国取代，之后又遭受多国赶超，到 2008 年其世界排名已下滑到二十几位。由此可见，老龄化问题不仅会造成社会问题，而且会严重影响一个国家的经济发展。因此，针对我国老龄化带来的相关养老问题、经济发展问题必须采取行动，刻不容缓。

对于我国老龄化方面的问题，多年来我一直收集相关资料，并到多地调研。每隔一段时间我就会对这些收集来的资料与不同阶段的心得体会进行全面的整理与分析。我时常会反思：我国老年人养老是否只能强调“他养”？能否在一定程度上实现一部分老年人“自养”？养老是否只能在很大程度上依赖政府输血？目前养老模式的绩效水平、有效性如何提高？养老人群对目前的养老方式是否满意？是否有更好的养老方式？而这种让老年人更满意的养老方式在缓解我国养老压力的同时能否解决我国经济发展的问题？

“他山之石，可以攻玉。”2013 年 9 月至 2014 年 10 月，我在美国加州州立大学商学院（California State University，Sacramento，CSUS）做访问学者，以此为契机，我特意实地调研了美国在居家养老方面的经验。美国很早就进入了老龄化社会，20 世纪 50 年代就开始发展养老产业，经过多年探索，美国的养老产业投资、运营模式已经较为成熟，特别是居家养老模式，既满足了老年人对亲情和服务的双重需求，又催生了新的产业业态，优化了产业结构，使养老压力及由其带来的经济发展问题迎刃而解（详见本书第三章内容）。

2014 年 10 月，我回国后，受西部地区某市委托，做了该市“十三五”人口发展与老龄化社会研究，其间对我国老龄化的具体问题又进行了专注研究、深入思考、细致调研，为该市提出了“十三五”时期人口发展的整体性应对思路、政策建议、具体举措。研究成果以研究报告的形式被该市政府采纳，成为该市“十三五”时期人口政策的参考。在此期间，我对中国老龄化问题、居家养老模式的发展等方面在政策层面有了更深、更广的认识和思考。

“老有所养”体现了人民对美好生活的向往，也是党和政府执政、行政的重要目标。2014 年 2 月，《国务院关于加快发展养老服务业的若干意见》出台，明确了养老服务顶层设计。2015 年 3 月，《关于鼓励民间资本参与养老服务发展的实施意见》发布，明确提出支持线下养老服务机构。2015 年 6 月，《国家发展改革委关于实施新兴产业重大工程包的通知》发布，提出养老服务投融资优惠政策。2017 年 3 月，《国务院关于印发“十三五”国家老龄事业发展和养老体系建设规划的通知》出台，明确提出支持“互联网 + 服务与养老”相结合。党的十九大报告中更是明确提出要在“老有所养”上不断取得新进展，要“积极应对人口老龄化，构建养老、孝老、敬老政策体系和社会环境，推进医养结合，加快老龄事业和产业发展”①。老龄化形势和由此带来的养老问题、经济发展问题已经引起党和政府的高度重视，并从顶层设计出发，积极着手解决，这也从侧面反映了本书探讨的主题“居家养老”对于缓解养老压力，推动国家经济、社会发展的重大意义。

---

① 全球应对人口老龄化　中国将实现养老金全国统筹［EB/OL］. 人民网，http：//word. people. com. cn/n1/2018/0103/c1002 – 2974991. html.

推进居家养老发展是缓解我国养老压力和推动国家经济、社会发展问题的关键。根据《中国民政统计年鉴》（2017）数据，2016年我国各类养老机构入住的老年人和残疾人为219.8万人，而总床位数为378.8万张，平均入住率仅为58%，还有大量的床位处于闲置状态。与此同时，养老机构管理人员的素质和能力较低，根据《中国民政统计年鉴》（2017）数据，截至2016年底，全国经职业技能机构鉴定的养老护理员仅有32614人，平均每个养老机构不足1.5人。由此可见，我国居家养老产业发展缓慢且落后。

近年来，与居家养老产业密切相关的大健康产业发展较快，而居家养老产业的发展却较为缓慢，两种产业之间竟出现蹩脚的发展状态。根据系统理论、协调发展理论、耦合协调度理论等理论分析，大健康产业与居家养老服务具有耦合效应，而我根据收集到的数据进行研究发现，我国大健康产业与居家养老服务之间的确存在耦合协调度关系，两者之间的耦合协调度水平虽然呈持续上涨趋势，但是整体协调度的起点偏低。这也解释了为什么在我国大健康产业发展迅速的背景下，居家养老服务却发展不足、严重落后（详见本书第四章内容）。

“没有调查就没有发言权”，我前期进行了充分调研、查阅资料、实地走访，从我国人口结构变化的特点和趋势出发，以真实丰富的数据和案例为基础，结合国内外居家养老服务发展的经验，对我国居家养老的发展问题进行了反思，深入地探讨了大健康产业与居家养老服务的关系、在大健康产业发展迅猛的背景下居家养老服务发展较慢的问题如何解决、居家养老模式的绩效水平及有效性如何提高、在大健康产业发展背景下如何提高居家养老的服务质量、怎样建立有效的监管模型等问题。如果居家养老服务能够得到不断完善和发展，那么居家养老产业不仅能够帮助我国渡过人口老龄化的难关，助力全民健康养老，还将推动我国产业结构优化，增益供给侧结构性改革，促进经济发展方式转变，实现国家竞争力的全面提升。

本书的出版得到了成都市哲学社会科学重点研究基地健康城市发展研究中心项目（项目编号：2019ZZ001、2019ZC003）、四川省哲学社会科学重点研究基地区域公共管理信息化研究中心项目（项目编号：QGXH19－09）、四川省国别与区域重点研究基地澳大利亚研究中心课题（项目编号：szjj2018－143）、四川省社会科学重点研究基地中国攀西康养产业研究中心项目（项目编号：PXKY－YB－202002）、成都市哲学社会科学规划项目（项目编号：YN0520200318）、自贡市哲学社会科学重点研究基地运动与健康创新研究中心项目（项目编号：YD-JKY20－04）、四川省高校人文社会科学重点研究基地农村社区治理研究中心项目（项目编号：SQZL2020C03）、四川省财政厅、科技厅（510000－2015－000001－038877－2015年科技服务业发展专项资金）大学科技园建设创新创业服务模式研究项目资的资助，这些资助使本书对居家养老的进一步研究成为可能。

本书的写作过程中，得到了北京师范大学经济与工商管理学院杨晓维教授、西安交通大学公共政策与管理学院执行院长杜海峰教授的指导，同时还得到了四川大学锦城学院陈国庆老师，西华大学经济学院硕士研究生艾蓉、王静、周志兰，西华大学社会发展学院硕士研究生何南君、陈博等的协助，在此深表感谢。此外，对支持、关注本书出版的读者朋友也一并表示感谢！

何秋洁

2020年10月于蓉城

目录

第一章　导论

第一节　研究背景与研究意义

一、研究背景

（一）中国及全球老年人口数量激增

联合国人口司公布的2017年修订版研究报告显示，世界人口从2005年开始增加了约10亿人，目前世界人口总数约为76亿人，按照现在的增长速度，预计到2030年世界人口总数将增加到86亿人，2050年将达到98亿人。与此同时，中国的老龄化程度也在不断加深，2017年全国60周岁及以上人口为24090万人，占总人口的17.3%，其中65周岁及以上人口为15831万人，占总人口的11.4%，二者都比上年增加了0.6个百分点。预计到2020年，老年人口将达到2.48亿人，老龄化水平达17.17%。老年人口数量的不断增长，一方面是我国经济发展、社会进步、科技进步的表现，另一方面会带来很多的社会问题。在经济领域，老年人口的增加意味着需要更多的社会资源来满足老年人养老需求；在社会层面，老年人口的增加意味着老年人除基本生理需求以外，精神需求将会增加，这也将增加社会的养老负担；在政治方面，老年人口的增加会对政治选举产生一定的影响，为了社会的发展和国家的进步，政治治理中需要加入一定的新鲜的年轻血液，因此需要对老年人口的选举权和被选举权进行部分调整。不管是发达国家还是发展中国家，都需要制定完善有效的养老服务政策体系来满足日益增长的养老服务需求。

（二）居家养老服务的发展

1. 社会养老服务压力增大

2017 年，美国发布的“彭博夕阳指数”显示，中国在全球老龄化问题最严重的国家中排名第五位，该指数涵盖了全球 178 个国家和地区的数据。根据公布的数据，全球劳动人口的缩减比例比预期要快，中国平均每 3.5 个劳动力就要承担 1 个老年人的退休金，而在老龄化风险最严重的法国和新加坡该比例为 2.2∶1，排在第三和第四位的分别是俄罗斯和泰国，其比例分别为 2.4∶1 和 2.6∶1。报告还显示，中国 65 岁及以上人口比例几乎占世界人口的 22%，虽然很多国家将 65 岁划为退休年龄，但是大多数国家的人口在 65 岁以前就已经停止了工作，这些人将会提前享受一部分退休“福利”。在老龄化进程不断加快的同时，生育率却在不断下降，养老、养家、养儿的压力导致很多年轻人不堪重负，最明显的结果就是结婚越来越晚，生子越来越不积极。再加上从 20 世纪 70 年代开始我国实行了计划生育政策，到 90 年代左右正是最严格的时候，导致目前中青年一代多为独生子女，但是他们在成家后需要赡养双方至少 4 个老人，可以想象，目前中国社会面临着巨大的养老压力。充分调动和利用社会各种资源，最大限度满足老年人的需求，是国家实施养老政策和破解养老难题的主要手段，因此我国社会养老服务体系的发展面临着更为严峻的挑战。

2. 实现“老有所养”的现实选择

由于我国经济目前还处在不发达阶段，所以政府财政拿不出更多的经费来全面发展以机构养老为主的老年福利事业。按照上海市 2006 年的标准，每增加一张养老床位，必须投入 5 万～15 万元的资金成本，而国家统计局官网数据显示，2016 年我国 65 岁及以上老年人口数量为 15003 万人，而社会养老服务机构能提供的床位仅为 680 万张，养老床位占老年人口比例为 4.5%。在老年人口数量不变的情况下，每增加 0.1 个百分点就意味着要增加10万张床位，以每张床位平均投入10万元计算，那就意味着需要投入的资金约为100亿元。而根据2013年国务院《关于加快发展养老服务业的若干意见》中拟定的目标，到2020年每千名老年人拥有的养老床位数要达到35～45张，那么到2020年各类养老床位需求将达到875万～1125万张，这之间有195万～445万张床位缺口，需要的资金投入是巨大的，显然这是当前我国财政所不能承受的。因此，在“未富先老”的严峻形势下，我国必须根据经济发展规律和社会发展需要，结合社会目前的实际情况，走出一条适合我国国情的满足养老服务需求的养老新道路。

3. 养老服务的多样化需求

随着我国家庭日趋小型化，以及人们生活水平的不断提高，传统的家庭养老功能逐渐弱化，人们对社会养老服务功能和形式有了多样化的需求，国家实行的养老保险政策，也在一定程度上缓解了家庭养老的压力。2015年我国城乡居民社会养老保险参保人数为50472.2万人，而城乡居民社会养老保险基金支出为2116.7亿元，比2016年增长了545.5亿元。根据马斯洛的需求层次理论，在解决了基本的生活需求之后，人们开始追求精神方面的需求，这就导致目前很多老年人在退休之后并不是一直待在家里，他们会走出家门进行旅游休闲、文化娱乐、运动健身等活动，从而使得养老服务要更加注重满足关于精神慰藉方面的需求。

（三）大健康产业的发展

在人们生活水平不断提高和科学技术不断进步的大背景下，人们的生活环境、生活方式发生了巨大变化，健康问题日益凸显，使人们开始关注健康问题，因此大健康产业的发展成为一种必然趋势。中国人口的增加，尤其是老年人口的增加，使健康和养老的社会服务需求越来越大。21世纪人们对健康的关注不再局限于疾病的控制和治疗，更多的是关注疾病的预防以及保健，因此与大健康产业相关的健康管理产业、康复理疗产业、休闲娱乐产业、健康养生产业等应运而生。大健康产业的发展应该是绿色、持续的发展，很多专家将大健康产业誉为21世纪的朝阳产业。大健康产业的发展不仅可以增加人们对健康的重视，还能在一定程度上带动与健康相关产业的发展，提高社会经济发展水平。

大健康理念是根据当前我国居民亚健康问题严重的情况提出的，社会公众的保健意识、保健行为逐渐增强，保健行业逐渐进入人们的视野。大健康追求的不仅仅是身体的健康，更是心理、生理、精神、道德、环境等方面的健康。大健康产业是经济系统中提供预防、诊断、治疗、康复等缓和性医疗产品和服务的部门总称，通常包括医药工业、医药商业、医疗服务、保健品、健康保健服务等领域，是世界上规模最大和增长最快的产业之一。大部分发达国家的医疗消费开支超过了其 GDP 的 10%，由此可见，大健康产业是一个国家国民经济的重要组成部分。

1. 健康问题备受社会关注

慢性疾病是与人口老龄化相关的另一个让人关注的问题，世界卫生组织（WHO）公布的数据显示，2013 年中国 2 亿多老年人中超过 100 万人至少患有一种慢性病，并且其中大多数老年人同时患有几种慢性病。而随着老年人口的增加，与年龄相关的慢性疾病（如阿尔茨海默病）患病人数将持续上升。这与现代社会人们的生活方式有很大关系，饮食不规律、熬夜、电脑和手机辐射、久坐、缺乏锻炼等，导致社会上绝大部分年轻人存在亚健康问题，这些问题将随着年龄的增加逐渐显现出来。目前也有很多人开始关注自身的健康问题，他们在追求更高水平物质生活的同时，也开始注意自身的保养、保健问题，并愿意为自己的健康投入更多的费用。从我国保健行业的快速发展就可看出，大健康产业的发展首先就是从人们对健康的关注开始的。

2. 健康产业发展前景良好

依托先进的医疗技术水平、健康的保健理念、科学的健康管理，大健康产业在我国的发展呈现良好态势，并逐渐形成一个完整的产业发展体系。在发达国家健康产业发展成熟，支出在国民生产总值中占有很大比重，但是我国健康产业的增加值占国民生产总值的比例不足 5%，因此与发达国家相比，我国的健康产业还有很长一段路要走，同时也说明健康产业在我国的发展前景十分广阔。老龄化加剧带来的养老压力、慢性疾病患者数量的增加等问题，逐渐引起了我国社会公众对健康问题的重视，并且关于健康产品的市场需求也越来越大，因此我国政府在新形势下出台相关规定引导健康产业的发展。2016 年 10 月 25 日，中共中央、国务院发布了《"健康中国 2030"规划纲要》，明确提出积极引导健康产业的持续发展，使其成为国民经济的一大支柱。在这样的支持和保障下，我国健康产业必然迎来发展的春天。

（四）对大健康产业和居家养老进行研究的必要性

目前我国大健康产业正处在快速发展阶段，居家养老服务也正处于转型期，总体来说，大健康产业和居家养老服务在我国的发展都还不成熟，还存在各种各样的问题。在人口老龄化背景下对这两个方面进行研究，不仅有利于我国大健康产业发展体系的构建和社会养老服务体系的完善，而且有利于缓解社会和家庭的养老压力。大健康产业和居家养老服务的发展，既能减轻国家对居家养老的财政负担，还能扩大就业，同时也能为国家的财政贡献税收收入。

第一，构建大健康产业发展体系和社会养老服务体系，是解决老龄化社会养老、健康预防等民生问题的有效措施。我国 65 岁及以上老年人数量每年以 3% 的速度增长，预计到 2020 年，我国 60 岁及以上老年人数量占总人口的比重将达到 17.8%，其中高龄、失能、独居和空巢老人的数量也将进一步增加，同时还伴随有家庭小型化、少子化问题，这在一定程度上加剧了老龄化社会的矛盾。"十三五"时期，我国对社会养老服务的功能提出更高的要求，应根据供给侧结构性改革的要求，完善养老服务体系的顶层设计。

第二，加强我国大健康产业体系构建，是减轻国家财政负担、扩大就业的有效途径。目前，慢性病是威胁中国人健康的头号杀手，我国有 70% 的人处于亚健康状态，老年人的慢性病发病率又是年轻人的 5 倍，每年的疾病死因构成中排名前三的心脏病、脑血管病和恶性肿瘤均为慢性病。因此，加强我国大健康产业发展体系构建，使其形成一个成熟独立的产业体系，不仅在一定程度上能够使人们更加关注自身的健康状态，学会在健康时预防疾病发生，有效降低慢性病的发病率，还可以在扩大产业发展时增加就业，缓解国家的就业压力。

二、研究意义

近年来，随着全民健康意识的不断高涨，健康观念开始深入人心，国家也把全民健康提升至战略发展高度。我国大健康产业发展迅速，涉及医药用品、保健食品、绿色食品等行业。随着老龄化进程加速，老龄化问题给我国社会和家庭带来了巨大的养老压力，传统的养老模式已经不能满足现有需求，我国居家养老迫切需要改变模式。与传统养老不同，居家养老融合了家庭养老与机构养老的优点。由于老年人的家庭观念和情感诉求非常强烈，世界上大多数国家和地区，老年人选择居家养老的意愿最高。此外，相较于传统的家庭养老，居家养老以社区为依托，能获得社区丰富的养老资源；而与机构养老相比较，居家养老为家庭节省了大部分养老开支，也为政府节省了财政资源，不用大力投入建设养老院。但我国当前的居家养老还存在不少问题，只有解决这些问题才能为我国养老事业谋求广阔的发展空间。

本书以部分社区养老为例，通过了解老年人对居家养老服务的需求，以及老年人对居家养老服务的接受度，更好地发掘居家养老服务的问题，并提出解决的意见，对提高老年人的生活质量，以及推进大健康背景下居家养老的健康发展具有重大意义。

（一）理论意义

从理论视角看，有利于丰富新公共理论的内涵。居家养老在我国属于社会公共服务领域，我国公共服务标准化实践先于理论。在居家养老问题上，很多都是地方政府先采取模式或服务创新试点，在取得一定成果后就会引起国家的重视，国家将其调整为适合全国推广的统一标准后，再推广到全国。本书对居家养老的研究将有助于公共服务标准的与时俱进，以及深化新公共理论的内涵。

从研究主题看，我国虽然不缺乏关于养老产业和养老模式的研究，但是对大健康产业背景下居家养老的关注度仍然不够。随着我国居家养老政策的不断落实，经过这几年的发展，有一些试点地区也出现了不少好的模式。比如，北京有无围墙养老院，上海有代币券模式，广州有覆盖全市的老年食堂模式。国内学者也进行了调查研究，丰富了居家养老的文献，提出了我国居家养老的对策和建议，为我国政府制定居家养老政策提供了参考。在养老方面，国外优于国内，城市优于农村。特别是美国、英国、日本等发达国家的养老服务已经非常成熟，这三个国家实施了比较完善的居家养老制度，并创建了较为成熟的居家养老模式，还建立了与其配套的相关支持机制。但我国居家养老服务因起步较晚，同时受到经济发展的限制，再加上我国国情的复杂性和老龄化问题的特殊性，我国的居家养老服务一时间无法达到发达国家的高度。若简单地复制国外的经验，不结合我国实际的国情就在各地推广，是无法取得良好效果的。本书通过对大健康和居家养老文献的挖掘，对国内居家养老典型的地区进行研究分析，并借鉴国外成熟的居家养老经验，从大健康的角度出发，对我国居家养老存在的问题进行深度剖析，并提出建议，这些都将为居家养老方面的研究提供理论参考。

（二）现实意义

从大健康的视角深入探究居家养老的发展，为居家养老的可持续发展提出建议，不仅为国家应对养老挑战提供参考，对养老产业的发展也具有重要意义，最终为我国老年人的养老生活提供更舒适的体验，体现“以人为本”的原则，促进我国居家养老模式进一步完善。

首先，有利于减轻国家养老压力，构建“老有所养”的和谐社会。居家养老以社区为依托的特点使政府的财政压力得以减轻，可以把财政资金更好地投入养老事业中。居家养老与机构养老不同，老年人不用离开自己熟悉的生活地区就可享受到医疗护理等服务，既可以享受社区丰富的养老资源，满足了老年人对居家养老服务的需求，又与子女亲近，满足了老年人的情感诉求，可以与子女共享天伦。

其次，有利于优化产能，促进养老产业的发展。研究居家养老服务的领先案例，借鉴其成熟经验和模式，研究我国城市和农村地区居家养老服务的供给，将更有利于发现我国居家养老服务存在的问题。针对我国居家养老存在的问题，探索我国居家养老的优化路径，将带动我国居家养老产业的发展。

最后，有利于促进家庭和谐，提高老年人晚年生活质量。居家养老在一定程度上减轻了家庭的负担，使老年人享受到丰富的养老资源，得到家庭很好的照顾，同时老年人在家里还可以为子女做一些家务、照看小孩等，缓解了双方的压力，促进家庭和谐。老年人得到精准优质的居家养老服务的同时，得到子女陪伴和精神慰藉，满足了老年人生活上和精神上的需求，提高了老年人的生活质量。

第二节 国内外研究综述

通过对文献的梳理，发现目前对大健康产业的研究主要集中于大健康产业的界定、大健康产业的现状、大健康产业发展模式和问题等方面，下面将分别具体阐述。

一、关于大健康产业的研究综述

（一）国外关于大健康产业的研究现状

1. 关于大健康产业的研究

对健康产业进行研究，必须先对健康进行定义，国际上并没有完全统一的定义。目前最理想的健康定义是世界卫生组织给出的定义：健康指的是生理上的、精神上的健康以及能良好地适应社会，而不仅仅是没有疾病或虚弱。其健康的内涵包括拥有强健的体魄和积极向上的心态，保持良好的心理素质，能够与社会和自然环境友好相处。国外关于健康产业的研究文献很少，大多从某一狭隘的角度进行定义，其中具有代表性的定义是，Mueller 和 Kaufmann 将“健康旅游”定义为人们离开自己居住的地方去寻找能使精神压力得到缓解、身体得以放松的健康的综合服务。① Davis 对健康产业的定义为：健康产业是指为没有疾病缠身的人提供产品和服务的产业，使他们更健康、更健美，并延缓衰老现象或者防患疾病于未然。② 贝恩德·埃贝勒在其著作《健康产业的商机》中将“健康市场”定义为顾客购买产品的决定性因素是健康因素的市场，并且从产业趋势研究和个人获得健康与舒适的角度，认为有七大领域代表着健康产业的趋势，它们分别是饮食（天然食品、功能型食品）、保健药物和自用药物、身体保养品和化妆品、运动和保持身材、旅游、健康咨询和信息、住房及其他消费品。③

2. 大健康产业相关产业研究

大健康产业的发展还带动了其他相关产业的发展，因此其相关产业也是学者们研究的重点。国外关于医药产业的研究主要集中在制药行业的监管方面，例如，Iriart 等研究了制药行业的监管面临的主要困境，认为疾病治疗费用可以由雇主、社会福利和私人共同承担，同时提出要积极促进卫生监管部门的发展。④ 关于健康食品产业，Carriquiry 和 Babcock 基于消费者无法确定昂贵食品的质量问题，通过构建一个重复购买模型，探索质量发现性、市场结构、声誉、市场溢价和折扣如何促使企业提高质量以获得消费者信任。⑤ Lobo 等为调查维多利亚时代的消费者关于有机食品的认知，采用定量分析法进行数据分析，将消费者分为支持者、不情愿者和怀疑者

① MUELLER H, KAUFMANN E L. Wellness tourism: market analysis of a special health tourism segment and implications for the hotel industry[J]. Journal of Vacation Marketing, 2001, 7(1): 5 - 17.

② DAVIS P. KATHIE. The new wellness revolution[J]. Idea Fitness Journal, 2007.

③ [德]贝恩德·埃贝勒. 健康产业的商机[M]. 北京：中国人民大学出版社，2010.

④ IRIART C, FRANCO T, MERHY E E. The creation of the health consumer: challenges on health sector regulation after managed care era[J]. Globalization & Health, 2011, 7(1): 2.

⑤ CARRIQUIRY M, BABCOCK B A. Reputations, market structure, and the choice of quality assurance systems in the food industry[J]. American Journal of Agricultural Economics, 2007, 89(1): 12 - 23.

三类，其研究结果对小型有机食品生产者实施差异化战略具有重要意义。[①]关于健康旅游的研究，Alén 等通过对老年人闲暇时间的调查，发现旅游业正在成为老龄化社会的最大受益者之一，且老年人的购买力较年轻的群体要高。[②]

3. 关于大健康数据的相关研究

Pickard 等认为共享个人健康信息对于创建下一代医疗服务至关重要，而为了实现预防性和个性化的医疗，大量的消费者必须收集健康信息来创建可以分析健康和疾病趋势的数据集。出于各种原因，消费者并不愿分享个人健康信息，不过他们的态度正在转变，一项在线调查的结果显示，人们有强烈意愿分享健康信息以供研究之用。基于这项调查，作者提出了一个基于信任、动机、社区和知情同意的健康信息共享框架。[③] Staa 等在英国国家医疗服务体系（NHS）决定关闭其医疗服务，数据共享项目的实施失败削弱了公众的信任之后，和他的同事研究了如何更好地利用大规模的健康数据。[④] Goli－Malekabadi 等考虑到医疗保健数据的量（包括不同和可变的文本类型、声音和图像）每天都在增加，这些数据的存储和处理是一个必要的和具有挑战性的问题，因此他提出基于 NoSQL 数据库的医疗数据存储模型，并通过实践证明，所提出的模型在“读”查询上与 SQL Server 大致相同，而在“写”查询上则比 SQL Server 更有效。此外，在灵活性、数据准备和可扩展性方面，所提模型的性能也优于 SQL Server。[⑤] Ma 等根

---

① LOBO A, MASCITELLI B, CHEN J. Opportunities for small and medium enterprises in the innovation and marketing of organic food: investigating consumers'purchase behaviour of organic food products in Victoria, Australia[J]. AI & Society, 2014, 29(3): 311－322.

② ALÉN E, LOSADA N, DOMÍNGUEZ T. The impact of ageing on the tourism industry: an approach to the senior tourist profile[J]. Social Indicators Research, 2016, 127(1): 1－20.

③ PICKARD K T, SWAN M, PICKARD K T, et al. Big desire to share big health data: a shift in consumer attitudes toward personal health information[C]//AAAI 2014 Spring Symposium Series, 2014.

④ STAA T P V, GOLDACRE B, BUCHAN I, et al. Big health data: the need to earn public trust[J]. BMJ, 2016(354): 36.

⑤ GOLI－MALEKABADI Z, SARGOLZAEI－JAVAN M, AKBARI M K. An effective model for store and retrieve big health data in cloud computing[J]. Computer Methods and Programs in Biomedicine, 2016, 132(C): 75－82.

据世界面临的医疗资源分配不均、慢性病增多、医疗费用增加等问题，考虑将最新的信息技术融合到医疗系统中，将极大地缓解这些问题。因此，提出了一种基于物联网和大数据健康的大健康应用系统，并详细介绍了大型医疗系统的系统架构、关键技术和典型应用。① Ola 和 Seding 认为健康数据往往是大数据，它体积大、准确性低、种类多、速度快的特点会给人类带来巨大的好处，因此从人口结构可视化、年表可视化、地理可视化及最后的可视化总结四个方面，用超级简单的图表提出大健康数据可视化设计。②

（二）国内关于大健康产业的研究现状

1. 大健康产业内涵界定

国内学者关于大健康产业的含义并没有统一的界定，不同的学者从不同角度出发有不同的看法。段晓梅认为大健康产业是相对狭义的健康产业而言的，它不仅关注人的身体健康，还关注环境健康，并认为环境健康是人体健康的基础。③ 王秀华认为大健康产业是指以维护、改善、促进与管理健康和预防疾病为目的，提供产学研产品和相关健康服务的行业总称。④雷顺群提出大健康的核心思想和中心内容是以人类的生存、健康、长寿为宗旨，以“自然—生物—人体—社会—思维大健康模式”为核心，以大健康产业为根基。其宗旨蕴含大健康属于全人类、高质量生存、高水平健康、高标准长寿四方面含义；其核心指从自然科学、生物科学、人体科学、社会科学、思维科学不同角度研究人类的生存、健康和长寿，建立“自然—生物—人体—社会—思维大健康模式”；而大健康产业则通过物化

① MA Y, WANG Y, YANG J, et al. Big health application system based on health internet of things and big data[J]. IEEE Access, 2017, 5(99): 7885 - 7897.

② OLA O, SEDING K. Beyond simple charts: design of visualizations for big health data[J]. Online Journal of Public Health Informatics, 2016, 8(3): e195.

③ 段晓梅. 旅游型城市大健康产业发展机制研究：以桂林市为例[C]//Publishing. Proceedings of the 4th International Conference on Engineering and Business Management. 美国科研出版社, 2013: 4.

④ 王秀华. 发展大健康产业 培育新的经济增长点[J]. 法制与经济, 2015(10): 120 - 122.

的产品直接为广大民众的生存、健康、长寿服务，并成为国家经济建设的重要支柱之一。[①] 段志光认为从严格意义上来说，大健康人文比医学人文和健康人文有更好的概念阐释，更富有包容性、开放性、实践性和时代性，是一个本土化概念，一个中国特色概念，可以打造成“健康中国”的标识。[②]

2. 关于大健康各产业的综述

大健康产业包含医药、健康食品、健康管理、健康旅游、健康养老等产业。

（1）医药产业

国内学者主要从三个角度研究大健康产业，即大中药产业发展、产业政策和产业布局。蒋东旭等分析了制定中医药产业发展政策的指导思想，归纳和总结了构建大中药健康产业链中各环节有机连接和协同发展的举措，并通过对广州中医药大学在中医药现代化和数字化领域多年探索实践的案例分析，提出要促进大中药走向国际，广东省在“十二五”规划中提出医药产业的发展思路和对策。[③] 兰青山针对新兴的中医药大健康产业存在的问题，以及面临的品牌产品滞胀、普药产品利润下降、处方药频频降价等发展困境，通过对中国式大健康产业的概念、范畴、分类以及各中药企业健康产业快速发展中存在的问题进行深入的探讨，提出一些有针对性的建议。[④] 肖远平和王伟杰认为大健康时代的到来为民族医药民俗的传承与保护带来了新的机遇与挑战，而加快民族医药单一类项目的申报及审批步伐，建立梯队合理、结构完善、层次分明的民族医药传承人队伍，利用新技术、新手段加快民族医药的市场化发展步伐，并创新民族医药知识产

---

① 雷顺群. 大健康的核心思想和中心内容[J]. 中医杂志，2017，58(2)：91－95.

② 段志光. 大健康人文：医学人文与健康人文的未来[J]. 医学与哲学(A)，2017，38(6)：6－9.

③ 蒋东旭，梁志伟，苏子仁，等. 大健康产业视野下的中医药现代化与数字化研究实践[J]. 世界科学技术(中医药现代化)，2012，14(4)：1754－1759.

④ 兰青山. 中药大健康产业发展任重道远[J]. 中国现代中药，2014，16(9)：771－775.

权的保护形式是未来传承民族医药的可行之策。① 王智民等指出，为维护和促进人民群众身心健康，国家制定了大力发展健康服务的规划和目标，加快中医药健康产业的发展是其中的重点内容之一，而药食两用对中医药健康产业发展的贡献自然成为新的亮点。他还介绍了新食品原料的申报、已批准药食两用中药的情况等，以期为大家提供一条发展中医药的新路径和新思路。② 陈淑娇和李灿东通过分析国际采用的健康管理模式的优缺点，提出我国在人口老龄化、慢性病呈“井喷”趋势的阶段，探索一种在“大健康、大数据”背景下能够发挥中医药“治未病”优势、面向基层、具有中国特色、能满足不同层次和不同需求人群的健康管理模式势在必行，而发展这一健康管理模式的前提是正确把握健康状态。③

（2）健康食品产业

国内学者关于健康食品产业的研究主要集中在健康食品产业发展、食品安全的监督和管理。例如，王德章和吕金莲依据产业经济发展等理论，系统分析了中国绿色食品的产业结构特点、问题及原因，构建了产业结构升级的模型，认为优化绿色食品产业结构，推动绿色食品产业发展要发挥政府的宏观管理作用，实施政策创新。④ 张贵祥和胡愈认为特色健康食品是用以调节人体机能的绿色消费食品。贵州山地的特色农业有丰富的自然资源、优越的原生态无污染环境、低廉的劳动力生产成本等多种优势。但由于长期以来思想观念落后、现代经营理念缺乏，科研投入不足、创新意识不强、产品创新能力低，生产营销方式简单粗放、互联网运用能力低等问题的存在，这些优势未能转化为市场竞争优势。⑤ 赵大珍对近几年我国

---

① 肖远平，王伟杰. 大健康产业背景下民族医药民俗的传承与保护研究[J]. 中南民族大学学报（人文社会科学版），2016，36(4)：29－33.

② 王智民，刘晓谦，高慧敏，等. 发展大健康产业过程中的药食两用中药研发[J]. 中国药学杂志，2017，52(5)：333－336.

③ 陈淑娇，李灿东. 论大健康背景下的中国特色的中医健康管理模式[J]. 中华中医药杂志，2017，32(11)：4789－4792.

④ 王德章，吕金莲. 食品安全监管问题研究[J]. 对外经贸，2009(7)：90－91.

⑤ 张贵祥，胡愈. 贵州特色健康食品开发与产品创新路径选择：来自 A 公司百合案例启示[J]. 经济研究参考，2016（37）：75－83.

食品安全事故中的重大事件进行了梳理，分析了我国食品安全监管的现状，提出了解决食品安全监督管理问题的对策和措施。① 李俊和李焱基于抗生素残留的问题，指出我国食品安全存在监管体制不健全、不完善的问题，可以从更新监管观念，完善召回、机构改革制度，提高监管效率；完善溯源制度，实施全产业链监管；发挥好行业协会作用几个方面进行完善。②

（3）健康管理产业

国内学者主要研究了健康管理的产业发展和健康管理体系等问题。杨迎春等通过分析我国健康管理的发展现状及趋势，提出了以社区、医院和第三方健康管理公司与社会医疗保险机构为依托的健康管理发展模式，提倡通过推行健康管理，平衡医患之间的信息不对称，促进医患关系和谐。③ 黄奕祥基于健康的特性和健康管理面临的挑战与问题，提出建立适合未来健康服务体系工作的符合中国特色的健康管理服务体系。④ 杜鹏和王雪辉基于对医养结合养老服务概况、政策及实践发展现状的分析，提出建设面向全体老年人的整合性医养结合健康养老服务体系，满足老年人的多元化医养结合服务需求，促进健康老龄化目标的实现。⑤

（4）健康旅游产业

国内学者近几年关于健康旅游的研究较多，白鸥通过对近几年关于健康旅游的概念、分类、产品类型、旅游市场、实践状况等的研究进行分析，指出其现有研究中的不足之处，并对未来健康旅游的研究方向进行展望。⑥ 吴之杰和郭清综合国内外关于健康旅游的研究，分析了我国健康旅

① 赵大珍. 食品安全监管问题与对策探索[J]. 产业与科技论坛，2018，17(18)：249－250.

② 李俊，李焱. 从抗生素残留问题看食品安全监管体制的完善[J]. 焦作师范高等专科学校学报，2018，34(3)：67－70.

③ 杨迎春，巢健茜，王小雨，等. 健康管理现状及发展趋势探析[J]. 现代预防医学，2008(22)：401－403.

④ 黄奕祥. 健康管理：概念界定与模型构建[J]. 武汉大学学报(哲学社会科学版)，2011(6)：66－74.

⑤ 杜鹏，王雪辉. “医养结合”与健康养老服务体系建设[J]. 兰州学刊，2016(11)：170－176.

⑥ 白鸥. 健康旅游研究综述[J]. 旅游研究，2010(3)：44－49.

游产业发展中存在缺乏权威的行业统计标准、资源整合不足、缺乏明确定位、复合型人才缺乏、相关法律法规有待完善等问题，建议应当制定行业发展规划与统计标准、整合相关资源、明确自身优势、建立信息共享机制、加强自身宣传、重视人才培养和科学研究。① 单亚琴和姚国荣在阅读相关文献的基础上，指出了中国健康旅游的不足之处，通过对比中国和欧洲及美洲健康旅游产业，提出促进中国健康旅游产业持续发展的措施。② 袁珍等通过对中医药健康旅游发展的分析，重点阐述中医药健康旅游产业发展存在的问题，并针对问题提出相关发展建议。③

（5）健康养老产业

随着世界文明程度和人们生活质量的不断提高，老年人口在世界人口总数中已占有相当大的比重。而随着中国老年人口的不断增加，中国健康养老产业的需求也会相应增加。国内学者主要从养老产业的需求、养老产业的政策和探索新的养老模式等方面对健康养老产业进行研究。张再生和邵辉认为我国老年健康产业仍然处于起步阶段，存在诸多问题，因此从战略性新兴产业视角出发，对健康养老产业进行了定义，呼吁确立财税倾斜、健全立法、纳入国民经济规划等发展思路，提出我国发展健康养老产业的对策建议，以促进老年健康产业发展。④ 马剑平和戴艳平选取环境优美独特且拥有最大的“候鸟式”养老人群的有“中国长寿之乡”称号的广西壮族自治区为典型研究对象，着重从健康养老战略性新兴产业的必要性和紧迫性上对战略性新兴产业发展优劣势、挑战及构想进行深入分析，并提出打造健康养老战略性新兴产业的对策和建议以供参考。⑤ 张晓刚等针对传统养老产业硬件设施不齐全、服务形式单一等问题，提出运用媒体技

---

① 吴之杰，郭清. 我国健康旅游产业发展对策研究[J]. 中国卫生政策研究，2014，7(3)：7－11.

② 单亚琴，姚国荣. 国内健康旅游研究综述[J]. 牡丹江大学学报，2015(7)：171－174.

③ 袁珍，朱智英，杨慧，等. 中医药健康旅游发展策略研究[J]. 中国市场，2018(5)：283－284.

④ 张再生，邵辉. 老年健康产业发展的思路与对策：基于战略性新兴产业视角[J]. 中国政策卫生研究，2014(3)：1－6.

⑤ 马剑平，戴艳平. 健康养老战略性新兴产业发展问题研究：以广西为例[J]. 学术论坛，2016，39(6)：49－53.

术将互联网思维与信息技术、人工智能及社区居家养老服务相融合，探索智慧养老新模式。①

3. 关于大健康产业模式的综述

王锋和杨政水通过对国内外大健康产业发展模式的典型案例进行分析，总结分析了美国医疗服务业集群发展模式、丹麦—瑞典生物制药产业集群发展模式、辉瑞创新驱动型发展模式、中国燕达国际健康城投资驱动发展模式，提出我国要发展大健康产业，应以科技创新为大健康产业持续发展的动力、以龙头企业带动为大健康产业发展的推手、以投资驱动为大健康产业大力发展的引擎、以政府引导为大健康产业规范发展的保障。②黄惠勇在我国大健康产业资源配置不足，大健康产业未能较好服务国家的背景下，就中医药如何在我国大健康产业中创新发展模式，最终促进大健康产业发展进行了探究。③ 汪敏敏首次将地方产业与大健康产业结合起来，提出依托地方产业培育大健康产业既是一种崭新的发展模式，也是一种创新的生产方式。在当地产业进入瓶颈期，没有大的突破时，与大健康等新兴产业的结合就显得非常必要。④ 苏汝劼和张寰宇探讨健康产业和互联网金融模式相结合的途径和方法，分析了在互联网金融背景下如何利用互联网金融实现健康产业的发展。⑤

4. 关于大健康产业的困境与问题

张伯礼等介绍了中药大健康产业发展的现状，分析了我国中药大健康产业存在缺乏顶层设计和区域规划、缺乏合理的扶持政策和管理办法，中药大健康产业链存在薄弱环节、中药大健康产品科技薄弱、低质发展和中

---

① 张晓刚，孙立照，王大鹏，等. 融媒体时代下的智慧养老产业探索[J]. 有线电视技术，2018(10)：70－71.

② 王锋，杨政水. 大健康产业发展模式的构建与选择：以贵州省铜仁市为例[J]. 农村经济与科技，2017，28(17)：196－200.

③ 黄惠勇. 谈大健康产业创新发展模式[J]. 湖南中医杂志，2017，33(3)：1－4.

④ 汪敏敏. 依托黄山茶叶培育大健康产业[J]. 中外企业家，2017(18)：49－50.

⑤ 苏汝劼，张寰宇. 利用互联网金融发展中国健康产业的模式和途径分析[J]. 宏观经济研究，2018(3)：118－124，147.

药大健康产品国际竞争力薄弱的问题。① 汤浒和苏红键从医疗服务、康复保健、健康管理与促进、健康保险以及健康支撑行业等方面阐述了目前我国健康产业存在医疗服务及康复保健供需矛盾突出、健康管理能力薄弱、健康保险覆盖范围有限且发展还不成熟、健康支撑行业自主创新不强、健康产业链不完善且结构不合理的问题。② 彭玮通过文献分析法归纳出中医药产业在制度体系、产业体系、服务体系、创新机制、人力资源等方面存在的问题，并针对这些问题提出完善中医药健康产业的制度体系和产业体系、探索创新发展新模式、提供全方位中医药健康服务体系、强化医务工作人员的管理及培养高素质人才等建议。③ 王印和张兆龙指出了全民健身在“大健康”中的重要价值，认为我国的全民健身科学水平不高、全民健身产业滞后严重阻碍了我国大健康产业的发展。④

（三）相关研究述评

通过综述国内外关于大健康产业的研究及相关实践情况，发现目前关于大健康产业方面的研究和内涵都是在不断拓展的，且前景广阔。现有研究对本书的研究具有很大的参考价值，但是国内现有文献研究仍存在三点不足。

一是大健康产业定义差异明显，缺乏统一界定。不同学者由于研究角度不同，对大健康产业定义的侧重点不同，且由于研究视角差异较大，导致无法对大健康产业进行统一完整的定义。

二是关于大健康产业的研究内容并不完整，无法形成一个完备的大健康产业理论体系。虽然各学者除了对大健康产业本身进行研究外，还针对与大健康产业相关的其他产业进行研究，但是各相关产业研究内容的广度

---

① 张伯礼，张俊华，陈士林，等. 中药大健康产业发展机遇与战略思考[J]. 中国工程科学，2017，19(2)：16－20.

② 汤浒，苏红键. 我国健康产业发展现状、趋势与对策研究[J]. 城市，2016(11)：57－65.

③ 彭玮. 医学模式转变对发展中医药健康产业的启示[J]. 卫生软科学，2017，31(12)：10－13.

④ 王印，张兆龙. 大健康视角下全民健身战略的价值、实施困境及消解[J]. 南京体育学院学报(社会科学版)，2017，31(5)：77－80.

和深度并不一致，例如关于医药产业的研究内容就比较少。

三是缺乏关于大健康产业实证方面的研究。现有研究中大多是理论性研究，研究方法也以定性分析研究为主，其中大多数采用的是文献研究法。实证研究的缺乏导致大健康产业无法参考现实数据来反映真实的发展现状和发展问题。另外，现有研究中多主张借鉴国外经验，缺乏关于国内外对比性的研究。同时，在研究内容上也存在明显的不平衡性，某些方面的研究已经很深入细致，但是某些研究尚处在起步阶段。

二、关于居家养老的研究综述

（一）国外关于居家养老的研究现状

1. 居家养老的内涵界定

居家养老首先是在国外发展起来的，一般被称为“社区照顾”。英国是最先施行社区照顾的国家，其主要包括两层含义：社区内照顾和由社区照顾。1989 年，英国政府颁布的白皮书中对社区照顾进行了定义：“社区照顾是指提供适当程度的干预和支持，通过团体之间和临时收容场所，为给老人提供暂托、喘息照顾和日间照顾服务。”① Jamieson 也针对社区照顾的服务内容进行定义，认为老年人社区照顾是针对在家居住的老年人根据其需要提供长期照顾服务。② Clarke 提出对老年人的社区照顾是一种制度化的形式，其照顾服务的内容包括饮食、卫生和贴身护理等。③

2. 关于老年人日常照料需求及影响因素的研究

Bass 等认为人口结构的变化会改变人口抚养赡养比例，造成人均赡养负担的增加，进而影响社区居家养老服务的需求程度。④ Moody 和 Stull 指

---

① 祁峰. 英国的社区照顾及启示[J]. 西北人口,2010,31(6):20－24,28.

② JAMIESON A. A new age for older people? Policy shifts in health and social care[J]. Social Science & Medicine,1989,29(3): 445－454.

③ CLARKE J. Community care[J]. British Dental Journal,2001,191(5):226.

④ DAVID BASS,LINDS S. Family caregiving: a focus for aging research and intervention[M]. New York:Springer Publishing Company,1997.

出长期的身心失调会导致老年人日常生活自理能力丧失，因此他们在日常生活方面的需求会增加。① Barrow 通过对美国老年人的基本情况进行调查，发现有接近一半的老年人生活自理能力存在问题，这会增加社会养老服务的需求。② Meinow 等认为高龄老人受身体健康、收入等因素的影响，会增加对居家养老服务的需求。③ Gomi 等研究发现，有近四成老年人需要日常生活照料方面的帮助，其中一部分人的生活自理能力存在问题，如洗澡、穿衣、吃饭等，另一部分人则需要辅助性的日常生活照顾服务，如做饭、理财、持家。④ Lewis 基于 2002 年瑞典国家研究衰老和保健数据，采用普通最小二乘回归分析影响老年人需求的因素，发现老年人认知障碍、日常生活活动的依赖会增加其对养老服务的需求⑤。Valkila 等采用面板数据法收集老年人对养老服务的期望和需要数据，然后研究发现他们期望在清洁工作、户外活动和个人食物方面得到帮助。⑥

3. 关于居家养老服务供给方式的相关研究

在很多西方社会福利国家，养老服务的购买支出很大一部分是由政府承担，而养老产业则是为老年人提供有形或者无形的养老服务商品，以营利为目的发展起来的，因此学者们针对由谁提供具体的养老服务进行相关研究。Stone 对 20 世纪 90 年代的养老压力问题进行了研究，认为以委托的形式将老年人托付给社区进行照顾，能够有效减轻社会上承担养老压力人

---

① MOODY C M, STULL D E. Ethnicity and long – term Care[M]. New York: Springer Publishing Co., 1998: 3 – 21.

② BARROW G M. Aging, the individual, and society[M]. Wadsworth Publishing Company, 1999.

③ MEINOW B K, REHOLT I, LAGERGRER M. According to need? Predicting the amount of municipal home help allocated to elderly recipients in an urban area of Sweden[M]//Health & Social Care in the Community, 2008.

④ GOMI I, FUKUSHIMA H, SHIRAKI M, MIVA Y. Relationship between serum albumin level and aging in Community – Dwelling Self – Supported elderly population[J]. Journal of Nutritional Science and Vitaminology, 2007(53): 37 – 42.

⑤ LEWIS S. According to Need? Predicting the amount of municipal home help allocated to elderly recipients in an urban area of Sweden[J]. Health & Social Care in the Community, 2010, 13(4): 366 – 377.

⑥ VALKILA N, LITJA H, AALTO L, et al. Consumer panel study on elderly people's wishes concerning services[J]. Archives of Gerontology & Geriatrics, 2010, 51(3): 66 – 71.

员的负担。[①] Soulet 等同样认为将老年人的日常生活照料工作交给家政公司或者非营利组织，不仅可以减轻社会中承担家庭养老压力子女的负担，而且可以有效改善老年人的生活。[②] Chappell 认为社区可以自愿原则组织自愿服务人员，并对志愿者提供专业化的养老服务培训，然后由他们为社区内的老年人提供养老服务。[③]

4. 关于居家养老服务内容的相关研究

Meredith 指出居家养老除了需要提供老年人日常活动所需场所外，还需要对老年人的日常生活起居提供照料服务。尤其是针对某些患病或者身体状况不好的老年人，还应该提供医疗保健、康复理疗服务等，在关注老年人身体健康的同时，也要关注老年人的心理健康和精神状态。[④] Cioutier - Fisher 和 Joseph 提出应该推行老年人服务全面计划，除了服务内容的全方面外，还包括服务的范围、服务的效率、服务的时间等，应该根据老年人的实际需求状况提供相应的服务。[⑤]

5. 关于居家护理的相关研究

Zimmer 和 Yang 认为随着阿尔茨海默病患者的日益增加，越来越需要以家庭为基础的初级保健（HBPC），因此在概述 HBPC 的优点以及 HBPC 在当前健康支付结构中的设置障碍的基础上，综述了今后国家战略的概况和改进 HBPC 的建议[⑥]。Dainty 等认为家庭护理需求的增加与各国政府需要控制卫生保健费用、最大限度地利用适当的资源和对病人在何处接受护理

---

① STONE R. Familial obligation: issues for the 1990s[J]. Generations, 1991.

② Soulet A Bruno Crémilleux Francois Rioult. The performing state: reflection on an ideal whose time has come whose implementation has not [J]. OECD Journal on Budgeting, 2003, 3(2): 74 - 108.

③ CHAPPELL, Aging and social care[C]// Handbook of aging and the social science[M]. New York: Academic Press, 2004: 34 - 35.

④ MEREDITH B. The community care handbook: the new system explain[M]. London: Age Concern England, 1993: 356.

⑤ CIOUTIER - FISHER D, JOSEPH A E. Long - term care restructuring in rural Ontario: retrieving community service user and provider narratives[J]. Social Science, 2000, 50(7): 1037 - 1045.

⑥ ZIMMER R, YANG M. Growing role of home - based primary care for individuals with dementia [J]. Journal for Nurse Practitioners, 2018, 14(3): 166 - 171.

的偏好做出的反应是一致的，但通过对政府资助综合客户护理项目（IC-CP）的评估，表明参与者组织的自主性，执行团队内部缺乏推动变革的权力，项目目标的不透明，以及对家庭护理部门复杂的历史关系的影响的漠视，加剧了对预期结果的破坏。① Stuck 等认为美国的急诊科（EDs）在医院的入院治疗中发挥着突出的作用，尤其是针对不断增长的老年人群体。因此，对于那些有更大的不良事件风险的老年人（如医院获得性感染、跌倒和精神错乱的老年人）提供家庭护理，而不是急诊室的住院治疗，是一个重要的选择。②

（二）国内关于居家养老的研究现状

1. 居家养老概念的界定

目前国内关于居家养老的概念界定并没有统一的口径，最先涉及居家养老内涵研究的是袁缉辉（1995 年），他认为居家养老是家庭养老向社会养老过渡的必然结果，其内涵在社会发展变革中不断丰富。鞠秋锦和邓卫华认为居家养老是随着中国社区的不断成熟而发展起来的，相比养老院养老，其优势在于居家养老更加符合中国人的传统习俗且费用更低。③ 向征指出居家养老是政府和社会力量依据社区，为居住在家的老年人提供生活照料、家政服务、康复护理和精神慰藉等方面服务的一种公共服务形式，是对传统家庭养老的补充。④ 陶恩也指出，居家养老是以家庭为核心、以社区为依托、以专业化服务为依靠，为居住在家的老年人提供以解决日常生活困难为主要内容的社会化服务。⑤ 王轲对现有文献中关于居家养老概

① Dainty K N, Golden B R, Hannam R, et al. A realist evaluation of value-based care delivery in home care: the influence of actors, autonomy and accountability[J]. Social Science & Medicine, 2018, 206: 100 - 109.

② Stuck A R, Crowley C, Killeen J, et al. National survey of emergency physicians concerning home - based care options as alternatives to emergency department - based hospital admissions[J]. Journal of Emergency Medicine, 2016, 68(4): S87 - S87.

③ 鞠秋锦，邓卫华. 浅析中国的居家养老[J]. 辽宁经济，2004(12): 45.

④ 向征. 居家养老怎么养？——浅析我国居家养老的两个基本问题[J]. 中国民政，2015(15): 9 - 11.

⑤ 陶恩. 浅析我国居家养老服务[J]. 智富时代，2015(5): 161.

念的不同认识角度进行了梳理，总结出学者们对居家养老内涵的认识主要有三种视角：经济社会发展的视角、养老场所的视角、养老体系的视角。同时，从一个新的视角将居家养老定义为：居家养老是老年人居住在家中，以家庭为基础，以社区为依托，由家人或者专业的社会组织为老年人提供经济供养、生活照料和精神慰藉等服务的一种半社会化养老方式。①

2. *居家养老模式*

乔志龙认为社区居家养老是我国城市养老的新模式，它的优势在于服务体系的人性化；能有效利用社区闲置资源，节约养老成本；符合国人的心理。② 徐聪在对社区居家养老和传统养老模式进行比较分析的基础上，认为社区居家养老模式是家庭养老和机构养老的结合，但是我国城市社区居家养老服务存在以下几个问题：养老相关设施不完善、日常生活照顾服务不规范、养老服务财力不足、医疗卫生服务水平不高、社区养老服务人力不足，并针对以上问题提出了完善我国城市社区居家养老服务的建议。③刘婷婷同样认为我国城镇社区居家养老与传统养老模式相比具有显著优势，主要优势在于养老成本低、提供就业、缓解子女压力、促进家庭和社会和谐。④ 陈静和赵新光分析了我国政府购买社会组织居家养老服务的困境和问题，提出了我国政府向社会组织购买居家养老服务的模式创新和路径选择。⑤ 宋雪等认为将 PPP 模式引入社区居家养老以解决养老问题是非常必要的，能助推养老服务产业向前发展。⑥ 迟晓华等为探讨不同养老模式下老年人的心理健康状况，随机抽取了机构养老的老年人、居家养老的

---

① 王轲. 居家养老概念辨析[J]. 新西部,2018(23):13,17－19.

② 乔志龙. 社区养老:我国城市养老模式的新选择[J]. 内蒙古农业大学学报(社会科学版),2008,10(6):252－253,256.

③ 徐聪. 社区养老:城市养老模式的新选择[J]. 长白学刊,2011(6):149－150.

④ 刘婷婷. 人口老龄化背景下中国城镇社区居家养老模式研究[J]. 小品文选刊(下),2016(11):141.

⑤ 陈静,赵新光. 从"购买"到"共治":政府向社会组织购买居家养老服务模式创新研究:基于老龄社会治理的视角[J]. 佳木斯大学社会科学学报,2018,36(1):58－65,67.

⑥ 宋雪,连春茗,谢园琳. PPP 模式在社区居家养老服务的应用研究:以赣州市章贡区为例[J]. 农村经济与科技,2018, 29(5):255－257.

老年人各210人，应用老年抑郁量表（GDS）及焦虑自评量表（SAS）对其进行测评，研究发现机构养老的老年人抑郁程度较居家养老的老年人严重。①

3. *居家养老存在的问题*

李梅等认为在我国“互联网+”背景下，社区居家养老服务转型存在的难题主要有服务供需不平衡问题、服务资源分散化问题、管理格局碎片化问题、“银色数字鸿沟”的跨越问题。要解决这些问题必须以互联网思维为导向，以平台化运作为载体，以跨界合作为基础，以多主体参与为保障，以满足老年人需求为核心。② 韩济阳认为现阶段居家养老存在的问题主要是老年群体对政府养老责任认知不充分、养老群体的困难与社区提供服务存在明显差异、老年群体养老需求多样化且层次感分明等。③ 刘存和董斌通过比较中国和日本在社区居家养老设施方面的发展历程、服务理念和功能应用，总结了日本先进的养老经验，指出我国社区居家养老设施在设计理念、无障碍设计等方面存在不足。④ 王延涛和王媛杰认为我国社区居家养老发展十多年来，主要形成了三种组织运行模式，城乡社区居家养老服务体系差异巨大，面临不同挑战。在具体居家养老中，老年人迫切需要的精神慰藉、文化娱乐、起居照料类服务不够突出，不能满足老年人的心理诉求，并认为完善社区支持的居家养老服务体系，需要政府与社区双方的共同努力。政府层面的着力点在于建立基本法规制度、加强监管、扶持和引导社会力量介入，社区层面的着力点在于建立社区居家养老服务网、整合设施资源、探索个性化服务等。⑤

---

① 迟晓华，吕静，王双艳，等. 不同养老模式下老年人的心理健康状况[J]. 中国老年学杂志，2018，38(8)：2013-2014.

② 李梅，张毅，杨奕. “互联网+”背景下社区居家养老服务转型问题研究[J]. 中国房地产，2018(6)：70-79.

③ 韩济阳. 我国居家养老服务存在的问题及建议[J]. 知识经济，2018(2)：24-25.

④ 刘存，董斌. 中日社区居家养老设施设计比较研究[J]. 包装工程，2018，39(2)：197-201.

⑤ 王延涛，王媛杰. 我国居家养老社区支持的现状、困难及建议[J]. 现代管理学，2018(7)：45-47.

4. 实施居家养老的建议

解芳芳认为借鉴日本等国家的先进居家养老模式，可以通过社会关系网络实现老年人再社会化，防止老年人被社会边缘化，使其继续成为参加经济活动的、有用的公民。① 刘璟莹等结合 SQL 评价方法与顾客体验理论，构建了专门测量我国社区居家养老医疗服务满意度的量表并进行了信效度检验，编制的社区居家养老医疗服务满意度量表内容符合理论要求，区分度良好，并在天津市抽取 738 位老年人进行量表内容的问卷调查，运用多种方法进行量表条目筛选和信效度检验，最终形成的量表包括预防保健、就诊环境、诊疗能力、医患信任、专业技能、服务态度、诊疗效率、诊疗设备 8 个维度，共 34 个条目的满意度量表。② 陈杏子等认为在养老问题上，我国大陆居家养老模式的发展存在制度及政策缺失、居家养老运行及评估体系有待完善、养护队伍数量及素质有待提升、社会整体参与度不高的问题，而我国台湾地区推行的护养制度恰好可以解决我国大陆居家养老存在的一系列问题，且我国台湾地区与大陆拥有相同的文化脉络与传统，推行起来比较容易。③ 陈旭从老龄化问题现状出发，引出智慧养老的概念和国内外研究现状，接着阐述了一种智慧养老系统框架和实现手段，再进一步深入阐述了传感器、大容量多接口、适老化、老年健康大数据分析等技术及其在智慧养老系统构建中的主要意义和实现方式。④

5. 居家养老实证研究

国内学者涉及居家养老数据实证分析的研究主要是关于居家养老的服务需求分析和居家养老服务的满意度。许琳和唐丽娜在西部六省区问卷调查的基础上，采用描述性分析、交互分析、Logistic 回归分析等实证分析方

---

① 解芳芳. 日本社区居家养老模式的经验及启示[N]. 中国人口报，2018－06－11(003).

② 刘璟莹，杨继鹏，刘彦慧. 我国社区居家养老医疗服务满意度量表的构建及信效度研究[J]. 中国全科医学，2018，21(7)：841－846.

③ 陈杏子，曾智，沈永健. 我国台湾地区长期照护体系对大陆居家养老的启示[J]. 中国全科医学，2017，20(9)：1031－1036.

④ 陈旭. 基于物联网智慧养老系统的关键技术研究[J]. 无线互联科技，2017(15)：134－135，140.

法，分析残障老年人个人及群体基本特征、家庭特征和社会经济特征等与其居家养老服务需求的关联性。研究结果表明，年龄、健康状况、残障类型、婚姻状况、居住方式、家庭经济收入、是否领取残疾证、社区服务完善程度等成为影响残障老年人居家养老服务需求的主要因素。① 郭斌以上海市老年人为调查对象，研究居家养老服务需求的影响因素，运用 SPSS 软件得出老年人的年龄、退休前的职业、居住方式和家庭经济状况是影响其居家养老服务需求的重要因素。② 孙欣跃为研究社区居家养老服务的接受者——老年人的主观感受，从马斯洛需求层次理论、社会支持理论以及社区照顾理论出发，利用 SPSS 统计分析软件，重点探究了社区居家养老服务满意度的影响因素，并对现有的社区居家养老服务满意度的影响因素进行了必要的总结。③ 吕德才选取合肥市市区老年人作为研究对象，通过分析问卷调查的数据，以老年人居家养老服务满意度为切入点研究合肥市居家养老服务工作的实施效果，借助多元线性回归方法建立居家养老服务满意度影响因素的模型，探讨影响居家养老服务满意度的主要因素。④

（三）相关研究述评

总体来看，国内外关于居家养老（社区照顾）服务的理论研究已经取得了一定成果，为本书的相关研究奠定了良好的基础，提供了良好的借鉴。但是由于研究时间、研究视角、研究范围以及研究方法等的局限，现有研究仍然存在许多不足之处。

一是研究视角多以政府部门、社区和第三方组织机构等外部因素为核心，没有抓住居家养老服务享受者即老年人的主观感受评价。其研究视角过于狭隘，既没有全局观念，也没有考虑到时代和现阶段社会产业的发

① 许琳，唐丽娜. 残障老年人居家养老服务需求影响因素的实证分析：基于西部六省区的调查分析[J]. 甘肃社会科学，2013(1)：32－37.

② 郭斌. 老龄化背景下居家养老服务需求影响因素研究：基于上海市老年人调查的实证分析[J]. 魅力中国，2014(27)：257－258.

③ 孙欣跃. 社区居家养老服务满意度的影响因素研究[D]. 大连：大连理工大学，2016.

④ 吕德才. 合肥市居家养老服务满意度影响因素研究[D]. 合肥：安徽财经大学，2018.

展，因此在进行相关问题研究时，其解决实际问题的能力不高，对改善现存的问题帮助不大。

二是研究范围主要集中在居家养老的模式、居家养老的内容及其发展建议和满意度影响因素实证研究方面，并且多是以某一地区为例进行研究，并借以国外相关先进经验给出改进建议，缺乏系统性研究。目前，我国在居家养老服务体系建设方面仍然存在问题，我国与其他国家在由于经济、文化、地理等环境和社会制度等方面存在差异，居家养老服务的发展环境和需求也存在一定差别，所以在借鉴国外经验时，应该注意结合实际情况。

综上所述，我国学者大多从单一角度研究大健康产业及居家养老，即只从大健康产业方面进行研究，或是只从居家养老方面进行研究。极少将二者结合起来，研究二者的契合与互相促进的关系。

第三节　研究框架与方法

一、研究框架

第一章为导论部分，主要对本书的研究背景、研究意义进行概述，以及对国内外关于大健康产业和居家养老的现有文献进行综述；第二章在分析国内大健康产业与居家养老的发展历程、发展现状、发展基础、发展阻碍和发展趋势的基础上，进一步阐述国内的健康产业和居家养老与国际接轨进程，然后对大健康产业视野下居家养老的服务体系进行分析，包括目标以及问题所在；第三章对国际大健康产业与居家养老的发展起源、现状、环境和趋势进行了描述，同时还对国际大健康产业的重点细分行业进行了阐述，然后通过对国际领先地区的大健康产业与居家养老的发展概况和经典案例进行分析，吸取相应的成功经验；第四章先对大健康产业与居家养老的耦合效应及其机制进行理论阐述，然后通过耦合模型以及灰色关联模型对大健康产业与居家养老的关系进行实证分析；第五章为中国居家养老服务绩效评价体系构建，以社区居家养老为例，在借鉴国内外居家养老服务绩效评价的基础上，结合国内实情，明确构建思路和原则，建立了中国社区居家养老服务绩效评价体系，然后采用模糊评价分析法，对国内社区居家养老服务的绩效进行综合评价；第六章首先，对国内城市和农村的现有居家养老模式进行分析，其次运用层次分析法对大健康产业视野下居家养老模式进行实证研究，最后对大健康产业视野下的居家养老路径进行分析；第七章对国内大健康产业视野下居家养老服务的需求与供给现状及困境进行总结，然后运用二元 Logistic 回归模型对国内居家养老服务的需求影响因素进行分析；第八章基于博弈论视角对大健康产业下居家养老服务的监管进行分析，并从静态演化和动态演化两个方面分析居家养老服务的监管模型，最后是对本书的研究进行总结，并且对大健康产业视野下居家养老的发展方向以及研究方向进行了展望。本书的研究框架如图 1 – 1 所示。

二、研究方法

（一）研究方式

本书在研究过程中主要采用文献研究、调查研究和实地研究三种研究方式。

1. 文献研究

本书通过图书馆查阅、文献搜索、报纸期刊阅览以及互联网浏览和政府文件通读等方式对大健康产业、居家养老服务相关方面的各种信息资料包括政策措施、理论概述、经验借鉴进行大量搜集整理、总结分析，得到文字资料和量化资料。

2. 调查研究

采用调查研究和专家访谈相结合的方式，根据居家养老服务的各评价体系制定调查问卷，发放问卷以及进行专家访谈，搜集信息，整理得到量化资料，进而通过统计分析、模型实证得到研究结论。

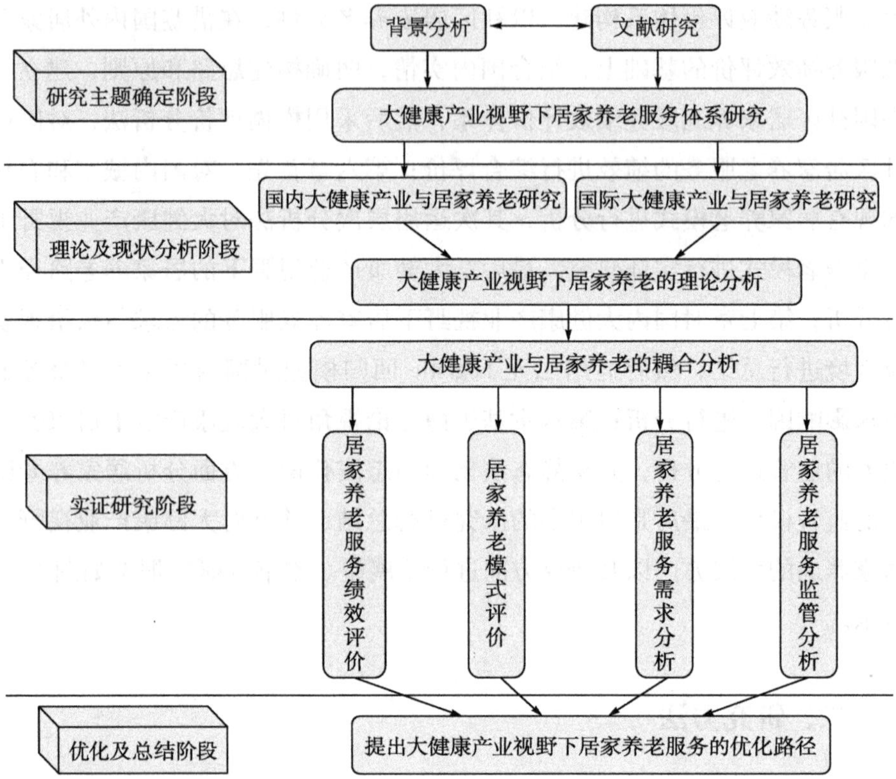

图 1-1　本书的研究框架

3. 实地研究

选取 1~3 家社区居家养老服务机构，以及通过走访部分老年人社区，基于条件允许的角度，以志愿者和实习生的身份进入居家养老服务中心，与养老服务人员和老年人近距离接触，访谈观察养老机构和社区的实际状况及入住老年人的真实生活、精神状态，为本书的研究方向以及角度提供更全面的思考。

（二）具体研究方法

在上一小节已经阐明本书的研究思路和框架，本书通过各种研究方法多角度研究大健康产业视野下居家养老服务体系，根据研究结论提出优化大健康产业视野下居家养老服务的对策和建议，所采用的研究方法如下。

1. 问卷法

首先根据建立的服务评价体系和居家养老的实际情况，初步构想问题的表述方式以及对可能收到的回答有一定的了解；其次根据调查的目标以及想要获得的数据，设计调查问卷的初稿，多次调整、修改、完善，然后通过线上与线下相结合的方式派发问卷；再次根据回收问卷情况，检查分析问卷调查的结果，发现问题并完善、修改；最后定稿，开展正式调查，依旧采用线上与线下相结合的方式发放问卷。

2. 访谈法

首先，本书搜集整理了目前城市和农村各自的居家养老模式，为评价这些模式的有效性建立了评价指标；其次，与业内专业人士进行细致的访谈，获得丰富可靠的定性资料；最后，通过分析、总结，从中归纳、概括，得到关于大健康产业视野下居家养老模式有效性的某种结论。

3. 观察法

为了深入研究老年人和养老服务人员的工作生活背景，在所选取的样本养老社区和养老服务中心对老年人、工作人员以及相关基础建设进行深度观察，得到现实资料以及理论性的答案。

4. 系统分析法

为深入理解研究主题，本书基于系统角度采用了系统分析法，因为大健康产业和居家养老均是复杂而开放的系统，所以采用系统科学的方法对大健康产业与居家养老的耦合系统建立相关的耦合协调评价指标体系，然后科学地对大健康产业与居家养老的耦合协调、结构及发展状况进行研究分析。

5. 熵值法与层次分析法

本书构建了多项指标评价体系，因此需要对指标进行权重计算，包括主观赋权法、客观赋权法。由于两种赋权法各有优缺点，所以针对各评价体系的实际情况，本书采用了不同的赋权方法。相比客观赋权法，主观赋权法带有很大的个人意愿，是一种定性研究方法，一般通过专家打分或者赋权人根据各种文献总结，再加上自身经验确定各指标的具体权重，本书的居家养老模式有效性评价采用层次分析法；相比主观赋权法，客观赋权法可以在一定程度上避免由主观因素造成的偏差，更加客观，是一种定量研究方法，常见的有变异系数法、熵值法等，本书在关于大健康产业与居家养老的耦合协调评价系统实证分析中，采用熵值法确定各指标的权重。

6. 宏观与中观相结合

本书首先分析了国内大健康产业与居家养老的发展状况，接着分析了国际大健康产业与居家养老的发展状况，对我国大健康产业与居家养老的发展有了整体把握，构建了总的理论框架，这是基于宏观的研究视角；然后分析了大健康产业与居家养老的互动机理，以及大健康产业视野下居家养老的发展体系，这是基于中观的研究视角。宏观与中观相结合，对不同系统的互动机制以及基于大健康产业视角下居家养老的发展评价的剖析更加清楚明确。

7. 理论分析与实证分析相结合

本书根据“文献研究与背景分析—理论梳理与解析—实证研究—结论与优化”的研究思路，对国内外大量相关文献进行整理分析，同时引入国内外已有的研究大健康产业与居家养老体系的相关理论与原理指导本书的研究，包括系统理论、协调与协调发展理论、耦合协调度理论以及灰色理论等。基于前人的研究成果，将相关理论和模型运用到大健康产业与居家养老的耦合协调关系研究、大健康产业视野下居家养老服务绩效评价、模式有效性评价、服务需求分析以及影响因素研究中。本书的实证部分主要分为以下五个模块：①针对大健康产业与居家养老的耦合协调关系研究。首先根据整理的资料构建大健康产业与居家养老的耦合评价系统，然后运用熵值法确定各指标的权重，通过综合水平评价模型、耦合度模型以及耦合协调度模型对大健康产业与居家养老的耦合关系进行评价。为进一步分析大健康产业与居家养老的作用机理，采用灰色关联模型分别分析了影响大健康产业和居家养老发展的因素，并且对影响因素进行了排序。②针对大健康产业视野下居家养老服务绩效评价。首先以社区居家养老为例，通过文献研究法设计指标，通过问卷调查法搜集数据，对数据进行信度和效度检验，然后运用模糊综合评价分析方法对某一地区的绩效进行评价，最后采用主成分分析法对影响居家养老服务绩效的因素进行分析。③运用层次分析法分别构建了农村和城市居家养老模式有效性评价的目标层、准则层、指标层，并由目标层、准则层和指标层构成递阶层次体系，通过咨询专家打分得出比较判断矩阵的权重向量和特征值。④根据大健康产业视野下居家养老服务的需求现状，利用二元 Logistic 模型对影响居家养老服务的需求因素进行了分析。⑤基于博弈论的视角，首先对大健康产业视野下居家养老服务的监管体系进行研究，并从静态演化和动态演化两个角度出发建立博弈均衡模型。通过相关理论指导以及实证研究，运用各计量软件如 SPSS、Matlab、Stata 等进行模型分析验证，然后运用 Excel 等软件将统计结果以图表的形式呈现，直观地反映出各统计结果，进一步做理论分析。理论分析为实证研究提供理论指导与借鉴，实证研究为理论分析做支撑，发现问题然后解决问题，使理论分析与实证研究充分结合。

第四节　主要创新点

本书在借鉴众多学者学术研究的基础上，努力在以下几个方面做出贡献：第一，研究视角的创新。本书在考虑中国老龄化进程加速的背景下，着眼于社会公众最关心的健康与养老问题，从大健康产业发展的视角研究居家养老的问题，在构建居家养老服务体系的同时，对大健康产业发展体系建设也具有一定的促进作用。第二，研究内容的创新。本书在总结分析国内外关于大健康产业和居家养老现有研究的基础上，对我国大健康产业和居家养老的耦合关系进行了研究，并建立耦合评价体系，以期能给后面的学者进行相关研究提供研究思路。

第二章　中国大健康产业与居家养老产业的发展现状

第一节　中国大健康产业发展现状及基本状况

一、发展历程

我国的大健康产业是从20世纪80年代开始发展的，随着“药健字”的审批通过，健康产业概念逐步形成，从这一时期开始发展的很大一部分原因是改革开放，市场经济不断发展。最开始，我国的健康产业并不是现在所提的内容，而是由保健品的兴起发展起来的。当时的健康产业主要是指保健品行业，发展到现在，健康产业的内涵已经相当丰富，不仅包括基本产业链条上的健康产业，还包括与健康产业关联的其他行业。随着改革开放的进一步推进，市场经济的不断发展，我国居民的思想也逐渐发生转变，开始接受新的事物，特别是在我国居民的温饱问题得到解决以及消费水平不断提高之后，对保健品的需求也逐渐增加。

我国对健康产业的发展是支持的。我国政府不断提出新的健康理念，引导国民的健康观念，还制定和颁布了关于健康产业的法律，以规范和促进健康产业的发展。特别是近年来，我国老年人口急剧增加，随之而来的是巨大的养老问题，这已经上升为我国的重大问题。我国政府极力推进大健康产业有多方面的原因，最根本的原因就是保障人民的健康，实现国强民富的目标。首先，健康产业的发展将优化我国的产业结构，丰富我国的产业内涵。健康产业的不断发展，产业链条的不断延长，将促进许多新企业的兴起和发展，无论在健康产业的哪一环都可以容纳众多企业，这也将创造大量的工作岗位，有利于我国经济发展和社会目标的实现，健康产业自身的发展同时也会促进国民经济的增长。其次，就目前我国的国情来看，发展大健康产业既能有效应对我国的老龄化问题，也将提高我国居民的身体素质，提高我国国民的健康水平。我国健康产业的发展总共经历了以下四个阶段。

（一）20 世纪 80 年代：盲目发展时期

20 世纪 80 年代，我国处于改革开放初期，人们的思想也逐渐改变，特别是市场经济不断发展，为我国健康产业的发展奠定了经济、思想基础。因此，我国健康产业的发展是从 20 世纪 80 年代开始的。当时为了规范保健品行业的发展，对其进行专门的监管，我国还成立了“保健食品协会”。这是我国健康产业发展的开端，自此我国的健康产品企业如雨后春笋般不断涌现。我国逐渐出现了大批保健产品，市场规模不断扩大。目前我国仍存在的“娃哈哈”品牌也是那个时候成立的。大量保健产品的出现，虽然加快了我国保健品行业的发展，但是这些保健产品质量各异，由于我国尚未建立起较好的市场监管体系，没能对这些保健产品进行有效的监察，所以当时的保健品行业市场发展混乱，很多企业盲目进军保健品行业，存在很多市场乱象。

（二）1998—2002 年：停滞时期

我国保健品行业在 1997 年底进入停滞阶段，这是由于陆续有报道称保健品存在质量问题，引起国人的震惊，人们开始知道自己花钱买的保健产品是无良商家为赚钱制造的假冒伪劣产品，不仅不能改善身体状况，很可能还会危害身体健康，因此大家谈到保健品时就是排斥，对保健品十分反感。受此影响，保健品的销量急剧下降，保健品企业的生产规模也急剧萎缩，在这几年保健品行业都陷入停滞状态。

（三）2003—2009 年：复兴时期

2003 年“非典”给国人带来了恐慌，受“非典”的影响，人们又开始注重健康，注重预防疾病。“非典”后，居民更加关注自己的健康，同时由于国家经济的不断发展，居民的收入水平也逐渐提高，对健康产品的需求增加，这些都推动健康产业迎来新的发展，使其生产规模逐渐扩大。此时，政府也颁布和制定法律，加强了对健康产业的监管，严厉打击行业中的违法行为。

（四）2009 年以后：规范发展期

2009 年，中央党校重新定义了保健品行业的内涵，此时我国健康行业的发展已经步入正轨。2008 年，我国经历了巨大的地震灾害，我国居民深刻认识到了生命的脆弱性，更加注重自己的身体健康，消费储蓄的观念也发生了较大的改变。据研究报告，在地震后我国居民的消费需求有了较大幅度的增加，对健康产品和服务的需求也有所增加。需求的增加促进了健康产业的发展，加上政府对健康产业监察力度的加大，清除了大量扰乱市场发展的不法行为，健康产业已进入规范发展期。

二、发展现状

随着居民消费水平的提高和消费观念的转变，健康行业成为全国关注的领域。纵观各国经济的发展，人均 GDP 达到 8000 美元后，将会出现消费升级的趋势。目前我国已经进入消费升级的新时代，消费倾向由衣食住行转向追求健康、娱乐，虽然我国的大健康行业已进入高速发展时期，产业前景十分广阔，但是依旧存在部分设施落后、人才需求不足、创新能力有待提高等亟须改善的问题。

（一）我国大健康产业保持持续、快速增长的趋势

大健康产业在我国不断发展，目前已有医疗产业、医药产业、保健品产业、健康服务产业四类。这四类健康产业的经营范围，分别以医疗服

务、药品器械、保健食品、各类健康咨询服务为主。

1. 医疗产业稳步发展

最近几年，我国医院、卫生院等医疗卫生机构的数量总体保持在一定区间内，变化波动不大，呈现稳步发展的良好态势。如图2－1所示，官方数据显示，医疗卫生机构总体数量变化不大，我国医疗卫生机构总数从2012年的950297个增加到2016年的983394个，其中医院数量有所增加，从2012年的23170家增加到2016年的29140家，而乡镇卫生院数量从2012年的37097个减少到2016年的36795个。这也表明我国的医疗卫生机构设置在新的医疗改革政策下更趋合理化，根据社会需求调整服务机构能满足社会健康需求的增长。

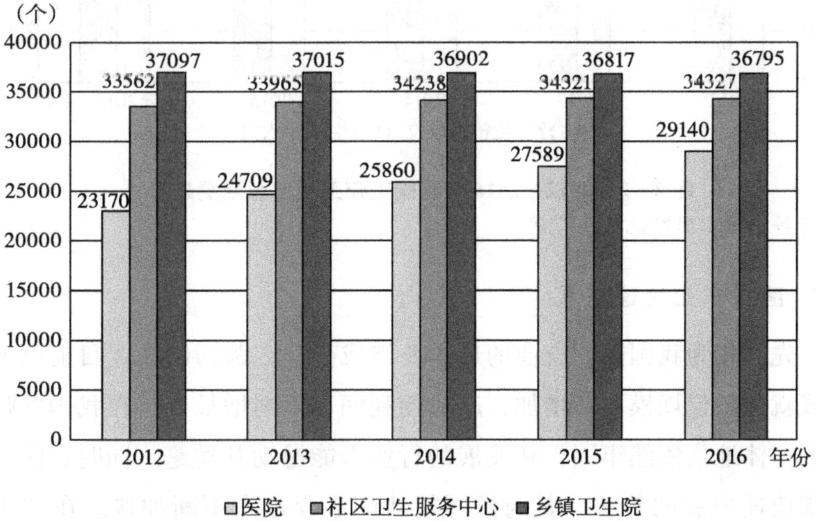

图2－1　2012—2016年我国医疗卫生机构的发展趋势

资料来源：国家统计局官网。

除此之外，我国的医疗卫生资源配置也在逐步改善，为社会公众提供医疗服务的能力也越来越强。如图2－2所示，国家统计局数据显示，我国记录在册的卫生从业人员数从2012年的911.57万人增加到2016年的1117.3万人，增幅为22.57%，有从业执照的职业医师以及注册护士也呈现平缓增长的趋势；医疗卫生机构的床位数也从2012年的572.48万张增加到2016年的741万张，增幅为29.44%。这些数据充分说明，目前在全民持续关注健康问题的背景下，医疗卫生人员数量不断增加，从业人员的专业素质也不断提高，不仅医疗基础设施得到改善，卫生从业人员的专业性也有所加强，医疗服务的实际能力与潜能也有了很大的提高，为我国医疗服务业满足社会公众不断增加的健康需求奠定了物质、人力基础。

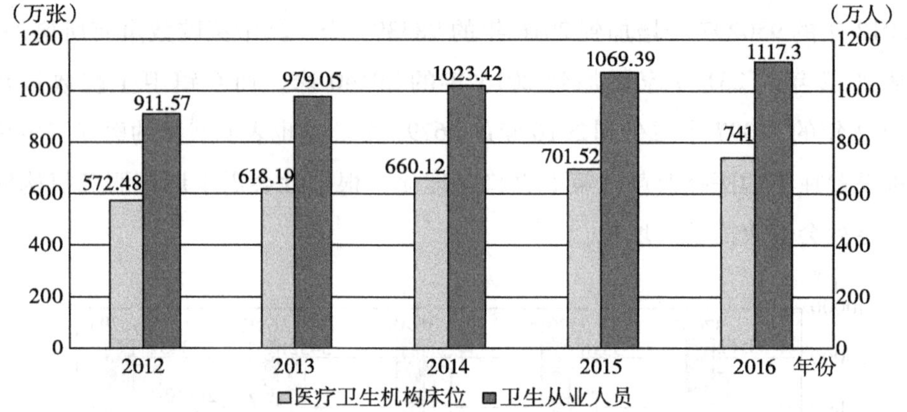

图2-2　2012—2016年我国医疗卫生资源配置趋势

资料来源：国家统计局官网。

2. 医药产业快速发展

首先，作为我国医药产业的最重要组成部分，医药制造业目前已取得显著成就，不仅规模不断增加，产业的利润也不断增长，其在我国医疗产业中的主体地位依然牢固，新发展的行业未能撼动其丝毫。同时，医药产业呈现快速发展的势头，其与国际接轨的进程也在不断加快。在“十二五”时期，我国医药制药企业数量从2011年的4678家增加到2015年的5065家。不过，这一数据在2016年有所下降，是因为这些企业到了生产许可证换证阶段，需要通过认证才能顺利换证计入统计范围，但事实上，很多企业未能通过，所以没有计入统计范围。但是就总体趋势而言，医药制药企业数量是呈现稳步增长趋势的，这说明我国医药产业的生产还处在扩张阶段（见图2-3）。

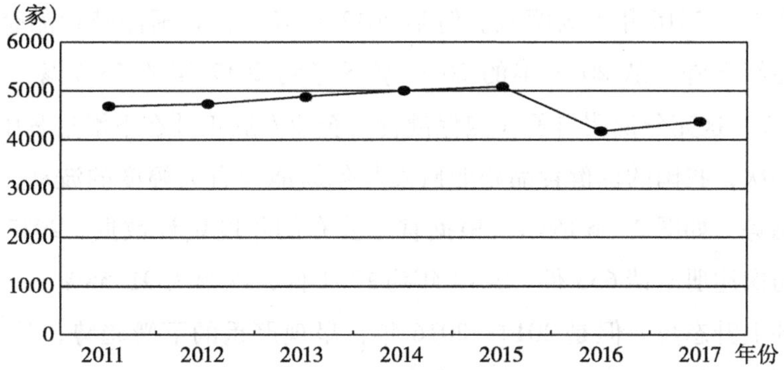

图 2 –3　2011—2017 年我国医药制药企业数量

资料来源：《中国食品药品监督管理年鉴》。

其次，我国医药产业的创新能力也在不断增强。如图 2 –4 所示，官方统计年鉴数据显示，我国 2011 年批准新药临床 149 件，截至 2017 年批准新药临床 734 件，虽然这期间有过几次回落，但是就总体趋势而言，我国每年批准的新药临床数量是在不稳定状态下加速上升的，这也说明我国医药产业的自主创新、科技研发产品的数量和质量在不断提高。

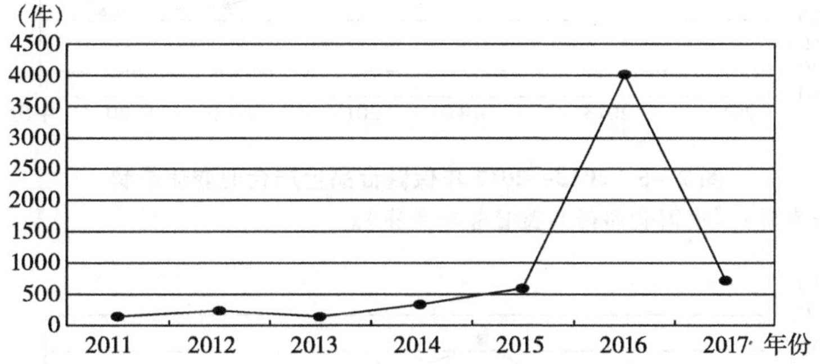

图 2 –4　2011—2017 年我国医药研发成果数量

资料来源：《中国食品药品监督管理年鉴》。

3. 保健品产业发展先增长后回落

首先，我国保健食品企业数量经历了先增加后减少的发展历程，如图 2 –5 所示，企业数量从 2012 年后开始增加，出现大幅度的增长趋势，涨幅为 9.41%，在 2013 年达到最高峰值，而后就出现下降趋势，下降趋势在2014—2016年尤为明显。但是2013年以来，我国保健食品企业数量就在逐年下降，从2013年的2616家下降到2017年的2317家，跌幅为11.43%，这充分说明目前我国保健食品企业发展正处在下滑过程中。

其次，我国的保健食品企业研发与创新能力有大幅度的波动，呈现不稳定态势。如图2-6所示，根据官方公布的年度统计数据，2012年保健食品初次注册申请653件，2014年为1251件，涨幅为91.58%，一直呈现良好的上升态势。但是2014—2016年，呈现严重的下滑趋势，从1251件下降到312件，减少了939件，可能是受到我国保健品市场不景气的影响，保健品企业的研发与创新能力有所下降。但值得庆幸的是，截至2017年的数据显示，我国保健食品初次注册申请数量开始回升，这可能是受到国家政策方面的影响。

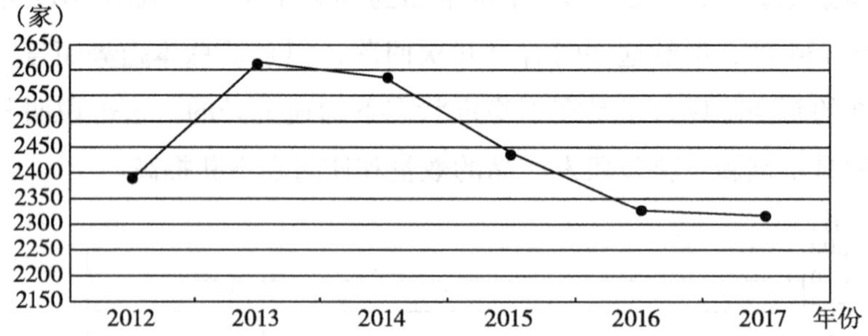

图2-5　2012—2017年保健食品生产企业变化趋势

资料来源：《中国食品药品监督管理年鉴》。

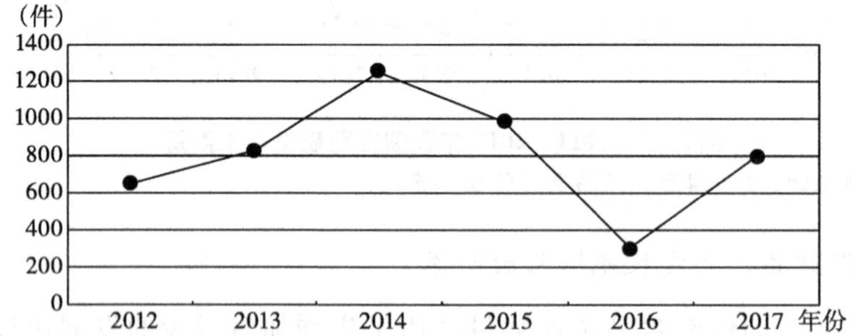

图2-6　2012—2017年保健食品初次注册申请趋势

资料来源：《中国食品药品监督管理局年鉴》。

4. 健康服务产业发展势头迅猛

近年来，随着全民健康意识的不断提高，对医药产品的消费不断增加，健康服务产业得到了良好的发展。根据《中国食品药品监督管理局年鉴》的数据，我国主要健康类产品广告业整体处于快速发展期。由图 2－7 可知，我国主要健康类产品的广告数量从 2011 年开始，无论是广告总数，还是具体产业的广告数，一直都保持在较高的水平。可以看出我国医疗器械广告和保健食品广告的数量呈现稳定上升趋势，而获批的药品广告数量则有所下降，但是总体来说变化不大。

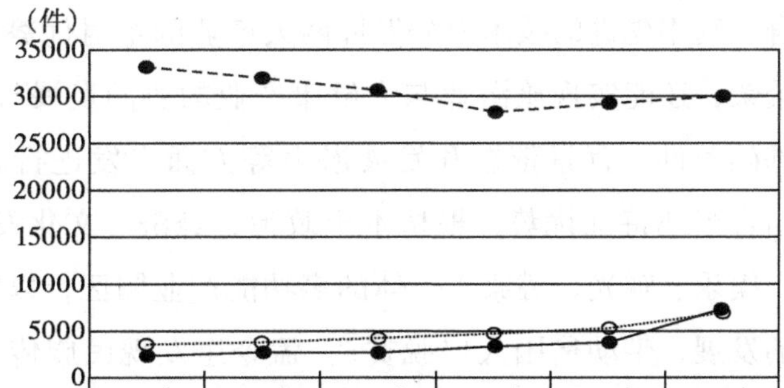

	2011年	2012年	2013年	2014年	2015年	2016年
药品广告	33110	31868	30662	28402	29261	30027
医疗器械广告	2515	3050	2773	3386	3853	7109
保健食品广告	3522	3703	4217	4647	5175	6936

图 2－7　2011—2016 年我国主要健康类产品广告数量

资料来源：《中国食品药品监督管理局年鉴》。

健康服务业在我国发展主要受两个因素驱动，一是经济条件的不断发展成熟，二是全民大健康意识的不断提高。同时，政府也鼓励健康行业的发展，以满足人民日益增长的健康需求。

医疗服务、健康管理和健康保险是健康服务业的三大核心。我国健康服务业的市场潜力巨大。单从医疗行业的快速发展就可以看出健康服务业的广阔发展前景，投资者也看中了目前我国医疗行业蕴藏的巨大商机，近年来对医疗行业的投入不断增多，医疗设备和服务质量相应地不断完善与提高。随着我国全民健康意识的提高，对医疗服务的需求不断增加，近年来，我国人均医疗保健消费支出持续增长，占家庭消费支出的比重不断攀升。由此可见，健康服务业未来发展势头良好。

（二）众多行业产业与大健康产业融合

现阶段我国许多行业已经与大健康产业形成了产业融合态势，不同行业的融入丰富了我国大健康产业的内容和形式，特别是一些休闲农业、康养产业近年来发展迅速，与大健康产业契合度颇高。大健康产业内容不断丰富，都是广大老年群体喜闻乐见的形式。段晓梅通过研究桂林的旅游健康产业，认为要促进大健康产业的进一步飞跃，可以将旅游业与大健康产业融合，利用先进的技术充分发挥两大产业的绝对优势，不仅能推动当地经济繁荣，还能实现旅游业与大健康产业的协同发展①。任庭周从产业发展的基础条件、背景依据和发展潜力等方面出发进行思考，以旧州镇为例，结合当地特征优势，根植本土政治、经济、文化发展，建立集休闲、康养、娱乐、观光、健康于一体的多功能产业园区，以园区经济带动当地经济的发展，带动贫困人口脱贫②。孟令忠发现民族传统体育产业因大健康产业的快速发展迎来了前所未有的发展良机，民族传统体育的发展也将随之变得逐渐多元化，不仅与健康有交集，还将与其他相关产业交融③。

（三）大健康产业集中度更高

近年来，我国并购市场不断发展壮大，频频刷新以往并购历史，在交易数量和交易额度上都实现了新的跨越，涉及的产业范围广，横跨不同行业，大健康产业也包含在内。大健康产业目前已成为国家、社会、个人关注的热点领域，其发展势头强劲，发展前景广阔，被社会各界一致看好，资本的逐利性质必然会促使资金投向大健康产业，近年来社会各界不断增加对大健康产业的资金支持，加上企业并购规模的不断增长，大健康产业

① 段晓梅. 旅游型城市大健康产业发展机制研究——以桂林市为例[C]// International Conference on Engineering and Business Management, 2013.

② 任庭周. 旧州镇发展大健康中医药旅游产业的思路[J]. 价值工程, 2017(12): 191-193.

③ 孟令忠. 大健康产业背景下民族传统体育产业发展探讨[J]. 运动, 2015(23): 134-135.

的集中度不断提高。

乘着我国并购的浪潮，医疗行业的企业数量和并购规模不断增加和扩大。再加上2015年我国提出供给侧结构性改革，转变经济发展方式，调整经济发展结构，在此背景下，医疗行业中一些落后、陈旧的产能被迫淘汰，或者被大的公司收购，以扩大企业规模，进一步促成规模经济效益，在国家政策和企业自身两方面因素的驱动下，并购的步伐将进一步加快。企业在并购过程中并非只兼并同一类型的企业，而是不断融入医疗产业上下游链条，上游的制造和下游的电商销售都有涉及。

三、发展基础

健康产业在全球掀起一股产业热潮，各国纷纷加入，并将健康产业视为未来经济发展的新引擎。美国就十分重视健康产业的可持续发展，认为其将为本国乃至全球创造出前所未有的财富。目前，我国全民健康意识提高，对健康产品的需求剧增，我国的健康产业也迎来了更多的发展机遇。2011年我国人均健康消费支出不及美国的1/10，经过几年的发展，我国大健康产业国际市场份额占比持续增加，国际地位也相应提高，预计到2025年，中国健康产业的规模有望突破10万亿元。从GDP的分布情况来看，国外发达国家健康产业在GDP中的占比远超我国，虽然我国占比情况不足欧美发达国家的1/3，但我国健康产业近几年来发展势头迅猛，预计到2020年国内大健康产业的产值规模有望达到GDP的10%以上。2016年是“十三五”规划的开局之年，同年10月，国务院印发《“健康中国2030”规划纲要》，这只是政策支持的开始阶段，随后国家的扶持、支持政策相继制定和颁布，在国家政策的导向作用下，社会各界的资金不断涌入健康产业当中。2016年，中国大健康产业规模达3万亿元，位居全球第一。预计到2020年，大健康产业总规模将超过8万亿元。健康产业的高速发展不仅表现在规模的扩大上，在健康产品上也得到具体的体现，产品质量日渐提高，丰富的种类满足了人们多元化的需求，健康产业的链条不断延长，内涵也不断丰富。

（一）严重老龄化为大健康产业提供广阔的发展空间

联合国提出的老龄化标准有两个：①60 岁及以上的人口超过 10%；②65 岁及以上的人口超过 7%，目前大多使用前一标准。根据中国有关老年人法定年龄的权威法律《老年人权益保护法》中的明文规定，老年人是指 60 周岁以上的公民，以此为准，由图 2－8 可知，2008 年我国老年人口为 1.59 亿人，在我国总人口中占比为 12%，2008—2017 年我国老年人口数量逐年增加，几乎呈直线增长趋势，其中 2012—2013 年增长速度最快，到 2017 年我国老年人口已达到 2.41 亿人，在我国总人口中占比为 17.3%，已远远超过联合国提出的老龄化标准。我国人口老龄化问题的日益严峻也催生了康养、医疗、保健等健康行业的萌生和不断发展，目前健康产业规模不断扩大，已成为我国经济发展的新增长点。

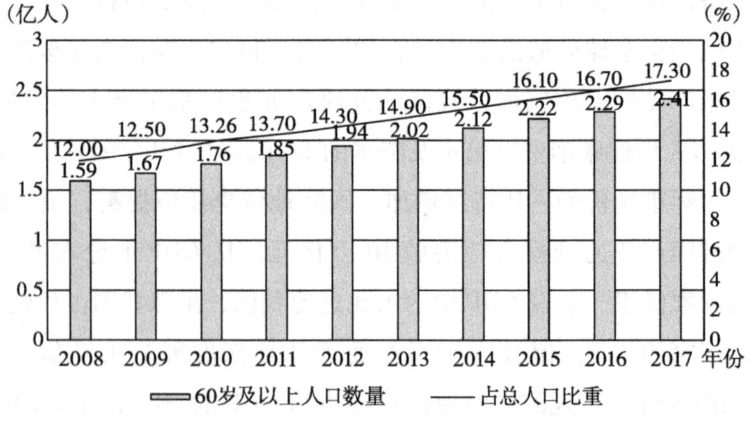

图 2－8　2008—2017 年我国 60 岁及以上人口数量及其占总人口比重

资料来源：国家统计局官网。

人口老龄化为大健康产业提供了巨大的内在需求。一方面，我国已经进入老龄化社会，老年人口占总人口的比重急速上升，欧美国家进入老龄化社会时，国家经济水平已经较高，人均收入水平也较高，远超其他国家，而我国在经济发展水平不高时进入老龄化社会，养老能力明显不足，已经对社会形成了巨大的养老压力，然而巨大的养老压力又引发了养老红利，为大健康产业提供了巨大的养老需求，创造了巨大的消费市场。另一方面，我国医疗资源相对匮乏，医疗机构结构不够完善，人民看病难、看病贵的问题仍然存在。因此民营大健康产业有巨大的市场发展空间。

（二）国家层面的战略高度支持

近年来，我国做了大量推进大健康产业发展的工作，不仅在顶层设计上进行完善，为健康产业发展提供法律保障，还严格监管医药市场，为大健康产业的有序发展扫清障碍。在具体的工作上，还提高了医疗保险的补贴水平，建立健全了医保体系。近年来政府颁布的大健康政策如表 2－1 所示。

表 2－1　关于大健康的国家政策

年份	政策
2013	《关于促进健康服务业发展的若干意见》
2014	选择数字化 X 线机、彩色多普勒超声波诊断仪和全自动生化分析仪三种基本医疗设备为第一批遴选品目
2015	建立覆盖城乡的基本医疗卫生制度和现代医院管理制度，实施食品安全战略
2016	《“健康中国 2030”规划纲要》

由表 2－1 可知，国家对健康产业的发展相当重视，扶持力度也在不断加大。特别是 2016 年习近平总书记出席全国卫生与健康大会时指出：“没有全民健康，就没有全面小康。”① 其后将健康融入所有政策。与此同时，政府在对大健康产业的不断推进过程中，对大健康产业的整体产业链也有了比较完整的认识，由此对大健康产业的支持也从整体的宏观层面具体细化到技术研发、产品销售等方面。在国家政策的支持下，大健康产业快速发展。

（三）大健康产业成为我国金融领域的热点

大健康产业的长久发展需要源源不断的资金作为保障，已成为我国社会各界普遍看好的投资领域，资金的不断注入是大健康产业持续发展的不竭动力。当大健康产业本身的资金注入已渐趋饱和时，社会资本纷纷投向与大健康相关的产业，此时投资者不只是健康行业的业内人员，还包括其

① http：//politics. people. com. cn/nl/2016/0820/c1024－28651997. html.

他行业的人士，如阿里、苹果等也因为看好大健康产业的发展纷纷注入资金。2016 年 10 月 25 日，我国首次从国家战略层面上提出了健康行业中长期支持，发布了《“健康中国 2030”规划纲要》，纲要提出要使我国居民健康指标进入高收入国家行列。有消息称，“十四五”期间围绕大健康、大医疗等健康行业有望突破 10 万亿元市场规模，未来大健康产业将成为金融领域的“热点”。

（四）慢性病人群增加

过去几十年里，我国经济的发展主要依赖环境资源，经济发展方式为粗放型，在经济得到高速发展的同时，环境污染严重，环境问题日益突出，特别是雾霾等环境问题的出现，严重危害了居民的健康，我国居民的慢性病患病率不断提高。如图 2 - 9 所示，根据国家统计局公布的年度数据，2007—2016 年城市居民主要疾病死亡构成中就有恶性肿瘤、心脏病和脑血管疾病三种慢性疾病，而这三种就占总体疾病死亡原因的 66% 以上，其中 2012—2016 年恶性肿瘤占比 25% 以上，心脏病占比 21% 以上，脑血管疾病占比 19% 以上。慢性病是严重威胁我国居民健康的一类疾病，主要包括心脑血管疾病、恶性肿瘤、慢性呼吸系统疾病、糖尿病和口腔疾病，以及内分泌、肾脏、骨骼、神经等疾病，慢性病已经成为影响国家经济社会发展的重大公共卫生问题。而在死亡统计中，平均每天有 70% 以上的人

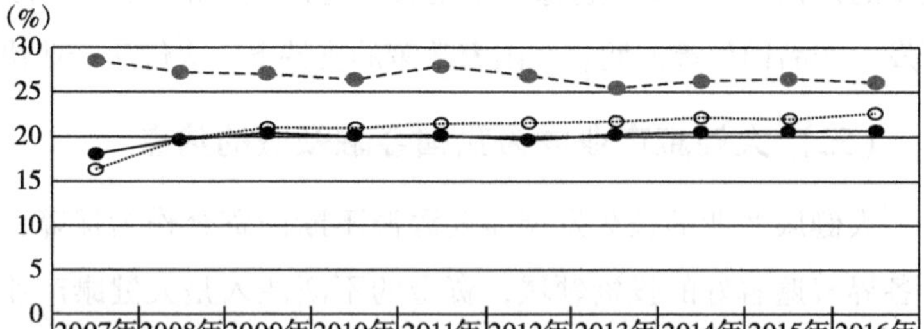

	2007年	2008年	2009年	2010年	2011年	2012年	2013年	2014年	2015年	2016年
恶性肿瘤	28.53	27.12	27.01	26.33	27.79	26.81	25.47	26.17	26.44	26.06
心脏病	16.29	19.65	20.77	20.88	21.3	21.45	21.6	22.1	21.98	22.58
脑血管疾病	18.04	19.62	20.36	20.33	20.22	19.61	20.27	20.41	20.63	20.58

图 2 - 9　2007—2016 年城市居民主要疾病死因构成

资料来源：国家统计局官网。

口死于慢性病。据调查统计，目前我国慢性病患者已超过2.6亿人，显然，慢性病已经取代传染病成为人类生命的最大敌人。

（五）收入水平和购买力提高

虽然人们的生活水平越来越高，但是中产阶级的健康程度却越来越低。研究发现，中国的肥胖人群数量排名世界第一，其中，中国的男性肥胖人数为4342万人，女性肥胖人数为4640万人，超重人士比例在1982—1992年翻了两倍。除了肥胖之外，越来越大的工作压力、越来越长的工作时间、越来越差的生活规律，都使大部分中国人处于亚健康状态。疲劳、乏力、反应迟钝、焦虑……深受这些情况困扰的中国新中产阶级，亟须解决自身的健康问题，于是健康变成了中产阶级的“刚需”。研究显示，我国中产阶级人数在2015年就已经排名世界第一位，这也预示着我国的消费能力提高，对健康产品的需求也逐年增长。

（六）营养保健和生态养生蓬勃发展

随着国家不断富强和人们生活水平不断提高，人们在解决了基本温饱问题之后，开始关注自身的健康问题。起初人们对自身健康的关注仅仅停留在对疾病的检查、治疗方面，随后通过改善日常的生活饮食习惯，渐渐开始积极主动地预防疾病的发生，目前人们对自身健康的关注已扩展到精神等多个领域，由于环境对人的身体的影响较大，恶劣的环境会极大地损害人体健康，所以人们对环境的要求也逐渐提高。由于人们对疾病预防和对环境的要求不断提高，有需求就会催生出市场，所以营养保健和生态养生在我国仍将蓬勃发展起来。

四、发展阻碍

（一）与国际差距较大

大健康产业在西方发达国家很早就发展起来，目前已经较为成熟，而我国的大健康产业由于发展较晚，且发展之初速度极为缓慢，直到现在我国仍处于发展的初级阶段，与发达国家相比存在较大的差距。我国要想加快健康产业的发展，仍需各方面的共同努力，但目前我国大健康产业还面临一个新的问题，就是要解决我国2亿多老年人口的养老问题，政府层面已相当重视，但是要具体落实，还需要将健康融入养老之中。

（二）相关法律法规等政策体系亟须健全

从前文分析可知，虽然我国大健康产业发展速度较快，但是仍处于起步阶段，力量相对弱小，政府在大健康产业的发展中起到了强大的促进作用，而市场的资源配置作用还未能完全凸显。隶属于健康管理、健康服务、健康保险等大健康产业链条还处于分割状态。大健康产业还存在政策偏宏观、缺乏完善体系、政府职能部门“失灵”等制度问题。

1. 国家政策支持文件的缺陷

（1）大健康产业政策偏宏观，实际落地存在困难

目前国内关于大健康产业发展的政策不断出台（见表2－2），但是从总体来看，大部分政策文件依旧停留在宏观方向、引导层面，如中共中央、国务院以及国务院办公厅、国家发展改革委和原国家卫计委发布的一系列关于加快养老金融支持的指导意见、促进民间投资健康产业的政策支持文件和支持整合改造闲置社会资源发展养老服务的通知等，对如何支持民间投资健康产业以及如何鼓励整合改造社会资源发展养老服务的细化措施并没有明确规定，因此现有政策虽多但是针对性不强，大健康产业相关企业在建设和运营过程中具体可获得的支持并不明确，出现企业需求和政策支持内容不一致或者错配的问题，导致大健康产业在项目实践中相关政策难以落地，不利于真正发挥政策的实际作用。

表2－2　2015—2018年大健康产业主要政策出台情况

发布时间	发布文件	发布机构
2015年6月15日	《关于促进社会办医加快发展的若干政策措施》	国务院办公厅
2015年11月18日	《关于推进医疗卫生与养老服务相结合的指导意见》	国家卫计委等

续表

发布时间	发布文件	发布机构
2016 年 3 月 11 日	《关于促进医药产业健康发展的指导意见》	国务院办公厅
2016 年 6 月 24 日	《关于促进和规范健康医疗大数据应用发展的指导意见》	国务院办公厅
2016 年 10 月 9 日	《关于支持整合改造闲置社会资源发展养老服务的通知》	民政部、国家发展改革委等
2016 年 10 月 12 日	《促进民间投资健康发展若干政策措施》	国家发展改革委
2016 年 10 月 25 日	《“健康中国 2030”规划纲要》	中共中央、国务院
2017 年 3 月 6 日	《“十三五”国家老龄事业发展和养老体系建设规划》	国务院办公厅
2017 年 5 月 23 日	《国务院办公厅关于支持社会力量提供多层次多样化医疗服务的意见》	国务院办公厅
2017 年 7 月 13 日	《关于印发国民营养计划（2017—2030 年）的通知》	国务院办公厅
2017 年 7 月 25 日	《关于建立现代医院管理制度的指导意见》	国务院办公厅
2018 年 4 月 28 日	《关于促进“互联网 + 医疗健康”发展的意见》	国务院办公厅

（2）政府支持缺位

大健康产业涉及领域非常广泛，目前关于大健康产业内涵，国内专家学者观点稍有差异，大多数学者认为健康产业由健康服务业、健康制造业和健康关联产业组成，还有一些学者认为从产业内涵来看大健康产业包括健康生产和健康服务两个方面。

在政府关于支持大健康产业发展政策文件中，政府的规划引导主要围绕健康保险和健康养老服务业的发展两方面，而对健康生产的政策支持没有充分体现出来。一是没有充分认识到健康生产在整个大健康产业发展中的重要作用，没有专门的统一政策规划和引导性文件。因此，也未实施任何产业税收、资金等扶持、补贴措施。二是当前出台的很多政策、文件都提及了健康生产，但是多为一笔带过，同时，各个文件对药品研发、保健品生产以及健身器械等健康生产二级细分产业之间的关系缺乏理论认识，存在着混用的情况。这也从侧面反映了我国大健康产业理论体系研究的落后，以及健康生产科研机构与学术组织的缺乏。

2. 体系建设不完善

顶层设计是各方面行动的指南，由于缺乏一套完善的法律法规的指导，我国大健康产业在发展过程中出现一些混乱无序的情况，没有法律的指导，各部门也无法有效执行监察，这使得市场一度混乱，在这种无序的状态下，产业的发展存在问题也在一定程度上造成了资金得不到有效利用，这对于投资人、整个社会都是一种损失。

（1）行业规范模糊

行业规范模糊直接导致了我国大健康产业许多乱象的出现。首先是对大健康产业概念界定模糊，市场对大健康产业涵盖范围没有清晰的认识，这直接导致了当我国政府出台关于大健康产业发展的指导意见时，下级政府部门由于对概念界定模糊，在执行政策文件时，容易忽视个别大健康产业旗下的二级细分产业，忽视对这些二级细分产业的监督监管，不可避免地会出现个别人士趁此机会寻求不合时宜的利益或者是等这些“底下产业”发展起来时已难以控制的问题。下级政府也容易错误地将重心放在其他产业上，导致人力、财力等各种资源的浪费。

其次是对大健康产业的准入制度模糊。以营养师为例，营养师在我国经济发展水平较低时发展并不顺利，目标客户群体也较少，现在由于健康观的带动，其自然而然地成为健康产业的重要一环，受到居民的尊重和欢迎。然而综观我国营养师这一职业群体，发现其并不被公众认可，认证乱、门槛低导致营养师这一职业群体面临信誉危机。我国一般认为营养师主要分为临床营养师和公共营养师，二者的服务对象和范围是存在差别的，二者虽然在职业名称上相似，但二者在考试内容、获取的证书、分属的部门上都有较大的差异，临床营养师更为正规，其执业资格证书的含金量较高，是由原国家卫计委组织并颁发的证书，而公共营养师是由人力资源和社会保障部组织考试并给予证书，各地的认证标准尚未统一，且后续的职业培训不够。目前，我国的认证营养师中仍存在重理论轻实践的现象，因为考试是否通过直接决定了是否能够取得执业资格，所以大多参与考试人员将心思较多地放在理论知识上，而忽视实践操作，准入门槛过低削弱了营养师的权威性。

（2）缺乏标准体系和监督认证体系

首先，我国大健康产业处于发展的初期，相关标准体系处于滞后状态，因此需要建立健全相应的体系，且需要及时适应最新发展要求，及时更新。其次，大健康产业涉及方面广、涵盖内容多，在建立相关行业标准体系时难免会忽视个别细分产业，没有成文的法律法规文件出台，导致市场无序开发，缺乏统一标准。目前老年人由于知识不足且缺乏更多关爱，易被上门推销的骗子诱骗高价购买劣质保健品，这类欺骗行为严重损害了健康产业的形象，也打击了消费者的信心。

此外，标准体系的不完善，导致我国在监管方面也存在诸多问题。食品安全监管不到位，药品研发没有相关的标准体系和监督体系，严重阻碍了建设健康中国的进程。许多医学家研究发现，饮食是预防控制糖尿病、高血压等疾病的关键，但由于我国标准体系不完善，食品营养没有可供参考的统一标准，居民的日常饮食不利于慢性疾病的预防和控制，不利于国民健康的实现。

（3）保险体系不完整

养老和医疗也是我国大健康体系的一部分，国家针对养老保障和医疗保障都建立了相应的养老保险体系和医疗保险体系，然而综观我国养老和医疗保障，还存在城乡差距过大、概念模糊以及立法碎片化等诸多问题。

首先，我国存在碎片化单行立法的问题。具体表现为：一是我国目前针对养老、医疗保障更多出台的是政策性红头文件，没有相应的法律文件，仅有少数部门规章和其他规范性文件发挥基础性作用，因此具有易变性、模糊性和弱规范性等弊端。二是针对我国“分割”的三项医保法律体系之间，没有总体立法规划，缺乏协同性，各成封闭系统，体系结构残缺，许多政策文件都是立一件算一件，对相关国民养老医疗权利保障至今还没有详细的规范，在三项医保从“分割”向“整合”的进程中，没有一部总体规划文件出台，导致我国保险体系明显呈现碎片化特征。三是顶层法律与各个部门、各级地方政府的法律法规协调性差，国家在宏观层面确定政策导向后，具体的实施方案需要各个行政部门、各级地方政府根据情况制定，在实施的过程中，极易出现各自为政的状况，各个部门之间和各级地方政府之间的执行工作协调性较差。

其次，多元制度“差异化”。具体表现在不同制度、不同地区、不同人群保障程度不一。一是各地资源分配差距较大，如城乡医疗卫生资源分配不均衡，城市医疗卫生的投入是农村的3.3倍，而农村人均医疗卫生费用只占城市居民的1/3；城市明显优于农村，农村医保碎片化显著降低了制度的公平性，同时也降低了制度的效率。二是城乡差距过大。我国基本医疗保险制度不仅存在显著的城乡二元差异，还存在职位的差异，其划分的依据就是居民的职业，保险种类的差异也使保障程度存在高低之分，加剧了城乡二元差异。如职业和身份属性使得基本医疗保险的保障力度不同，职工医疗保险属于强制性的，而居民医疗和新农合属于非强制性社会保险，自愿参保的规定虽尊重居民意见，体现自愿原则，但这也使得一部分人游离在医疗保险之外，而强制又会导致截然相反的多次参保问题。而且三类医疗保险制度的补偿方式和待遇水平差距较大，相比于职工医保的住院费用为75%～90%的报销比例，居民医保和新农合的医保费用补偿水平较低，分别为65%～70%和45%～55%，这两类群体看不起病、因病致贫或因病返贫的情况，容易导致社会不稳定。

最后，管理保险机制不完善也是制约我国大健康产业发展的障碍之一。到目前为止，我国还未建立专门的管理保险机制，导致在保险基金的管理和运行上存在诸多问题。现有法律法规忽略了对保险基金的监督管理，也没有出台相应的管理办法，并且没有建立相应的监管体系，还有就是监管部门的执行不到位，这些都导致了我国保险基金烂账呆账、账目混乱、资金混乱等问题的出现，不利于提高我国保障水平、保证我国保险体系有序运行。

3. 政府职能部门失灵

政府的作用在于弥补失灵，但在一些情况下，由于政府行政部门效率不高，以及一些信息的不完全，政府也会出现失灵。大健康产业的发展在以市场为主导的同时，也需要政府的辅助参与，需要政府职能部门认真落实政策，采取合理的措施。目前，由于我国政府的层级组织结构，中央、地方不同等级的政府有着地域和组织的明显分界，这就使得信息的传输渠道不够通畅，特别是各级政府部门之间信息封闭，严重制约了健康产业的发展。另外，不论是在健康产业法律法规的制定方面还是在具体执行方面，都将卫生部门摆在主导位置，既忽视了人力资源、社会保障、财政、民生等各部门的辅助作用，也没有通过制定合作规范来提高各个部门之间的合作效率。并且在政府编制区域发展规划时，一味地寻求经济发展，反而忽视了健康指标。此外，在政府各项政绩考核中注重的也仅仅是 GDP 的增速，忽视了生态环境的保护，由于对环境污染的控制和监管力度不足，慢性疾病和传染病的患病率不断提高。总之，全民健康必须由各个方面的力量共同推进，不能单独依靠卫生部门，其余部门都要履行好各自的职能，配合卫生部门做好推进健康产业发展的工作，将国家政策执行彻底，将作用发挥到位。

（三）创新能力成为阻碍我国大健康产业发展的重要障碍

产业整体层次水准不高，以及技术创新能力不足是阻碍我国大健康产业发展的最重要因素。在产业的升级过程中，创新是灵魂。在我国大健康产业的发展历程中，创新并未促进产业结构调整，我国健康产业的发展目前尚处在学习一些先进国家经验的阶段，对自主创新的重视程度不够。产业要促成创新，一般需要在三个方面努力：首先，可以通过企业内部自主创新，规模不大、技术研发能力不足的企业可以选择与国内高校、研究中心合作完成，而有经济实力的大企业可以从其他地区或国家引入新的技术，在较短时间内解决当地或是国内科研力量较弱的难题。其次，可以从企业内部的组织结构出发，通过删减、增加部门人员，调整企业内部组织结构，从而提高企业内部各组织的工作协调性。最后，可以开拓新的市场，通过创新营销手段，引导或者发掘新的需求，为健康产业的发展打下良好的基础。

此外，针对目前我国产业升级发展中所表现出来的创新能力不足，一方面，需要政府的引导和支持，为产业引入资金、人才等资源；另一方面，需要企业自立自强，自主研发或是通过多种途径，积极主动寻求企业创新。

（四）服务于大健康产业的人才不能满足需求

随着经济的不断发展和人们观念的逐渐转变，大健康产业必然成为快速发展的行业，将有着广阔的需求空间。广阔的需求空间意味着巨大的人才需求，然而综观我国现有服务于大健康产业的人才市场，其数量和质量都远远不能满足需求，具体体现在以下几个方面。

1. 大健康服务产业相关专业人才需求量大

首先，具备医学专业背景的健康管理师在供需上存在较大的缺口。这从侧面显示了我国大健康产业对高水平复合型人才的巨大需求，急需对身体、医疗等各方面都有较深了解的专业人才。然而，目前我国这方面的人才不多，存在巨大的缺口。我国许多人都处于亚健康状态，以高收入人群为代表，他们需要个性化定制的全面健康服务来帮助其改善健康状况。此外，对专业人才需求量巨大的人群是老年人群。我国已经进入老龄化社会，并且老龄化现象将越来越严重，慢性疾病、健康营养管理等需求都意味着他们需要系统性、针对性的疾病预防管理，但现实中，由于我国这方面人才出现缺口，供不应求，急需培养高水平的复合型人才。相关数据显示，随着我国大健康产业的不断发展壮大，未来对高层次人才的需求还将增大，目前我国就已经出现这类高水平人才缺口，若不及时采取措施，加大相关人才的培育力度，未来我国健康产业高层次人才的缺口将进一步扩大，到时供需矛盾更加突出，将严重制约健康产业的可持续发展。我国政府也高度重视此类人才的培养，近年来先后颁布了一系列指示文件，抓紧对健康人才进行培训。

其次，有专业知识的营销人才较少。以医药市场为例，随着经济的不断发展，人民生活水平不断提高，人均可支配收入也不断增加，加上医改的推进，医疗保险覆盖范围逐渐扩大，居民日常的看病吃药大多都能够通过医保报销，在各方面因素的共同驱动下，居民对医药产品的需求量也不断增加，医药市场的交易规模近年来不断扩大，成为健康行业中发展前景较好的产业之一。因此，对具备医学专业背景的营销人员的需求也逐渐增大。

我国不缺营销人员，也不缺具备医学专业背景的人才，但具备医学专业背景的营销人员在我国相对较少，供不应求，远远不能满足医药销售市场的需求。我国现有的医药营销人员，大多是不具备医学专业背景的营销人员，还有市场营销的策划人员以及直接与市场接触的医药等健康产品的市场推销人员。一方面，当前的医药产品主要是靠营销专业背景的人员，通过查询了解医药产品等方面的资料，根据产品的特点策划营销方案，在一定程度上也扩大了产品的影响力，使居民更加熟悉和了解医药产品。但这类营销人员由于缺乏对药理知识的深入研究，对医药产品的营销往往不能深入本质，大多是向居民推广药品的基本特征，不能帮助消费者加深对药品的认同感，所以医药市场中产品的推广在未来将逐渐由具备医学专业背景的营销人才担任。另一方面，在我国各地都有大量的连锁药店，在病情不严重的情况下，大多数居民会选择离家近的药店自行购药，在这种药店、诊所等零售的销售模式下，对销售人员的医学知识要求较高，医药的品种、数量繁多，且分属于不同品牌的企业生产，有许多疗效相似的药物，对于病人对品牌、药名的需求，营销人员需要在短时间内做出反应，为其提供服务。在销售的过程中，一部分居民根据自己的病情会明确告知营销人员自己要购买什么药，但大部分患者会告知自己的病情，向营销人员咨询应该如何用药，这就需要营销人员具备专业的药理知识。此外，企业生产的一些保健药品需要营销人员做好营销推广工作，目前这类工作急需大量具备医学专业背景的营销人员，若没有医学知识的有力支撑，在顾客的询问过程中，不能对顾客的问题提供专业的解答，甚至会出现冷场的尴尬局面，所以现有的营销人才不能满足医药市场的需求，因此急需大力培养具备医学专业背景的复合型营销人才。

最后，公共营养师稀缺。在一些健康行业发展成熟的国家，公共营养师的数量较多，我国公共营养师极度匮乏，使得公共营养师私人化，成为少部分高收入者的私人营养师，而普通人群对于公共营养师知之甚少。公共营养师主要是为居民提供膳食搭配服务，保证人体摄取的营养均衡，通过膳食改善居民的身体状况，比如药膳就受到大部分养生人士的追捧。若要改变我国公共营养师稀缺的局面，还需要政府出面，一方面履行政府职能，做好支持、鼓励、宣传工作，另一方面要规范公共营养师的考试、取证过程，制定全国公共营养师的认证标准。

2. 食品药品监督检查人员不足

近年来，我国查处了多种不合格的食品药品，食品药品出现安全问题是国家和社会各界所不能容忍的，这将严重损害国民的身体，甚至威胁国民的生命。要维护我国居民的切身利益，必须严格监督食品药品的生产，严厉打击生产不合格食品药品企业，亟待建立健全我国的食品药品监督管理体系，提高食品药品等监督检查的效率。一方面，我国食品药品各相关部门在监督环节不能各自为政，需要相互配合和支持，联合执法，这种多部门联合执法，由于日常联系不紧密，在执法过程中默契度不高。另一方面，关于食品药品的监督执法，在我国的基层单位，往往与日常的基层执法混合在一起，存在执法界限模糊的弊端。

目前我国食品药品监督检查人员匮乏，主要存在三方面的原因。首先，我国健康产业人才结构不合理，大多为拥有一般医学专业背景的人员，知识背景深厚的高级人才数量少，高层次的医学专业背景执法人才尤为稀缺。所以要解决这一问题，必须提高整个人才队伍的综合水平，加大这方面人才的培养，特别是对高级人才，应加大政策倾斜力度，当食品药品专业人才的整体质量提高了，整个人才队伍的结构也会得到进一步优化。其次，已上岗的监督检查人员缺乏基本的药理知识，这类人员以执法专业上岗，面对一般情况的监督检察没有问题，但是由于食品药品的监察情况特殊，且是关系国民身体及生命安全的大事，这就要求执法人员必须精通药理知识，若无医学专业背景的积淀，即便认真执法，其监察质量也很难达到要求。最后，医学专业的执法人员知识更新慢。一些精通医学知识的专业监察人员，由于工作繁忙，生活压力大，在上岗之后，对专业知识的继续学习逐渐懈怠，很少或者从不更新知识，甚至有些人从不复习以往的知识，造成知识遗忘和缺失，渐渐沦为非专业人员，从而加剧了食品药品监察人才的匮乏。

3. 复合型人才缺口加大

随着健康产业的不断发展壮大，健康产业与休闲旅游、娱乐、餐饮等多类型的产业出现融合，因此现在对健康产业的人员素质要求更高，不仅要求人员具备具体行业的一般技能，还需要这类人员具备医学专业背景。比如，我们上面已经提到过的具备医学专业背景的营销人员，由于具备良好的医学知识，在营销策划时更能深化主题，在具体的市场推广中，面对消费者能提供专业知识的解答，很好地消除消费者的疑虑，增加消费者对产品的信赖。因此，健康产业的发展离不开这类专业人才，在未来对这类人才的需求只会逐渐增大，以便为客户提供更多元化的专业服务，但是由于目前我国这类复合型人才比较缺少，而培养教育仍需较长时间，在未来一段时间里，这类复合型人才的缺口会加大。

五、发展趋势

（一）大健康观升华到国家健康价值观

全面建设小康社会是我国“四个全面”之一，是我国的国家战略。要实现全面建设小康社会，必须先实现全民健康。2016 年 9 月 18 日，习近平总书记在全国卫生与健康大会上指出：“没有全民健康，就没有全面小康。”这为健康中国建设进一步指明了方向，并特别强调了全民健康的“优先性”与战略地位。

首先，这是由我国的国情决定的。我国是人民当家做主的社会主义国家，政府的工作都是为了人民的幸福，因此公民健康是政府的责任。在现代社会，健康被视为一种公民权利。虽然健康体系涵盖范围很广，但其最直接的表现就是医疗卫生服务。健康权的实现需要个体和社会履行自己的健康责任，特别重要的是国家和政府要担负起自己的健康维护重责。一个国家对公民健康的重视，不仅取决于对医疗和疾病预防的资源投入，还与如何分配健康教育和专家资源有关，与如何调节经济、就业有关，与如何为弱势群体、贫困人口提供救助，推行摆脱贫困的方案有关，也与如何号召人民完成一个共同的战略目标有关。因此，全民健康是全面小康中很重要的一部分。

其次，公民追求基本的健康权将促进社会公平正义的实现，缩小城乡、地区间的差距。“富强、民主、文明、和谐、自由、平等、公正、法治、爱国、敬业、诚信、友善”这 24 个字高度概括了我国社会主义核心价值观。公平正义一直是我国人民热议的话题。社会公正是对社会不平等的一种价值判断，不仅关乎如何对待所有不平等问题，还关乎权利、机会和社会资源配置的问题。追求健康公平必须考虑其与整体社会安排之间的联系，即考虑整个资源分配与社会安排上的不平等。显然，追求健康状态的完全平等是不可能做到的，但是我们可以追求每个人的健康状况在改善过程中的平等。因此，为贫困者提供医疗救助，确保每个人都能获得基本医疗保健服务，无疑是一项重要的社会政策。特别值得一提的是，《“健康中国 2030”规划纲要》中明确了“健康中国”战略实施的四大原则之一为“公平正义”：就目前我国的实际情况来看，重点是要维护农村地区的公平，加强农村基础设施建设，增加农村的健康设施供应，使我国广大农村地区的人口也能享受到健康产业发展的成果，缩小城乡之间健康服务的二元化差距。

最后，健康是人类全面发展的基础，没有健康，人的一切都将无法实现。无论自身发展还是自身价值的实现，抑或是社会发展的参与和成功的享有，均以健康为前提。失去健康，事业和家庭都将不复存在。国是由千千万万个家组成的，因此，只有增强个人体质，保证个体健康，才能使全民健康的时代早日到来；只有提高全民健康素质，才能推动经济可持续发展，促进国家繁荣昌盛。小康社会的“康”不仅有居民财富充裕的意思，还有身体健康的内涵。全民身心健康是建设全面小康社会的时代要求。

（二）疾病医学转变为健康医学

健康与疾病是相互联系、相互影响、相互制约、动态变化的两种生命状态和过程。它们既是对立的，又是统一的。正确认识这样一种辩证关系，对我们认识我国大健康产业发展之路是十分重要的。

首先，“健康决定因素”要求疾病医学向健康医学转变。健康决定因素非常复杂，但主要可分为三类因素：一是上游因素，包括政府政策、经济、政治制度和健康投资等，也被称为宏观因素；二是中游因素，包括吸烟、酗酒、活动不足、不合理膳食行为等导致慢性病的不健康的生活方式和行为；三是下游因素，包括卫生临床治疗等致使健康发生变化的因素。这三类因素相互作用，构成一条健康决定因素链条。因此，仅仅以医疗为主体，是不能有效实现人体健康的维护的。与此同时，影响健康的各个因素是紧密联系、不可分割的，各方面共同作用才能促进健康的实现。故在人类健康事业的实践上，应当从疾病医学转向健康医学，并动员社会各方面的力量，只有做到这些，才能解决健康问题。

其次，“医学的目的”决定疾病医学转向健康医学。人类经过漫长的探索，对疾病和健康的规律认识愈加深入，在医学模式的转换当中，对疾病的发现和诊断能力是判断当今医学发展水平的主要指标之一。人类社会在医治疾病方面付出的努力和投入的财力、物力可谓巨大，若以寻求健康为目的，我们的目的达到了吗？当前的医学目的是什么？人类必须从本原寻求改变，冲破现有的阻碍，维护自己的健康，才能促使医学回归其本来的目的，即从疾病走向健康。

最后，现行医学模式的困境要求疾病医学转向健康医学。现行的医学模式有诸多困境。一方面，医学还原论中存在一些问题。一是还原论中考虑的是静止的正常范围，但慢性病和老化疾病都是多系统疾病，若不将动态稳态之效应考虑进去常会造成无效治疗。二是存在不精确的风险管理，即目前疾病的风险控制手段因受制于学科发展仍然相当粗放，因一种疾病对应于一种危险因素分析所带来的限制，故没有能力在多重危险因素下进行医学工作，也不能计算出这些因素的共同影响，如果能使用多维度的分析方法，则为个体做出相对精确的风险预测的可能性会变大。三是还原论中的累加治疗，将系统切割分解为独立的单元，分别处理每一部分即被看作解决系统问题，忽略了疾病各个维度之间以及疾病和治疗手段间的复杂互动。另一方面，当代医学的身心二元论也存在一些问题。此理论抛开了心理与灵魂的顾虑，专注于处理身体问题，将疾病简单区分为器质性与功能性两种。因此对疾病的研究采用部分分析的方法，并集中于生物学，忽视了行为和心理学，造成了许多问题，但是随着生物医学的不断发展，身心二元论的问题愈加突出，诊断只剖析病理知识，患者的"心"被遮蔽在医疗领域之外。在这种医学模式转变中，人体被切割物化，人的感受也将被忽视。

第二节　中国居家养老服务业发展现状及基本状况

一、发展历程

改革开放以来，随着经济社会的快速发展以及国家计划生育政策的实施，到20世纪末期，中国老龄化问题开始变得尖锐，中国传统的家庭养老方式逐步向社会养老方式转变。作为社会各界一致欢迎的养老方式，居家养老一直是我国养老体系建设中的核心与重点，是解决我国养老问题的重要举措。居家养老服务在我国从研究提出、实践探索，到统一定义、政策跟进、全面推进，再到现在的进入快速发展的新时期，已经有20多年的发展历史。全国老龄工作委员会办公室将其定位为"政府和社会力量依托社区，为居家的老年人提供生活照料、家政服务、康复护理和精神等方面服务的一种服务形式"。居家养老服务中的"基础"是家庭，"载体"是社区，"服务"是关键，三者之间是相辅相成、相互关联的供需关系。简而言之，就是为谁服务、谁来服务以及怎么服务。居家养老有效弥补了以往养老方式的不足，是传统家庭养老服务功能与现代化社会养老服务功能的集合体；同时也是破除日趋尖锐的家庭养老与社会养老服务的矛盾、尊重老年人情感和心理需求、年青一代追求家庭事业平衡的人性化选择，是我国建立基本养老服务体系的一项必不可少的内容。迄今为止，我国居家养老服务业发展大致经历了三个阶段。

（一）第一阶段：1982—1999 年，研究认识、探索实践阶段

从 20 世纪 80 年代开始，我国人口老龄化问题开始显现，1982 年第一次老龄问题世界大会后，各专家学者对人口老龄化的发展成因、趋势、特点，以及人口老龄化对社会经济等各方面带来的重大影响开展了多方面的深入研究，最后得出结论：中国人口老龄化是必然趋势，到 2000 年将进入人口老龄化国家行列。同时在国家计划生育政策下，家庭规模必然会缩小，伴随人口老龄化下老年人口高龄化、空巢老人增加、失能半失能老人数量增加等冲击，传统的家庭养老并不能满足老年社会发展的需要，其基础地位必将发生动摇，家庭养老功能将开始弱化。因此，仅仅依靠家庭将很难承担巨大的赡养照料服务压力，庞大老年群体的服务需求与养老服务业发展相对滞后的矛盾将会随着时间的推移越发突出，因此推进居家养老服务业发展势在必行。1983 年，国务院正式批准成立了中国老龄问题全国委员会，全国各地成立了老龄工作机构。1992 年，《中共中央、国务院关于加快发展第三产业的决定》发布后，相关部门开始对养老服务业发展提出要求。1994 年 12 月，国家计生委、民政部、全国老龄委等 10 个部委联合出台《中国老龄工作七年发展纲要（1994—2000 年）》，提出要实现老有所养，各地政府根据当地情况对高龄老人给予生活照顾和医疗帮助；要坚持家庭养老与社会养老相结合，大力发展社区服务业，帮助解决老人特别是高龄老人和残疾老人的生活照料问题，逐步形成以社区为中心的生活服务、疾病医护、问题活动、老有所为四大服务体系。1999 年的全国老龄工作委员会第一次全体会议也强调要大力发展社区养老服务，加快社区老年照料服务体系建设的步伐。

（二）第二阶段：2000—2012 年，政策衔接、统筹发展阶段

这一时期可以说是促进养老服务发展的政策高产期，从 2000 年开始，我国养老服务业开始建立顶层设计，从政策宏观角度对居家养老服务有关方面进行指导规划。2000 年 8 月，《中共中央、国务院关于加强老龄工作的决定》发布，其中针对养老服务业的发展指出，要“坚持家庭养老与社会养老相结合”“坚持政府引导与社会兴办相结合”“老年服务业的发展要走社会化、产业化的道路”，这一决定极大地推动了居家养老服务业的发展。2001 年民政部在全国范围内启动大规模的“社区老年福利服务星光计划”项目建设，经过三年的努力，全国投入约 134 亿元资金，在城乡社区建成 3.2 万所“星光老年之家”，但是此项目由于后期缺乏监管、运行资金跟不上等，许多“星光老年之家”被挪作他用，这也是我国目前居家养老服务业发展值得深思和认真总结的经验教训。2001 年至今，国务院先后发布了 4 个中国老龄事业发展五年规划［《中国老龄事业发展“十五”计划纲要》(2001 年)、《中国老龄事业发展“十一五”规划》(2006 年)、《中国老龄事业发展“十二五”规划》(2011 年)、《“十三五”国家老龄事业发展和养老体系建设规划》(2017 年)］，都根据每个时期老龄事业发展的重点，有针对性地对我国养老服务体系建设、居家社区养老服务业发展提出了具体的要求和量化指标，促进了居家养老服务业的发展。2008 年 1 月包括全国老龄工作委员会办公室在内的 10 个部门共同颁布指导意见，明确指出了居家养老服务的重要意义、基本任务和保障措施，界定了居家养老服务的定义，进一步指导和推动了居家养老服务的发展。

（三）第三阶段：2013 年至今，全面推进阶段

2013 年以来，老龄事业和产业发展进入大发展时代，居家养老服务同步进入发展的快车道。随着《老年法》《国务院关于促进健康服务业发展的若干意见》（国发〔2013〕40 号）的发布，国家和相关部门一系列涉老政策、规划、办法密集出台，基本涵盖了养老服务业和健康服务业发展的方方面面。政策的跟进，有力地促进了老龄事业的发展，撬动了老龄产业

市场。居家养老服务逐渐建立完善，养老服务业进入了发展的快车道。经过多年的发展，我国居家养老服务业形成了自己的特点，有了一定基础。全国老年服务设施由 1991 年的 2.15 万个增长到 2016 年底的 11.1 万个。

二、发展现状

（一）我国居家养老产业保持持续增长趋势

2016 年我国 65 岁及以上老年人口超过了 1.5 亿人，占全国总人口的 10.8%，进入 21 世纪以来，我国老龄化发展速度不断加快，每年都要新增好几百万的老年人口，而我国新生人口的增长速度仅仅为老年人口增长速度的 1/5。经济合作与发展组织（OECD）预测，我国人口数量在 2030 年左右将达到峰值 14.53 亿人，其中 65 岁及以上人口数量将达到 2.4 亿人，占总人口的 16.2%。老年人口的迅速增加意味着养老市场的发展潜力巨大，目前养老产业市场规模逐年扩大，2017 年养老产业市场规模为 2.5 万亿元，且未来 5 年内年均增速可达到 26.91%，也就是说按照这个速度，到 2021 年其市场规模预计可达 6.5 万亿元（见图 2－10）。同时可推算出到 2020 年和 2030 年，我国退休金市场规模将分别达到 2.8 万亿元和 7.3 万亿元，预测到 2020 年我国老年人护理服务和生活照料潜在市场规模将超过 4500 亿元。

（二）居家养老产业政策大力支持

老年人口的增加伴随着养老产业的兴起，我国近几年养老产业发展迅速，养老模式的顶层设计已经基本形成，即 90% 的老年人在家养老，7% 为社区短期照顾，3% 选择机构养老。2013 年的国务院常务会议就指出，到 2020 年服务于我国庞大老年人口的多元化的养老体系将建成；2016 年政府出台相关政策重视居家养老和社区养老的试点工作，意在为养老服务发展积累经验；2017 年国务院又发布通知，明确规划了 2020 年的目标为健全已有的养老体系。近年来养老产业政策发布情况如表 2－3 所示。

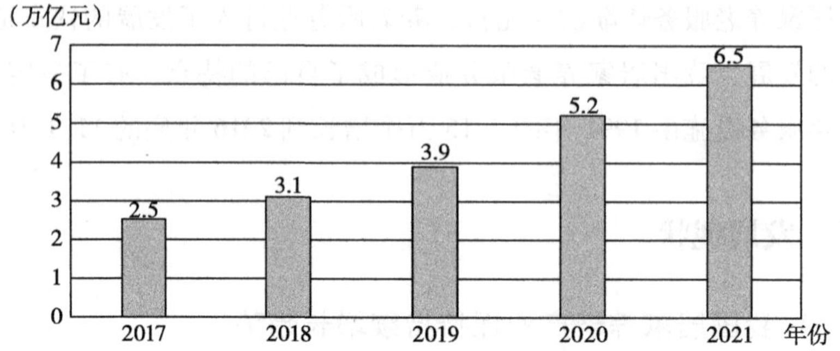

图 2-10 我国养老产业市场规模

资料来源：根据公开资料整理。

表 2-3 近年来我国养老产业政策发布情况

年份	部门	政策	主要内容
2014	国家发展改革委等	《关于加快推进健康与养老服务工程建设的通知》	到2015年养老服务体系基本建成，每千名老年人拥有床位数达到30张；到2020年全面建成养老服务体系，每千名老年人拥有养老床位数达到35~40张
2015	民政部等	《关于鼓励民间资本参与养老服务业发展的实施意见》	鼓励民间资本在城镇社区举办或运营老年人日间照料中心、老年人活动中心等养老服务设施，为有需求的老年人，特别是高龄、空巢、独居、生活困难的老年人，提供集中就餐、托养、助浴、健康、休闲和上门照护等服务
2016	国家卫计委、民政部	《关于确定第一批国家级医养结合试点单位的通知》	确定北京市东城区等50个市（区）作为第一批国家级医养结合试点单位，全面落实医养结合工作重点任务
	国务院办公厅	《国务院办公厅关于全面放开养老服务市场提升养老服务质量的若干意见》	全面放开养老服务市场的七个要点，降低准入门槛、引导社会资本进入养老服务业；推进“互联网+”养老服务创新，建立医养结合绿色通道
	国家卫计委办公室	《国家卫生计生委办公室关于养老机构内部设置医疗机构取消行政审批实行备案管理的通知》	养老机构内部设置诊所、卫生所（室）、医务室、护理站，取消行政审批，实行备案管理

续表

年份	部门	政策	主要内容
2017	国务院办公厅	《国务院办公厅关于制定和实施老年人照顾服务项目的意见》	重点任务：全面建立针对经济困难、高龄、失能老年人的补贴制度，并做好与长期护理保险的衔接；发展居家养老服务，为居家养老服务企业发展提供政策支持
	国务院	《"十三五"国家老龄事业发展和养老体系建设规划》	提高养老的基础设施建设，护理型养老中的床位占比提高到30%以上；综合医院等级在二级以上的需设老年病科，且比例不低于35%；控制政府运营的老年床位比；提高老年人口的教育活动参与率和健康管理率；将福利公益基金中超过一半的资金用于支持养老事业

（三）城市的居家养老配套设施短缺

中国房地产业快速发展的时候居家养老还处在初期发展阶段，因此很多城市在进行城区布局时往往以当时的实际情况为主，参考的是当时的各方面的需求，对养老这方面的数据增长分析不足，致使如今适合居家养老的场所有限。或许在小区建设时有考虑某些适合老人健身、娱乐的场所，但是利益最大化的诉求导致这些场所的面积和设施配置都是极其有限的。房地产业的发展导致现在城市土地更加稀缺，城市内部的多数黄金地段已经被开发，养老产业发展空间规划不足。由于当时康养观念薄弱，城市在规划布局时缺乏预见性，未能顾及未来将出现发展很快的养老产业，严重忽视了其发展，大的布局都没有顾及，关于养老具体设施的建设更是少之又少，城区基础养老设施的缺乏严重制约了城市居家养老的进一步发展，老年人日常的锻炼、娱乐、交流得不到满足。未来我国老年人口将逐年增加，从现在起，城市的规划布局就应当考虑居家养老问题，并且要引起重视，这一环节的工作准备如果不能做好，将直接影响今后我国其他养老工作的正常开展，影响后续工作的质量和效率，最后也将在很大程度上限制我国居家养老的发展。

（四）服务人员专业素质偏低

服务质量是衡量评价居家养老的重要指标，要提高居家养老的总体效用水平，首先就要狠抓服务质量问题，而提高服务人员的素质是解决这一问题的关键。利用定期对服务人员进行再培训等方式，可以不断更新专业人员的知识，拥有丰富知识和实际操练经验的工作人员将受到消费者和企业的欢迎。目前，社会化居家养老管理人员和服务人员整体素质不高，人才需求大。

1. 居家养老管理人员素质有待提高

目前，我国居家养老方面的高级管理人才是非常缺少的，未来几年我国的老龄化将进一步加剧，居家养老在我国承担社会养老职能将更加凸显，虽然目前各方面的人才培育工作正在进行，但人才的培育速度在很长一段时间内仍赶不上我国老龄化的速度。因此，在居家养老管理人员不足的情况下，一些部门会调动有多年管理经验的工作者担任居家养老管理人员，这部分管理者由于管理经验丰富，在职位上几乎不会出错，但是缺乏对居家养老的深入认知，业绩方面也不显著。此外，我国一些管理人员知识陈旧，依然停留在过去的老概念、老知识中，不能与时俱进。

2. 居家养老服务人员素质有待提高

目前，我国居家养老服务人员的知识水平不高，服务人员的学历总体偏低，接受过专业培训且系统学习过理论知识的人员不多，甚至还有因找不到其他工作而被迫选择这一职业的人员。整体看来，一方面由于人员的素质不高，一般只能为老年人提供基础的生活照料服务，服务内容和形式不够丰富，不能满足老年人的精神等其他高层次的需求。另一方面由于老年人生活水平的提高，还有国家社保、养老保险的支持，消费水平提高，对服务的要求也提高，在服务的过程中，非专业人员也不能为老年人提供专业的心理疏导等服务。

因此，政府及有关部门应该尽快制定出相应的流程和标准，具体到某一项目实施的细节，健全相关服务人员专业化培训、考核制度，提倡和鼓励有学历的年轻人加入居家养老服务行业，为居家养老服务注入新鲜血液，提高他们的福利待遇，建成一支成熟的、稳定的高素质服务队伍。

（五）宣传力度不够，社会公众对居家养老认知度不高

中国传统的“养儿防老”思想已经根深蒂固，大多数人从心底抵触居家养老和社区养老，将其与不赡养老人等同，认为这是一种不孝顺、不道德的行为。但是时代更替，儿女们由于生活压力无法在家庭、事业之间取得平衡，老人与子女生活在一起的传统夙愿无法实现。而政府与民间没有对居家养老的相关知识进行有效宣传，导致社会公众对居家养老的认知度不高。因此，需要政府及相关部门在日常生活中加大对居家养老相关知识的宣传，充分利用网络媒体力量，大力弘扬我国的传统美德，适应时代发展参与到新时代的养老模式中，实现老人与子女双赢，更好地弘扬中华民族尊老、爱老、敬老、养老的美德。

三、发展基础

（一）政策支持

一方面，明确居家养老的地位。2008 年国家出台文件明确了居家养老是我国的养老方式，十一届全国人大常委会第三十次会议在审核修订的《中华人民共和国老年人权益保障法》（以下简称《老年人权益保障法》）中，依法确立了“居家养老”的基础地位，充分体现了居家养老的重要性。2016 年国家卫计委、民政部公布《医养结合重点任务分工方案》，未来医养结合将逐步落地。同年，国家制定政策放开经济养老市场，让居家养老减少对政府的依赖，往市场化方向运作。

另一方面，不断为居家养老引入人才、资金等资源。特别是政府通过转变职能，不断地减少对市场的干预，为市场资源优化配置作用的发挥创造良好的条件。此外，积极引导社会各界资本投入居家养老产业中，为市场的发展注入新鲜活力，并加大对其监管力度，这些措施无疑又促进了我国居家养老的发展。

（二）法律支持

进入21世纪，随着老龄化问题的不断加重，我国关于居家养老的政策相继出台。由最开始提出一些概念和鼓励政策，到随后颁布具体的文件来引导居家养老的发展，从顶层设计进行总的指导布局。总的法律框架已基本构建好，又颁布实施了关于医疗诊治、护理设施的具体指导法律法规，经过长时间的努力，不断建立完善我国居家养老法律体系，目前，政府的工作还在进一步开展，未来我国这方面的法律法规体系将更加完善。

四、发展阻碍

（一）观念落后

首先，养子防老的理念阻碍了我国居家养老的发展。养子防老是我国的传统理念，其内容是由子女承担老年人的养老责任。我国老年人受子女赡养老人的传统思想影响，对其他养老服务没有很大的需求，这就使得居家养老服务的使用率较低，甚至部分老年人因养子防老的观念，认为选择其他方式养老有失体面，在很大程度上不能接受这一养老方式。目前，我国大多数老年人还是选择传统的家庭养老方式，在这种养老模式下，老年人需要的服务主要由子女等家庭成员提供，这也是目前居家养老服务消费不高的主要原因，特别是上门服务几乎无人问津，这种传统的养老方式制约了居家养老的发展，影响了其推广的速度和规模的扩大。

其次，机构服务优于居家服务的理念。在我国每个行业都存在大大小小的机构。我国居民普遍认为机构较优，且认为大机构较小机构更优。因此，在大多数家庭面临是将老年人送到机构享受养老服务，还是利用居家服务形式进行养老的选择时，往往会选择机构养老。但其实这两种养老方式各有优劣。机构养老是一种入住服务，更是一种专业服务，将有同样需求的老年人会集在养老资源丰富的区域为其提供更高层次的专业服务，当然，这个过程中，老年人会离开自己原本的居住地。机构养老的优势是减轻了子女照顾老年人的压力，老年人在这一区域中不仅能获得丰富的养老资源，还能结交志同道合的伙伴，举办各类活动，预防、减少心理疾病。而居家养老服务的内容主要是保障老年人的基本生活，对精神慰藉服务的关注较少。城镇居家养老服务主要提供日常生活照料和洗衣、做饭等服务，在此过程中老年人不用离开自己的居住地。

最后，我国部分地区的生活水平不高，贫困和经济较为落后制约了居家养老的发展，也影响了居民的生产观念。一部分人群因为还处在脱贫边缘或是生活水平不高，所以实现基本温饱成了主要的需求，生存观念也受到环境的影响，以基本生存为主。事实上，这种基本的生存观念是一种低要求，具体体现在居家养老服务上，就是对服务的内容和质量要求不高，只要能维持生存就行，而市场供给是以需求为导向的，这就使得提供的服务内容单一、质量不高，也使得未经过培训的非专业人员大量涌入居家养老市场，导致从业者整体素质偏低，职业素养不够，降低了整体服务的质量，不利于居家养老的长久发展。

（二）政策渗透度有限

首先，对居家养老机构化的理解有误区。通常，人们对居家养老应该机构化的理解是强调养老服务机构化，即将老年人集中在养老服务机构中，为他们提供必要的生活服务，满足其物质生活和精神生活的基本需求，这有悖于我国的养老原则。我国的养老原则是构建以居家为基础、以社区为依托、以机构为支撑的社会养老服务体系。其中“以机构为支撑”的含义是，当养老服务以居家为基础无法有效满足老年人养老服务需求时，养老服务方可以机构化，由机构提供养老服务。机构养老服务是居家养老服务的辅助方式。养老服务机构化具有一定的优点，如机构化有利于集中提供养老服务，机构化也能提供专业的养老服务等。但机构化也存在以社会隔离的方式为老年人提供集中供给服务，缺乏人性化安排和老年人个人选择自由等问题。并非所有的养老服务都必须机构化，社区养老服务不应该机构化。

其次，在居家养老服务的提供中，不同提供主体的职责不明确，存在过于依赖社区的问题。我国居家养老服务提供主体是多元的，政府、机构、个人、社会组织等都是居家养老的服务主体。目前我国居家养老不断发展，政府在其发展过程中起主导作用，但是在养老服务的提供方面，应该遵循市场规律，发挥市场的资源配置作用，政府可以适当提供此类公益性服务，但不能越界，政府权力越界将会制约居家养老市场化发展进程。思想过于传统封闭会影响居家养老的健康发展，但是有部分家庭成员的思想太超前也不利于居家养老的良好发展。在居家养老发展的过程中，政府也强调过社区的作用，致使部分家庭成员以为在居家养老的模式下自己赡养老人的负担已转移给社区，于是对老年人的服务提供逐渐减少，这造成了家庭养老服务供给不足。事实上，虽然社区起重要的作用，为养老提供场所和各方面的资源，但是家庭在养老中依然发挥基础性作用，社区不能为老年人提供所有服务，必须以家庭成员提供作为有效的补充。

再次，居家养老服务产业化将损害一部分弱势老年群体的利益。养老服务产业化就意味着养老产业以营利为目的，这对我国养老服务的质量提高有积极的意义，也会促进我国养老事业的进步。但是养老服务产业化只能是部分的产业化，不能是全部的产业化。因为我国存在一部分特殊困难老年人，其基本生活需要福利性养老服务来保障，一旦将养老服务全部产业化，这部分弱势老年群体的基本生活将无法保障，政府和社会对这部分弱势老年群体的责任也没有体现出来。

最后，养老服务高标准化致使高端养老区空床位居多。从各地关于示范养老服务机构标准来看，普遍存在只有高档养老服务机构才能起到示范作用的误解。于是，普遍提出高标准，当然养老服务标准化能规范我国养老服务供给，有利于我国养老服务向高端服务产业发展，但若是标准过高，远远超过了大多数老年人的负担能力，则只能让老年人放弃消费，导致高端养老服务机构入住率不足，形成社会资源的极大浪费。

（三）服务方式有待丰富

首先，忽视了老年人的自立与自主服务。目前，所有的养老模式中，都忽视了老年人自我价值的实现，都没有充分体现对老年人的尊重。老年人作为居家养老的主体和客体，其自立和自主能力应该得到尊重，老年人自己能独立完成的就放手让老年人去做，让老年人在晚年也能为社会发挥余热。老年人的身体机能必然会逐渐退化，但是衰老是一个渐变的过程，许多老年人身体机能还未退化到不能自立自主，这部分老年人可以通过自立与自主服务对家庭和社会产生积极的作用，既能实现自我价值，又能弥补养老服务社会化的不足，缓解我国巨大的养老压力。

其次，过于强调家庭养老服务。一方面，居家养老是家庭养老的延伸，家庭养老服务理应成为居家养老服务的核心，但居家养老的作用也要充分发挥出来，仅仅依靠家庭是不能够满足老年人多元化需求的。目前，居家养老服务项目虽然较多，但真正落实的偏重于日常生活护理和家政服务，关注老年人的物质生活照料需求，以及提供精神慰藉的服务却较少，往往都推给家庭养老服务。另一方面，养老服务一般分为无偿、低偿和有偿服务，当然针对困难老年人的无偿和低偿服务，一般由政府补贴。但其他老年人享有养老服务，一般需要支付一定的费用，这部分服务的经济责任主要由老年人或家庭其他成员负担，政府和社会力量也应在养老服务供给中承担一部分社会责任。

再次，抽象提出社区养老服务，没有实际可操作性。虽然社区养老呼声较高，也得到社会各界的认可，但是社区养老没有制定统一的标准。由于地域差异，不同地区之间经济条件也存在差异，目前提出的社区居家养老在理论上能有效地满足老年人的养老需求，能极大地缓解我国的养老压力，但是针对社区内应该建设哪些养老资源，以及养老资源应该达到怎样的标准，这个标准应该由谁来制定，怎样制定，制定后又由谁来具体实施，这一系列细则都没有清晰的指导方案，可操作性不强。目前主要依赖当地政府加强对居家养老的推进工作，且不同地区不同社区的经济发展水平存在较大的差异，以社区为单位，长久发展可能会加剧区域发展不平衡问题，不利于社会公平的实现。

最后，在居家养老的建设过程中，不同的地区都表现出对机构的重视，不断增加投资。大大小小的养老机构逐渐建成，有民办的，有公办的，各种养老机构质量、规模参差不齐，对居家养老的推进作用也有明显差距。政府应对这些发展良莠不齐的养老机构应进行规范，设立专门的监督检查部门，保证其健康有序地经营。此外，也要重视家庭养老的基础性作用，机构养老虽能提供专业化、规模化的服务，但是比起家庭成员提供养老服务，其服务还是缺乏人情味，带给老年人的温暖远远比不过血肉至亲。

（四）资源配置不合理

一方面，政策的扶持力度不均衡。首先，从总体上看，政府对居家养老表现出极大的支持，近年来不断出台一系列政策，为其发展铺路，但直至现在，我国居家养老体系也未能建立起来，相关的政策文件也印发不少，其中主要是支持和规范机构养老，还有就是往社区养老倾斜，扶持和带动社区活力，为机构和社区导入各种资源，但真正支持促进居家养老发展的政策文件出台较少，鼓励政策存在缺失的问题，使得总体发展动力不足，发展后劲不足。其次，政府对享受居家养老的人群的照顾力度也存在较大的差异。在我国，政策帮扶的老年对象往往是高龄老人、患重大疾病老人、孤寡老人，国家政策优先向这部分老年人倾斜，覆盖范围小，很多老年人也需要政府等的帮助，但往往不满足条件，被排除在帮扶范围之外，得不到相应的生活补助。最后，居家养老服务资源的配置地域差异明显，特别是城乡二元差异大，经济发达地区的经费充足，基础设施的建设远远超过经济落后地区，总体的养老资源与落后地区存在巨大差异，城乡之间的资源分配不均的问题长期存在，不论是在基础设施建设方面，还是在生活补贴方面，城区的老年人获得的保障远远超过农村地区，甚至很多落后地区的农村人都没有生活补助。

另一方面，我国的居家养老主要是政府推进的，政府在我国养老事业中发挥的作用在很长时间内超过了市场，居家养老在发展到一定阶段后，回归市场，发挥市场配置养老资源的作用，提高居家养老市场效率，是未来居家养老发展的方向。我国政府也充分意识到了这一点，在扶持居家养老进入比较稳定的发展阶段后，逐步引入市场资源，同时减少对市场的干预。但是市场资源的进入在为居民带来优质服务的同时，也带来了费用的困扰，在市场资源进入之前，大部分养老资源是免费的，即便收费，费用也是极低的。市场资源进入以后，养老服务自然要收费，甚至一些地方出现了费用过高的问题，不同地方的收费标准也不统一，出现了市场的无序发展现象，即便一些地方颁布了价格指导性文件，但可操作性不强。因此，市场资源的进入弱化了养老的公益作用，也带来了一系列的问题。

此外，资源供给不足限制了居家养老的发展。一方面，家庭提供居家养老的能力减弱，随着养老保障的建立和不断完善，家庭的赡养负担逐渐减轻，家庭对老年人资金的支持不如以往，且现在很多老年人空巢在家，子女在外打拼，这种情况在农村地区尤为常见，空间距离削弱了子女为老年人提供服务的能力，老年人获得的家庭服务逐渐减少。另一方面，社区资源供给不足。我国社区的经济水平差异较大，社区内部养老资源的建设也存在差别，很多社区的养老资源建设不足，部分社区在政府的支持下，在短时间内赶着完成资源的建设，追求速度使得质量往往无法保证，资源的短缺制约了居家养老的发展。

第三节　中国大健康产业和居家养老产业与国际接轨

一、居家养老观念与国际接轨

中国已步入老龄化社会，截至2015年，60岁及以上人口为2.02亿人，占总人口的16.1%，最高峰将在2053年达4.87亿人，占总人口的34%。这些数据一次又一次提醒我们老龄化社会是正在进行时，并且未来

30 年才是爆发时期，面对如此紧张的社会局势，中国的居家养老也正在进行相应的变革。目前中国居民性质有两种——城市和农村，农村养老基本延续中国传统在家养老的模式，与子女同居或者由其照顾颐养天年。随着城市的发展及生活水平的不断提高，人们的养老观念逐渐转变甚至有点国际化。在国家政策支持下，养老事业已走向多元化，同样养老产业能够不断改革进步离不开老年人对养老的正确认识，需求在改变和提升，才能引导养老服务行业更好地发展，二者相辅相成。整体上看，中国的养老观念正在悄然改变，更多的长者养老观念变得自主化，生活精彩，思想上与国际接轨。

（一）居家养老的家庭观念与世界接轨

中国城市化建设加快以后，城市小家庭逐渐代替过去传统的农村大家庭，城市高楼林立的社区环境代替传统的农村与邻而居的宽松大环境。尽管国家已开放二孩乃至三孩政策，但是目前年青一代多为独生子女，因此需要解决 4 个老人的养老问题，在上有老、下有小的巨大养家压力之下，依然选择只生一个或者不生，家庭组成形式的改变直接或间接影响了养儿防老的家庭观念。现在，更多的城市家庭老人希望余生能够自理或者花钱买服务，而不再希望成为儿女负担。

（二）居家养老的理财观念与世界接轨

存钱一直是中国传统积累财富的主要手段，而在国家经济快速发展，通货膨胀导致的货币贬值速度超过银行利息时，存款变相贬值。城市老人站在社会发展前沿，能了解到更多的新型理财方式和知识，通过正确的投资理财增加自己的存款，幸免于通货膨胀下的财产萎缩，比如，投资房产、股票、基金、保险或其他理财产品等。在养老成为热门话题的今天，老年人为了减轻儿女的负担，在国家政策的支持下，通过合理分配自己的存款为自己寻求一份养老保障，例如，购买养老理财产品获得定期收益保证生活，购买医疗保险保障健康等。而年青一代正处于这个特殊时期，因此不仅提前为自己购买养老保险，还为自己的子女购买终生理财产品。

（三）居家养老的择居观念与世界接轨

传统农村老年人认为应当生老病死于家中，家是根。然而城市小房换大房、底层搬高层，拥有固定住所的观念亦慢慢被淡化。有些城市老年人退休后即选择旅居国外、养老胜地等，认为选择适合自己的退休生活远比固守在家重要。与老年人的择居观念相对应的是养老产业的改革，如大城市周边的小村镇，有建设专门的养老胜地，里面有医疗团队、保健设施、娱乐场所、营养餐，并且针对老人有固定的生活管家。甚至很多已经离开农村很多年的老人，会选择回到家乡或者城市周边的农村定居。

（四）居家养老的生活观念与世界接轨

以前老年人总想着老了整天坐在家里就是享福，而这种闲得发慌的生活容易让老年人觉得孤单消极。城市老年人更愿意主动寻找生活乐趣，觉得被需要是一种乐事。他们读书、画画、学乐器、跳舞，做自己合适又增值的事，把幸福掌握在自己手中。现在很多小区花园空地早上或者傍晚有老年人在打太极、跳广场舞，其他时间有老年人聚在一起喝茶聊天打牌；很多中小城市成立了专门的老年骑行车队，定期举行自驾游，每次收取一定的费用，有专人随行安排路线、居住、饮食，这也丰富了老年人的生活。他们尽可能扩大自己的生活交际圈，让自己闲下来的生活变得充实。

（五）居家养老的疾病观念与世界接轨

面对疾病，城市与农村有不同表现。城市老年人希望大医院在身边，能够随时及时就医、调理身体。农村老年人则常因费用问题或者封建迷信而选择偏方治疗，容易延误病情。因此很多城市老年人选择定期进行体检，并且针对自己的身体状况购买相应的检测仪器随时测量，如糖尿病患者购买血糖仪、高血压患者购买血压计。很多老年人还选择了家庭医生，这样一些小问题不至于大费周章地去医院治疗，同时也不至于让自己痛苦。

二、居家养老模式与世界接轨

2015 年 11 月，中英企业代表在老年建筑、培训管理、项目咨询、规划设计等领域进行深度合作，致力于为国内涉老企业建立成长快速通道，引导涉老企业与国际接轨，这意味着中国的养老将改变传统模式，通过引入国外优秀的养老资源，开发中国老龄事业的全产业链平台，促进中国涉老从业者学习借鉴西方细致化、人性化的整体服务理念和管理经验，这不仅是养老产业国际化的一次试水，也是研发适合中国自身特色的养老模式的突破口。

第四节　大健康产业视野下居家养老产业的发展体系

一、大健康产业视野下居家养老产业体系发展目标

为了使老年人在生命的最后阶段活得有尊严，遵循系统性、渐进性和可操作性原则，具体构建目标如下所示：①总体布局清晰，界限分明。首先，构建居家养老顶层设计，为其发展指明方向；其次，建立完善居家养老体系；最后，针对居家养老中存在的问题，各个击破。②统筹兼顾各个方面。在做总体规划时，从不同的服务提供主体出发，明确指出政府、社区、机构、家庭、个人的权利和职责，促进多方支持，共同构建完善养老体系。③促进各部门合作。居家养老的发展不能单独依靠一个部门，需要各个部门的配合与支持，建立健全各部门之间的合作交流机制，提高各部门的协作能力，提高工作效率。④建立严格的监管体系。监管机构不仅要对居家养老市场主体的行为进行监管，还要检查提供的服务质量是否合格，打击违法行为，促进市场健康运行，同时还要对政府的工作进行监管，主要监管划拨给居家养老产业的资金流动情况。

二、大健康产业视野下居家养老产业体系存在的问题

（一）养老机构缺陷

不同养老机构的定位不明确，大众化服务供给不足，养老服务供求关系错位。养老机构人员数量不足、学历水平较低、职业素质不高，无法满足市场需求，居家养老服务机构数量较少、服务能力较弱、服务的精准化和专业化不足。首先，养老机构的功能定位方面存在定位不明确的问题，过于追求市场化，忽视了“保基本”的原则。养老机构过于市场化，对急需居家养老服务的失能、半失能老年人的服务提供不足，反而对年轻的健康的老年人提供过多的服务。民办养老机构收费较高，让许多家庭望而却步，而公办的养老机构收费较低，大量的老年人争先恐后涌入，养老服务供求关系错位，养老服务资源的配置不合理。官方数据显示，我国养老机构在建立时规划不合理，盲目追求扩大规模，导致目前大量的床位没有老年人消费，造成社会资源的浪费。

其次，前文提到，我国有养老知识背景的管理人才较少，供不应求，目前很多居家养老管理人才或是没有知识背景，或是知识老化，或是知识储备不足，不能进行有效的管理。关于机构的发展前文也已提及，在政策的指导下，全国各地大大小小的机构不断建立，有公办的，有民办的，机构质量参差不齐，机构发展缺乏统一管理，出现无序发展局面，因而管理人才知识储备不足问题在机构中尤为凸显，管理层的问题将影响我国居家养老的中下层实施，制约我国居家养老的发展。

最后，我国居家养老的实际可操作性指导缺乏。虽然国家政策一再提出要大力发展居家养老以减轻我国巨大的养老压力，但是在实际操作中，居家养老各方面工作的推进缺乏清晰的行动指南，没有蓝图的指导，许多主体想要积极参与建设，却无从下手，最后只得放弃。同时对养老服务也没有具体的标准指导，导致服务质量参差不齐，不利于居家养老的发展。

（二）民办养老机构过于依赖政府支持，“造血”功能不足

我国民办养老机构缺乏足够的资金，设施与人员投入也较少，管理运营能力较弱。由于收费水平一般，而成本较高，有相当一部分民办养老机构未能很好盈利，绝大多数只能勉强维持生存甚至亏损。机构往往寄希望于政府支持，过度依赖政府，自身的“造血”功能较弱，盈利能力也较差。调查发现，我国由于居家养老前期全靠政府推动，对政府仍有较强的依赖性，目前运营的养老机构，有超过一半的收入是靠政府的政策补贴，而自身盈利能力不足，盈利收入不到总收入的一半，市场生存能力较弱，没有政府的支持，此类机构就会破产，亟待提升此类机构的市场竞争力和盈利能力。

（三）重“医”轻“养”，忽视了“医”和“养”综合功能的发挥

我国医养结合的发展还未形成完善、成熟的医养结合模式，还暂时处在探索阶段。通过医疗维持机构的生存与发展，重心在“医”而不在“养”，忽视了“医”和“养”综合功能的发挥，这其中不乏一些钻政策漏洞的行为，利用国家政策的优惠，骗取国家的资金，导致了恶意的医疗行为。同时“医”和“养”结合对社区、家庭的延伸不够，主要局限在机构内，阻碍了“医养”的有效结合。此外，医养结合导致成本普遍较高，也使得其费用高昂。

（四）政策的可操作性不够，缺乏监督管理机制

尽管国家相继出台政策文件，从国家层面认可居家养老的地位，但各级政府针对具体工作的推进方案迟迟未出，缺乏精准的指导，导致各部门的工作根本无法开展，各地的推进工作停滞。且各地区的情况不同，大而笼统的政策指导也没有考虑到地方的特点，缺乏考虑对不同老年人群差异化养老服务需求的满足。政策的实施也没有纳入地方政府的考核体系中，对政策实施的跟踪检查和监督、评估不够，政策的效果大打折扣。各地政

府在居家养老的工作建设中，多数处于摸索阶段，各地大小各异的试点逐渐建立，质量也存在较大差异，在短时间内匆忙建立的试点区质量较差，很多连基本的配套设施都还未建好。对这类盲目的试点地区，政府应加大监管力度，提高试点推进的标准，对于质量差、盈利能力弱的试点，政府应不予批准，避免社会资源的浪费。当然，对于整个养老市场的监管力度也应加大，严厉查处违背市场有序运行的违法行为，为养老市场的健康有序发展扫清障碍。

第五节　推动我国大健康产业和居家养老服务业发展的建议

一、推进我国大健康产业发展的建议

（一）促进形成大健康产业集群

产业集群是增强产业竞争力的有效途径，是大健康产业未来的发展方向，促进大健康产业集群可以充分发挥健康产业的集群优势，打造知名的品牌企业，通过发挥大企业对集群的带动作用，转变集群内各个企业及个体生产者的生产经营方式，充分发挥集群内部的资源优势，激发健康企业的发展活力，加快产业发展速度。

首先，产业集群可使内部的生产主体的生产经营成本降低。通过将产业链条上不同的健康产业汇集到同一地域，集群内部的资源共享机制、合作机制促进了各个产业链条企业的合作，没有集群时，企业往往需要耗费大量的精力去外部寻找合作伙伴，购买生产经营所需要的原材料，有了产业集群，这部分工作都可以在同一地域中的集群内部完成，这就大大减少了时间的消耗，在很大程度上节约了成本。此外，企业间的合作有利于弥补单独作战力量弱小的缺陷，形成产业的规模效应。

其次，产业集群能够减少信息的不对称。集群内部包含了各种类型的企业，不同类型、不同规模的企业汇合在一起形成了强大的力量及较高的

市场占有份额，提高了总体市场占有率。集群内通过共享机制，信息的沟通比较顺畅，且一些集群内还设立专门的协会为集群内部的生产者提供市场情况咨询，使得集群内部生产经营者对自己产品未来的市场需求等情况有大致的了解，了解了这类情况后，再根据自身的实际情况，调整本企业的生产经营策略，避免供给远远大于或者小于健康市场的需求，这在很大程度上维护了市场的平稳发展。

最后，集群更有利于产业的融合。健康产业包括了我国基本的三大产业，所以健康产业的长久发展，并不能仅仅依靠一种产业，而是要各个产业合作共同发展。目前，我国健康产业虽然发展势头强劲，但是资源的有效利用率还不高，存在资源浪费的现象，产业的不断融合，将从生产、加工、销售等各个环节增加产业链条。在现实中，我国每增加一个产业链条，就能兴建众多的企业，创造成千上万个工作岗位，此举也缓解了我国众多人口的生计矛盾，促进了整个国家经济的发展。当然，产业融合是产业的深度相融，并不是几大产业粗暴地叠加，产业融合的作用主要就是通过发现、增加新的生产环节，带动健康相关产业的发展，把从前不能有效利用的资源再次利用起来，通过这一系列的改进，推动其发展。

（二）优化健康产业发展环境

第一，优化健康产业外部的法律环境。首先，完善健康行业的法律法规建设。法律法规是一个行业发展的指导，包括总体设计的指导、具体实施办法的指导。顶层的法律设计，能转变全社会的思想观念，引导全国的关注重点。具体细则的指导方案则能够在实践当中起直接作用，若只有顶层设计，缺乏具体实行方案，执行者将无从下手，只能自己探索，这就延长了时间和降低了执行的效率。因此，应完善健康产业的法律法规体系，由上到下，由笼统到细则。其次，要加强对健康市场的监管。目前，我国健康产业在发展过程中存在违法违纪的乱象，一些产品的成本不高，但定价却非常高，还有一些健康服务人员，在提供服务的时候，不怀好意地向客户推销并不需要的产品，甚至让客户在不知情的情况下产生消费，构成消费欺骗，使得消费者对健康产业的信任受到打击，严重损害了产业的群众基础。对此，市场监管部门应引起足够的重视，严厉打击违法行为，建立良好的举报沟通渠道，保护消费者的正当权益。最后，为健康产业提供良好的政务环境。要提高政府的政务水平，开设专门的咨询窗口，为健康产业免费提供包括注册、贷款等专业方面问题的答案，一方面，提高政府的服务水平，积极主动地支持健康产业的一些手续办理，在服务的过程中，清楚划分各个部门的职责，对自己的部门负责，不能越界管理，也要惩罚不作为的行为，对于企业的疑问要耐心地回答；另一方面，制定健康行业的行业标准，为监察人员的执法提供准确的法律法规参考，规范行业的发展。定期对大健康产业涉及的其他产业从业人员进行评价考核，并及时将评价考核情况做出展示，奖励优秀员工，惩罚或者开除不合格的员工，激励从业人员提高服务质量。

第二，优化健康产业的外部基础设施环境。一方面，要引导社会各界加强对健康产业的资金投入。首先，加大政府的支持力度，政府作为健康产业最主要的推动者，在健康产业的前期发展中起主导作用，我国健康产业的发展在当前和未来很长一段时间内仍旧离不开政府的支持，政府的财力往往超过许多社会资金，因此，要解决健康产业发展的资金制约问题，政府的扶持必不可少。其次，政府要加大宣传力度，在政府重要的工作会议上强调健康产业的地位，增强居民对健康产业的关注，增加对健康产业的认识，进而增强信心，只要投资者从内心接受并看好大健康行业，从自身的利益出发，投资者也会将资金投入这一行业。最后，充分利用其他宣传手段。比如，印发一些免费的健康书籍、手册；借助互联网技术，目前我国网络使用人数众多，制作一些健康微电影，让广大居民在休闲过程中就能学到健康知识；在一些经济条件比较好的地区，还可以聘请健康专家定期录制网课，方便大家学习。另一方面，促进高质量的基础设施建设。首先，要倡导机构的发展，鼓励各地积极建立机构，机构内部会建立一系列基础设施，随着各地健康机构的建立，我国的健康设施水平将得到整体提高。其次，建立完善统一的基础设施标准。出台文件明确我国健康基础设施安全标准，避免各地健康基础设施标准不统一的问题出现，为监察部门提供清晰的监察标准。最后，加大监管部门的监督执法力度。针对各地健康产业发展质量不一的情况，加强监管部门的监督执法能力，及时查处违规的基础设施建设，对于不达标的设施建设要及时叫停，既是对居民安全的保障，也避免了社会资源的浪费。

第三，优化产业内部创新环境。创新是企业长久发展的灵魂，企业要想做大做强，在不断变化的市场中屹立不倒，必然要进行创新，只有不断创新才能为行业的发展带来长久的动力。放弃创新，企业的发展将停滞不前，缺乏创新的企业，最终只会在日渐更新的市场中渐渐被淘汰。首先，要鼓励企业进行内部的自主创新，一方面，引进优秀人才，并充分重视企业内部人才的培养；另一方面，重视企业内部技术部门的研发，对专门的技术研发部门给予资金支持，对研发方面业绩突出的员工给予加薪奖励。此外，加强与高校的合作，利用高校丰富的研发资源，为企业内部的创新引入资源。其次，资金雄厚的企业，为节约时间成本，可以选择直接购买新的技术，这种方式省时省力，还能较快地占领新技术带来的新市场。若企业选择自己研发，必然要在研发方面不间断地投入大量的资金，占用大量的人力资源，不仅研发的时间长，还很有可能做不出来想要的结果，这对企业来说是一种打击，此时企业不仅无力再引入新技术，整体的竞争力也受到影响，而直接购买新技术还能在新市场抢占先机，增强自身的竞争力。

第四，优化健康产业内部机构环境。目前，我国政策的大方向是对企业去产能，促进供给侧结构性改革，因此要调整优化产业的结构，增大健康服务这类第三产业在总产业中的占比。首先，要利用好政策的支持，充分吸收政府与社会各界的资金，为自身的机构调整获取财力保障。其次，在拥有充足资金的基础上，增加健康服务的种类，改变原有种类单一的局面，同时还要丰富服务的形式，不能仅仅停留在线下服务，在如今网络便捷的时代，要开展多种形式的服务。最后，要提高健康服务的消费意识。企业的生产是根据市场的需求情况来决定的，倘若市场根本没有这方面的需求，那企业增加这方面服务的供给只会供过于求，造成资源的浪费。因此要宣传健康服务，让大多数人了解、认同，并形成需求。

（三）根植本地自然、人文资源，创建本地特色产业

我国国土面积辽阔，南北、东西自然条件、人文资源差异巨大。首先，我国的健康产业完全可以利用本地与其他地域不同的自然环境条件，利用本地独具特色的自然资源，生产本地特有的产品，形成本地的标志品种。其次，各地的人文资源更是不同，健康产业在不同的文化中更会显出独特的吸引力，我国一些地域长寿居民多，一些地域休闲文化成熟，这些都是健康产业发展可以融入的特色文化。最后，将自然资源与人文资源融合独创地方特色的健康产业。自然资源与文化资源不是完全没有联系的，在很多地区，文化资源往往与自然资源有着深厚的渊源，通过二者的整合，打造地域特色产业，形成品牌效应。

二、推动我国居家养老服务业发展的建议

（一）建立健全法律体系

完善的法律法规体制是居家养老发展的保障，是居家养老所有工作推进的蓝图，上层的指导设计完善，对实践过程中具体工作的实施将形成巨大的推动作用，因此，亟待建立健全法律体系，为居家养老的发展创造良好的法制环境。首先，居家养老的发展需要一个总的指导理念，也就是总体的规划发展大纲，这将为居家养老指明发展的方向，也是我国居家养老工作推进的总指挥，因此，应该构建好居家养老的法律框架，为后续居家养老工作的推进指明方向。其次，补充完善法律框架。在已有的法律框架的基础上，出台一些有针对性的权责清晰的具体实施法律文件，这部分文件将是对框架的填充，弥补法律顶层指导模糊的不足，在顶层框架的指导下，不断细化实施标准，逐步完善整个法律体系，这部分法律直接指导我国各部门居家养老的实践工作，而我国目前这类法律法规制定不足，应引起重视，并积极制定完善。法律的针对性主要体现在两个方面，一是针对

地方政府的推进工作，因为目前我国还没有颁布和制定指导地方政府工作的文件，所以地方政府的居家养老推进工作效率不高，缺乏科学性，造成了大量社会资源的浪费，甚至在不知情的情况下反而损害了老年人的利益。二是针对机构、企业等营利组织的法律，主要目的是规范这类组织的生产经营，确保产品的质量，保护老年人的身体健康。最后，完善我国的老年赡养法。根据经济水平和物价上涨情况，不断更新赡养的义务范围、赡养费的标准等，明确家庭成员的赡养责任，使老年人有基本的生活保障。

（二）明晰各方的责任

在任何时候，权责不明确都会引发一系列或大或小的问题，权责不明确一般会通过两种不正确的方式造成不良后果，一种是不管不顾，另一种是管得过多。因此，在居家养老工作的推进过程中，应处理好这方面的问题。

第一，明确政府的责任。政府在居家养老中有主导工作推进的责任。我国居家养老发展较慢，仅仅依靠市场的力量，需要很长的时间才能有较好的发展。我国居家养老的基础设施、居民养老意识等无一不是政府在强力推动，同健康产业的发展相似，在居家养老的发展中，政府发挥了主导作用，若无政府的支持推进，我国居家养老的发展达不到当前的水平。但政府的工作并未完成，未来居家养老的发展仍需政府为其提供法律保障、资金支持并引导社会多方参与。

第二，明确企业、机构的责任。明确企业、机构在管理运营方面的责任，企业、机构都应当把为老年人提供高质量的服务作为企业的奋斗目标，只有满足了老年人的需求，企业才能继续经营下去，才能长久地发展。在实际的经营过程中，企业主要有两方面的责任，一方面是进行创新、引进新的技术，提高产品的质量，丰富产品的种类，为老年消费者提供更多的选择；另一方面是促进居家养老模式的创新，通过利用和研发新的技术，变革已有的经营方式，促进新的居家养老模式的发展，提高养老质量，提升居家养老的整体水平。

第三，明确家庭成员的赡养义务。家庭成员作为老年人的骨肉至亲，与老年人有深厚的情感，且我国传统的观念中老年人就应当由其子女等有血缘关系的人赡养。目前，由于我国经济的发展和养老模式发生变化，一部分家庭成员为老年人提供的服务逐渐减少，老年人的需求渐渐得不到满足，这种情况已经出现，需要重视。所以，应当明确家庭成员的赡养责任。一方面，国家通过制定法律，明确规定家庭成员的义务，增强其赡养老人的责任感，提高赡养意识。另一方面，国家通过新建大型的基础设施，加大投资，增加新的岗位，提高大部分居民的工资收入，增强其对老年人的赡养能力。

第四，提高老年人的素质。首先要改变老年人的思想观念，这就需要加大宣传力度，让老年人逐渐接受新的居家养老方式。一方面，通过电视、广播等老年人比较能接受的方式进行宣传。另一方面，基层组织成立专门的宣传小组，定期到社区向老年人进行宣传，在交流的过程中将新的观念传递给老年人。因此，应该加强对老年人的宣传，提高老年人自身的素质，避免不良行为。

（三）鼓励各种资源向农村倾斜

农村地区是我国居家养老发展中力量非常薄弱的地区，根据木桶效应，倘若短板一直得不到解决，就会发展成为限制整体发展的主要因素，那么整体的发展就难以再上一个新台阶。因此，需要解决农村地区养老资源匮乏的问题，鼓励各种资源偏向农村，加强农村地区的发展力量。首先，政府应从政策上偏向农村，为农村提供更优惠的发展政策，只有政策支持农村，才会引导各方关注农村，进而支持农村地区。其次，加大对农村地区的资金支持。资金是发展的重要因素，没有政府财力的支持，农村地区就没有发展的动力。最后，给予优惠政策，鼓励人才投身农村居家养老事业中，解决农村地区人才稀缺的问题。

第三章　国际大健康产业与居家养老的发展现状

第一节　国际大健康产业的总体概况

一、发展起源

健康服务业是随着健康服务理念的提出而不断发展壮大的行业。英国著名医学家 Horace Dobell 于 1861 年提出健康检查的概念，他认为定期进行健康检查有助于预防疾病和降低死亡率，同时受专业教育的医生应该对居民进行全方位的调查，包括家族病史和生活环境等方面，然后检查居民的身体器官状态、身体机能以及通过显微镜检查分泌物、体液等，将检测结果以书面形式告知居民，并且给予专业建议，这些对居民的健康是有好处的。1908 年美国开始士兵体检，自此健康检查服务正式兴起。6 年之后美国保险公司着力推行健康检查，1920 年提出了由专用固定设施提供健康体检的服务。之后各项健康检查服务陆续兴起，包括 Multiphasi 健康检查、Kaiser Foundation 的中老年健康检查服务、Kaiser Permanente 的自动化健检。国际健诊学会（International Health Evaluation Association，IHEA）于 1970 年成立，标志着国际社会正式认可健康检查的重要性。IHEA 健诊服务分为三个区域：北美洲和南美洲统一为一个区域，欧洲、非洲以及中东作为一个区域，大洋洲和亚洲作为一个区域。自此之后健康服务和体检管理在国际上得到广泛认可，健康服务业开始正式发展。

后续发展进程中，各国也开始注重医疗保健费用的支出，这预示着各国对健康服务业更加重视。据相关统计，1960—1997 年，OECD 的 29 个成员国（现为 30 个）的平均医疗保健支出占 GDP 的比重由 3.9% 增长至 7.6%，翻了近一倍，由此说明健康服务业越来越受到重视。后来健康服务业行业领域拓展，加之健康照护以及医药医疗等领域拓展和各种为人类健康服务的新兴行业逐渐崛起，由此形成了大健康产业，并作为经济系统中提供预防、治疗、诊断等一系列与医疗医药有关的服务的总称。参照全球产业分类标准和产业分类参考依据将大健康产业分为医疗设备和服务、医药生物技术和生命科学两大类别。面对全球人口老龄化以及健康需求的急剧增长，大健康产业异军突起并且成为全球公认的国民经济的重要组成部分，成为全球最大的产业之一，也是全球经济发展的新引擎。

二、发展环境

纵观大健康产业发展历程，其产业发展环境至关重要，为大健康产业发展孕育空间。各国健康医疗体系亟须改革的局势影响着全球医疗产业格局，经济全球化和自由贸易的发展趋势为大健康产业发展提供机会的同时也带来挑战，并且人口老龄化以及全球气候变化和环境污染为大健康产业提供了发展空间，加之科技产业和人工智能的发展也为大健康产业注入了新动力。

（一）政策环境

综观全球，高医疗成本、低效率一直是国家健康产业发展共同面临的难题。因此，一部分国家开始了彻底的医疗体系改革，并且认为只有医疗体系改革才是解决该难题的唯一办法，一些国家迅速将医疗改革落地实施。由此各国健康医疗体系的改革对全球健康产业产生了深远的影响。

以美国为例，新一轮的医疗改革对其产生了巨大的影响。与他国的人均医疗支出相比，美国在这方面的花费是全球最高的，但是医疗效率一直得不到改善。为了改变这一现状，美国于 2014 年实施新的医疗改革方案，实现全民医保，提高医疗效率。该改革方案强制规定自 2014 年起美国全民必须购买医保，若不为雇员买医保，雇主会面临高额罚款。新医改方案的实施使得医保体系的覆盖范围又增加了3200多万居民，力争实现全民医保的奋斗理想。医保体系的完善为相关健康产业带来挑战的同时也提供了巨大的发展机遇。

与此同时，中国也在开展持续的医疗改革，大健康产业发展机遇与挑战并存。2007年中国新一轮医改方案发布；2012年国务院印发关于"十二五"期间医改规划的具体实施方案以及"健康中国2020"发展战略，指出应增加中国医疗健康投入；同年党的十八大报告中更是明确提出完善医疗机制体系改革；2013年公布《关于促进健康服务业发展的若干意见》；"十三五"规划的头一年2016年发布《"健康中国2030"规划纲要》，表明健康战略已经上升为国家战略，成为继互联网之后经济发展的新引擎。

全球各国开展的医疗改革以及陆续颁布的支持大健康产业发展的相关政策为大健康产业发展提供了良好的政策环境。2017年第六届世界健康产业大会在北京国家会议中心召开，邀请来自全球十多个国家的业界领袖、专家共同讨论梳理未来世界健康产业的发展，助推联合国可持续发展战略和联合国2030可持续发展的目标实现。

（二）经济环境

随着各国经济的发展，经济全球化和自由贸易思想在全球盛行，为大健康产业提供发展机遇。近年来自由贸易和投资的多边框架协议不断发展，为各国经济发展带来新的希望。借助于各种各样多边框架的约束和规范，全球货物贸易规范有序地开展。自由贸易协定（free trade agreement）的签订，消除了贸易壁垒，允许服务和产品在国家间自由流动。自由贸易区（free trade area）和自由贸易园区（free trade zone）的建立加快了各国贸易自由化的开展行动，证实了自由贸易协定的实施。我国的"一带一路"倡议以及全国12个自由贸易区的建立都证明我国开始陆续开展行动推动自由贸易化的发展。这些具有约束性同时又消除贸易壁垒的手段措施都证明着全球贸易自由化进入一个崭新的时期。如现拥有12个成员国的跨太平洋战略经济伙伴协定（Trans - Pacific Partnership Agreement，TPP）的一组多边贸易关系的自由贸易协定促进了亚太地区的贸易自由化，该协定降低了专利的许可门槛，可能使得化学药、化学仿制药通过各种途径获取和变相增加专利期限，从而导致药物销售价提高，还有可能影响药物的流通和获取。再比如跨大西洋贸易与投资伙伴协定（Trans - Atlantic Trade and Investment Partnership，TTIP）作为历史上最大的双边协定谈判，一旦协议达成就意味着欧美自由贸易区形成，届时世界上规模最大、最发达的自由贸易区建立，将会创造数以万计的就业机会，并且欧美及全球经济贸易格局和规则将会受到影响。若是跨大西洋贸易与投资伙伴协定全范围开展，到时候可能会使得欧洲国家的GDP上升约0.5%，从而也会冲击大健康产业及其连带产业。

（三）社会环境

社会环境的转变，如人口老龄化、亚健康问题和全球气候变化，都为大健康产业发展提供巨大的发展空间。

人口老龄化一直是全球重点关注的领域，由此带来的社会问题也是各国政府关注的领域。人口老龄化反映了人口结构的动态变化，应该注意这种人口结构的变化对人类社会带来的影响，尤其是健康方面。联合国的标准为：若一个国家或地区60岁及以上老年人口占总人口比重超过10%，或者是该国家或地区65岁及以上的老年人口的比重大于7%，则表明该国家或地区进入老龄化社会。欧洲工业革命前，世界上65岁及以上老年人口比例都没有超过3%，19世纪中叶法国成为第一个人口老龄化国家，到20世纪末期全球202个国家和地区已经有72个符合联合国规定的老龄化标准，自此老龄化由个别现象发展到普遍现象，由工业发达国家蔓延到发展中国家。21世纪初期全球老年人口为50年前的3倍，接近6亿人。2015年全球60岁及以上人口为9.01亿人，占全球人口的12.3%，据预计这一比例在2030年将会达到16.5%。21世纪中期，预计60岁及以上人口为20

亿人，全球老年人口每年大约以 2% 的增速增长，大于其他年龄组以及全球人口的增长速度。老龄化问题近年来越来越严重，各国越来越重视其带来的养老问题和健康问题。人口老龄化对社会经济、社会制度和社会环境都带来不同程度的挑战。

全球化不仅使全球经济相互联系、相互依存，健康问题也相互影响，而且健康问题越来越全球化，成为全球关注的热点问题。

1. 老龄化使得慢性非传染疾病的负担增加

据估计，到 2050 年全球死亡人数中 80% 是 60 岁以上的老年人，WHO 发布全球非传染性疾病报告指出，2008 年全球因慢性疾病死亡的人数占总死亡人数的近 2/3，其中心血管疾病占比达到 48%，癌症、呼吸道疾病以及糖尿病占慢性疾病死亡人数的 80%。因此各国用于预防慢性疾病的医疗保健费用支出比例也不断上升，占很大比重。如 1993 年中国慢性疾病经济负担占全部疾病总经济负担的 54%，2008 年这一比例增长至 69%，到 2015 年慢性疾病直接医疗费用超过 5000 亿美元，与此同时，美国的慢性疾病费用占美国 GDP 的 16%，加之各种高新技术和药品的使用，使得经济负担一直在上升。由此可见，人口老龄化使得以老龄化为特征的慢性疾病带来的经济负担一直在上升，使得慢性疾病成为跨越国家、地区、民族威胁人类生命安全和生产生活的健康问题，这为全球健康产业提供了发展空间。

2. 老龄化使得医疗卫生体系不能满足需求

人口老龄化给全球健康带来的问题是现有的卫生医疗机构远不能解决的。老年人的身体机能逐渐退化，因此针对老年人的慢性疾病的预防、高龄老人的照料看护需要大量合格的专业人员以及合适的组织机构，由此带来的高昂预算经费，给各国政府加重了负担。加之国家医疗卫生服务体系还存在很多不完善的地方，医疗保健和养老福利机构界限划分明显，存在显著的分割现象，因此各国都陆续开展医疗卫生体制改革，完善制度保障。

3. 老龄化影响全球社会健康

人口老龄化还影响着全球社会健康，具体表现在社会经济协同性降低。社会经济、政治制度以及社会环境对全球健康和人类生存发展的重要性一直得到国家社会的认可，但是老龄化给社会经济、政治制度和社会环境带来的冲击有目共睹。因此大健康产业应运而生，成为缓解全球社会健康问题的解决办法。

亚健康状态的普及也推动了大健康产业的发展。随着现代人生活方式的转变，亚健康人群的规模也越来越庞大。20 世纪 80 年代中期，苏联布赫曼教授发现除了健康状态和疾病状态之外，两者之间还存在一种非健康非疾病的状态——亚健康状态，亚健康状态是很多疾病形成的前期状态，美国等国家更是总结出亚健康一系列的表现形式，包括慢性疲劳综合征（CFS）、信息过剩综合征、神经衰弱、肥胖症等，美国还专门建立了 CFS 研究中心。亚健康成为人类共同面对的健康问题，WHO 的一项调查显示，大于 75% 的人群处于亚健康状态，而真正健康的人仅占 5%，患有疾病的占比 20%，亚健康问题成为全球医学界重点研究的热点之一，这为大健康产业发展带来推动因素。

全球污染以及气候变化也增加了人类健康病患的数量，为大健康产业发展提供良好的发展空间。空气污染成为全球面临的最大的环境健康风险，在第十七届世界清洁空气大会暨第九届更好的空气质量大会上，亚洲清洁空气中心执行总监 Bjarne Pedersen 报告目前全球范围内由空气污染所造成的过早死亡人数达到 700 万以上，空气污染加剧了人类的健康风险，因此从城市到国家以至国际社会，都需要从科学技术、政策和实践方面进行积极探索，应对更严峻的压力和挑战。空气污染和环境污染的问题日益严峻，所引发的后果日渐明显。一方面，人们越来越重视疾病预防和污染治理；另一方面，疾病预防和治疗费用在污染背景下显得更加昂贵。这些都为大健康产业发展提供了增长空间。

（四）科技环境

科技创新推动全球大健康产业不断突破，层层升级。近年来全球生物技术不断创新，为大健康产业提供发展引擎。健康产业更是成为全球发达国家实施经济战略的中心，不断加大生物技术的研发投入。基因工程、细胞工程、酶工程、发酵工程和蛋白质工程等是生物工程的五个主要组成部分。现代生物技术以重组 DNA 为核心，不仅为现代生命科学注入了新的活力，还极大地促进了植物学、动物学、遗传学等传统生物学的发展，生物技术在制药方面也有很好的疗效。加之干细胞技术、基因测序等技术被广泛地运用到医药健康领域，生物技术在威胁人类健康的疾病治疗中的作用举足轻重，甚至不可替代，如一些遗传性疾病通过基因重组技术治疗、针对癌症治疗的四种肿瘤药物均是生物技术药物，还有心血管疾病、糖尿病、传染性疾病以及自身免疫疾病等。可见以生物技术为核心的新一轮技术革命全面爆发。

将人工智能（AI）、互联网等技术融入大健康产业已成为必然趋势，且深得人心，必将成为未来健康产业发展的一个新方向。近年来移动智能医疗设备、人工智能技术的出现为大健康产业发展提供了新的动力，从而促进了产业升级。国内外巨头纷纷布局智能医疗产业，如 IBM、谷歌、微软等科技巨头，一些初创型公司也专注智能医疗细分领域。IBM 的 Watson 能迅速筛选癌症患者记录为医生提供可供选择的治疗方案；谷歌的 DeepMind 与英国国家医疗服务体系合作研发针对糖尿病、神经性疾病的技术，还有微软、苹果、Facebook 等公司纷纷在智能医疗领域有所建树，踏入医疗健康领域。相关数据显示，2012—2016 年全球人工智能风险投资由 5.89 亿美元增长至 50 多亿美元，预计 2025 年全球人工智能市场总值将会高达 1270 亿美元，其中医疗人工智能占比将会达到 1/5。人工智能、互联网等新型技术的应用大大降低了医疗成本，使得医疗资源配置的效率达到最高。人工智能和健康产业的合作必将成为未来发展趋势。

与此同时，类似于 3D 打印等科学技术的出现拓宽了大健康产业的发展领域。3D 打印技术打破了传统制造业的局限，深得人们青睐。3D 打印技术拓宽了细胞培养技术的发展，使得医学细胞和器官重造等领域的实现成为可能。未来，医疗技术必将会一直给人们带来惊喜。

三、发展特征

（一）增长迅速，规模不断扩大，已成为全球经济发展的新引擎

作为全球最大的产业之一，全球大健康产业的发展势头迅猛，发展规模不断扩大，具有良好的未来发展空间。全球大健康产业规模逐年增长，从 2007 年的 54912 亿美元扩大到 2015 年的 79856 亿美元（见图 3 – 1）。这些发展与全球的政策环境、经济环境、社会环境、科技环境密切相关。预计健康产业全球总产值将在 2020 年达到 13. 393 万亿美元，与此同时，全球健康产业的支出也不断增长，2011 年，全球健康产业支出额达到了 6. 97 万亿美元。

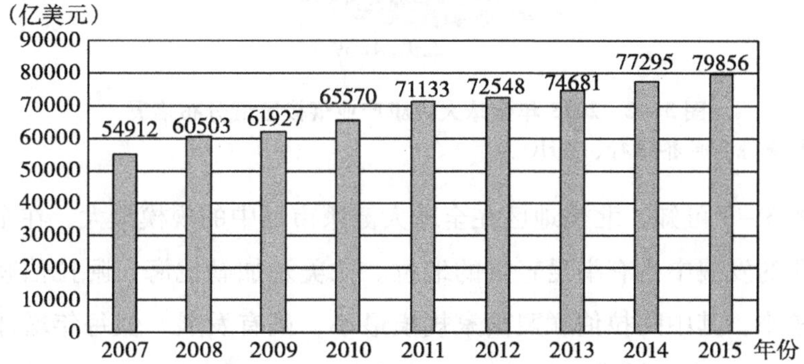

图 3 – 1　2007—2015 年全球大健康产业规模

资料来源：世界银行、WHO。

美国健康产业 2010 年支出为 2. 6 万亿美元，我国人口超出美国许多，但同年我国健康产业支出仅为 2933. 91 亿美元。经专家预测，全球人均健康支出到 2020 年将达到 1882. 188 美元。从这些庞大的数据可知，我国大健康产业由于起步较晚，并受到我国政策环境、经济环境、社会环境、科技环境的影响，与国际健康产业差距巨大。

（二）健康产业规模分布不均，区域差异明显

虽然全球健康产业的总规模大，但是分布极不均衡。高收入国家健康支出较高，中低收入国家的健康支出较低，特别是一些经济落后的国家和地区，与高收入国家的健康支出形成了鲜明对比，全球大健康发展存在两极分化现象。

由图 3－2 可以直观地看到 2015 年北美地区大健康产业规模最大，占到了全球大健康产业总规模的 41.5%，欧盟地区占到了 22.6%，而占比最少的阿拉伯联盟国家仅为 1.7%。

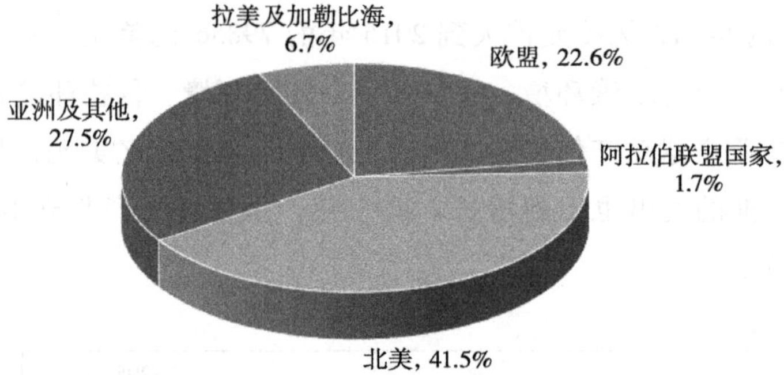

图 3－2　2015 年全球大健康产业规模区域分布格局

资料来源：世界银行、WHO。

从图 3－3 可知，北美地区在全球大健康市场中的规模最大，在全球大健康产业的发展中占有举足轻重的地位。拉美及加勒比海、阿拉伯联盟国家规模较小，其中阿拉伯联盟国家规模最小，虽有发展，但每年增加的规模较小，到 2015 年规模也仅为 1358 亿美元，远远落后于除拉美及加勒比海的其他地区。可见，全球大健康产业发展极不均衡，经济发达地区与经济落后地区存在巨大差距。

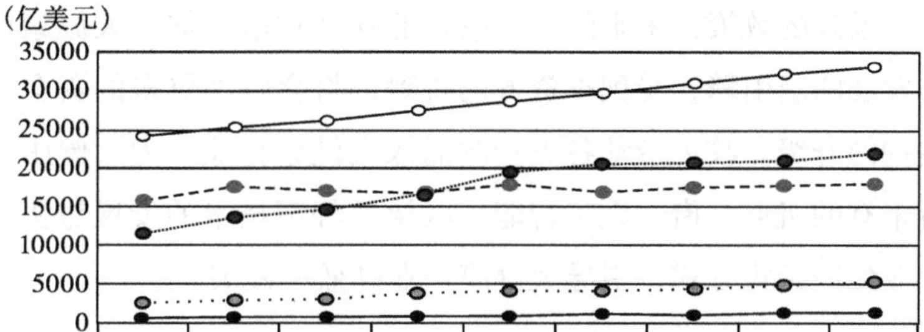

	2007年	2008年	2009年	2010年	2011年	2012年	2013年	2014年	2015年
阿拉伯联盟国家	608	734	821	859	1002	1166	1167	1304	1358
北美	24148	25351	26248	27479	28611	29771	30929	32232	33140
拉美及加勒比海	2563	3016	3048	3714	4150	4191	4389	4813	5350
欧盟	15934	17712	17145	16830	17916	16858	17521	17830	18047
亚洲及其他	11659	13690	14665	16688	19454	20562	20675	21116	21960

图 3－3　2007—2015 年全球主要区域大健康产业市场规模统计

资料来源：世界银行、WHO。

四、发展态势

（一）高科技化发展态势

全球已迈入智能时代，人工智能、区块链等技术的进步，将为大健康产业带来创新和变革。未来大健康将淘汰传统落后的产能，摒弃劳动密集的产业，拥抱信息密集、技术密集，增强高科技在大健康产业中的渗透。高科技渗透大健康产业表现在以下两方面：一方面，从大健康产业链的各个环节中渗透，将人工智能应用于大健康产业信息平台的建设中，由于高科技的进步，未来的大健康产业创建信息平台系统比较容易，通过新媒体、大数据、人工智能等高科技整合大健康产品提供方与产品需求方的信息，将为二者的便利交易搭建桥梁。另一方面，从大健康服务中渗透，例如，可以制造聊天机器人，提高客户购买意愿。

（二）高效率化发展态势

利用高科技可以给客户带来全新的服务体验，提高客户的满意度。但是仅仅将高科技用于搭建生产方与消费方的信息平台，还是不能够充分实现大健康产业的高效率。大健康产业已经越来越受到国家重视，政府将制定一系列的政策为未来的大健康行业保驾护航，加上大健康产业已成为经济发展的新引擎，受到投资方的青睐，将会吸纳更多的资金完成其产业和结构的升级。政策带动各类资源涌入大健康行业，为大健康的发展带来前所未有的机遇，借着人工智能、区块链等新技术的发展势头，变革大健康产业生产销售方式，引导大健康产业高效率发展。

（三）医疗资源全球化发展态势

随着经济全球化发展的趋势愈演愈烈，未来医疗健康产业的发展有以下两种趋势：一是健康消费国际化。在经济一体化的自由贸易化的背景下，各国之间的消费投资贸易互动性逐渐增强，包括医疗资源等方面也不例外，具体来看可以反映在以下两个方面：一方面受制于国内医疗资源和医疗技术，病人难以在国内获得应有的服务或者是国内医疗资源不能满足某些病人的特殊需求，在这种情况下，人们越来越倾向于到其他国家购买相应的产品和服务，满足需求；另一方面鉴于发达国家高昂的医疗费用，人们会趁旅游的机会到发展中国家寻求更实惠的普通医疗服务。二是医疗人才单向流动。人才会倾向于向医疗健康领域稍微发达的国家转移，鉴于国内的医疗健康资源有限，一些优秀的医疗人才觉得在国内的发展前景受限，因此会选择向他国流动。这种单向流动的现象在不发达国家尤为明显，向发达国家流动的医疗人才越来越多。但是未来，发达国家和发展中国家的医疗人才互动交流会更为常见。

（四）前端化发展态势

未来，由治疗型转为预防型将会是医疗行业的核心。首先，随着人们的生活水平和生活质量的提高，人们会越来越注重健康问题，更加注重医疗保健，健康观念会由原来的到时治疗向提前预防转变。其次，预防成本远远小于治疗成本，人们出于对节约成本的考虑，也会提前预防疾病。在这样的发展趋势下，全球健康产业的发展核心也会慢慢发生改变，医疗健康市场也会得以不断拓展。除此之外，未来健康领域的投融资也会发生改变，逐渐向预防和保健领域倾斜。

第二节 国际大健康产业重点细分行业

一、医药市场

随着全球经济不断发展和人口老龄化问题的不断加重，加上老年人得慢性病的比重提高，对药品的需求呈上升趋势，全球医药市场也迎来发展契机，规模不断扩大，全球市场研究机构集邦咨询的报告中指出，2018 年全球医药市场规模约为 1.2 万亿美元。毫无疑问，美国、欧洲、日本等发达经济体占据全球药品消费市场的主导地位，其中美国在全球药品消费中占比最高（见图 3－4）。

在老牌的医药市场面前逐渐崛起了新兴的医药市场，经专家预测，新兴医药市场将以 8%～11% 的速度增长，成为拉动全球药品消费增长的主要力量。新兴市场的发展还迎来一个契机：随着畅销药的专利保护期届满，在新兴医药市场中，本地厂商生产的仿制药由于价格更实惠受到消费者的青睐，这有利于促进中国、俄罗斯和巴西等新兴市场的发展。

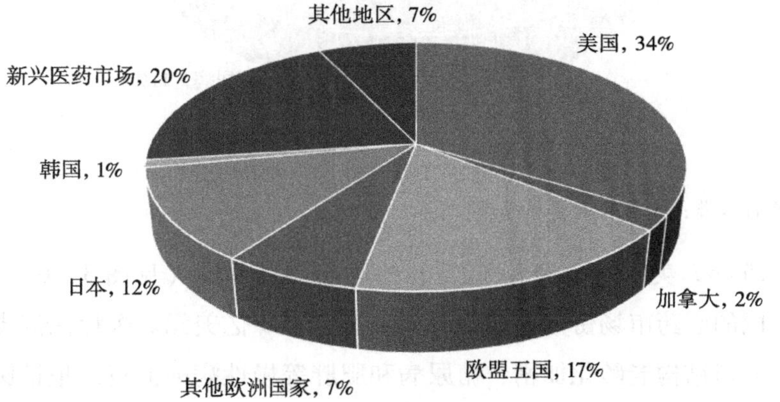

图 3－4 2018 年全球医药市场销售情况

资料来源：根据公开资料整理。

销售额 TOP 100 的治疗领域主要分布在自身免疫性疾病、抗肿瘤、糖尿病、丙肝等（见图 3-5）。在这些药品领域，专利保护期到期，非专利药市场将迎来前所未有的发展机遇，市场份额将得到大幅提升，其中份额提升的 70% 将来自发展中国家。以中国为首的新兴经济体在全球医药市场药物消费支出中所占的份额将会有更大的提升。这不仅因为专利保护期到期，还因为在这些新兴医药行业国家政府更加重视医疗健康领域的发展。随着国家政府对健康领域的重视以及政策体系的完善，医疗保障涵盖范围扩大了，新上市了许多药品以满足患者的需求。以中国为首的新兴经济体医药行业已经进入快速发展期，而以美国为首的发达国家医药技术发展的领域已经相对饱和，大部分领域都已经被很好地开拓出来，能够开拓的空白领域较少，能在医学上进一步突破已不再容易，所以发达国家的药品支出增速将减缓。

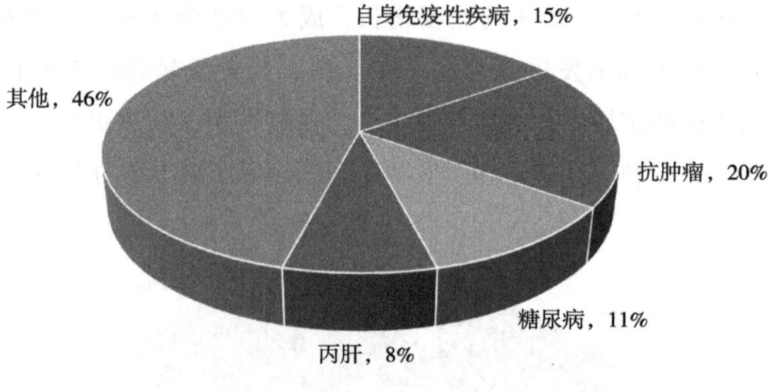

图 3-5　销售额 TOP 100 的治疗领域分布

资料来源：根据公开资料整理。

2015 年，美国拥有 4155 亿美元的医药市场规模（见图 3-6），据预测，美国的医药市场份额将于 2020 年达到 5480 亿美元。医疗保健支出的增加、人口结构老龄化加剧、糖尿病和肥胖等慢性病的流行、报销医疗支出更便捷驱动了美国大健康医药市场的快速增长。与此同时，美国成熟完善的专利体系加快了新药研发速度，也促进了医药市场的发展。

美国的医药产业在大健康产业规模中占比高，医药市场在美国大健康

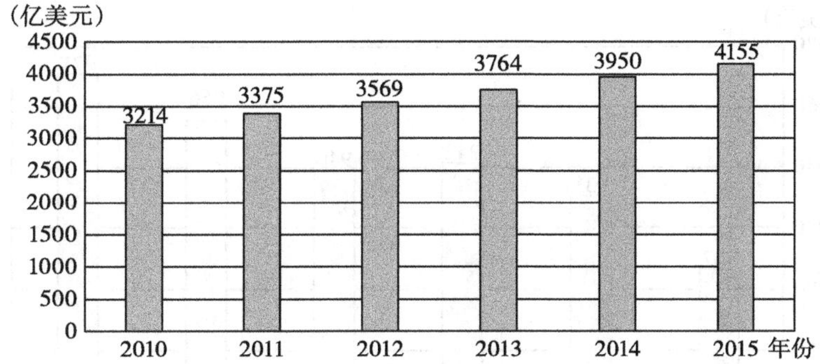

图 3-6　2010—2015 年美国医药市场规模

资料来源：智研咨询。

市场中占有举足轻重的地位。美国的医药市场能得到如此好的发展在很大程度上依赖于美国生物制药产业。在美国医药行业中，生物医药产业发展最早，历经几十年的发展，如今已成为体量巨大且拥有全球最先进技术的产业。目前美国的医药行业专利保护制度完善，具有成熟的产业链和合理的资本市场结构，已经形成产业集群，产业发展环境良好，发展势头强劲。美国现已成为全球生物医药产业最重要的集聚区，产业集群是美国生物医药产业的重要发展战略，美国的生物医药产业集群在空间布局上具有高度集聚的重要特征，已形成旧金山、波士顿、华盛顿、北卡研究三角园、圣迭戈五大生物技术产业集聚区。美国还建设了一批各有特色的生物科技园，但在产业发展组织管理、区位选择等方面又都有一些共同的成功因素。美国生物医药产业发展的产业布局经验，对我国大健康医药产业的发展具有积极的参考意义。

日本也在全球医药市场占有重要地位，作为全球医药强国，日本各类药品生产技术也在全球处于领先地位，日本在 2015 年医药市场规模达到 971 亿美元（见图 3-7）。

日本的医药市场规模虽不及美国，但其医药门店数量多，有可观的销售规模，日本医药产业中，其药店销售经营模式独具特色。日本药店的经营模式有两种：一种是“调剂药局”，也就是我们常见和熟知的由政府授予销售资格，可售卖处方药的普通药店；另一种则是连锁药店，具有灵活

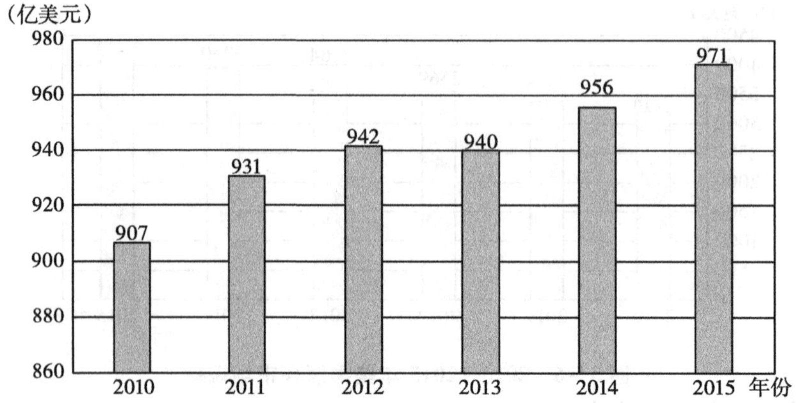

图 3-7　2010—2015 年日本医药市场规模

资料来源：根据公开资料整理。

经营的特点，是包含了日常医药用品、化妆品、洗浴用品、酒水饮料及其他日用杂品的零售业态。

二、医疗器械市场

全球医疗器械销售规模在 2011—2015 年逐年增长，2015 年达到 3903 亿美元（见图 3-8）。美国作为全球最大的医疗器械生产国和消费国，在医疗器械市场占据较高份额，其中消费量就占全球的 40% 以上。全球医疗器械市场同样由经济发达国家和地区主导，全球医疗器械市场超八成的份额由美国、欧盟、日本共同占据。

美国的高市场份额足以说明其在全球医疗器械市场中的地位，医疗器械市场也是具有高集中度的市场。据 2017 年的研究统计，2016 年全球医疗器械前 20 强公司占据了全球医疗器械市场份额的 54%，在这 20 家公司中，有 12 家属于美国；全球医疗器械前 10 强公司占据市场份额的 37%，在这 10 家公司中，就有 7 家属于美国。其余榜上有名的国家分别是德国、瑞士、法国、荷兰、日本、英国。可以看到，美国的公司不仅数量多，在排名上更是占有绝对优势，具体如表 3-1 所示。

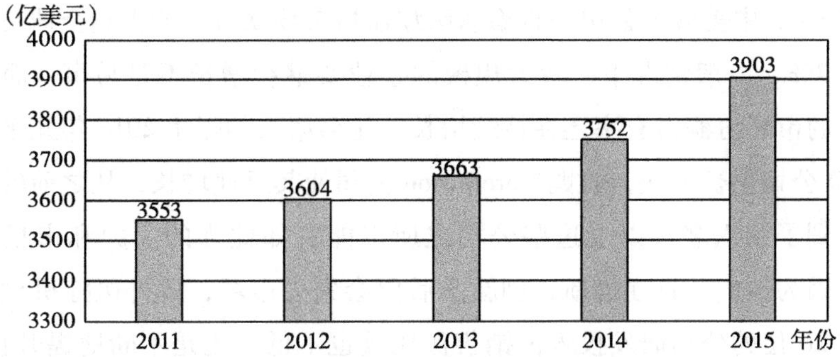

图 3-8　2011—2015 年全球医疗器械销售规模

资料来源：根据公开资料整理。

表 3-1　2016 年全球医疗器械公司前 20 强

国家	公司	排名
美国	美敦力	1
	强生	2
	BD	6
	史赛克	7
	雅培	8
	GE	9
	波士顿科学	10
	丹纳赫	11
	捷迈邦美	12
	百特	14
	圣犹达	16
	3M	19
德国	西门子	3
	贝朗	13
瑞士	罗氏	5
	诺华	17
荷兰	飞利浦	4
法国	依视路	15
日本	奥林巴斯	18
英国	施乐辉	20

表3－1中美敦力公司一直稳居医疗器械市场榜首，能占到全球市场份额的7.7%，一般情况下，较大规模的企业要继续增长不是易事，而美敦力公司的市场份额占有率还在持续增长。排名第二的强生2016年几乎无增长。BD公司增长最快，收购CareFusion公司使其迅速增长，从之前的第九名上升到了第六名。以上这些公司之所以能有如此强的实力和市场影响力，是因为他们一直在创新，创新落后便会失去市场，此外医疗机械行业排名前20位的公司研发投入占销售额比重也不低。正是不断地提升技术、研制新产品，这些公司才能处于行业领先地位。

三、健康服务业

健康服务业是潜力巨大的新兴产业，与人类的生存健康和社会的可持续发展息息相关，其包含医疗卫生、健身休闲等一系列产业，在生命科学和生物技术的引领下已经成为引导社会发展的重要产业，同时也成为衡量一个国家或地区经济发展水平的标志。健康服务业在国民经济中的比重不断上升，据研究测算，一般情况下，中等发达国家健康服务业占GDP比重为5%～10%，健康服务业占GDP比重超过10%的是加拿大、日本等发达国家，美国更是将该比例提高到17%，健康服务产业将成为各国经济发展的支柱型产业，受到各国的关注和重视。

全球健康服务业能够迅速发展并成为驱动经济发展的重要因素，主要有以下四个原因。一是世界各国的医疗体系改革的推动，解决了各国健康服务业发展成本过高的难题。事实证明，不管是亚洲国家还是欧美发达国家，其健康服务业的发展都需要国家政策的支持，优惠的政策能为企业减负，法律法规的制定能为产业发展保驾护航。美国在2014年开始实行新的医疗体制改革，为实现全民医保，医改把3200万没有医保的人纳入医保覆盖范围，从而提高了医疗效率，实现了全民医保。我国国务院在2013年提出了到2020年基本建立覆盖全生命周期的健康服务业体系。二是全球对健康的投入增加促进了健康服务业的迅猛发展。欧洲国家和美国对健康的投入较高，发展中国家较低，但是增速迅猛。三是全球老龄化问题突出，对健康服务的需求旺盛。人口老龄化和慢性病的盛行拓宽了健康服务业的发展空间。四是科学技术的发展进步，促进了健康产业的优化升级。其中，生物技术和人工智能等高科技的应用为健康服务业的发展提供了新的动力。

近年来，我国健康服务行业发展并未因经济进入新常态而停滞，而是以20%～30%的速度增长，2017年健康服务行业规模达到1826亿元（见图3－9），显示了我国健康服务业巨大的发展潜力。

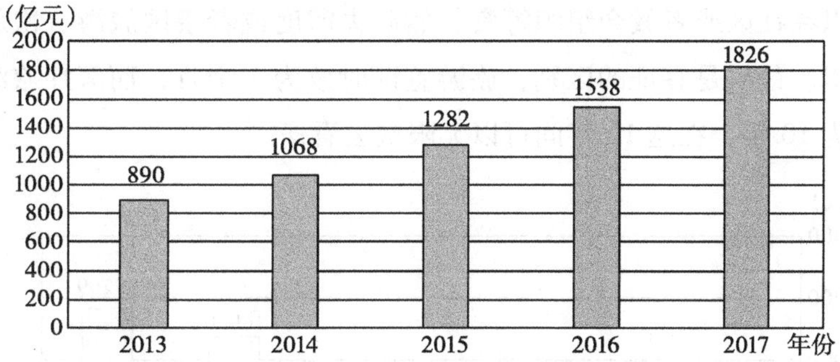

图3－9　2013—2017年中国健康服务行业市场规模

资料来源：根据公开资料整理。

中国近年来面临人口结构问题和全民健康问题的双重挑战，这将给健康服务业带来发展契机，国民生活水平提高后愈加重视健康，对健康服务方面的需求和投入也逐渐增加。由于人们的健康观念发生了转变，从之前的"有病治病"转变为"无病保健"，所以健康服务行业涵盖的业务也不断拓展。

四、医疗旅游业

1989年，国际医疗旅游诞生，受当时国情的影响，欧洲国家如意大利、英国、西班牙等上万名国民到法国就医并且旅游，这是医学史上首次出现的医疗旅游。作为一个新兴行业，医疗旅游最开始是在发达国家受到国际患者的青睐，发展至今，目的地已经拓展到了发展中国家。最开始是印度、新加坡，到21世纪初，匈牙利、马来西亚、韩国、中国也纷纷加入医疗旅游行业。之所以会产生这样巨大的国际需求，主要有以下几个原因：首先是国与国之间医疗服务价格的差异过大。例如，美国的心脏搭桥手术需要12万～15万美元，并且等待时间需要1～1.5年，而印度、泰国、马来西亚的心脏搭桥手术只需要1万美元，并且可自由安排手术时间。其次是医疗资源的供需矛盾，即使在发达国家如美国的医疗保障体系也不可能覆盖到每个人，依旧会有未覆盖到的贫困人群，而承担15万美元的心脏搭桥手术费用是极不现实的，但是如果只需要花费1万美元就简单许多，他们可以在社区或者教会组织筹资，然后去印度或者泰国旅游一次就能够完成手术。最后是签证的区别，旅游签证时效为3个月，而医疗旅游签证的时限为10年，在这10年间可以无限次去看病。

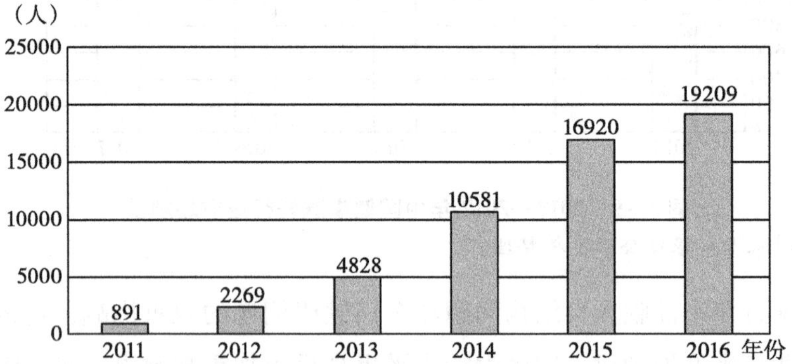

图3－10　2011—2016年中国人海外就医患者规模

资料来源：根据公开资料整理。

以中国为例，近年来海外就医患者的数量出现大幅增长，2011年的海外就医人数为891人，到2016年增加至19209人（见图3－10），6年间累计增长了20.56倍。一方面，这与中国的医疗水平有很大关系，参与国际就医的人群中重症患者占有很大比重，尤其是恶性肿瘤患者，尽管我国在医疗领域已经取得了不错的成就，但是依旧有很多不擅长的领域，略逊于国际水平，如恶性肿瘤，而中国的癌症发病率和死亡率正在不断攀升，这就增加了中国人海外就医的规模。另一方面，由于中国的医疗资源匮乏，患者选择海外就医能够使用高质量的新药，在新药开发活跃的国家，会投入大量经费用于新药研制，先不说中国的新药研发能力，引进国外研发的新药投入使用就需要5年时间。

第三节　国际领先地区大健康产业与居家养老的发展概况

一、国际领先地区大健康产业发展概况

（一）美国

1963年，美国诞生拉动经济的第五大产业——大健康产业，仅次于制造业、服务业、金融保险业、房地产业，并迅速发展成近10年来增速最快的产业，市场规模占GDP的比重约为8.8%。2008年全球金融危机后，美国的制造业和零售业萎缩，房地产业也不景气，此时大健康产业却未受到较大影响，健康产业在美国GDP中的占比逐年上升，由此美国将发展健康产业作为支柱产业。美国全面发展大健康产业，从产业结构来看，将大健康产业分为五大块，包括家庭及社区保健服务、医院医疗服务、医疗商品、健康风险管理服务、长期护理服务。首先，美国发展大健康产业关注家庭和社区关怀，重视预防保健，坚持“战略前移、重心下移”的原则。除个别全科诊疗服务外，美国的家庭及社区保健服务都属于推动加强健康、慢病管理等健康管理业务范畴，并且经由信息系统和专业培训的指导，这类健康管理服务已经与临床医疗体系相结合。其次，健康风险管理服务已经发展成为美国大健康产业的重点关注领域，同时以健康管理为核心的产业链近年来增速较快，成为美国众多行业中增速最快的行业，每年就业人数也在急剧扩大。此外，美国健康风险管理行业还将保险公司以及第三方机构纳入进来，除提供电话、互联网等主要服务外，第三方健康风险管理公司还提供信息系统、技术工具、专业培训等服务。美国还大力发展长期介护服务，其市场总值占到了大健康产业总值的6%。最后，美国打造了良好的健康产业链的就业环境，反映了健康产业链的高成长性与抗

经济周期特性。通过发达、完善的健康产业链，带动更多的附属产业，从而推动社会发展，提高了经济水平。

（二）日本

大健康产业已经成为日本资本市场重点关注的对象，产业规模急速上升。1979 年，日本兴起开展国民健康运动，老年健康运动也同时兴起，推动了药品健康产业与养老产业的迅速发展。由健康产业的发展带动的经济产值也是日本经济的中坚力量。2014 年，日本国内大健康产业规模达到 5125 亿美元，其中医药产业规模约为 1000 亿美元，占大健康产业总值的 19.4%；保健品产业规模为 630 亿美元，占比为 12.3%；健康管理市场规模为 400 亿美元，占比为 7.8%。

首先，完善的医疗体系确保国民享有良好的医疗服务。20 世纪 60 年代后，日本实行了全民医疗计划，并建立了以全面覆盖、标准收益、公平支付、效率相对较高为核心原则的医疗服务体系。全面覆盖的医疗保险体系覆盖到任何一个年满 20 周岁的日本公民，该医疗体系的主要组成部分是雇主医疗保险，大约占整个医疗体系的 62.8%，并且实行价格统一制，由国家政府规定，无关经验、能力、地点，政府也会根据市场状况以及环境等因素适当调整价格。

其次，先进的医疗水平促进日本拓展境外医疗服务。日本还拥有世界领先的多项医疗技术，特别是在早期肿瘤、脑、心血管、内分泌、消化道等专科体检上具有独特的优势，使用最新的超音波图像诊断装置等测量血糖值、内脏脂肪含量等，以便早期发现动脉硬化和代谢异常，并会给予一定的生活方式建议。据统计，每年有大批到日本享受癌症检查服务的中国人，被检测出癌症早期的人群大约占 9%，而有高血压、高血脂、高血糖等重大疾病风险的人群比例超过 90%。正是抓住人们对健康观念越发重视的心理，日本实施了“医疗 + 观光”旅游的行动，既带动了本国的旅游产业，也让人们享受到了更专业、高科技的健康服务，充分了解自己的身体。尽管日本医疗费用偏高，但其先进的医疗技术、医疗设备和医疗体系，依旧吸引了大批经济水平高的人群来享受这种发达的旅游方式。

最后，以持续的健康管理提升国民健康水平。在实行“全民健康”的计划后，日本开展了第二次国民健康战略，树立了确保老人健康体检的机制、规范地区保健中心、培养健康运动指导师等目标。此外，日本还鼓励国民运动，开展全民运动计划。2000 年，实施第三次国民健康对策，颁发了“健康日本 21”计划，并于两年之后颁布了《健康增进法》，旨在为推动国民健康提供法律依据。同时日本还对老年人的饮食习惯进行了指导，并大力兴建健康管理中心。政府对民众健康的积极管理促进了日本国民健康水平的提高。

（三）英国

在全球福利排名靠前的还有英国。20 世纪 50 年代，英国颁布《国家健康服务法》，国家卫生服务保障体系正式建立，确定了以英国国家医疗服务体系为主导，以社会医疗救助、商业健康保险为辅助的卫生服务保障体系。充足的医疗卫生资源以及强大的资源配置能力为英国医疗保障体系奠定了巨大的发展基础，拥有比较大的医疗保障范围，从预防保健到住院治疗以及眼、牙等科室治疗，英国政府还提供疾病造成的损失补贴。特别是英国政府在该项目拥有极高的保障水平。英国在生物技术与制药领域的竞争力仅次于美国，位居世界第二。生物技术与制药产业在英国经济中扮演着“皇冠上的明珠”的角色，该产业的每年营业收入超过 500 亿英镑，除金融业和保险业之外，是英国增速最快的产业，而伦敦正是英国乃至整个欧洲的生物技术与制药产业集聚区。

1. 医疗服务体系庞大且具特色

伦敦拥有英国国家医疗服务体系内医院床位 1.8 万张，劳动力超过 21.5 万人（其中包括 2.7 万名医生和牙医以及 7 万名护士），占国家医疗服务体系雇员总数（143 万人）的 15%，人均床位数和医务人员数量均高于英国平均水平。拥有庞大而复杂的医疗基础设施，比英国其他地区有更多的国家健康服务组织，其中包括31个基层护理基金、21个急性基金、15个信托基金、3个精神健康基金等。有全球最大的紧急救护服务系统，设立了70个救护站，4500多名员工，每天应急响应接近2800次。

2. 成人社会化护理获得政府高度重视

伦敦各区每年花费约28亿英镑用于成人（包括老人和特殊需要人群）社会化护理，相当于所有成人项目预算投入的1/3。伦敦议会代表政府负责成人社会化护理，并组建了健康和成人服务队，目标是提高公众对特殊成人社会化护理挑战的意识，支持伦敦本地政府的分析统计，促进政策的发展和组织泛伦敦会议。成人护理工作的合作伙伴还包括英国国家医疗服务体系（伦敦）、健康部、当地政府协会（LGA）以及伦敦社会护理合伙组织等。

3. 生物医学研发水平居全球领先地位

伦敦生物医学的研发水平居于世界领先地位，从全球范围看仅次于美国波士顿。全球排名前10位的顶级大学中，有3所位于伦敦，并在生命科学领域获得了30多项诺贝尔奖，这些都为英国健康产业提供了充足的发展条件。伦敦每年在医学类研究领域投入高达5.8亿英镑，全英最顶尖的三所医学院皆集聚于伦敦，拥有医学、牙医和制药领域学生（包括本科和研究生）2.4万人，产出医学类研究论文近4万篇。每年，英国1/3的医学、口腔和制药领域的研究性论文至少有一位伦敦的作者，会集了世界级的生物医学人才。

二、国际领先地区居家养老发展概况

联合国在全球性问题上一直起着引导作用，并且联合国发布各项权威报告也是各国政府参考文件，对国家战略具有指导意义。1982年，联合国颁布了《老年问题国际行动》，该文件明确指出，要充分发挥社会文化价值，保护家庭成员特别是老年成员。1991年，联合国通过《联合国老年人原则》，此文件又一次强调了老年人的保障情况，要实现“尽可能在家居住”，并获得“由家庭和社区所组合形成的社会文化价值所赋予的照料服务”。

（一）英国

英国作为社会保障制度的发源地，其社区照顾诞生于20世纪50年代，并于20世纪70年代在全国普及，到目前为止英国已形成以社区养老和居家养老为主的两大养老服务模式。但服务对象不仅限于老年人，1987年，英国政府发布《公众照顾》白皮书，对社区照顾进行了内涵界定，社区照顾即通过各种方式照顾那些年老、有精神残疾以及智力问题的人群，使其尽可能不离开所在家庭或者社区生活。在高度发达的市场经济下，英国养老事业的建设不仅有政府的参与，还有大量私营和商业性养老机构的参与。选择社区养老的老年人，可以获得日常照料、社交娱乐、医疗保健三方面的服务。发展至今，英国已经建立了一整套比较完善并且规范的居家照料制度体系，该体系以社区为依托，因此学者对该制度的研究更多是关注养老服务内容的扩展。随着英国养老事业的发展，其贝克斯希尔、海斯汀等以“老年人城市”闻名世界。

（二）瑞典

瑞典是北欧最出名的福利国家，在全世界范围内受到认可。在该国，“空巢老人”的现象尤为普遍，因此由政府主导建立的社区养老服务也比较完善、发达。在该服务网络内，政府从市级层面展开服务，服务内容广泛，包括医疗保健、日常照料以及房屋维修等，同时瑞典政府还建立了包括老年公寓、老年护理、临终关怀、社区医疗保健在内的养老服务体系，在居家服务的运作方面专门建立了地区居家服务管理人员和护理人员服务体系，负责该区域居家护理和居家帮助服务。为老年人提供居家服务的具体形式由居家服务管理人员决定；而护理人员决定护理服务的形式，并参与医生关于老年人是否需要住院的决策制定。养老服务内容主要涵盖五大模块——健康照顾、预防保健、康复治疗、日常照料和支持养老服务发展的补充服务等，其中补充服务包括：改善居家的生活环境和交通服务，如家电维修、家庭设施的安装等；技术帮助服务，包括康复设施的安装及指导；对家庭照顾人员的支持政策即家庭保险，该保险将照顾假期纳入社会保险体系，从而鼓励家庭成员参与老年人照顾。同时，还鼓励民营、商业化的老年护理机构参与养老事业的建设。

（三）美国

发展规模化是美国社区养老服务的特点，美国社区养老服务主要提供休闲生活、医疗服务、适合低龄及健康老人居住的生活。为满足不同需求的退休社区，美国建立了一套以社会服务、预防性服务、支持性服务以及保护性服务为主的养老服务框架（见图3－11）。美国社区养老服务发展规模化的特点离不开健全的老龄工作机构，以及相关的法律支撑，如《老人法》；并且政府为鼓励养老服务机构建立和发展，还颁布了一系列税收优惠政策，鼓励社会各界参与到养老事业的建设中；美国还建立了监管体系，保证养老服务的规范；另外，社会组织也在美国社区养老服务事业的

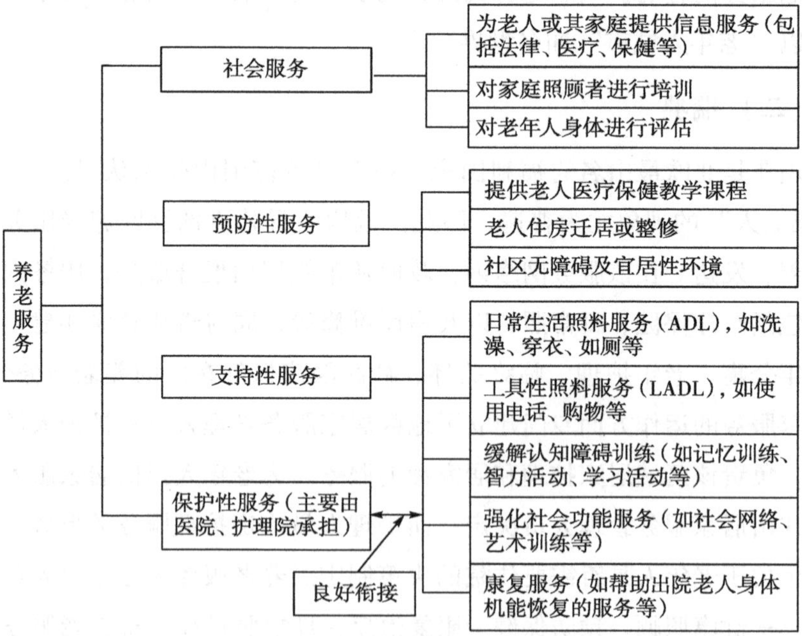

图3－11　美国养老服务内容

建设中扮演着重要角色。

（四）日本

日本与我国在地理上相邻，在文化传统上也有一定的相似性，因此日本居家养老体系的建设对我国发展养老事业有更大的借鉴性。日本居家养老服务主要分为访问指导、护理、机能训练等三方面，而在组织形式上充分调动了社会各界的力量，并根据老年人需求建立有差异的服务提供体系——使得居家养老服务体系中有政府、民间组织、志愿者、企业等四方力量。

第四节　国际大健康产业与居家养老的案例分析

一、美国：成熟的上门养老和社区养老模式

美国进入老龄化社会时间较早，在20世纪50年代开始发展养老产业，并且通过多年的不断尝试，美国养老产业的投资、运营模式已经较为成熟。其中有三种模式对我国的发展很有借鉴意义，分别是上门养老服务提供商、REITs（房地产信托投资基金）投资模式养老物业投资商、专业化养老社区运营商。

（一）提供上门养老服务，服务居家养老的商业模式

美国作为养老产业发达的国家，其养老产业的市场化运作成熟。老年人需要的日常起居照料服务和医疗诊治护理服务，都由专业的大规模的居家养老服务提供商公司上门提供。AFAM公司成立于1985年，是这些服务提供商公司中最具代表的公司，也是美国最早一批提供家庭护理医疗服务的规模化供应商之一。

AFAM为老年人提供两种不同的医疗护理派遣上门服务。第一类服务专业性较高，由相关持证人员为患有慢性病的老人或者手术后恢复的老人提供专业的上门医疗护理服务。第二类服务专业性一般，由专业性不是很强的工作人员提供家政、餐食等生活照料服务。

AFAM 公司开展“养老金融 + 服务”运作模式。这种模式是由老人向政府或者商业保险机构缴纳保险金，当老年人向 AFAM 购买医疗护理服务的时候，政府或者商业保险机构就从保险计划中支付老年人的服务费用给 AFAM 公司。因此在这种运作模式下，AFAM 公司 90% 以上的收入来源于相关的保险机构，只有不到 10% 的收入直接来源于老年人。同时 AFAM 采取轻资产运营模式，增加运营灵活性，提高净利润率，并将轻资产运营模式复制推广到不同区域。AFAM 的服务覆盖地域广，运营中心数量多，同时盈利较好，在为股东创造价值的同时服务了社会。

AFAM 公司提供的这种“上门提供养老服务”使高质量的居家养老服务成为可能，提高了老年人生活的安全性，让独居老人在家也能得到关注，享受到医疗护理和日常照料服务，这些服务为居家养老的老年人提供了生活保障，提高了其生活质量，改善了老年人居家养老的环境。

目前我国上门养老服务已有发展，出现了一些小规模的上门养老服务提供商，随着我国经济的发展和居民收入消费水平的提高，未来老年人对这类专业化的上门养老服务的需求将会增加，我国专业化养老服务产业发展空间巨大。就目前来看，我国上门养老服务提供商不仅规模小，提供的服务也单一，几乎只能为老年人提供日常生活照料服务，只有极少数的提供商能够提供医疗护理等专业化服务。从国外上门养老服务产业发展的情况来看，上门养老服务企业未来将朝着专业化和规模化的方向发展。随着我国上门养老服务的不断发展，我国养老服务提供商在规模和服务水平上都将有很好的改善，将为我国老年人提供更专业的上门养老服务。

（二）“地产 + 金融平台”REITs 模式

1. REITs：灵活的经营模式造就养老投资商

房地产证券化的主要方式就是 REITs，通过建立该基金，使流动性偏低并且未证券化的房地产资本转化为资本市场上的证券资产金融交易。简单地讲，就是发行基金产品进行分散募资，以房地产项目为标的，将房地产项目产生的升值收入和租金收入以分红形式发放给投资者（见图 3－12）。REITs 会将超过 90% 的利润进行分红。

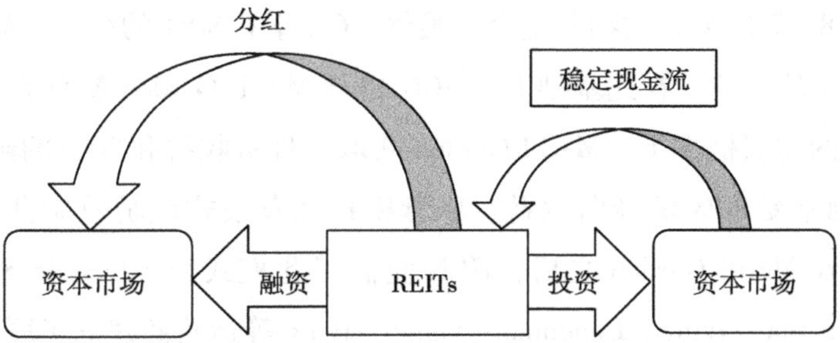

图 3－12　REITs 模式适合养老社区的投资

REITs 模式十分适合投资商业化养老社区，因为所投的养老社区会产生源源不断且确定性大的现金流，用于支持 REITs 的分红。投入养老地产建设的金融机构还有以下好处，在资本市场上，持续稳定的收益模式可以确保其以较大的规模和较低利率进行融资，为地产项目提供了资金来源，为开发商提供了更好的退出机制。以荷兰国际集团（ING）为例，ING 在美国的全部投资中，有 54% 是以 REITs 的形式募资并投向养老社区的。

2. HCN："净出租＋委托运营"高速发展的老牌养老投资公司

美国 REITs 模式下具有代表性的公司就是 HCN（Health Care REIT Inc.），HCN 诞生于 1970 年，投资领域从专业护理院逐步拓展至养老地产，发展成为美国第三大养老/医疗类 REITs 公司。其公司物业涵盖范围广泛，包括社区养老、护理、医院甚至医疗办公等，2014 年末其物业总投资额突破 220 亿美元，共拥有 1260 处物业。"净出租＋委托经营"是 HCN 的主营模式，投资领域既包括护理机构，也包括养老社区、医疗办公和医院等，产业链从养老地产到养老服务。所投物业大部分是已建成项目，以便可以及时回收现金流，支付分红。HCN 的委托经营中，有一部分采取的是"联营委托经营模式"——利用委托运营商参股的方法共同成立物业组合，从而提高委托运营商的管理水平并调动其积极性。代表性事件有，2010 年

HCN、Merill Garden 联合成立合资公司，具体分配是 HCN 派出物业 13 处以及贡献 2.55 亿美元现金，而 Merill Garden 贡献 25 处物业和负债，建立一个价值 8.17 亿美元的物业组合，最终 HCN 享有 80% 的权益，Merill Garden 占 20% 的权益，在此基础上，HCN 再与 Merill Garden 签订委托管理协议。在新的协议框架下，Merill Garden 获取管理费收益和 20% 的经营收益，而 HCN 则享受 80% 的经营收益。联营委托经营模式激励效应良好，可复制性强，在 Merill Garden 之后，HCN 复制了此模式与 Silverado Senior Living、Senior Star Living、Benchmark Senior Living 等运营商建立了联营委托经营物业。HCN 投资主要分布在医疗办公楼净出租、养老物业委托经营、养老物业楼净出租三个部分（见图 3－13）。

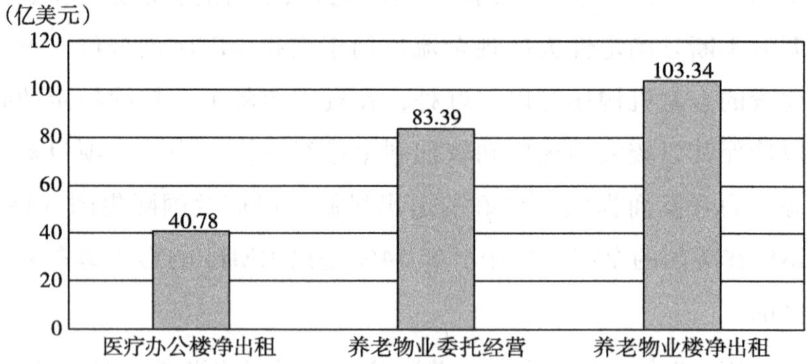

图 3－13　HCN 投资主要分布

从收益组成上来看，投资占比仅为 36.5% 的委托经营物业收益达 18.97 亿美元，收入占比高达 57%，净出租物业收益占比合计 43%（见图 3－14）。可以看出，在经营较好的情况下，委托经营获取剩余收益，收益率比净出租模式更高，但同时风险也更大。

作为养老投资 REITs，HCN 近年来扩张速度极快，总资产规模和营收规模逐年增长，2005—2014 年，HCN 扩张速度一直在加快，其总资产规模由 29 亿美元增至 250 亿美元，年增长率高达 24%，其营收规模也一直在急速增长。这主要归功于 21 世纪之后，HCN 一方面多次通过资本市场融资，增加资产规模；另一方面利用“净出租＋委托经营”模式加大物业投

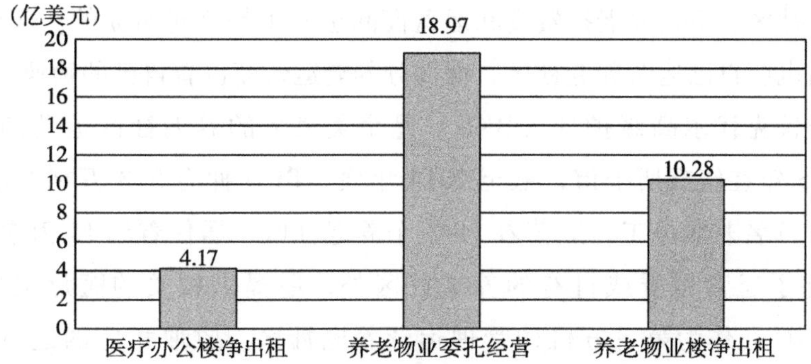

图 3-14　HCN 收入主要组成

资，保证稳定增长的营收。由于 HCN 的委托经营部分占比大（相比其他养老投资 REITs），其承受的风险也更大，加之 HCN 较为频繁地融资扩张，所以其 EPS（Earnings Per Shave，普通股每股税后利润）波动较大。

我国 REITs 发展已现曙光，未来发展空间巨大。我国现在面临的主要问题不是没有规模化的养老投资商，而是没有成熟的 REITs 体系。进入 21 世纪以来，我国一直在寻求中国式 REITs 模式，近几年来关于 REITs 的探索终于取得了一些突破性的成果：2014 年 5 月，中信证券推出的中信启航专项资产管理计划，被认为是我国首单 REITs 产品，该计划的期限为 3～5 年，投资标的为北京中信证券大厦及深圳中信证券大厦，作为私募 REITs 产品，中信启航打破了我国的“REITs 荒”，我国 REITs 发展已现曙光。2015 年 6 月，首只公募 REITs 基金鹏华前海万科 REITs 封闭式基金完成证监会的注册，标的物业是万科前海企业公馆公司，打开了我国公募 REITs 的发展窗口。经过十余年的探索，我国 REITs 在近两年取得了突破性的成果，随着 REITs 的进一步发展，我们认为未来 REITs 大规模投资于养老地产将是必然趋势，发展空间巨大。

（三）规模化、专业化养老社区运营商：BKD 公司

在西方发达国家，养老投资商和养老运营商往往是分开的。投资商如 REITs 养老社区投资商，类似于地主，投资获得物业并将物业租赁给运营商进行运营；运营商则类似于管家，向养老投资商租用物业并自负盈亏运

营养老社区。不过养老投资商和运营商间也并不是绝对对立的，部分养老投资商也会自己运营养老社区，而部分养老运营商也有自己的物业。

布鲁克代尔高级护理（BKD）是全美最大的养老社区运营商之一，于2005年在纽交所上市，截至2014年底，BKD拥有5.3万名全职员工和约3万名兼职员工，运营着1143个养老社区，居住着约11万名老人。BKD除了运营租赁或自有的养老社区外，还提供相关的医疗服务。此外，BKD还作为第三方机构管理运营养老社区，收取相应的运营费用。截至2014年底，BKD共运营1143家养老社区，其中有982家是租入或者受托经营的，161家是作为第三方管理机构进行运营，随着养老社区的日益流行，这种“外包式”运营，成为规模化养老社区的一个利润增长点。这也是我国社区养老未来可借鉴的一种模式，即运营商将养老服务带入社区，为社区内老人提供集群化的服务。BKD业务分为五大类，如表3－2所示。

表3－2 BKD业务分类

提供服务	服务内容	缴费方式
独立生活社区运营	向较为健康的老年人提供一个高端住所，单人间或者双人间，提供送餐服务、家政服务、交通服务等。还为居住者提供身体测评服务	按月或年缴纳费用
辅助生活社区运营	在退休中心提供服务的基础上，提供24小时辅助生活服务，如洗澡、助行、急救等。还针对阿尔茨海默病患者有专门人员辅助其生活	按月或年缴纳费用，如需额外的服务额外缴费
CCRC社区运营	CCRC（Continue Care of Retirement Community）是大型养老社区，包括独立社区、辅助生活社区、长期介护社区等模块，满足老人对健康管理、护理和医疗等不同生理年龄阶段的基本养老需求，老人不需要搬家就可以在CCRC社区中度过长达1/3的人生，这也是一种提升客户黏性的有效做法	入住时一次性缴纳一定费用，之后按月或年缴纳费用
医疗服务	向住户提供上门医院服务，也会向非BKD运营的其他养老社区提供该项服务	根据服务情况缴费
管理服务	为第三方机构鼓励运营养老社区，收取相应管理费用	根据收益情况确定

从 BKD 的收入分类上来看，养老社区的运营收入超过总收入的 75%，其中辅助生活社区收入最多。虽然 BKD 自从上市以来还没有盈利，但其营收逐年上升，2006—2014 年营收复合增长率为 12.7%。BKD 通过外延式扩张实现了规模化经营，在 2014 年兼并行业内另一大型养老社区运营商 Emeritus 后，坐稳了行业第一的位置。通过规模化的扩张，横向兼并产生协同作用，BKD 合理调整其成本结构，控制了成本的增长速度，减少了净亏损率，净亏损比例由 2006 年的 8.25% 降至 2014 年的 3.89%，未来有望盈利。

我国专业养老社区运营商苗头已现，未来整合在路上。我国现在还没有类似 BKD 这样的规模化养老社区运营商。但是已经出现了一些第三方运营的案例，如著名养老公寓开发商亲和源与万科签订了战略联盟合作协议，将为万科养老社区“万科幸福汇”提供运营管理服务。我们认为，随着我国养老地产的快速发展，如亲和源、东方太阳城等具有丰富养老社区运营经验的养老社区开发商将会向养老社区运营领域进发，同时，社区物业管理公司也有可能进入养老社区领域，成为社区养老运营商。而根据国外的经验，养老社区投资商和运营商的分离是一个趋势，大规模的养老社区运营商在专业人员团队、运营经验和运营成本上都会有优势，未来我国养老社区运营商或将迎来整合，形成若干类似于 BKD 公司的大规模专业运营商。

二、日本：良好的上门养老介护服务与文化背景

日本于 1970 年左右进入老龄化社会，到现在已经成为深度老龄化国家。2014 年底，日本人口 1.27 亿人，65 岁及以上老年人口 3275 万人，占比达到 25.79%。日本与我国文化环境类似，其养老服务模式值得我们参考。

（一）日本养老产业发展历程

日本养老产业发展历程：从政府负责到市场调控转型，大力发展上门养老服务。

日本从还未进入老龄化社会时就制定了老龄服务相关的政策，1959 年日本政府出台了《国民年金法》，强制要求日本国民参加国民年金计划，以防止养老金缩水，同时对企业员工设置“厚生年金”，是以一种形式的职工养老保险，建立多渠道养老金模式，让日本的养老金模式完成了从生活救助到社会保险的转向，更符合市场规律。

20 世纪 60—70 年代，公立机构和福利设施养老受到日本政府的大力提倡，并于该时期兴建公立养老机构。1970 年日本正式进入老龄化社会，而公立化的养老机构供给不能与日益上升的养老需求相匹配，因此 1973 年日本政府再次兴建养老机构企图保障老年人生活，提高社会福利。但是这样的社会保障体系建设对日本财政发出极大的警告，并不是长久之计。因此日本政府于 1982 年出台《老年保健法》，鼓励社会力量参与养老事业的建设，而不再是原来的仅由政府负担老年产业建设。《老年保健法》的出台使得日本正式将养老由“政府事业”转变成“市场产业”，至此日本养老事业建设正式成为一个“产业”发展起来，这样的发展情况与我国养老国情是相类似的。80 年代以来，日本政府开始更加强调和实施社区居家养老，使得养老模式更加多元化。在政府的引导下，市场力量纷纷进入养老产业，建设私立养老社区或者上门养老服务机构。1987 年，日本政府制定《社会福利士及护理福利士法》，提倡要重视养老服务人员建设和培养，大力推行“介护福利士”也就是养老护理人员的培养。这个时期，日本培养了大量专业性较强的养老护理人员，以支持上门养老服务业的发展。1989 年 12 月，日本政府推出了《老人保健福利推进 10 年战略计划》，强调为居家养老、社区养老提供上门养老服务的重要性。90 年代以来，日本人口老龄化进一步加深，同时少子化严重（类似我国“421”[①] 家庭状况），子女抚养压力加大，养老护理服务的需求进一步提升。1997 年，《介护保险法》出台，该政策明确指出缴纳护理保险年金（每月 2500 ~ 3000 日元）的对象为 40 岁以上的老人，中央和地方政府补贴等量的资金，支持护理保

① 即 412 家庭——四个老人，一对夫妻，一个孩子。

险模式的运营，使得日本人在进入老年，需要护理服务时，可以通过护理保险支付养老护理服务的相关费用。《介护保险法》的发布，提高了社会化养老服务的效率，同时也推进了上门养老服务的进一步发展。

时至今日，日本已经进入深度老龄化社会，经过60多年的建设，日本已经建立了较为立体化的养老金支持保险体系（包括国民年金、厚生年金和介护保险）和多元化的养老服务模式，包括公立养老机构、私立养老机构和上门养老服务模式。在20世纪80年代日本完成了养老的“产业化”，让更多的市场化力量进入到养老产业中，提高了养老服务的效率，同时增加了养老服务的供给，相应减轻了政府负担。我国和日本的文化有很多相似之处，日本养老服务业的发展也有很多我国可以借鉴的地方，比如，养老服务“产业化”（让社会力量参与养老产业的建设），养老保险制度的建设，还有多元化养老服务模式的建设（包括养老服务专业人员的培养）。同时，从日本养老服务的发展历程来看，养老产业的市场化发展、上门养老服务和私立养老社区的进一步发展在我国都有良好的可行性。

（二）日本养老服务模式

目前日本养老服务出现以下状况，即公立养老院已经处于饱和状态，主要由养老社区和上门服务分摊养老服务压力，而其服务模式也主要分为以下两种：一是依托地产的养老机构和养老社区相结合的模式；二是由第三方服务机构提供上门养老服务的模式。而在日本主流模式依旧是上门养老护理服务，也称为“介护”服务。

1. 依托地产的养老机构和养老社区相结合模式

日本的公立福利养老院有独立生活、护理无医疗、护理+医疗三种不同的模式，每月收费8万~18万日元，相对便宜，能够提供较为专业的服务。但日本的公立养老院存在供给不足的问题，在日本，公立养老院入住难度较大。2014年，日本有52万老年人在排队等待入住公立养老院，基本上处于“出一个，进一个”的状态，这一点与我国北京、上海等大城市的公立福利养老院情况类似，且20世纪80年代后日本政府并没有把公立养老院作为养老产业的发展重点，因此其饱和也是意料之中的事情，需要寻求其他途径来解决养老服务需求量较大的问题。私立养老社区现在也是日本养老产业中的重要组成部分。在 20 世纪 80 年代日本政府鼓励养老产业化之后，出现了私立养老社区。私立养老社区定位于中高端服务，收费相对较高。包括两种模式，一种是租赁形式，就是每月缴纳相应的租金入住养老社区，另一种是买断使用权即需支付较高的首付（3000 万日元以上），之后每个月支付相对较低的服务费，享受社区内的养老服务设施。私立养老社区收费较高，能够提供较为高档的居住环境并雇用更有经验的护理人员。

2. 第三方服务机构提供上门养老服务模式

自从日本推出了《社会福利士及护理福利士法》，每年都有大规模的、正式的“介护士”的培训和考试，为日本培养了大量的养老服务专业化人才，近两年来甚至外国人也会来日本考“介护士”执照，找一份养老服务的工作。由于有专业的培训体系，日本的养老服务人员水平较高，养老服务人才的供给也充足。同时，日本的介护保险提高了介护服务的支付效率，让更多的老人可以在家享受到介护服务。日本和我国文化氛围相似，其养老模式很值得我们借鉴。我们认为，根据日本的经验，未来我国养老服务产业化是必然的趋势，市场化力量介入会分担政府的压力。未来，我国养老产业建设的发力点为上门养老服务和养老社区，而不是公立养老福利机构。除此之外，我们还建议关注我国养老服务人才的培养，我们认为，一旦出现体系化的养老服务人才培训，上门养老服务业将会迅速发展。

第五节　国际大健康产业与居家养老发展的成功经验借鉴

一、大健康产业成功经验借鉴

近年来，大健康产业在世界经济领域掀起了一阵浪潮，各国政府纷纷采取措施发展大健康产业，在提供国民保障的同时大兴新经济。根据世界各国在大健康产业的实践，大健康产业具有以下特点：第一，政策支持的依赖，在各国大健康产业的实践中，包括欧美发达国家，如英国、美国，甚至是亚洲日本、印度等国，大健康产业的发展离不开国家政策支持。第二，各有发展侧重点，虽然各国都在大兴健康产业，互相借鉴经验，但是每个国家又根据实际情况，各有各的侧重点，充分打造适合本国国情的大健康产业发展方式，例如，美国侧重于大健康产业下的健康管理，日本侧重于养老服务体系的建设，英国侧重于社会保障体系的建设。第三，充分发挥社会主体的作用，大健康产业的发展离不开公众宣传，也离不开社会公众的参与和支持，例如，日本提倡全民健康运动，形成了良好的社会健康氛围。第四，以创新为核心原则，纵观各国健康事业的实践，我们发现创新在各国经济发展中始终占据关键地位，重视科研创新和科技创新，例如，美国聚集优秀的医疗机构和科研机构，搭建产学研平台，建立研发人才培育体系，为大健康产业发展的创新输送人才。第五，重视社会资本，鼓励民营企业发展，积极鼓励社会资本参与健康产业投融资，鼓励民营企业参与健康事业的建设。以上特点为我国发展大健康产业提供了一定的经验借鉴。

（一）国家法律和政策支持

政府有力的政策支持和法律支撑，是大健康产业持续发展的强大动力，各国政府都深刻认识到人口老龄化将会成为最严重的社会问题，因此将大健康产业发展建设作为未来经济社会发展的重要内容，给予高度重视并出台相关的政策。例如，日本政府于第二次世界大战后逐步完善法律制度体系，重视推动养老事业发展的政策建设和制度环境建设，从初创期（20 世纪 50 年代初到 60 年代初）制定相关保护法为老年人晚年生活安定提供制度保障，到扩充期（20 世纪 60 年代初到 80 年代初）构建起较为完善的市场规范和行业标准，再到政策转换期（20 世纪 80 年代中后期至今）成立“银色标志认证委员会”，建立合格认证体系，为合格的养老机构、产品及服务以及服务提供商颁布合格认证标志，并通过公示系统向社会公众公开，通过这种方式，整治养老服务环境，打造有序的养老服务体系。

除此之外，国家还通过出台政策对重点领域提出中长期发展规划，明确发展目标和实现路径；通过税收、融资等优惠政策，动员资源，拉动对健康产业的投资，帮助企业削减成本设立“经济开发鼓励项目”，对进入企业的税收给予减免等；通过立法维护市场秩序和进行监督；等等。

（二）成熟的医疗保障制度

大健康产业的长远发展离不开配套的保障机制，而新时代面对人类各种疾病的不断涌现，人们从被动接受治疗到主动预防疾病，其根本原因来自对各种不治之症的恐惧。为了使大健康产业持续健康发展，我国需要建立一套与之相匹配的成熟的医疗保障机制，20 世纪 50 年代我国建立了最初的医疗保障体系，20 世纪 90 年代开始实施医疗保障改革，但存在改革目标不明确、主体缺失、无配套措施等问题，以至尽管我国一直在探索医疗制度改革，并完善医疗保障体系，但是依旧存在一系列问题。而新加坡的医疗保障制度一直被国际认可，更是被给予“公私兼顾和公平有效”的评价，对于我国来说具有很强的借鉴意义。新加坡医疗保障制度主要有以下几个特点：①适合本国国情。新加坡政府提倡国民自己承担自己健康的责任，而不是应该由政府义务承担国民的医疗健康费用，因此在医疗保障体系的建设中尤为重视这一原则；同时，政府也会将国民的经济能力纳入考虑范围内，划分国民在医疗费用方面的承担能力。②坚持公平与效率并存的原则。新加坡的医疗体系主要有保健储蓄、健保并存和保健基金三种医疗付费方式，通过这三种医疗付费方式，争取人人都有能力负担得起医疗保健费用，充分体现公平的原则。③建立多元化的投融资机制，在借鉴西方国家医疗保障制度经验的基础上，建立多种医疗融资渠道，包括个人、社会以及政府，由三者共同负担医疗保健费用。④重视政府职能和市场职能的协调。参考新加坡的实践经验，我国应该基于基本国情，重视我国生产力水平问题以及严峻的老龄化趋势，关注差异化，包括地区、机构以及城乡等方面的差异，逐步建立并完善与我国基本国情相适应的医疗保障制度，梳理基本目标，争取实现人人都能享受基本医疗保险的服务，切实解决群众看病难、就医难、医费贵等民生问题。

（三）完备的健康管理信息系统

健康管理信息系统是大数据时代通过各种可获得的数据建立的一个智能健康数据监测系统，主要用于疾病改善与预防，这一智慧型的健康管理体系，可以为社区、企业、药房、地产、养老院等提供大众健康管理解决方案，一个完备的健康管理信息系统可以为大健康产业发展提供未来前进的方向，把握当下居民最真实的健康情况，以及调节健康产业的发展步调。美国是最先提出健康管理概念的国家，健康管理已成为美国医疗体系的重要组成部分之一。实践经验也表明，健康管理能够显著提高人们的健康水平并且降低国家和人民的医疗成本。我国第一家健康管理注册公司出现在 2001 年，经由十多年的发展目前健康管理领域的企业已经增长到 200 多家，企业规模达到一定的水平。总体而言，我国的健康管理还处在初级阶段，有许多亟待完善的地方，如政府支持力度不够、公众认知度和接受度不高、运作机制不成熟、发展模式还有待探索等问题。因此，借鉴美国成熟的健康管理体制，我国政府应该加大支持力度，出台相关政策鼓励产业发展，加大医疗预防保健的投入、加大资金投入等；加强宣传健康管理的基本理念，提高公众的认知度和接受度；尽快实现健康管理公司与医院、社区网络的良好对接，实现三者之间网络资源共享；借鉴发达国家成熟的健康管理信息系统，在实践中探索健康管理的发展模式，同时扩大健康管理的服务范畴和服务人群。

（四）健康产业集群发展模式

任何一个产业要想获得长远的发展，绝不能孤军奋战，只有采用产业集群发展模式，集中产业中各关键环节形成一条完整的产业链，自成独立的产业发展体系，才能经得起时间和时代的考验。在我国政府颁布一系列健康产业政策文件之后，各地纷纷打造健康产业集群，集聚健康产业，特别是经济基础较好的地区，其中比较出名的有苏州环球国际健康产业园、成都市国际医学城以及中山市医药健康产业集群。对比发达国家的健康产业发展现状，我国的健康产业发展集群具有明显的地方特色，但是存在缺乏产业体系设置、健康产业集聚内部研发环节略显薄弱、政府主导的发展形式限制市场主体的积极性等问题。首先，应该确立一个相互支撑的发展定位体系，将健康产业集群的研发环节、核心环节和支持环节包括在内，加强各体系的互动交流，相互促进、耦合发展，充分保障健康产业集群的可持续、有序发展；其次，注重健康产业集群发展的各个阶段人力、物力和财力保障，保持其领先的地位；最后，政府需要在健康产业集群的发展过程中找到最为合适的定位，不管是辅助作用还是主导作用，都要确保政府角色与产业发展情况相契合。

二、居家养老的成功经验借鉴

社区养老相对于机构养老而言，拥有成本低、能够满足老年人多样化需求等优势，因此近年来各国陆续加强社区养老模式的试点、实践和研究，并取得了不错的成就。针对我国未富先老、养老服务资源十分缺乏的状况，国外关于社区养老的探索对我国开展社区养老具有重要的指导意义。

（一）建立多层次的养老机构体系

鉴于老年人身体状况差异以及家庭条件等不同，对养老的服务需求也就存在差异性。因此关于养老机构的建设应该充分考虑不同老年人的需求，分别建立以护理型、助养型、居养型等为主的养老机构，并加强专业水平的提升，有针对性地建立多层次养老机构体系，如美国、英国等国家都针对老年人的不同需求建立了多类型的养老机构，增加了老年服务的丰富性，包括日托、介护、权益保障、心理咨询、法律援助等服务，充分满足老年人各方面的需求，包括生活、就医、心理等，并通过法律援助维护老年人的权益。

（二）完善的立法保障

综上所述，我们发现任何一个养老事业发展得好的国家都建有比较完善的相对应的法律制度体系，并且在探索养老事业的建设进程中，不断建立相关法律并对之进行完善，为社区养老发展提供完善的法律保障，因此其社区养老发展得越来越好。如美国的《照顾白皮书》以及《关于家庭健康服务以及照顾法令》都为该国养老体系的发展提供了很好的基础，美国还专门成立了老年管理局，专职管理老年的财政及相关工作。同时日本也颁布了《老人福利法》《介护保护法》《推行高龄者保健福利10年战略计划》三部法律，以此规范养老社区的建设，与此同时，还将养老社区引入市场体系，充分发挥社会各界资源的功能，极大地提高了社区养老的建设和服务水平。由此可见，在社区养老的探索、建设、发展中，完善的法律体系是不可缺少的。

（三）充分调动多个服务主体的作用

虽然政府在养老服务的工作上发挥着重要作用，但是依旧有一定的局限性，毕竟养老是涉及整个区域或整个国家的社会问题，因此政府主要起着宏观布局和调控的作用，而社会机构和慈善组织所提供的服务相比政府更具有针对性，也更符合市场规律。因此，国际上很多国家都非常重视社会机构、慈善组织的作用，充分调动社会力量的参与性，无论美国还是日本，都在养老社区的服务队伍中加入了非营利性的组织和志愿者。甚至在美国，志愿者是养老社区服务的重要组成部分，不同行业、不同阶级的社会力量都主动加入养老服务事业的队伍中来。学生群体是志愿者的重要组成部分，也有国家通过学分制的方式鼓励学生加入志愿者队伍，这既营造了良好的社会氛围，也减轻了国家养老服务压力，同时还有助于青少年树立正确的人生观、价值观。而且慈善组织以及相关机构的自身组织形式灵活多样、运行机制比较完善，还有充足的群众基础，能够掌握老年人的一线服务需求，从而有针对性地、及时地满足老年人的服务需求。另外，各国在养老服务方面都面临着不同程度的财政压力，而这些社会机构和志愿者提供的服务都是免费的，因此能够有效降低成本，促进资源优化配置，提高公共物品的供给效率，同时社会人员以及青少年参与到养老服务的建设中还能为养老社区注入新的活力。

（四）建立资金来源的多元化渠道

由于各国都面临着不同程度的人口老龄化，所以财政资金压力一直是各国政府比较头痛的点。综观许多国家，为了缓解养老财政缺口问题，都建立了多渠道的资金来源形式，充分调动了社会资源。国外许多养老服务经费主要有两种来源形式，一是国家政府的财政拨款，二是第三方社会力量的支持，同时还通过税收减免、签订契约等一系列优惠政策鼓励社会资本注入养老服务体系建设中来，实现养老服务事业的目标。多渠道的资金注入，为社区养老的建设筹集了充足的资金，为养老服务的发展打下了坚实的经济基础。政府可以为养老社区的建设投入更多的公共设施和日常维护运营，老年人也可以因此获得更多的养老服务；社会力量的投资建设一方面促使更多社会力量加入，吸引更多的社会资本参与养老服务建设，另一方面有效缓解了政府的财政压力。

（五）加大人才队伍建设

老年人作为特殊群体，特别是居住在养老社区的老年人，对养老服务有一定的要求，为了更好地服务老年人，需要具有一定专业性以及知识性的人才服务队伍，加之我国老年人基数大，因此人才队伍需求庞大。由美国和日本的实践经验总结得出，人才培养体系的建设也是非常重要的，注重综合素质以及专业知识的培养，对服务人员有一整套的考核体系，要求专业知识、专业技术以及综合能力掌控都达到要求，然后取得相应的合格证书才有正式上岗的机会。同时这些发达国家还建立专门的法律体系来保护养老服务人员的权益，保证其社会地位和经济收入水平。而反观我国，存在的主要问题在于思想观念过时，在老一辈的印象中，养老专业并不是一个受待见的学科，而且对我国养老服务专业的认识存在一定的偏见，而且其薪酬待遇水平也与其他专业差距悬殊。还有养老服务领域的康复人才极度匮乏，很多人选择医学都倾向于外科等热门领域而对康复医学存在偏见，这种思想观念的“过时”不仅存在于稍有知识的专业性人才中，还存在于普通民众心中，因此有必要积极宣传养老服务专业，提高人们对从事该职业的认识。据估计，目前我国需要超过1200万名养老护理人员，而现在我国专职从业人员与实际需求相差甚远，还不足100万，因此我国亟须加快养老从业人员的培养，加大培训力度。如通过政府机构同医学院联合培养人才以及鼓励相关院校建立专门的专业，逐步完善相应的人才培养体系，并推动养老服务与就业政策相结合，鼓励开办护理、社会工作等学科，同时也需要不定期对养老服务队伍的工作人员提供培训，加强专业素质的培养，做到持证上岗。

第四章 大健康产业发展与居家养老的关系

第一节 相关理论概述

一、系统理论

“系统”一词出现于古希腊语中，主要是指有联系、有互动的各种要素通过某种机理或者存在形式而组成的一个具有某种功能，存在大自然合理性的整体。研究系统的科学被称为系统科学，其主要任务就是研究系统的组合形式、理论框架或者存在规律，同时作为一门涵盖数学性质并具有严密逻辑的新兴科学门类，它通过各种科学手段精确地表述其功能，探讨多样化系统的同一特性，研究并且确认一切系统原理和数学模型的适用性。系统科学认为，世界就是由无数个大大小小的系统组成的，这些各种各样的系统通过某种联合机理，搭配组成了一个世界系统，这个系统的内在运作机制相比子系统复杂得多，但是系统之间的关联机制可以使整个系统的性能提高很多，其作用远远大于子系统。总结下来，系统主要有以下特征：①整体性。从系统的内涵可见，系统由多个子系统通过某种关联机制联系在一起，作为一个整体，系统并不简单等于各要素相加之和，甚至它具有各要素之和并没有的性质。系统的核心强调整体观念，一旦要素被分割，那么要素的作用就会消失从而破坏其整体意义。②开放性。系统之间的各要素可以依托于外部环境，持续与外界环境交换物质、能量或者信息，然后与系统内部的各要素发生相互作用，即系统不是封闭的，始终保持与外界的联系和互动，然后保持系统本身的整体性和持续性，维持系统内部各要素的平衡，允许各要素之间存在差异，通过各要素与外部环境的相互作用创造一个富有更多能量、更复杂、更高级的系统。③综合性。系统由无数子系统组成，任何一个子系统由许多要素组成，这些要素通过相互作用、互动机制联系在一起，是一个具有综合功能的整体。若其中一个要素或者子系统发生变化，那么相应的其他要素或者子系统就会为了维持整个系统的稳定性和功能性，也发生相对应的变化。④动态性。动态的性质证明了系统内的各要素之间以及内部要素与外部环境之间，一直处于无序或者有序、平衡或者非平衡的运动变化中，系统一直保持着变化，并对未来有一定的预测能力。⑤环境适应性。系统能够很快适应自己所处的环境，不断调整结构，从而使得自己能够很快在新环境中发挥更大的效能。

居家养老是一个比较完整的系统，也具有一定的功能性，居家养老系统中的各要素也一直不断地与外界发生相互作用，通过某种作用机理或者某种规律性，一直保持与外界的联系，最终促使居家养老系统不断向高端化发展，不断完善系统原有功能。同时居家养老这个系统也是大健康产业环境系统的子系统，两系统各要素合理搭配，不断相互作用、相互影响，系统的整体性能高于各要素部分性能之和，一直朝着更高协调度的方向发展。

二、协调与协调发展理论

协调主要是指各个系统或者多个要素之间具有高度的联系性，其以客观事物规律为依托，尤为重视各个事物之间的相互作用，从而反映多个事物之间的一种相对平衡，不能再继续实现帕累托优化也无更高级的过程。在不同学科中，协调意义的侧重点稍有不同，但总体思想是一致的，即通过发展达到人类所希望的目的。在不同学科中，“协调”一词的侧重点也有差异，其中在管理学科中，协调关心的是综合考虑各要素之间的相互作用，综合管理各要素，以实现某种管理目标的方法和过程；而在经济学中，协调是为了实现某种经济目标，通过系统内部各要素充分发挥其经济能力的作用，以促使系统达到某种理想化的方法或者过程。顾名思义，

“协调”的对立面就是“失调”或是“不协调”，通常在现实生活中，由于环境的差异或者协调目标的改变，“协调”总是有一个值域空间，如果超过了这个值域空间，我们则认为该系统处于失调的状态；若是在这个值域空间内，我们则认为系统是处于协调的状态，也是比较理想的状态。通常，若是“协调”与“发展”综合起来，我们称之为“协调发展”。从发展的内涵看，很少能够对系统或者其要素做出一些客观方面的评价，但是将协调联系起来，则认为协调反映的是发展过程的质量或等级，是对发展过程的评判依据。由此，我们将协调和发展综合起来，定义为协调发展，反映了发展过程不断优化、不断完善的某种状态。协调发展是发展的一种手段，也可以作为对事物发展判断的评判依据，人们根据这种方式和评判依据，对两个及以上的系统根据科学、合理、有序的发展状态进行判断。协调发展能够缓解系统各要素之间的矛盾，消灭其棱角，从而使得系统朝着更为理想的状态去发展。通常将协调发展分为三个等级：第一种是正发展，指系统各要素相互促进，使得内部不断完善、不断优化的过程；第二种是负发展，指系统内部要素处于竞争状态，互相对对方都有副作用；第三种是零发展，指系统处于停滞不前的状态，既没有促进优化作用，也没有使其恶化的作用。随着社会的发展，协调发展也被赋予不同的时代特征和意义，如可持续发展、科学发展观以及统筹发展甚至城乡一体化发展等。协调发展作为人类在社会进程中一直探讨和追求的目标，是人类根据多年的历史经验和事物规律所总结出来的解决问题的一种方式方法或者处理问题的观念，其理论也在社会进展中不断完善，一直指导着人类的实践。同样，协调发展理论对大健康产业与居家养老的协调发展有着重要的理论指导作用。

三、耦合协调度理论

“耦合”这一概念原本来源于物理学，耦合指系统以某种运作机制达到相互作用、相互联系的状态和过程。而耦合度是对这种关联度或者相互作用的强度大小的衡量，是通过耦合理论对系统各要素、各参量之间是否达到耦合协调的具体描述。我们将系统内各要素相互促进、相互优化，表现为正相关关系的状态称为良性耦合；反之，恶性耦合指两者是相互制约的。

耦合度模型计算公式如下：

$$C_n = n\{(u_1, u_2, \cdots, u_n)/[\prod(u_i + u_j)]\}^{\frac{1}{n}}$$

在本书中主要利用耦合度的理论量化分析大健康产业与居家养老子系统之间的相互关系，从而探讨大健康产业与居家养老业之间的影响作用。耦合协调度对系统内部相互协调的质量好坏进行判断，描述系统从无序到有序的变化状态。通过耦合理论，建立耦合协调度模型，对系统之间的耦合协调发展程度进行定量分析。

第二节　大健康产业发展对居家养老影响的理论分析

一、耦合效应理论概述

“耦合”一词原本来源于物理学领域，主要是描述多个电路原件在输入输出能量时相互影响、相互配合，能量由一方向另一方传送的现象。后来，伴随社会研究的发展，耦合概念逐渐拓展到社会学领域，用来描述多个物体或者系统根据自己的运动规律发展，逐渐形成相互制约、相互影响的联动系统，而这两种系统从互相独立到相互联系并且彼此影响，最终比各自单独系统产生更多能量的现象被称为耦合效应，也被称为互动效应或联动效应。

一般认为产生耦合效应的原因主要有以下两个方面：一是两者的联动作用，在一个群体中，个体之间是有耦合的，耦合得越紧密，联动的作用越大；二是从心理学的角度来看，两个个体产生耦合是因为有情感作用。由其含义可发现，系统中各要素虽然可以相互影响，相互优化，但是也可以相互约束，我们把两系统或两要素结合成一个整体，并且促进各自能量发挥更大效能的耦合效应称为正效应，反之，两要素或者两系统产生互相制约的耦合效应，我们称之为负效应。耦合系统内各要素的特征、运动规律决定了耦合效应到底是正效应还是负效应，而这种耦合程度的高低以及正负效应的强弱则由整个系统的协同效应来决定，即该系统是否由相互独立而达到协同并且逐渐向有序的趋势发展。两者的联系性越强，表示两者的耦合度越高，两系统彼此依赖；若两者联系性弱，则表示两者的耦合度低，几乎没有相似性，彼此相互独立。

二、大健康产业与居家养老的耦合关系

大健康产业与居家养老的耦合关系，主要在于大健康产业与居家养老具有共性。大健康产业与居家养老既有并列关系，也有联动作用。大健康作为涵盖健康服务、健康生产、健康管理等全产业链的产业，不仅涉及年轻人这一群体，也包含了老龄群体。而居家养老属于老龄产业，更属于老龄健康产业，是老龄产业与健康产业的交集，是专门为老年人服务的新兴产业。从两者的涵盖范围来看，大健康产业与居家养老有交点，也有各自侧重点。从大健康产业与居家养老的交集关系可以看出，彼此之间的耦合形式表现为正效应，相互促进。大健康产业的发展能够促进居家养老服务质量的提高，居家养老的发展也对大健康产业有促进作用。

（一）大健康产业的发展对居家养老的影响

目前我国大健康产业正步入高速发展的阶段，着力点在医疗、卫生、保健和生命科学等领域，但是依旧面临着一些新的发展趋势。我国已经步入了老龄化国家的行列，老年人口的健康问题日益突出，随着我国人口老龄化进程的加快，未来老龄健康产业必将在大健康产业中占据主导地位，大健康产业的重点发展领域也会是老年健康。可见，未来大健康产业的发展将推动我国养老产业发展进程。我国现行的三种养老模式——居家养老、社区养老、机构养老中，居家养老依旧占据了巨大份额，因此大健康产业的发展必将改变我国现有居家养老的格局，提升居家养老水平，提高居家养老服务质量，推动居家养老产业的创新发展。

1. 提升居家养老水平

我国大健康产业已经在医疗、卫生等领域取得了不错的成就，也一直在推动创新改革。按我国目前人口老龄化的进程，未来养老产业必将进入黄金时代，具有广阔的市场发展前景，并正在成为全球最有希望和前途的朝阳行业。从整个养老产业领域来看，未来养老市场主要集中于护理产业、医疗产业、养老服务三大领域，而占比96%的居家养老模式作为我国三大养老模式之一，必然需要大健康产业来推动其发展。居家养老需要解决老龄化的一些问题，因此需要借助一些智慧的手段，如智慧养老，借助互联网、先进科学技术和服务以及社会服务，三方面结合从而形成整个家庭的养老体系。大健康产业涵盖领域很广泛，近年来也一直在致力于科研技术、智慧领域的发展，因此大健康产业也必然会提高居家养老的智慧水平，如智慧产品中可穿戴设备，智慧平台通过科技产品采集数据，经由互联网评价整合分析得出数据报告，传送给老年人、老人子女或者老年人所在的养老、医疗服务机构，智慧科技的应用提高了居家养老产业发展水平。并且我国健康养老作为一种多元化的养老方式，必然也会产生丰富多彩的形式，针对不同年龄层次、不同经济水平，诞生的居家养老、旅游养老、社区养老等，肯定需要大健康产业为这些养老模式提供发展基础。比如，营养保健一直是我国健康事业关注的重点，未来在健康观念越发强烈、普及的背景下，营养保健必将成为推动我国大健康产业发展的巨大引擎，加之老年人一直就是我国营养保健行业的主要消费群体，未来在老龄化加剧的形势下，其市场规模必然会加速扩展；并且随着人们生活水平的提高，以及各种节假日的出现，人们越来越关注健康旅游、健身等休闲娱乐行业，而这些均提高了居家养老产业未来的发展水平，应运而生的养老地产也推动了居家养老产业进入更高层次。

2. 提高居家养老服务质量

随着大健康产业的兴起，健康养老逐渐成为百姓更为关注的焦点，对健康养老的要求也会越来越严苛，这必然会带动养老服务质量的上升。大健康产业下的老年健康产品如保健品和营养品会更加多样化，满足老年人各种各样的需求。并且居家养老对“家”的概念极为看重，因此推动了物业服务的创新，更加看重对老年人这一群体的服务，比如，保利物业最早进入养老服务领域，建立了一套自己的养老服务体系，保利物业整合社会各界医疗资源，与医院、诊所等医疗机构进行战略合作，为居住的老年人提供绿色就医渠道；保利物业还提供“五助”服务，包括提供老年餐、上门家政服务、康复辅助、健康管理检测等，既提供了老年居家服务，又照顾了老年人的健康、生活等；除此之外，还为老年人组织了类似绘画班、夕阳红舞蹈队、戏曲社等各种各样的休闲娱乐活动；建立了老年大学，让老年人老有所学，老有所为；等等。另外，大健康产业对人才的需求也越来越旺盛，同时对人才的综合素质和专业知识的要求也越来越高，居家养老产业有看护人员的需求，而大健康产业刚好为居家养老输送了这批专业人才。在人们越发关注老年健康的形势下，老年健康食品也会获得巨大的增长空间，尤其是保健品、营养食品等，过去针对保健品这一领域的非议并不少，而大健康产业发展下对各项子产业的要求逐渐提高，同时各部门对监管要求和力度也在加大，这为养老服务健康发展提供了良好的保障。加之从2013年以来，国家层面先后出台了《关于加快发展养老服务业的若干意见》《关于促进健康服务业发展的若干意见》《关于促进旅游业改革发展的若干意见》等一系列关于指导健康服务业发展的若干意见和指导性文件，逐步形成了国家对健康与养老服务产业的顶层设计，为健康养老产业发展带来了重大战略机遇，提供了政策利好环境。

3. 推动居家养老创新发展

2016年国务院印发的《“健康中国2030”规划纲要》中对2015—2030年的健康工作进行了部署，致力于新型医疗健康环境构建的互联网大健康平台“五康成”正式上线。在“互联网+”时代，打造“互联网+”模式的大健康产业平台，已经成为一种新时代趋势，这个平台将打破传统健康服务机构与客户之间信息不对称的局面，不断完善健康产业格局。数据表明，当前我国越来越多的60岁及以上的老年人正在使用网络，截至

2015年6月，我国（60岁及以上）老年人群上网人数占到了全国总网络人数的2.5%，这一数据比上年同期增加了0.3%，互联网技术、人工智能等高科技的应用，赋予了养老产业更高的科技度，未来养老服务的提供方式必将是以人工智能、大数据为特征的智慧养老，这也表明互联网时代人们的生活习惯正在发生改变，而居家养老的创新也会在跟随时代潮流的大健康产业推动下进行。

（二）居家养老对大健康产业发展的影响

为积极应对人口老龄化，提高老年人健康水平，助力实现健康中国的战略目标，2017年3月，国家卫计委、国家发展和改革委等十三部门联合印发《"十三五"健康老龄化规划》，以积极应对老龄化，规划提出要加快提高老年健康与教育水平，加强完善老龄医疗卫生体系，提升老年人健康水平。习近平总书记更是提出要构建以居家为基础、社区为依托、机构为补充、医养相结合的养老服务体系。健康老龄化规划一经出台，为我国大健康产业发展提供了许多机会。

1. 推动大健康产业发展

区别于家庭养老和机构养老，居家养老通过聚集老年人到特定的场所包括家庭或者社区，统一提供养老服务，安排专门的养老服务人员定期或不定期上门提供服务，充分重视老年人的生活习惯和要求，既整合了机构养老的专业性，又整合了家庭养老的熟悉性，是一种社会化的养老方式。随着人们养老观念的转变，传统的家庭养老形式逐渐弱化，更加接受社会化的养老形式，并且在人口老龄化的严峻形势下，养老服务需求急速扩张，老年健康服务业在这种形势下应运而生。如今，居家养老的服务工作一直属于社会福利事业的范畴，由政府主导。但是，就目前而言，社会福利事业的覆盖范围有限，仅是为一些低收入、残障等特殊群体的老年人提供服务，通过非营利性组织代为提供养老服务，由政府向非营利性组织支付报酬。据调查，2012年，上海政府提供免费居家养老服务的覆盖人群仅占老年人群总数的3.4%，而主动购买居家养老服务的老年人群比例为

4.0%，虽然数据量并不大，但是可以充分说明该数据有着上升的趋势，并且由政府出面提供的居家养老服务虽然涵盖范围有限，但是推动了社会居家养老服务的发展。相信未来，居家养老服务会得到更多人的认可，也会有越来越多的老年人倾向于购买养老服务，转变传统家庭养老的旧观念。养老观念的转变为我国养老事业提供了发展思路，也提高了居家养老服务的普及度。可见，由政府出面，通过政府购买服务的养老形式更容易得到大众认可，这为我国养老健康服务的发展方向提供了借鉴。

2. 为大健康产业提供平台

居家养老为老年人提供了发展平台，主要体现在以下两个方面。一是养老服务事业在巨大的老年群体基数下有了庞大的市场需求。据统计，我国60岁及以上的老年人口占总人口的比例在2016年末为16.7%。加之20世纪80年代的计划生育政策更是加重了我国以老龄为主的年龄结构，独居老人和纯老家庭人数急剧上升，加上独生子女的原因，空巢现象越发严重。而在我国人民生活质量提高以及医疗条件改善的情况下，老年人健康状况也越来越好，人们的预期寿命逐年增加，长寿地区逐渐出现。二是在政府的重视下，我国社会保障体系也在逐步完善，并且取得了一定的成就，这样的政策环境为老年健康服务提供了政策支持。2013年，我国政府明确提出要积极主动发展养老服务事业，坚持制度创新，加快政府职能行政改革，减少政府干预，充分发挥社会主体在养老事业中的主导作用，加快市场经济的建立，优化市场环境，调动社会活力，提供丰富多样的养老服务，满足社会养老的多样性，这些政策环境为大健康产业的发展提供了良好的政策支持，也为大健康产业提供了发展平台。

3. 推动大健康产业创新

在中国进行健康养老的项目设计时，几乎都脱离不了“家”的概念。在中国文化中一直流传着尊老养老的传统美德和大家庭制度，尤为重视“家庭养老”，而这种“家”概念也相应地成为中国式养老的主要方式，甚至是唯一方式，90%的受访老年人认为居家养老是最中意的养老方式。中国式的养老观念使居家养老的方式成为首选，由此居家养老的发展也带动了大健康产业的发展。居家养老没有专业医养养老机构的医疗设备，由此推动了大健康产业中的健康医疗产业，并且随着科技进步，智慧养老迅速进入人们的视野，传统的家庭式养老已不能满足人们的个性化需求，由此诞生了健康养老地产的创新、形形色色养老社区，以及智慧医疗、智慧养老等。数量巨大的老年群体不仅为老年住宅、老年旅游、老年用品、老年金融服务、老年文化教育等养老服务业提供了发展引擎，也需要巨大的养老服务人才市场。庞大的人才基础、经济、科技等要素推动了大健康产业创新发展。

第三节　大健康产业与居家养老耦合评价体系构建

一、大健康产业与居家养老的相关性分析

相关性分析是研究现象之间是否存在某种依存关系，用来描述客观事物相互间关系的密切程度并用适当的统计指标表示出来的过程，主要用相关性系数 r 来衡量相关程度。相关系数 $r \in [-1, 1]$，其中“-”代表负相关，变量之间变化方向相反；同理，“+”表示正相关，相互促进，变量之间变化方向相同。并且，绝对值越大，表示这种相关程度越强，绝对值越接近于0，表示相关程度越弱。

从表4-1可以看出，2010—2016年我国大健康产业规模一直在扩大，由19308亿元上升到56073亿元，增长了近2倍，其中2011年和2013年大健康产业增长率非常高，分别为34.3%、24.9%，由此可以看出，大健康产业一直保持上升趋势，具有十分广阔的发展前景。我国人口老龄化近年来不断加剧，据预计，到2020年我国60岁及以上老年人口将达到2.48亿人，老龄化水平达17.17%。到2025年，我国60岁及以上老年人口将超过3亿人，届时我国将成为超老年型国家，并且2040年我国人口老龄化将达到顶峰，由此可知我国必须针对老龄化采取相应措施，近年来国家也

针对老龄化颁布了相应政策，加大养老设施投入。2010 年每千老年人口养老床位数为 17.79 张，到 2016 年达到 31.62 张，增长了 77.74%。养老看护业收入可以直观地体现我国养老业发展情况，考虑到数据可得性以及各种原因，此处的养老看护业收入指的是我国家政服务业态下的子业态，家政服务业是直接与居家产业息息相关的，近年来呈持续增长态势，旗下主要分为养老看护、母婴护理、小时工以及其他相关业态。养老看护能直接体现居家养老模式下养老产业的行业状况，因此家政服务业下的养老看护业态虽不能全部概括居家养老的业态状况，但是也是居家养老产业发展水平的体现。2010 年养老看护业收入为 186.73 亿元，到 2016 年高达 570 亿元，增长了 2 倍，养老看护业的增长态势也体现了我国居家养老业的增长趋势。

表 4-1 2010—2016 年大健康产业规模与居家养老代表性指标情况

指标	2010 年	2011 年	2012 年	2013 年	2014 年	2015 年	2016 年
大健康产业规模（亿元）	19308	25923	29915	37363	44988	49985	56073
每千老年人口养老床位（张）	17.79	19.96	21.48	24.9	27.2	30.31	31.62
养老看护业收入（亿元）	186.73	214.48	263.56	303.36	446.976	491	570

资料来源：中国产业发展研究院以及《中国统计年鉴》（2011—2017）。

在大健康产业发展下，农村以及城镇居民的人均医疗保健支出的变化情况也能体现我国居家养老业的发展现状。因此运用 Pearson 相关系数得到大健康产业规模、养老看护业收入、每千老年人口养老床位数、城镇人均医疗保健支出、农村人均医疗保健支出的相关性分析，相关系数取值在 1 和 -1 之间，相关系数的绝对值大于 0.8，表明两变量间存在较强的线性相关关系；绝对值小于 0.3，表明两变量间的线性相关性较弱。相关系数用来度量两个数值型变量的线性相关关系，它以数值的方式精确地反映了变量间线性关系的强弱程度，Pearson 相关系数一般用于判断两个数据集合是否具有线性关系，是否在同一条线上面，根据 Pearson 系数判断变量之间的定距关系。结果如表 4-2 所示。

表 4－2 大健康产业与居家养老代表性指标的相关性分析结果

代表性指标		大健康产业规模	城镇人均医疗保健支出	农村人均医疗保健支出	每千老年人口养老床位数	养老看护业收入
大健康产业规模	Pearson 相关性	1	0.988 **	0.997 **	0.997 **	0.985 **
	显著性（双尾）	—	0.000	0.000	0.000	0.000
	个案数	7	7	7	7	7
城镇人均医疗保健支出	Pearson 相关性	0.988 **	1	0.977 **	0.982 **	0.991 **
	显著性（双尾）	0.000	—	0.000	0.000	0.000
	个案数	7	7	7	7	7
农村人均医疗保健支出	Pearson 相关性	0.997 **	0.977 **	1	0.997 **	0.972 **
	显著性（双尾）	0.000	0.000	—	0.000	0.000
	个案数	7	7	7	7	7
每千老年人口养老床位数	Pearson 相关性	0.997 **	0.982 **	0.997 **	1	0.980 **
	显著性（双尾）	0.000	0.000	0.000	—	0.000
	个案数	7	7	7	7	7
养老看护业收入	Pearson 相关性	0.985 **	0.991 **	0.972 **	0.980 **	1
	显著性（双尾）	0.000	0.000	0.000	0.000	—
	个案数	7	7	7	7	7

注：* * 表示在 0.01 级别（双尾）相关性显著。

资料来源：根据 SPSS 分析结果整理得到。

从表 4－2 可以看出，在大健康产业规模指标与城镇人均医疗保健支出、农村人均医疗保健支出、每千老年人口养老床位数以及养老看护业收入等居家养老代表性指标的相关性分析中，两两变量之间呈高度相关关系，相关系数均达到 0.9 以上。其中，大健康产业规模与每千老年人口养老床位数的相关系数为 0.997，说明两者呈高度相关；大健康产业规模与养老看护业收入也有很强的相关关系，系数为 0.985，在 0.01 水平上显著相关，由此证明大健康产业规模与养老看护业收入和每千老年人口养老床位数均呈正向相关关系。除此之外，大健康产业规模与城镇人均医疗保健支出、农村人均医疗保健支出的相关系数分别为 0.988、0.997，均在 0.01 水平上显著相关，说明大健康产业的发展与城镇、农村居民在医疗保健方面的支出呈正向相关关系，并且相关程度很强。

通过以上相关分析可以得出大健康产业发展与居家养老的发展是相辅相成、息息相关的。以这些指标构建的“大健康产业—居家养老”耦合协调度模型具有较高的关联性和合理性，由此，可建立“大健康产业—居家养老”耦合协调度系统模型分析大健康产业与居家养老的协调发展作用。

二、评价指标体系的标准及原则

（一）评价标准

1. 数据来源

数据的可靠性和精确性是保障对大健康产业和居家养老相关协调发展进行科学、合理、严谨评价的基础和前提依据。此次研究的数据来源于《中国统计年鉴》（2011—2017）、《中国养老产业调查报告》、《2016—2022 年中国大健康行业深度分析及发展前景预测报告》以及中国产业发展研究院等各大权威网站发布的官方报告等。

2. 指标与指标体系

指标指对某对象进行评判的单位、方法。本书从定性和定量两个角度对评价对象的整体特点进行分析。因此，本书研究对大健康产业与居家养老系统的相关指标的选取，以客观性和可量化为依据。

（二）评价思路与原则

1. 评价思路

对大健康产业与居家养老两系统进行分析的前提和关键就是要建立科学合理且具有可行性的大健康产业发展评价指标体系和居家养老发展的评价指标体系。从老年人的实际需求出发，从多个方面对居家养老的发展质量进行科学合理的评估，从而发现居家养老在发展中存在的不足并找出其原因，从而对提高我国居家养老发展水平，提高我国老年人的满意度发挥指导作用。从非医疗性服务和医疗性服务出发建立大健康产业发展评价指标体系，量化我国大健康产业发展状况，从而提出未来大健康产业发展的思路。

2. 评价原则

建立评价指标体系的核心就是选择科学合理的评价指标，因此构建评价指标体系的前提就是要全方位了解居家养老和大健康产业的发展情况以及发展特征，只有从实际出发选取评价指标，才能构建一个科学合理的大健康产业与居家养老耦合评价指标体系。其中，在指标选取的全过程要坚持以下几个原则。

（1）客观性与效用性兼顾原则

客观性要求评价指标应该是符合事实规律的，而不是捏造的，也要符合老年人的实际养老需求，而不是凭自己主观性选择的；效用性要求评价指标能够反映老年人的养老需求和养老事业的发展状况，能够切实测量出来，要能体现大健康产业和居家养老的发展状况。

（2）独立性与完整性兼顾原则

独立性要求评价指标之间不能重复，是相互独立的，每个指标都有自己独立的评判方面，各指标不能相互替代；完整性要求所有指标组合在一起要能评价系统发展的整体情况，覆盖大健康产业和居家养老的方方面面，不能有缺漏。

（3）科学性与一致性兼顾原则

科学性要求评价指标体系的整个选取过程和各个指标的选取都要科学合理，不能因为评价指标设置得不科学合理而导致整个系统的评价结果产生偏差；一致性要求评价指标体系要与研究的目标一致，不能脱离目标核心原则。

（4）代表性与可操作性兼顾原则

评价指标的全面性选取并非意味着所有与“大健康产业和居家养老”相关的要素数据都要选取。由于居家养老和大健康产业有交集，具有多种要素，因此要求选取的指标具有一定的代表性，能反映大健康产业和居家养老的发展状况及发展程度。选取的大健康产业指标要力求反映大健康的综合发展水平，以及大健康产业对居家养老的影响要素；选取的居家养老指标要力求反映居家养老发展状况，以及居家养老推动大健康产业发展的要素。因此，选取的指标要兼顾代表性原则和可操作性原则，选取的评价指标是可测量、可计算的。

三、评价指标选取与体系构建

本书根据我国健康产业形势，构建了大健康与居家养老的耦合协调评价模型，为评价结果提供理论指导。根据指标体系构建的特征和相关原则，并结合前人的研究成果和方法，建立了大健康产业与居家养老的协调评价指标体系。大健康产业和居家养老的指标选取均以我国大健康产业和居家养老发展的实际情况为根据，同时结合国家政策法律和各大产业研究院发布的官方报告，以及考虑到数据可得性等多方面因素，建立了大健康产业子系统的评价指标和居家养老子系统的评价指标。

关于大健康产业的业态划分，许多权威学者和相关产业研究院都给出了不同的定义和划分，但这些定义中都离不开一个事实——大健康产业主要指与健康直接相关以及衍生出来的多种服务性行业。常规意义上认为大健康产业主要指医疗用品、营养用品、保健品以及健康管理等，随着大健康产业的发展，一些更日常的服务也可以纳入进来，即“大健康产业”。美国将大健康产业主要分为五大块，分别为家庭及社区保健服务、医院医疗服务、医疗商品、健康风险管理服务、长期护理服务，其中家庭及社区保健服务占比高达50%，是其大健康领域最大的一个板块，而中国还是以医院医疗服务以及医疗商品为主，在中国大健康产业中占比在95%以上。中国健康产业网依据健康消费需求和服务提供模式认为，我国大健康产业主要分为医疗性健康服务和非医疗性健康服务两大类，形成四大产业集群，一是以医疗机构为主的医疗产业；二是以药品、医疗器械及相关医疗器材产销为主的医药产业；三是以保健品为主的保健食品行业；四是以健康评估、调理康复等为主的健康管理服务产业。根据研究内容的需要以及数据的实际可获得性，经过比较筛选，在建立大健康产业的评价指标体系时，最终根据该定义从四个方面来评价大健康产业的综合发展水平，建立评价指标体系，包括医疗行业A_1、医药行业A_2、健康管理A_3、保健品及食品业A_4。为了能够更具体地评价这四大二级指标，经过筛选和比较，最后确定医疗卫生机构数X_1、每千人口卫生人员X_2、医药企业上市数X_3、医药制造业主营收入X_4、健康体检产值X_5、健身产业产值X_6、保健品市场产值X_7、食品制造业主营收入X_8等8项三级指标来分析评价大健康产业子系统的发展状况。

居家养老是我国养老产业中最重要的养老模式之一，由于数据的可选择范围有限，在选择居家养老评价指标时部分指标参考了养老产业的发展指标体系状况，因为养老产业的发展必然促进居家养老的发展，两者相辅相成，所以在选择大范围的评价指标时也能够很好地衡量居家养老的发展，因此这样的指标选取是合理的。同时参考了章晓懿、刘帮成的《社区居家养老服务质量模型研究——以上海市为例》以及多位前人研究的居家养老评价体系，最终决定用人口基本情况B_1、费用及收入B_2、机构及设施B_3、行业状况B_4等四个二级指标评价居家养老子系统，再根据数据全面性以及可靠性最终选取了65岁及以上人数Y_1、人均预期寿命Y_2、基本养老保险人数Y_3、基本养老保险基金总收入Y_4、养老机构及设施数Y_5、社区服务中心覆盖率Y_6、每千老年人口养老床位数Y_7、养老看护业收入Y_8等8项三级指标评价居家养老子系统的发展状况，由上所述，大健康产业与居家养老耦合评价系统完成，具体如图4－1所示。

确定相关信息之后，初步得到大健康产业与居家养老的耦合评价指标体系，再结合经济领域、审计领域以及健康领域和养老领域的专家建议，综合国家制度的相关评价指标和国家统计年鉴以及相关产业研究院和信息网披露的评价指标等其他因素进行调整，最终确定了大健康产业与居家养老的耦合评价指标体系，如图4－2所示。

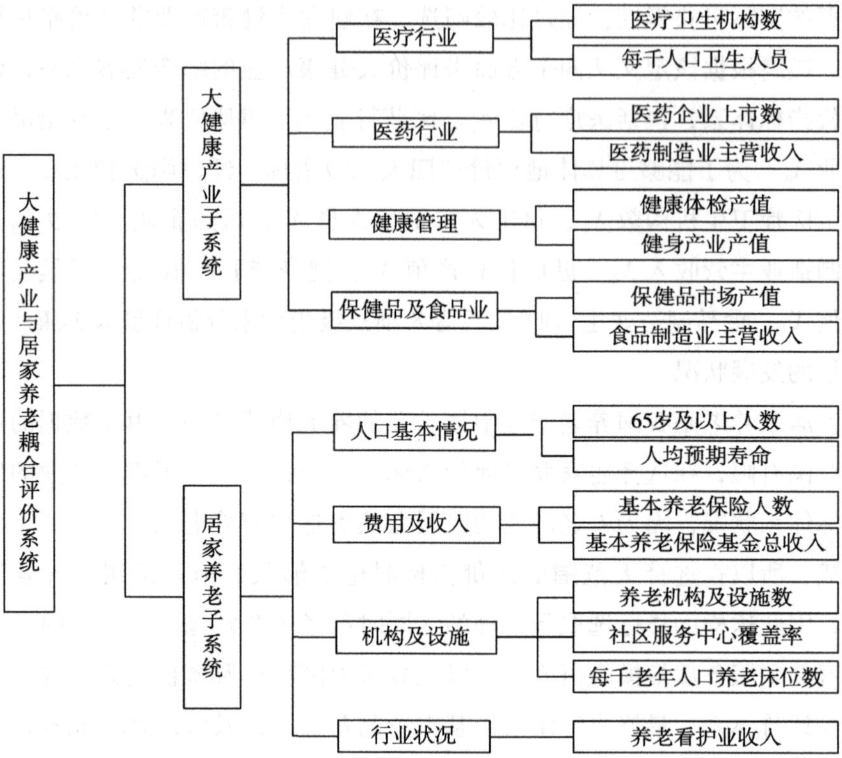

图 4-1　大健康产业与居家养老耦合评价系统

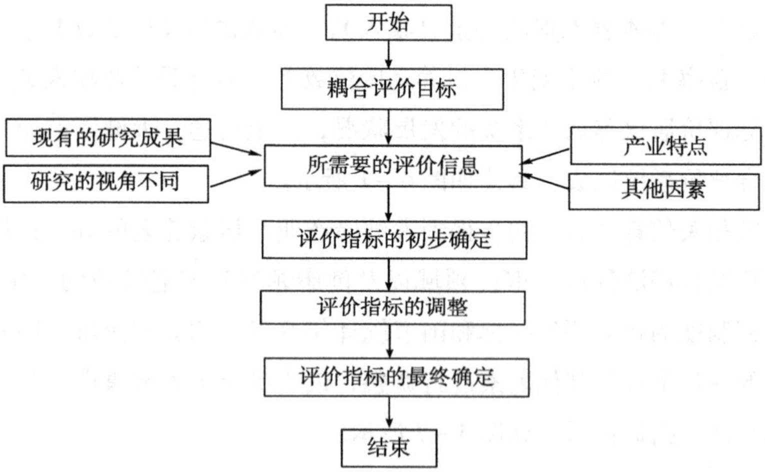

图 4-2　大健康产业与居家养老的耦合评价指标体系的指标确定过程

四、大健康产业与居家养老的耦合评价模型

（一）指标的标准化

评价指标体系建立完成之后，由于单位不同，直接评判的话没有可比性，所以，需要对各个指标进行无量纲化处理，即进行数据的标准化处理，去除其对分类结果产生的影响。一般来说，数据的标准化主要有三种方法，分别为正规标准化、极差标准化和离差标准化，在本书的研究中采用极差标准化，并且评价指标有正向指标和负向指标两种类型（即正面影响和负面影响），标准化的数据统一至［0，1］，为便于计算，正向指标和负向指标的标准化公式如下所示：

正指标　$$X_{ij} = (x_{ij} - x_{i\max})/(x_{i\max} - x_{i\min}) \tag{4-1}$$

负指标　$$X_{ij} = (x_{ij} - x_{i\min})/(x_{i\max} - x_{i\min}) \tag{4-2}$$

其中，X_{ij} 为原始指标值 x_{ij} 进行无量纲化处理后的标准化数值；$x_{i\max}$ 和 $x_{i\min}$ 分别为第 i 个指标在研究时段内的最大值和最小值。

（二）指标权重计算

大健康产业与居家养老的耦合协调关系的评价在于建立合理、准确、科学的评价指标体系，而指标权重的计算确定是获得客观评价研究结果的重要步骤之一，评价结果的精确度和可信度将会受到指标权重的影响。指标权重主要呈现了该指标在系统中的重要程度，简言之，就是反映了某一选项的变化对整体结果的影响程度。常见的指标权重计算方法主要有专家打分法、主成分分析法、层次分析法、熵值法和变异系数法，其中专家打分法和层次分析法以及主成分分析法带有主观性，主要依据人的经验和主观感觉，因此主观因素占很大部分，不能避免个人对于某种要素的偏爱。相对来说，变异系数法和熵值法能客观地反映各个指标的权重，排除主观因素对指标权重的影响。本书秉承客观、全面以及可操作的原则，为了得到更科学、与研究目标现实情况更契合的权重结果，采用熵值法。熵值是用来判断某个指标的离散程度，其值越小，表示指标的离散程度越大，该

指标对综合评价的影响（即权重）越大，熵值法能深刻反映出指标的区分能力，进而确定权重。其计算过程如下。

设 X_{ij} 表示 i 的第 j 个指标的数值，$i=1,2,3,\cdots,n;j=1,2,3,\cdots,m$，其中 n 表示样本个数，m 表示指标个数。

（1）对指标进行比重变换：

$$S_{ij}=\frac{X_{ij}}{\sum_{i=1}^{n}X_{ij}} \tag{4-3}$$

（2）计算第 j 项指标的信息熵：

$$H_j=-K\sum_{i=1}^{n}(S_{ij}\cdot \ln S_{ij}) \tag{4-4}$$

其中，$K=\frac{1}{\ln n}$。

（3）计算信息熵冗余度：

$$D_j=1-H_j \tag{4-5}$$

（4）计算第 j 项指标权重：

$$W_j=\frac{D_j}{\sum_{j=1}^{m}D_j} \quad (D_j\geqslant 1,j=1,2,3,\cdots,m) \tag{4-6}$$

大健康产业与居家养老耦合协调度评价指标体系及各指标权重如表4-3所示。

表4-3　大健康产业与居家养老耦合协调度评价指标体系及各指标权重

目标层	系统层	准则层	指标层	单位	指标编码	权重
大健康产业与居家养老耦合协调评价指标体系	大健康产业子系统 A	医疗行业 A_1	医疗卫生机构数	个	X_1	0.000537
			每千人口卫生人员	个	X_2	0.014681
		医药行业 A_2	医药企业上市数	个	X_3	0.023967
			医药制造业主营收入	亿元	X_4	0.132480
		健康管理 A_3	健康体检产值	亿元	X_5	0.328370
			健身产业产值	亿元	X_6	0.059978

续表

目标层	系统层	准则层	指标层	单位	指标编码	权重
大健康产业与居家养老耦合协调评价指标体系	大健康产业子系统 A	保健品及食品业 A_4	保健品市场产值	亿元	X_7	0.345700
			食品制造业主营收入	亿元	X_8	0.094280
	居家养老子系统 B	人口基本情况 B_1	65 岁及以上人数	万人	Y_1	0.011557
			人均预期寿命	岁	Y_2	0.000381
		费用及收入 B_2	基本养老保险人数	万人	Y_3	0.121710
			基本养老保险基金总收入	亿元	Y_4	0.253880
		机构及设施 B_3	养老机构及设施数	个	Y_5	0.211460
			社区服务中心覆盖率	%	Y_6	0.037770
			每千老年人口养老床位数	张	Y_7	0.079063
		行业状况 B_4	养老看护业收入	亿元	Y_8	0.284190

（三）综合水平评价模型

利用综合水平指数衡量大健康产业发展水平和居家养老发展水平的综合得分，将不同权重下的单项分数的平均值进行积分化综合评分，最终对大健康产业的发展水平以及居家养老的发展水平进行衡量。其综合评价函数的计算公式如下：

$$f(a) = \sum_{i=1}^{m} X_i' \cdot a_i \tag{4-7}$$

$$f(b) = \sum_{i=1}^{n} Y_i' \cdot b_i \tag{4-8}$$

其中，$f(a)$ 为大健康产业子系统的综合评价函数；$f(b)$ 为居家养老子系统的综合评价函数，表示各项指标的综合得分。其中 m 代表大健康产业子系统的指标个数，本设计系统中大健康产业子系统共有 8 个指标因子，即可得 $m=8$，并且 a_i 为大健康产业系统中第 i 个指标因子的权重值，X'_i 为第 i 个指标因子进行极差标准化后的标准值，由熵值法得出。$f(b)$ 为居家养老子系统的综合评价函数，n 为居家养老子系统的评价指标因子，共有 8 个，即 $n=8$，Y'_i 为第 i 个指标因子进行极差标准化后的标准值，b_i 为居家养老子系统中通过熵值法计算得出第 i 个指标因子的权重值。由函数可知，当综合评价指数的数值越大时，表明该系统的发展速度越快，若数值较小，表示其发展速度缓慢。

（四）耦合度模型设计

耦合概念原本来源于物理学，基于物理学中耦合系数的相关模型从而推广应用到其他多个系统和要素之间衡量其耦合协调状况，公式如下：

$$C_n = [(f_1 \cdot f_2 \cdot \cdots \cdot f_n) / \prod (f_i + f_j)]^{1/n} \qquad (4-9)$$

由此可以推广到计算大健康产业与居家养老的耦合协调评价系统中，得到其耦合度模型计算公式如下：

$$C_i = \left[(f_a \cdot f_b) / \left(\frac{f_a + f_b}{2}\right)^2\right]^{1/2} \qquad (4-10)$$

耦合度的数值计算结果在 0 到 1 之间，即取值范围为［0，1］，当 $C_i = 1$ 时，耦合度达到最大，处于最优的耦合状态，表示所研究的两个及以上系统之间或内部要素之间处于协调等级最高的状态，整个大系统也一直倾向于向崭新的状态发展，该系统会重新生成一个有序的状态；当 $C_i = 0$ 时，系统处于无序状态。耦合度表示各个系统之间的作用程度和关联程度，但其缺陷就是无法识别系统处于哪一个耦合协调的状态，即耦合度 C 并不能反映大健康产业与居家养老相互作用发展的总体状况，仅能说明大健康产业系统与居家养老系统两者之间发挥相互耦合作用的强弱程度，不能避免两者系统实际发展水平低下所带来的耦合度虚高的状况。因此，为了使获得的数据更好地发挥现实价值，并且为了使所建立的大健康产业与居家养老的耦合评价模型更加客观，科学地反映现实情况，特引入能够衡量大健康产业与居家养老两者系统整体发展水平的协调发展指数 T，以及既能反映大健康产业与居家养老的发展水平，又能涉及两系统协调耦合情况的耦合协调度 D，具体公式如下：

$$T_i = \alpha f(a) + \beta f(b) \qquad (4-11)$$

$$D_i = \sqrt{C_i \cdot T_i} \qquad (4-12)$$

其中，D_i 为大健康产业与居家养老的耦合协调度；C_i 为大健康产业与居家养老的耦合度数值；T_i 为两系统的综合评价效益值，反映了大健康产业与居家养老整个系统的整体协同效应或贡献水平；α、β 分别为大健康产业子系统、居家养老子系统的待估参数，分别表示大健康产业子系统、居家养老子系统的权重系数。

大健康产业发展迅速，近年来已形成以不同行业为主体的多种业态并且带动了我国经济的发展。健康养老是21世纪大健康产业下的一大业态，并且占有很大的比重，大健康产业持续扩张、不断完善，最终推动了我国养老事业的发展和不断创新、突破，也为我国居家养老发展提供了新的契机和发展前景，未来居家养老也会在大健康产业业态的影响下越来越走向健全的居家养老体系，从而有效应对我国人口老龄化的严峻形势。同时居家养老也为大健康产业营造发展氛围，基于大健康产业涵盖范围更广以及大健康产业与居家养老的相互作用机制，在本书的研究中人为赋值：$\alpha=0.6$，$\beta=0.4$。

（五）耦合度等级设计

由前文可知，大健康产业与居家养老的耦合度 $C_i \in [0,1]$，C 倾向于0，表示两者之间耦合程度较低，系统内部各要素之间关联性不大；若 C 向1靠近，则反映了两系统内部要素之间的关联性强，具有很高的耦合等级，若其中一个系统发生变化，也会对另一个系统内部各要素产生影响，系统之间是相互作用、相互联系的。依据大健康产业与居家养老耦合度不同等级类型的分析，得到耦合度 C 的具体评价等级（见表4-4）。

表4-4　大健康产业与居家养老的耦合度 C 评价等级

耦合度	耦合阶段	耦合特征
$0<C\leqslant0.3$	无序阶段	大健康产业与居家养老的内部要素处于无关状态，向无序发展
$0.3<C\leqslant0.5$	拮抗阶段	大健康产业与居家养老处于较低水平的耦合阶段，逐渐适应彼此
$0.5<C\leqslant0.8$	磨合阶段	大健康产业与居家养老的耦合处于良性阶段，并且继续磨合
$0.8<C<1$	高度耦合	大健康产业与居家养老系统和谐发展、相互依存、相互促进

耦合协调度 D 的取值范围为［0，1］，且表述特征与耦合度 C 相似。参考前人的研究成果，依据耦合度的数值进行耦合度等级分类，本书在借

鉴前人研究成果的基础上进一步将耦合度数值的评价结果精确到万分位，采用均匀分布函数法确定耦合协调度的类型及划分标准，共划分 10 个等级，见表 4 –5。

表 4 –5　大健康产业与居家养老的耦合协调度 D 划分

序号	耦合协调度	协调等级	序号	耦合协调度	协调等级
1	0 ~0. 0999	极度失调	6	0. 5000 ~0. 5999	勉强协调
2	0. 1000 ~0. 1999	严重失调	7	0. 6000 ~0. 6999	初级协调
3	0. 2000 ~0. 2999	中度失调	8	0. 7000 ~0. 7999	中级协调
4	0. 3000 ~0. 3999	轻度失调	9	0. 8000 ~0. 8999	良好协调
5	0. 4000 ~0. 4999	濒临失调	10	0. 9000 ~1. 0000	优质协调

根据其评价的标准可知，数值越低，表示系统之间的关联程度和耦合协调的等级越低。当 $D=0$ 时，其系统之间没有相互联系，耦合协调程度也很低，大健康产业与居家养老系统将向无序发展；当 $D=1$ 时，其系统之间有着优质的联系机制，耦合协调程度也很高，此时的系统朝向有序发展。大健康产业子系统、居家养老子系统在相互推动、耦合协调的发展进程中，同时在不断完善。

第四节　大健康产业与居家养老的耦合评价分析

一、大健康产业与居家养老综合发展能力分析评价

根据以上综合发展水平模型和耦合协调度模型计算得到我国大健康产业子系统和居家养老子系统的效益值以及耦合系统的综合效益值，还包括耦合协调系统的协调值和等级。根据计算结果，分别绘制出研究时段 2010—2016 年我国大健康产业、居家养老发展综合效益值和各子系统效益值变化图，如图 4 –3 和图 4 –4 所示。

2010—2016 年我国大健康产业与居家养老发展的综合效益值变化如图 4 –3所示，我国大健康产业与居家养老的综合效益值在 2010 年为

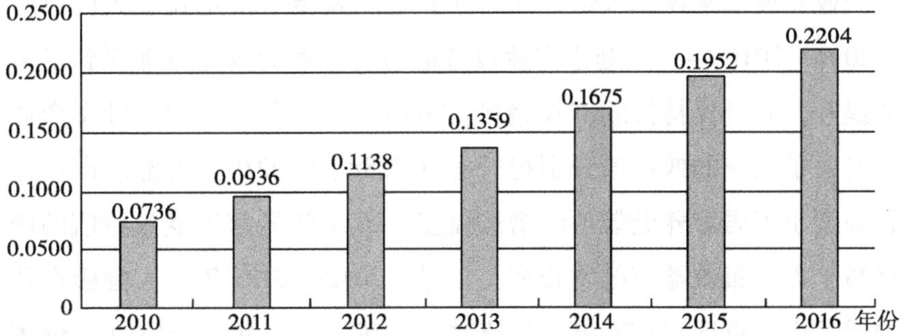

图 4 -3　大健康产业与居家养老发展综合效益值

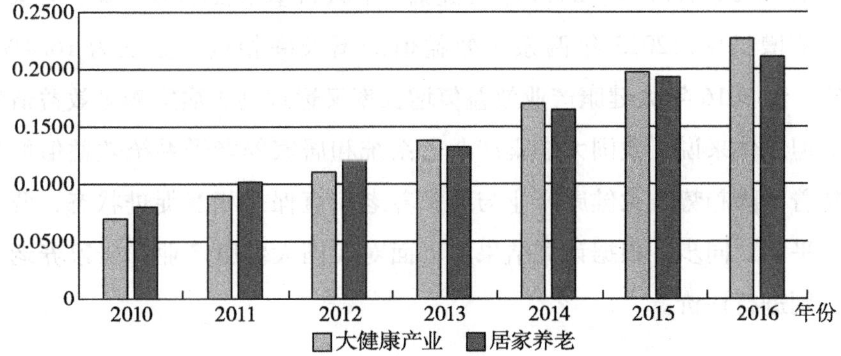

图 4 -4　大健康产业与居家养老子系统效益值

0.0736，后来该值逐年上升，到 2016 年，综合效益值为 0.2204，整体效益虽然得到增加，但是依旧偏低。这与 2010—2016 年我国大健康产业与居家养老各子系统的综合发展水平低下是息息相关的，这期间我国大健康产业由于起步晚，行业发展混乱，虽然国家出台了一系列政策，但是落地实施的效果并不理想；在老龄化带来的难题下，我国养老事业的发展情况也不理想，不能满足养老需求和跟上时代的步伐，导致 2010—2016 年我国大健康产业与居家养老耦合发展的综合发展水平指数一直处于不理想的状态。

研究时段内我国大健康产业和居家养老各子系统效益值变化曲线如图 4 -4 所示。2010 年我国大健康产业效益值低于居家养老效益值，说明大健康产业发展水平还比较低，而居家养老的发展水平走在了大健康产业前列。2011—2016 年，大健康产业效益值与居家养老效益值都得到了不同程度的提升，并且保持持续增长趋势。2010—2011 年，我国大健康产业与居家养老各子系统的效益值分别提升了 0.0188、0.0219，大健康产业效益值增长幅度小于居家养老效益值增长幅度，2011 年居家养老效益值的增长率也略高于大健康效益值的增长率。但是，2012—2013 年，大健康产业效益值的增长率一直比居家养老效益值增长率高，2012 年、2013 年大健康产业效益值同比增长率分别为 23.9%、26.1%，分别高于居家养老效益值增长率的 18.6%、10.2%。2014 年大健康产业效益值增长率再次低于居家养老效益值增长率，2015 年两系统效益值的增长率相近，分别为 16.4%、16.8%，到 2016 年大健康产业效益值增长率又远远高于居家养老效益值增长率。但总体来说，我国大健康产业子系统和居家养老子系统效益值增长率保持着下降趋势，大健康产业与居家养老一直保持相互促进状态，两者发展水平相对同步。根据计算结果，下面对我国大健康产业和居家养老子系统分别进行评价。

（一）大健康产业发展

就目前来看，我国大健康产业已经形成了医疗行业、医药行业、健康管理、保健品及食品业等四大行业业态，这些产业的发展也相应地带动了其他行业、产业的发展，产业管理水平较高，从而在促进我国健康产业发展的同时也促进了我国经济发展，成为我国新常态下经济领域的一大支柱产业。研究时段内我国大健康产业子系统综合效益值一直保持增长的趋势，2010 年其效益值达到低谷，2016 年增长到 0.2270。我国大健康产业发展如此迅猛是由多方面因素造成的，包括人才、政策环境、整体经济水平等。由大健康产业子系统效益评价值的变化趋势可发现我国大健康产业发展水平的时序变化，对其进行分析总结后发现，我国大健康产业发展主要经历了以下几个阶段。

第一阶段：大健康产业发展基础薄弱，规模小。由图 4－4 可知，我国大健康产业子系统在2010—2016年研究时段内其效益评价值起点不高，处于低水平阶段，2010年我国大健康产业规模仅为19308亿元。一方面，我国大健康产业发展由于起步较晚，远落后于西方发达国家，又由于基础较为薄弱，大健康产业的产业关联度也比较小，所以效益值也偏低。另一方面，我国大健康产业发展起步阶段行业不规范，诸多问题的存在阻碍了大健康产业的前进，加之2010年我国爆出的整容事件、早熟门以及毒食品等大健康乱象事件，本来此阶段我国居民健康观念还处于亟待提高状态，这些事件的爆出更是让我国居民对我国大健康市场失去了信心，因此大健康领域亟须整治监管。

第二阶段：大健康产业快速发展阶段。尽管我国大健康产业起步晚，且其综合效益值的水平比较低，但是依托国内巨大的发展空间和推动引擎，我国大健康产业发展的速度还是比较快的，一直处于上升趋势。该产业的持续增长，反映了大健康产业发展拥有巨大的驱动力。2011年，我国开始注重大健康产业的发展，相继颁布了多项促进大健康产业发展的相关政策，如2011年我国正式将保健食品列入《食品工业“十二五”发展规划》，保健食品成为政府明确规定的重点发展行业之一。该规划中提出，要调整产业结构，改变企业规模小、技术水平低、产品同质化等状况；明确了营养与保健食品“十二五”发展目标。并且2008年国家食品药品监督管理局开始接管营养品管理工作，其他大健康产业的监管也逐渐加强，但仍然有待提高。此阶段我国的大健康产业正在成为继买房、买车、旅游后的第四消费热点，于2013年首次以“国字号”文件在公众面前出现，并快速得到投资市场的关注。虽然市场呈现碎片化、整体度不高，但是逐渐有领先品牌出现。国家政府也相继在逐步完善或者颁布相关的法律法规，使行业市场更加规范化。面对大健康产业这一块“大蛋糕”，涉入者越来越多，齐心协力促进了大健康产业发展。

第三阶段：政策利好大健康产业发展，市场前景广阔。此阶段我国大健康产业的相关政策体系已经逐渐形成，监管条例也逐渐出台，产业逐步走向整合阶段，初步形成了多产业业态，领先品牌占据更大的市场份额。

2016年《“健康中国2030”规划纲要》更是明确提出了我国大健康产业到2030年前的总体战略和发展规划。并且随着消费者受教育程度的提高以及人们健康思想观念的转变，人们越发注重医疗保健和健康管理，也更注重食品的安全性，同时催生出以健康家居和有机农业等为主体的新型健康行业。大健康产业是一个极具前景的新兴产业，美国著名经济学家保罗·皮尔泽更是认为大健康产业将会是继IT产业之后的全球“财富第五波”，引发又一次经济革命。

（二）居家养老发展

居家养老的持续发展为我国大健康产业提供了广阔的市场空间和发展基础，大健康产业的快速发展又为居家养老提供了人员支撑和技术支撑，居家养老市场的深度和广度在不断拓展。居家养老的基础设施条件不断得到改善，为我国老年人口提供了良好的养老环境，并且层出不穷的可穿戴设备以及先进医疗器械都为我国提供了良好的养老环境，还包括各种新型的养老养生旅游、养老地产等。研究时段内居家养老子系统效益值一直上升，虽然上升幅度不大，但是总体来说还是跟大健康产业保持同步增长趋势。2010年居家养老效益值为0.0793，到2016年增长至0.2105。从居家养老子系统的内部要素分析来看，研究时段内，养老看护业收入以及家庭医疗器械规模不断扩大，养老看护业收入由2010年的186.73亿元增长到2016年的570亿元，并且家庭医疗器械规模由137.65亿元增长至600亿元，由此说明，养老看护业收入以及家庭医疗器械规模的大幅上升为居家养老的效益值做出了巨大贡献。加之近年来面对我国人口老龄化的严峻形势，政府也加大了对养老基础设施的投入，并对我国养老事业做出了进一步的发展规划。随着我国经济的发展，居民对健康思想观念越发重视，无论城镇还是农村，居民人均医疗保健支出都大幅上升。正是因为养老市场看重这一特性，近年来对养老事业的投资也掀起了一股热潮，并且取得了明显成就，促进了我国居家养老产业的发展。

二、大健康产业与居家养老的耦合协调度评价

大健康产业与居家养老的耦合协调度在研究时段内的变化如图4－5所示，根据表4－6可以看出，其耦合协调度经历了中度失调、轻度失调、濒临失调三个发展阶段。由中度失调阶段到濒临失调阶段，我国大健康产业与居家养老的耦合协调度的时序变化，基本上与各子系统的综合效益值呈同步变化趋势。由于发展初期我国整体经济本身底子相对较弱，其大健康产业和居家养老效益的提升大多是以规模和纯粹的数量扩张为代价，尽管规模增长迅速，但是质量总体不高。同时限于系统规模和极易受外部环境影响，耦合系统本身就具有循环反馈的特征，因此外部环境的变化总会扩大这种影响效力。我国大健康产业与居家养老耦合协调系统的各项相关评价指标效益值一直保持稳定增长的趋势，耦合协调等级也在上升，具体如图4－5所示。

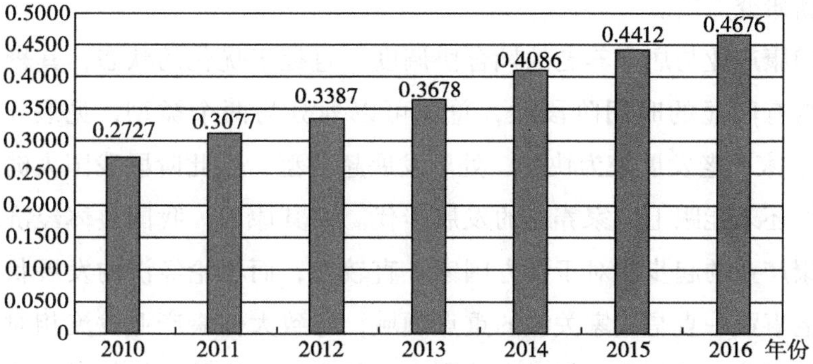

图4－5　我国大健康产业与居家养老的耦合协调度变化

表4－6　大健康产业与居家养老的耦合协调度

具体内容	2010年	2011年	2012年	2013年	2014年	2015年	2016年
耦合协调度	0.2727	0.3077	0.3387	0.3678	0.4086	0.4412	0.4676
耦合协调度等级	中度失调	轻度失调	轻度失调	轻度失调	濒临失调	濒临失调	濒临失调

由表4－6可以看出，大健康产业与居家养老的耦合协调度水平在研究时段内由2010年的中度失调阶段逐步提升到2011年的轻度失调阶段再到

2014—2016 年的濒临失调阶段。其耦合协调的发展变化趋势，说明我国大健康产业与居家养老之间存在耦合互动关系。其耦合协调度从 2010 年的 0.2727 提高到 2016 年的 0.4676，增长率为 71.5%。具体来看，2010—2011 年的耦合协调度上升速度最快，从 0.2727 上升到 0.3077，增长了 12.8%，耦合协调度水平也从中度失调达到轻度失调，到 2014 年增长至 0.4086，达到濒临失调，耦合协调度等级逐步上升。2016 年耦合协调度达到 0.4676，越来越靠近协调阶段。主要原因是国家正式将养老产业提升到国家战略高度，居家养老的发展相应地促进了大健康产业的进步。根据整体的计算结果，虽然大健康产业与居家养老的耦合协调度一直保持增长，但是耦合协调度的等级却不高，一直处于失调阶段，协调指数也低于 0.5。随着大健康产业的发展，我国居家养老也得到整体提升；居家养老的发展也拓宽了大健康产业的市场，此时应该加强大健康产业的相关法律体系建设，加大对养老产业基础设施的投入以及对我国大健康产业的人才支持，加大创新研究力度。

大健康产业与居家养老的耦合协调度一直处于优化的状态，其耦合协调类型具有明显的时间阶段性，总体可以划分为两个类型，见表 4－7。2010 年居家养老发展较为快速，处于发展超前型，而此阶段我国大健康产业的发展还未能跟上居家养老的发展步伐。究其原因，我国整体经济环境中大健康产业的起步相对于西方国家一直较晚，而不论经济的发展状况如何，养老事业一直是国家关注的重点领域，导致大健康产业发展相对于居家养老呈现落后的趋势。但是大健康产业凭借其巨大的市场前景，增势迅猛，2013—2016 年一度超过居家养老的发展，居家养老发展相对来说跟不上大健康产业的发展步伐。主要是因为大健康产业涵盖领域较为广泛，所以各个子业态的发展众力促进了我国大健康产业的快速发展，而此时居家养老还未能适应这种变化，需要时间才能找到与大健康产业齐步发展的解决办法。

表 4－7　大健康产业与居家养老耦合协调类型

年份	大健康产业与居家养老关系	耦合协调类型	耦合协调特征
2010	$f(a) < f(b)$	居家养老发展超前型	大健康产业发展相对落后
2011	$f(a) < f(b)$	居家养老发展超前型	大健康产业发展相对落后
2012	$f(a) < f(b)$	居家养老发展超前型	大健康产业发展相对落后
2013	$f(a) > f(b)$	大健康发展超前型	居家养老发展相对迟缓
2014	$f(a) > f(b)$	大健康发展超前型	居家养老发展相对迟缓
2015	$f(a) > f(b)$	大健康发展超前型	居家养老发展相对迟缓
2016	$f(a) > f(b)$	大健康发展超前型	居家养老发展相对迟缓

2010—2016 年我国大健康产业与居家养老耦合协调度和综合效益值的变化情况如图 4－6 所示。由图 4－6 可以看出，其耦合协调度和综合效益值呈现正相关关系，相互促进，都表现出稳步上升的趋势。大健康产业的发展以及居家养老的发展提高了大健康产业与居家养老的综合效益值和大健康产业与居家养老的耦合协调度，各系统为良性耦合关系。

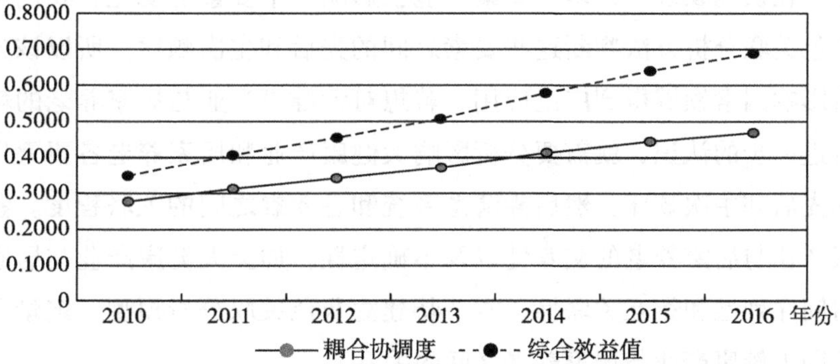

图 4－6　大健康产业与居家养老耦合协调度和综合效益值评价

第五节　大健康产业与居家养老的灰色关联分析模型

为进一步揭示大健康产业与居家养老耦合的因素作用关系，本书采用灰色关联分析法对影响大健康产业与居家养老的因素相关关系进行分析。

一、灰色关联相关概述

（一）灰色关联分析简介

我国著名学者邓聚龙教授于1982年提出灰色系统理论，该理论区别于绝对的白色系统和黑色系统，灰色系统的研究对象是"部分信息外露，部分信息不外露"的不确定性系统，后在许多领域得到了广泛应用。灰色系统理论提出了一种新的分析方法——灰色关联分析，也称为"灰色关联度"，由各要素之间发展的相似程度来判断各要素之间的相互关联度，主要揭露事物动态关联的特点和程度。若在灰色系统的发展过程中，两要素或者多要素具有同步变化趋势，则认为这些要素之间的关联度高；反之，关联度低。灰色关联分析为一个发展系统的动态变化趋势提供了量化的衡量方法，特别适合于动态的历程分析。区别于一般的回归分析方法，灰色关联分析所需的样本数据少，少到4个，并且对数据的变化规律无特殊要求。由于在灰色系统中，多个要素可能会影响一个要素的变化，我们可以运用灰色关联分析方法判断这些要素之间的先后和主次顺序。所以该方法在分析影响因素领域得到广泛应用。若想对大健康产业与居家养老的耦合系统有进一步的认识，就需要分析影响大健康产业和居家养老各要素发挥作用的先后和主次顺序，然后弄清楚系统和各要素之间的关联程度。鉴于大健康产业与居家养老的交互性以及不确定性，加上大健康产业与居家养老的时间序列性和相互关联性，本节特建立灰色关联分析模型，定量分析评价我国大健康产业与居家养老之间的关系。

（二）灰色关联分析的基本步骤

第一步，确定参考数列和比较数列。

在灰色关联分析中存在参考数列和比较数列，参考数列用于反映系统行为特征，比较数列用于反映系统行为的影响因素。设参考数列：

$$X_i = (X_i(1), X_i(2), \cdots, X_i(t))$$

比较数列：

$$Y_j = (y_j(1), y_j(2), \cdots, y_j(t))$$

其中，$i = 1, 2, \cdots, n; j = 1, 2, \cdots, m$。

第二步，变量的标准化。

由于各指标原始数据单位有差异，数量级差悬殊，需要对原始数据进行标准化处理，使其具有可比性。

$$X_i(k) = \frac{X_i(k)}{X_i(1)}, Y_i(k) = \frac{Y_i(k)}{Y_i(1)} \tag{4-13}$$

得到标准化数列：

$$X_i(t) = [X_i(1), X_i(2), \cdots, X_i(t)]$$

$$Y_j(t) = [y_j(1), y_j(2), \cdots, y_j(t)]$$

第三步，求绝对差序列。

设绝对差序列为 Δ_{ij} (t)，则：

$$\Delta_{ij}(t) = |x_i(t) - y_j(t)| (i = 1, 2, \cdots, n; j = 1, 2, \cdots, m) \tag{4-14}$$

并且求出两级的最大值与最小值，即

$$M = \max_i \max_j \Delta_{ij}(t), N = \min_i \min_j \Delta_{ij}(t) \tag{4-15}$$

第四步，计算关联系数。

参考数列和比较数列在 t 时刻的关联系数如下：

$$\xi_i(j)(t) = \frac{N + \rho M}{\Delta_{ij}(t) + \rho M} [\rho \in (0,1)] \tag{4-16}$$

其中，ρ 为分辨系数，其作用是增大关联系数之间的差异性和显著性，从而弱化因最大绝对差的值太大而产生的失真问题。通常，分辨系数 ρ 越大，分辨率越大；ρ 越小，分辨率越小。此次研究取分辨系数 ρ 为 0.5。

第五步，求关联度。

由各数列关联系数的平均值，得到所求的灰色关联度，公式如下：

$$\gamma_{ij} = \frac{1}{k} \sum_{i=1}^{k} \xi_i(j)(t) (k = 1, 2, \cdots, n) \tag{4-17}$$

其中，k 为样本数。

第六步，影响因素排序。

对大健康产业与居家养老各指标关联度 γ_{ij} 进行比较，由此得到大健康产业系统与居家养老系统中各指标的影响程度。若 $\gamma_{ij}=1$，表明系统中的某项指标与另一系统之间的关系最为紧密，基本上认为两者之间有着完全一致的发展变化规律；若 $0<\gamma_{ij}<1$，γ_{ij} 的值越大，说明系统间的关联程度越强；γ_{ij} 的值越小，说明系统间的关联程度越弱。关联程度划分标准如表4－8所示。

表4－8　关联度的划分标准

关联度 γ_{ij} 的值	系统之间的关联关系
$0<\gamma_{ij}\leqslant 0.35$	弱相关
$0.35<\gamma_{ij}\leqslant 0.65$	中度相关
$0.65<\gamma_{ij}\leqslant 0.85$	较强相关
$0.85<\gamma_{ij}<1$	极强相关

根据关联矩阵，对各行、各列的灰色关联度进行加权平均得到其平均值，然后分析影响各系统的主次因素，公式如下：

$$S_i=\frac{1}{p}\sum_{j=1}^{p}\gamma_{ij} \tag{4-18}$$

$$S_j=\frac{1}{q}\sum_{i=1}^{q}\gamma_{ij}\ (i=1,\ 2,\ \cdots,\ p;\ j=1,\ 2,\ \cdots,\ q) \tag{4-19}$$

二、大健康产业与居家养老耦合作用的因素关联分析

大健康产业的发展水平与居家养老的发展不仅表现出复杂性和非线性，还表现出紧密的影响和反馈关系。结合式（4－13）至式（4－19），选取大健康产业的各项指标数列作为参考数列，居家养老的各项指标数列作为比较数列，利用Matlab软件计算出大健康产业与居家养老各项指标的关联度，两系统各要素的关联度显示均在0.5以上，且平均值大于0.6，见表4－9。由此表明两者关联度较高并且进一步证明了大健康产业与居家养老的耦合系统所选取的指标是合理的。

表4-9　大健康产业与居家养老耦合效应的关联矩阵

因素	Y_1	Y_2	Y_3	Y_4	Y_5	Y_6	Y_7	Y_8	平均值
X_1	0.9359	0.9814	0.5829	0.556	0.7235	0.9248	0.7963	0.6619	0.7703
X_2	0.9631	0.8821	0.5855	0.5536	0.7477	0.8438	0.8416	0.6738	0.7614
X_3	0.8882	0.8166	0.5914	0.5555	0.7509	0.7821	0.8717	0.6935	0.7437
X_4	0.5873	0.5558	0.7562	0.6321	0.8297	0.5384	0.6877	0.7738	0.6701
X_5	0.6483	0.6281	0.7587	0.8689	0.7588	0.6128	0.7025	0.8436	0.7277
X_6	0.7476	0.6939	0.6035	0.5549	0.8092	0.6659	0.9478	0.7198	0.7178
X_7	0.5976	0.5830	0.7328	0.7974	0.6714	0.5722	0.6344	0.7210	0.6637
X_8	0.6266	0.5863	0.6358	0.5636	0.8103	0.5647	0.7697	0.7619	0.6649
平均值	0.7493	0.7159	0.6559	0.6353	0.7627	0.6881	0.7815	0.7312	—

（一）影响大健康产业发展的主要因素

表4-9中的统计数据表明，居家养老影响大健康产业的发展主要表现在每千老年人口养老床位数、养老机构及设施数以及65岁及以上老年人数。养老机构及设施的扩大为大健康产业的发展提供了更广阔的发展空间和市场；养老床位数从侧面反映了我国养老事业的发展情况，以及国家对社会福利保障这一领域的重视程度，由以上耦合模型可知大健康产业发展与居家养老的发展是相互促进的，有互动作用；同时老年人口基数情况反映了我国老年人群的健康需求，为大健康产业提供发展平台。

在居家养老的子系统中，养老业的费用及收入指标对大健康产业的影响度相对较弱，其综合关联度达到0.6456，该项指标下包含了基本养老保险人数、基本养老保险基金总收入，说明人们对养老保险的认识还不够深入。从另一个角度理解，人们将仅有的闲置资金参与养老保险，而在健康领域投入的资金有限，导致该项指标与大健康产业发展的关联度不够高。其中，影响大健康产业发展较为明显的是居家养老的机构及设施情况，其综合关联度达到0.7441。另外，人口基本情况及行业状况与大健康产业的综合关联度分别为0.7328、0.7312，属于较强相关，由此证明居家养老对大健康产业的影响很大。

接下来分别对影响大健康产业各个指标的因素进行分析，由上述相关矩阵可以看出，影响医疗行业最明显的是65岁及以上老年人数、人均预期寿命，其相关关联度均达到了0.9以上，属于极强相关，同时社区服务中心覆盖率对大健康产业下的医疗行业发展也很有影响，综合关联度达到了0.8843，也属于极强相关等级。对医药行业的医药企业上市数，65岁及以上老年人数以及每千老年人口养老床位数发挥重要作用，两者的关联度均达到极强相关等级。同时我国卫生人员受养老机构及设施的影响最为严重，这反映了大健康产业与居家养老的人力要素流动。总体来说，我国健康管理的发展情况受养老机构及设施数、每千老年人口养老床位数和养老看护行业收入的影响较大，说明未来老年人是大健康产业中健康管理服务的重要发展市场。我国保健品市场的发展与65岁及以上老年人数的综合关联度为0.5976，相比其他两者因素的关联度来说略低，但也是中度相关，这说明现在保健品市场已经扩大到各个年龄段的人群，而不仅局限于老年群体。在影响食品行业的因素中，养老机构及设施数、每千老年人口养老床位数以及养老看护业收入占有重要地位。

表4-9中的统计数据表明，居家养老各指标与大健康产业发展的关联度都属于较强相关等级，其中影响排序依次为每千老年人口养老床位数、养老机构及设施数、65岁及以上老年人数、养老看护业收入、人均预期寿命、社区服务中心覆盖率、基本养老保险人数、基本养老保险基金总收入。

（二）影响居家养老发展的主要因素

大健康产业的发展对居家养老发展水平的反馈作用直接表现在大健康产业规模增长、医疗医药行业规模扩大以及大健康产业对养老产业的促进作用等，大健康产业系统内部各要素关联运作、互相影响，最终推动要素发挥集聚效应，从而推动大健康产业发展，并不断优化产业结构、改善社区基础设施及机构、提高社区服务中心覆盖率，进而推动居家养老整体发展。

在大健康产业子系统中，对居家养老发展水平的影响程度最为明显的是医疗行业，其综合关联度达到0.7659，属于较强相关。因为居家养老产业的主要研究对象为老年人，随着年龄的增长，疾病率也逐渐上升，所以医疗行业与居家养老的关联度很高，医药行业与居家养老发展水平的综合相关度为0.7069。接下来对居家养老影响较大的为健康管理，综合相关度为0.7228，大健康产业的体检、预防中心等健康管理服务是居家养老产业中老年人日常最为注重的服务之一，因此两者息息相关。并且大健康产业的保健品及食品业的发展在提升我国保健食品行业规模的同时也改善了该行业的规范性，从而促进了居家养老的发展。

接下来对影响居家养老发展的各个因素进行分析。由表4-9可以看出，医疗卫生机构数、每千人口卫生人员与65岁及以上老年人数相关度非常高，都达到了0.9以上，这与实际情况是相符的。健康管理与养老看护业收入的关联度达到0.7817，进一步说明随着健康观念的普及，加之人口老龄化的形势日益严峻，健康管理服务越来越重要，并且成为促进我国养老业发展的重要因素之一。

在计算得到的大健康产业的8项指标中，按照对居家养老发展关联度影响大小排序，依次是：医疗卫生机构数、每千人口卫生人员、医药企业上市数、健康体检产值、健身产业产值、医药制造业主营收入、食品制造业主营收入、保健品市场产值。

第六节　大健康产业与居家养老关系的结论分析

作为本书的重点章节之一，本章根据“评价目标的确定—评价信息的收集—评价体系的构建、调整—模型的构建—收集数据处理—结果分析”思路，首先在评价目标确定基础上对评价指标进行多次斟酌、筛选、调整，力求构建完善的大健康产业与居家养老的耦合评价系统；然后通过多方渠道收集数据对其进行整理、处理，根据模型处理结果评价分析2010—2016年大健康产业与居家养老的发展与变化。具体分析过程如下：第一，基于相关理论，对大健康产业子系统和居家养老子系统的耦合效应以及大健康产业作用于居家养老的机制进行定性分析；第二，对大健康产业子系统与居家养老子系统的代表性指标进行相关性分析，目的在于分析大健康产业与居家养老的联系，证明下一步建立的耦合系统是科学合理的；第三，以耦合协调度理论为指导，分析大健康产业与居家养老的综合评价效益值，并且对大健康产业与居家养老2010—2016年的耦合协调度从时序变化角度进行分析；第四，为了研究出大健康产业子系统各指标和居家养老子系统各指标的相互作用关系及影响机制，通过灰色关联分析模型，得到我国大健康产业与居家养老各指标的关联矩阵，分别对大健康产业、居家养老影响因子的影响力度进行分析，以期对未来大健康产业下的居家养老发展方向进行展望。本章主要结论如下。

一、综合效益

大健康产业与居家养老的综合效益值不断上升，提升幅度逐渐增强，反映了两子系统之间的发展呈正相关关系并且能够显著提高整个系统的综合效益值，促进大健康产业与居家养老的协调发展。由此可见，要实现大健康产业背景下我国居家养老的持续健康发展，必须以大健康产业各要素与居家养老各要素的协调发展为前提。

二、子系统评价

通过对大健康产业与居家养老两子系统的效益值进行分析可知，大健康产业与居家养老的效益值从2010年到2016年一直在上升，表明大健康产业与居家养老的发展是相对同步进行、相辅相成的。

三、耦合协调度

大健康产业与居家养老之间存在耦合协调关系且两者之间的耦合协调度水平呈持续上涨趋势。但是整体协调度的起点偏低，2010年仅为

0. 2727，属于中度失调，直到 2014 年才达到濒临失调的阶段。可见未来大健康产业与居家养老在发展过程中相互促进，必将达到良好协调、优质协调的阶段。

四、影响因素

灰色关联分析结果表明，大健康产业的发展不仅受到大健康产业下的子因素制约，同时受居家养老的因素制约，同理可得居家养老的发展受其下各因素影响，也被大健康产业的各因素制约。通过对关联矩阵的进一步分析发现，大健康产业发展主要受到居家养老系统的每千老年人口养老床位数、养老机构及设施数、65 岁及以上老年人数影响，居家养老的发展主要受大健康产业旗下的医疗卫生机构数、每千人口卫生人员、医药企业上市数影响。

本章从时序、空间的角度出发，对评价结果由整体到局部，再由局部到整体进行分析，主要是为更好地促进大健康产业与居家养老的耦合协调发展提出解决思路。

第五章　中国居家养老服务绩效评价
——以社区居家养老为例

随着中国老龄化进程的不断加速，社会的不断进步，家庭养老和纯粹的机构养老在不断减少，社区居家养老服务就是在这样的背景下产生的，它具有灵活的服务形式和服务时间，具有快捷方便的服务效率，同时可以根据老年人需要定制不同的服务内容，是我国各级政府部门应对中国老龄化问题的有效途径。但是由于社区居家养老在我国兴起的时间不长，发展还不成熟，在其发展中存在许多问题，如社区居家养老服务相关法律不健全、政府缺乏有效管理等。构建社区居家养老服务绩效评估指标体系，是推动社区居家养老服务内容精细化和管理科学化的有力措施，也是针对社区居家养老在我国持续发展过程中产生的问题及其成因、绩效考核等问题进行改进的有效方法，更是提高我国居家养老服务水平的必经之路。

第一节　相关概念和理论基础

一、相关概念

（一）社区居家养老服务绩效评估

1. 社区居家养老服务

（1）“社区”概念

“社区”一词首先来源于拉丁语，大意是共同的东西和亲密的伙伴关系。德国社会学家 F. 滕尼斯于 1881 年首先使用“社区”这一名词，当时是指由具有共同的习俗和价值观念的同质人口组成的，关系密切的社会团体或共同体。而在学术上首先给“社区”定义的是美国社会学家罗伯特·E. 帕克，他认为社区是占据在一块被或多或少明确地限定了的地域上的人群汇集，一个社区不仅仅是人的汇集，也是组织制度的汇集。本书认为社区是一个由来自不同地域、不同文化、不同组织的社会个体出于某种原因长期聚集在某一个特定的区域，从而形成的一个大集体，这里有文化、风俗、信息的交流融合，是大社会的一个小缩影，它的内涵包括：①在某一个固定的区域内，有一定数量的人口，在此居住的人具有同一种区域身份，对待某些事情有相同的看法，并且居民彼此之间有比较密切的来往。②社区是一个连接人与人之间关系的纽带，在一个特定地区内有一定数量的人口，他们之间有相同的语言，有共同的生活文化习俗，他们对自己所居住地方的人、事、物具有归属感。③每一个社区有固定的区域专门设置了活动场所和交流中心，它有一套专属于自己的制度规章，有自己独有的生存环境和生活环境。

（2）社区居家养老

我国目前的养老模式有三种：①传统的家庭养老，即子女供养服务；②机构养老，即福利机构养老或者养老院养老；③社区居家养老，即老年人可以在家居住，由社区工作人员依据老年人需求在某一时间上门提供服务，这是一种完美结合机构养老和家庭养老优点的新型养老模式。就服务内容来看，社区居家养老有狭义和广义两种模式，狭义的社区居家养老指在老人生活不便时，由社区组织工作人员为老人提供上门服务，但是服务内容仅限于基本的生理需求；广义的社区居家养老是指由专门的经过培训的工作人员，上门为老人提供心理、生理等服务，包括基本的医疗护理、生活照料、精神慰藉等，而本书所指的社区居家养老，除非特别说明，均为广义的社区居家养老。

2. 绩效评价

（1）绩效的概念

绩效的内涵在不同的领域有不同的解释，绩效的概念最先应用于管理学领域，定义为组织、团队或者个人在一定的环境、资源和条件下，对于某一目标性活动的完成情况，是对既定目标的实现情况和达成效果的反馈。对绩效的定义，主要有两种观点，一种是将绩效看作一种结果，另一种是将绩效看成目标实现的行为过程。Bates 和 Holton 指出“绩效是一个多维结构，其最终的评价结果会随着观察者、测量角度和评价标准的不同而不同”。因此，站在不同的学科角度对绩效的认识是不同的。从管理学角度，绩效是组织对拥有一定资源和某一期望实现目标的员工所达到的一种目标实现程度，具体表现在工作完成的质量、效率和可能取得的收益上。而在经济学上，根据理性人和利益最大化的原则，绩效可以定义为企业通过支付员工报酬而从员工身上得到的相应利益回馈。从组织的角度看，绩效就是对组织所期望得到的效果的衡量，可以分为组织绩效和个人绩效，个人绩效指在某一时间段内，个人利用现有资源所获得的最大价值增值，而组织绩效则是所有个人绩效的加总。

（2）绩效评价概念

绩效评价又可以称为绩效评估、绩效考核，是组织绩效管理过程的一个重要环节，是指对特定的组织或个人进行的行为评价过程。目前学术界从不同的角度对绩效评价进行定义。杨杰等在回顾有关绩效的理论与实证研究基础上，对绩效的概念进行了多维度考量，提出在进行评价时应该考虑以下四个方面：①必须同时考虑时间、方式和结果三个维度；②绩效评价的标准应该保持稳定性，不可随意删减；③评价指标的选择应该贵精不贵多，贵明确不贵模糊，贵敏感不贵迟钝，贵关键不贵空泛；④多样性评价指标是否整合需根据具体的需要而定①。王长缨认为绩效评价是组织对组织内部成员一段时间的工作、绩效目标等进行考核，是对前一段时间工作内容的总结，同时考核的结果为相关的人事决策提供依据。她认为绩效考核与绩效管理的本质区别在于：前者是传统的认识考核，后者却是现代

① 杨杰，方俐洛，凌文铨. 关于绩效评价若干基本问题的思考[J]. 自然辩证法通讯，2001，23（2）：40－51.

意义上的人力资源开发方式①。综上所述，本书将绩效评价定义为在某一段时间内，运用科学的评价方法、严格的标准与既定的评价程序，对社区居家养老服务在提高服务覆盖率、服务对象满意度与忠诚度、政府部门满意度等战略目标与目的的过程中，在资金投入、人才培养、专业知识培训、信息统计管理等方面，以及对社区居家养老的服务内容提供、服务质量、管理制度等做出的安排和标准制定及这些标准的实现程度。

通过前文对社区居家养老服务、绩效和绩效评价的概念界定中，可以看出社区居家养老服务绩效评价包括以下几个方面：①投入与产出。投入是指社区居家养老服务的提供者在进行绩效评价的周期内，针对居家养老服务建设上投入的资金、人力、时间、信息、才能等各种有形资产和无形资产的综合。产出则是指在这段时间内这些资产的消耗给社区居家养老服务的提供者带来的经济收益、信誉等结果。一般而言，投入与产出的比例越高，即低投入、高回报，说明社区居家养老服务绩效的水平越高。②社区居家养老服务绩效评价还需要制定完备的评价指标、详细的评价流程和公正的评价结果，要求在组织机构的设置上具有合理性、管理制度上严格化，服务内容丰富多样，服务流程设计合理且人性化，同时要求各项标准执行的有效性。③社区居家养老服务绩效评价的最终目的是督促社区居家养老服务的提供者提供优质的服务，多方面满足社区居家养老服务对象的需求，提高服务对象的满意度、政府的满意度、社会的认同感。

由于绩效在不同的领域有不同的解释，社区居家养老服务的绩效评价也会随着时代、地域、工作内容、服务环境等的不同而发生变化，因此社区居家养老服务绩效评价必然会出现以下几个特征：①多维性。社区居家养老服务绩效评价的多维性是指在对评价指标体系进行设计时，考虑到绩效评价时对某一时间段内社区居家养老服务的综合考量，必须考虑从资金筹集管理、服务内容是否丰富、服务设施是否完备、服务队伍专业素质、

---

① 王长缨. 从绩效考核到绩效管理是人力资源管理方式的深刻变革[J]. 吉林省经济管理干部学院学报，2006，20(1)：42－44.

管理制度是否合理、服务流程是否合理等几个维度进行多方面综合评价。例如，在考虑服务设施方面，既要考虑各方面服务设施是否完备，又要考虑服务设施的安装位置是否有利于服务对象使用，还要考虑到日常的设施保养维修以保证服务对象安全正常使用。②多因性。社区居家养老服务绩效的多因性，是指影响社区居家养老服务绩效水平的因素除了设置的评价指标体系等客观因素外，还包括主观条件（社区居家养老的负责人管理才能、社区居家养老服务机构本身的硬件设施、宣传影响力度、融资建设能力）、客观因素（政府政策的影响、法律法规的完善程度、社会或者福利机构的捐赠、本地区居民的人均收入和消费水平）等。③动态变化性。社区居家养老服务绩效水平的动态变化性，主要是指社区居家养老服务绩效水平并不是一成不变的，在更长时间范围内，从几次评估的结果来看，其绩效水平或高或低会有一些变化。可能的原因有新增加（减少）某一资源的投入、服务人员的增加（流失）、管理更加严格（松懈）、流程更加规范（简洁），也有可能是政府政策对社区居家养老服务机构加大投入、社会认同感增加导致社会捐赠增加、法律法规更加完善等原因。

二、绩效评估的方法

绩效评估的方法有很多种，可以大致分为三类：一是结果导向型的绩效评估方法，这类评估方法的重点在于对事件已经产生的结果进行评估，如目标管理法、关键绩效指标法（KPI）等；二是行为导向型的绩效评估方法，这类评估方法的重点在于对事件的发生过程进行评估，如关键事件法、360 度绩效评估方法等；三是某些特质性的绩效评估方法。下面集中介绍几种常用的绩效评估方法。

（一）关键绩效指标法

这是目前很多公司使用的一种绩效评估方法，它主要是将绩效的评估标准简化成几个关键的绩效指标，将这几个关键指标当作评价标准，然后将评价标准与员工的绩效进行对比从而得出评价结果。这种评价方法的好处在于可以让各部门知道自己的主要职责，并用它来确定部门其他工作人员的绩效评估依据。邢伟以青岛前湾联合集装箱码头有限责任公司为例探究 KPI 在公司管理中的作用，发现 KPI 有利于提高员工和组织绩效①。郑春晰和张胜利发现 KPI 同样可以帮助 HSE（东方地球物理公司）管理得到提升②。

（二）平衡计分卡法（BSI）

它是哈佛大学的 Robert Kaplan 与诺郎顿研究院（Nolan Norton Institute）执行长 David Norton 在 20 世纪 90 年代最早提出的，最初的目的是找出一个超越传统的以财务为主的绩效评价方法，从财务维度、客户维度、内部运营和学习成长维度对个人进行比较全面的评估，然后将个人的目标与企业目标进行平衡。现在平衡计分卡模型已经发展成为集团战略管理的工具。而在关于绩效评价和绩效管理研究中，基于平衡计分卡的绩效评估体系也被广泛应用。胡娟华和唐子然将平衡计分卡模型应用于民办院校的绩效评估研究③，李国新也将其应用于茶叶企业的绩效管理研究④。

（三）关键事件法

这是一种最简单的客观评价方法，1954 年由美国学者弗拉赖根和贝勒斯提出，主要是通过对工作中最好和最差的事件进行分析，然后对造成这一事件发生的行为进行评定从而做出绩效评估。这种绩效评估方法的优势在于评估方法比较简单，也具有针对性，能在较短时间内评出优秀和劣等表现，其缺点在于对于关键事情的把握不是特别全面，从而造成分析的结果可能存在偏差。

---

① 邢伟. 探究 KPI 指标在公司管理中的应用[N]. 中国会计报，2018-10-19(008).

② 郑春晰，张胜利. KPI 考核助力 HSE 管理提升[J]. 现代职业安全，2018(9)：82-84.

③ 胡娟华，唐子然. 基于平衡积分卡的民办院校绩效评价体系研究[J]. 现代商贸工业，2018，39(28)：68-70.

④ 李国新. 平衡积分卡在茶叶企业绩效管理中的应用[J]. 福建茶叶，2018，40(6)：55.

三、相关理论基础

（一）马斯洛需求层次理论

马斯洛需求层次理论的主要观点是人的需求是从低到高呈递进式的，整体形状为金字塔形。马斯洛需求层次理论将需求分为五个层次，第一层次为生理上的需求，其内容主要包括人类满足自身生存的呼吸、水、食物、睡眠、分泌等，这些需求当中的任何一个需求得不到满足，人类的生理机能就无法正常运转，意味着人类无法继续生存下去。马斯洛认为，只有当人类的这些最基本的需求得到满足以后，人类才有更多的时间和精力去考虑其他的需求。第二层次为安全上的需求，主要包括人身财产的安全、健康保障、道德安全、工作安全、家庭安全等。第三层次为情感和归属的需要，主要包括友情、亲情和性亲密。马斯洛认为人一旦满足自己的基本生理需求和具有安全感之后，往往会追求更多的东西，人人都需要和想要得到其他人的关心照顾，而感情上的需要比生理上的需要更容易让人满足。第四层次为尊重需要，主要包括自我尊重、自信心、成就感、对他人的尊重、被他人尊重。人人都希望有自己稳定的社会地位，得到别人的认可和尊重，拥有成就感。这就要求一个人要拥有自信心、对自己尊重、对他人尊重，从而被他人尊重。第五层次为自我实现的需要，主要包括道德、创造力、问题解决能力、接受现实能力等。它主要是指实现了个人的理想抱负，充分发挥了个人的才能、为社会创造了一定的价值，达到了自我实现的境界。而本书中关于社区居家养老服务的服务对象需求是指服务对象在满足自身日常生活需求的条件下，保护自身的利益不受损害，想要更多的陪伴、娱乐、学习等精神慰藉。

（二）行为科学理论

行为科学理论是管理学的一个重要分支，是多门学科的综合。行为科学有广义与狭义之分。广义的行为科学主要是指运用科学的实验和观察方法，研究自然和社会环境中人与动物的行为以及产生的影响。而狭义的行为科学主要是指对人的行为进行研究，研究这种行为产生的环境、产生的动机和原因，并对行为产生的过程进行记录分析。目前，行为科学理论的基本内容包括个体行为、动机理论、群体行为、组织行为，但是重点研究对象是人，它将心理学的知识包含在内，观察人在工作中的态度、情绪不同对工作产生的影响，通过对人的行为产生过程和结果进行研究，掌握员工的行为规律，并试图以积极有效的方法去改善员工的工作积极性，找出提高员工工作效率的方法。

因此，该理论是对社区居家养老服务进行绩效评价的基础理论，社区居家养老服务机构应该以本机构服务人员的行为为出发点构建适用的绩效评价体系，具体表现在：社区居家养老服务机构的管理人员定期与员工进行交流，听取员工意见适当调整短期发展目标，从而使员工对本机构的发展现状、未来发展方向和发展目标有一定的了解，提高员工对社区居家养老服务的归属感。在绩效评价指标的设计上应该结合实际遵循可操作性原则，这样既能让员工通过自己的努力完成组织设置的既定目标，又能最大限度地开发员工的才能，从而激发他们的工作积极性和主动性，充分发挥绩效评价的激励作用。

（三）目标管理理论

目标管理是在科学管理和行为科学管理理论基础上形成的一套管理制度，它是现代管理大师彼得·德鲁克根据目标设置理论提出的目标激励方案。目标管理理论的主要内容是：影响人的生产积极性的因素，除了物质条件以外，还有心理、社会等。因此，要求管理人员在工作中要给予下级人员充分的信任：首先，管理人员不应该一味地追求更高的生产任务，而应该多关心下级，充分了解他们的生活需求；其次，管理人员在制定工作目标时，要注意与员工之间的关系，可以让他们参与目标的制定，增强员工的归属感和责任感；最后，应该注重培养员工的集体荣誉感，在进行奖励设置时，团体奖励多于个人奖励，引导员工通过合作的形式完成目标。因此，社区居家养老服务在设置相应的激励机制时，可以采用该方法加强员工团体之间的交流合作，有助于实现组织目标。

（四）战略管理理论

现代社会瞬息万变，企业发展也面临着种种挑战。战略管理理论最先是由20世纪60年代美国管理学家钱德勒提出的环境—战略—组织理论演变而来的。它主要包含了两个方面的内容：一方面，企业为了满足长期生存发展的需要，用较长远的眼光制定长期发展的战略规划；另一方面，对企业制定的战略规划予以严格认真执行的战略措施。这两者之间存在相辅相成的关系，且缺一不可。因此，社区居家养老服务机构的战略规划要求负责人在制定发展目标时具有超前的眼光、敏锐的“嗅觉”和及时接收信息的能力，同时在执行战略时应该有立即执行的决心。

四、社区居家养老服务绩效评估的功能

（一）提高社区居家养老服务绩效水平

通过对社区居家养老服务绩效进行评价，可以充分掌握社区居家养老服务的绩效水平，优化社区居家养老的服务绩效。作为技术层面的绩效评价本身并不是一种目的，它仅仅是为了提高社区居家养老服务绩效水平而使用的一种手段，现代政府管理的核心问题就是提高绩效。管理学家阿姆斯特朗指出，要“改进绩效，必须首先了解目前的绩效水平是怎样的”。因此，社区居家养老服务绩效评价有利于养老服务部门了解其所提供的社区居家养老服务的具体绩效水平，从而能够有效针对出现的问题进行改进，提高养老服务的绩效水平。

（二）完善社区居家养老服务的内部管理

社区居家养老服务机构的运作效率高低主要取决于以下几个因素：一是社区居家养老服务机构内部设置的职能部门是否全面；二是社区居家养老服务机构各职能部门的权责是否清晰，有无重复和遗漏；三是社区居家养老服务机构各部门之间的工作效率是否有待提高、内部管理制度是否完

善严格、服务流程是否清晰；四是社区居家养老服务机构的部门、岗位是否有明确工作行为标准和惩罚、奖励制度，是否严格执行；五是社区居家养老服务机构内部的管理人员、服务人员是否定期进行培训。通过绩效评估可以对社区居家养老服务机构内部运作情况进行把握，为高层管理人员提供机构运行效率、内部人员质量、机构收益率等相关信息，这些信息与一般的信息不同，它与社区居家养老服务的绩效目标有密切关系。科学的绩效评估有助于解决社区居家养老服务的内部管理问题，因为通过社区居家养老服务各个职能部门、职能小组、工作岗位的工作分析、绩效评估指标体系的构建、绩效评估流程的有效实施，有助于帮助社区居家养老服务站明确各个部门、各个职能小组、各个工作岗位之间的职责分工，完善服务流程与工作流程，提供服务成效评估的客观尺度，从而科学地推动社区居家养老服务内部管理效率的提高。

（三）实现社区居家养老服务相关利益主体的利益均衡

“利益相关者”一词最早是弗里曼在 1984 年提出来的。传统上认为利益相关者主要是指股东、供应商、消费者等交易伙伴，而弗里曼在《战略管理：一种利益相关者的方法》一书中提出了具有代表性的观点，认为“利益相关者是指能够影响一个组织目标的实现，或者受到组织实现其目标过程影响的所有个体和群体”。因此，社区居家养老服务机构要想得到长远的发展，就必须将各利益相关者考虑在内，平衡他们之间的利益关系。

一个社区居家养老服务机构，要想在社会中长期立足生存发展，就必然会依靠某些物质资源（人力、资金、土地、物力）和非物质资源（信息、信誉、政策、法律、时间），而社区居家养老服务机构完全不可能通过自给自足的方式得到这些资源的长期有效供给，因此必然会有一部分是借助外力因素得到的，如政府的资金扶持、社会的物资捐赠、志愿者加入等，而这些外力因素就成为社区居家养老的利益相关者。这些利益相关者的某些改变就有可能在某种程度上对社区居家养老的发展造成影响，例如，若政府决定减少对养老服务机构的资金投入，或者某福利基金决定对养老服务机构不再进行捐赠等，都会影响社区居家养老服务的绩效水平及其社会影响力，从而制约社区居家养老服务的进一步发展。依据利益相关者的基本观点，社区居家养老服务的相关利益者主要包括政府相关职能部门、社会捐赠者、服务对象、服务对象家属、评估机构、其他养老机构、相关社会团体、媒体等。

社区居家养老服务的绩效评估结果也会在一定程度上直接或间接对相关利益主体的决策产生影响。①可能对社区居家养老服务的资金来源产生影响。社区居家养老服务机构的资金主要来源于政府扶持、福利基金捐赠、社会捐赠、自身经营收入，主要用于社区居家养老服务的基础设施建设和维护、服务设施建设和维护、服务人员薪酬、服务队伍专业知识培训和激励政策。如果社区居家养老服务机构的绩效评估水平没有达到捐赠者或者政府的期望水平，他们会对社区居家养老服务机构产生不满，可能会减少资金投入，如果绩效水平多次达不到期望标准，甚至会停止对社区居家养老服务的资金投入，不管是哪一种情况，都会减少社区居家养老服务的资金来源；同样地，如果社区居家养老服务绩效的评价水平高于预期值，他们也非常乐意增加一部分资金投入，用来扩大社区居家养老服务。②可能会对服务对象和服务队伍的归属感产生影响。如果社区居家养老服务机构的绩效评估结果过于不理想，服务对象作为实际服务的感知者，对社区居家养老服务的满意度会降低，直接造成他们不愿意接受社区居家养老服务，甚至会在周围人群和亲属之间进行负面宣传；不理想的绩效评估结果同样会对服务队伍产生负面影响，使他们对服务队伍的归属感降低，容易造成服务队伍成员的流失。因此，为了避免出现以上结果，社区居家养老服务机构应该在绩效评估结果出来之后，一方面根据绩效评估细则找出自身不足的地方并进行改进，争取在下一次的绩效评估中有更好的表现；另一方面要做好绩效评估结果公布之后的善后工作，既要尽可能采取措施降低负面影响，也要鼓舞员工的士气。

除此之外，社区居家养老服务的各利益相关者会从自身利益出发，采用不同的绩效评估标准和评估方法对社区居家养老服务进行评价，同时他们也会根据不同的需要对社区居家养老服务的某些方面进行评价。例如，服务对象更加看重的是服务本身，因此他们的评价重点在于服务内容的丰富性、服务队伍的专业性、服务人员的素质、服务设施配置等；而政府部门同时作为社区居家养老服务的监管者，其评价重点在于服务机构本身的操作是否合规，例如资金来源是否正规、基础设施配置是否安全、资金使用是否合理、是否存在违法行为等。因此，社区居家养老服务绩效评价的难点和重点在于，需要综合考虑各利益相关者的利益，构建一套科学、统一、完善的绩效评价指标体系，并通过一定的权重设计达到各利益相关者的利益平衡。

（四）促进社区居家养老服务机构之间的竞争

通过对社区居家养老服务机构的绩效进行评价，一方面，可以向相关监管部门汇报社区居家养老服务的真实发展情况，明确其发展中的优势和劣势，同时可以采用优胜劣汰的方法淘汰掉一部分绩效评估结果较差的社区居家养老服务机构，将资源向绩效水平较高的社区居家养老服务机构转移。这样在无形中就加大了社区居家养老服务机构之间的竞争，督促他们努力谋求发展。另一方面，可以向社会公众反馈服务质量情况，为他们在进行社区居家养老服务机构选择时提供参考，促进社区居家养老服务机构之间的良性竞争。

第二节　社区居家养老服务及其绩效评价比较研究

一、国外社区居家养老服务及其绩效评价发展概况

（一）国外社区居家养老服务发展概况

社区居家养老服务在我国发展起步较晚，2000 年开始进行试点，到 2018 年已经走过了 18 个年头，虽然取得了一定的成就，但是与发达国家比起来仍然存在不小的差距，因此发达国家成熟的社区居家养老模式仍然

是我们学习借鉴的重点对象。我们有必要对发达国家的社区居家养老模式的具体内容进行分析，汲取经验，再结合我国发展实际情况提高我国社区居家养老服务水平。

1. 英国经验：社区照顾

社区照顾是社区居家养老服务的最早形式，具体是指让有需要帮助的人在家里或者社区得到照顾。英国是社区照顾发展历史最久的国家，自1963年至今拥有50多年的发展历史和经验，目前已经形成了一套比较完整的社区照顾体系。

英国社区照顾最初是针对住院式照顾提出来的，20世纪50年代是推行福利政策的高峰时期，英国政府针对无依无靠和有残疾的老人提出了住院式照顾，即政府出资修建福利院来安置老人，同时聘用专职人员对他们进行日常照料。而到了50年代初期，有人注意到这种住院式照顾所带来的非人性化后果，存在的主要问题有政府财政压力增大；生活环境脱离人群，导致他们失去适应社会的能力；工作人员虐待老人等。因此到20世纪60—70年代，福利主义兴起，英国政府开始提供越来越多的社会服务，其中就包括了社区照顾。英国学者沃克（A. Walker）将社区照顾划分为两部分：一是“在社区照顾”，亦称为“社区照顾”，主要是指将服务对象留在社区内对其进行服务，主要针对需要依赖外来照顾的弱势群体，提供专业的照顾，让他们更加享受贴近正常人的生活。二是“由社区照顾”，也称为“社区内照顾”，主要是指由家人、亲友、邻里及社区志愿者为老人提供服务。英国社区照顾的主要内容如图5-1所示。从图5-1中可以看出，这种社区照顾的优点在于：①对服务对象的关怀充满人性化，因为社区照顾主要强调在服务对象熟悉的环境中为其提供服务，解决他们遇到的困难，并努力挖掘出社区周围的各种资源，实现人与人之间的互相帮助。②可以让周围的社区民众参与社区照顾，社区照顾的最终目的是调动社区民众的互助意识，鼓励他们为需要帮助的特殊人群提供帮助，最后形成一个社区互助网络。③有利于服务资源的整合。社区照顾可以发动被照顾者的亲属及邻居提供协助照顾，无形中将更多的人力资源集合在一起。

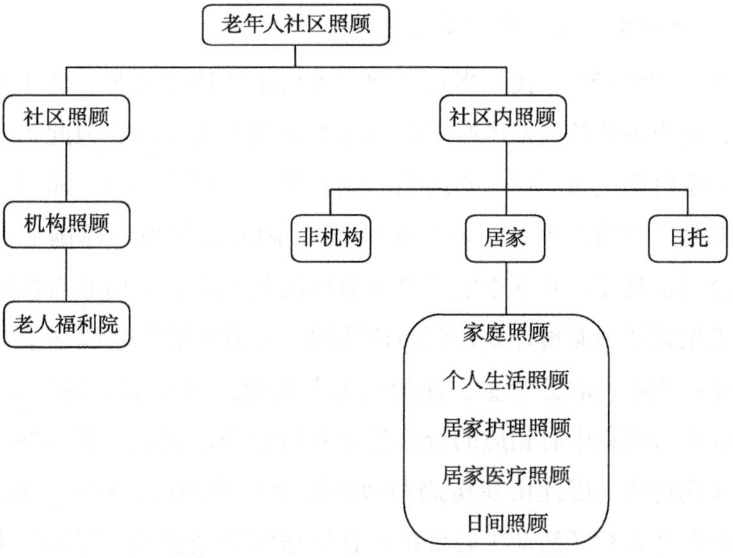

图 5－1　英国的社区照顾网络

2. 日本经验：介护服务

日本的居家养老模式并不像其他国家那样将养老和家庭分开了，反而它的多份法律文件中都强调了家庭赡养老人，例如，《老年人福利法》《生活保护法》都强制要求家庭子女或者亲属履行赡养义务。不同之处在于2000年日本政府实施的《介护保险法》，它可以算是一种保险制度，根据规定城镇40岁以上有住所的居民强制参保，并在65岁以后根据条件享受不同标准的介护服务。日本介护服务的内容主要包括在家里日常生活照料服务、日间接老人到社区进行服务、老人家属外出时的短期日托服务、夜间上门服务等。这种居家养老模式的优点在于：①法律法规比较完善。日本的多部关于社会保障的法律法规都对日本养老问题进行了规定，都强调了以家庭赡养为前提条件。②资金来源有保障。日本居家养老模式的资金主要来源于税金和保险金，其中税收部分主要来自国家财政，同时国家、都道府县、市町村三级政府分别承担介护服务制度的部分资金。③政府发挥主导作用。不管是在资金筹集还是设施建设方面，都由政府牵头主导，同时也鼓励其他资金、民间社会团体参与社区居家养老服务建设。

3. 新加坡经验：原地养老

在20世纪50年代，当时新加坡人民生活还很艰苦，老年人生活没有保障，而当时的英国殖民政府也不愿意负担养老支出，因此当时新加坡选择了完全由雇主和雇员承担的强制储蓄型社会保险制度。而新加坡的观念一直都是“政府不养老、企业不养老”，因此新加坡在建国初期就建立了中央公积金制度，其基本宗旨是为退休的员工或者提前非自愿脱离劳动力的员工设置强制储蓄计划，而新加坡的法定退休年龄为62岁，中途离职或者失业则不能领取公积金。新加坡的养老模式鼓励老人与子女共同居住，因此在购房政策中有相应的价格优惠和购房贷款优惠。新加坡政府坚持亚洲的文化传统，因此由建房局与政府社会福利部门、社会发展部门合作，构建起以老人社区活动中心维护的社区居家养老模式，强调让大多数的老年人在家里或者社区享受养老服务。新加坡的社区居家养老分为日间照料和入住式养老服务中心。居家养老服务机构主要提供居家日常生活照料服务、居家医疗服务、居家保健服务、居家临终照料服务和送餐服务。日间照料中心主要为阿尔茨海默病患者、老年人口、临终老人提供日间照料服务，而入住式养老服务主要是指为入住疗养院、收容所、社区、社区医院的老人提供服务。此外，新加坡政府倡导将居家养老和机构养老结合起来，实现各类养老服务的融合，为老人提供基础性和预防性养老服务、医疗保健服务、日常照料服务和社会娱乐活动。同时新加坡也是传统的中央集权国家，在社区居家养老服务中，政府起着主导作用，还专门成立人口老龄化工作委员会主导老龄化和原地养老政策，充分体现了新加坡对养老事业的重视。

（二）国外社区居家养老服务绩效评价发展概况

人口老龄化问题催生了养老产业，社区居家养老作为解决养老压力的主要途径，为保障老年人享受更加优质的社区居家养老服务，很多国家开始重视对社区居家养老服务质量进行评价，同时也非常重视对提供社区居家养老服务的机构进行绩效评价。美国、日本、澳大利亚等国家拥有一套比较完整的评价体系和较好的评价结果，因此有必要对这些国家的社区居家养老服务机构绩效评价体系进行分析，汲取它们的成功经验，这对于我国社区居家养老服务机构绩效评价体系建设具有重要的指导意义。

1. 美国养老机构质量评价

美国的养老服务可以分为三大类：第一类为机构养老服务，主要是指为入住养老机构及护理院、临终关怀等机构的老人提供服务；第二类为社区养老服务，主要是指为社区内的老年人提供社区照料服务；第三类为居家养老服务，只要是指为居住在家的老人提供上门照料服务。为保障养老服务的质量，美国政府十分重视养老机构的质量管理，而美国养老机构的质量管理也经历了复杂的发展过程。1935 年通过的《社会保障法》，标志着美国政府介入养老机构质量管理的开始。1965 年的老年人医疗保险和贫民医疗救助保险，标志着养老机构的质量管理开始发展，但是其评价体系很粗犷，没有达到预期效果。1987 年综合预算协调法案修订了美国养老服务机构的评价标准、处罚措施和补救措施，并且提供了居民评估工具，这标志着美国养老服务机构质量管理体制开始形成，其后在多部门的协作下，养老机构质量管理体制逐步成熟。在质量评价标准方面，1961 年颁布的《护理之家标准指南》对养老机构的服务标准进行了定义和说明。1990 年最小限数集（Minimum Data Set，MDS）作为评估工具问世，由专业人士对老年人进行评估，并将评估数据整合到国家数据库，再从中抽取质量评价指标。1991 年产生的第 1 版 MDS 质量评价体系中共有 175 项指标，共涵盖了包括生活质量、营养进食在内的 12 个方面；MDS 第 2 版在第 1 版的基础上删除了 24 个指标，但是仍然涵盖 12 个方面的问题；第 3 版增加了精神状态、生活质量、情绪、疼痛等方面的内容。目前该质量评价体系已经被推广到欧洲、亚洲等地区。

2. 日本养老机构质量评价

日本的养老机构设置都是采用政府主导下多方参与的形式，而日本养老机构的管理都是依据法律法规进行基础设施建设、设备配置和机构运营管理的。与此同时，日本专门成立了厚生劳动省，主要负责养老机构相关事务，包括法人申请、变更、业务活动等，同时依据相关标准发布养老机构管理运营等方面的实施和标准细则。日本养老机构质量评价主要采用三种方式：一是养老机构自评。该方式的侧重点在于，养老机构对于机构本身的机构设置和服务过程进行评价，机构自评的主要目的在于通过对服务质量和评价结果公示，为有意向选择机构养老的老人及其家人提供参考意见。比较典型的是北海道养老机构服务标准，该标准包括服务内容、基本事项、业务管理运营、服务体制 4 个项目，共 70 多项评价指标和判断标准。二是老人评价，即老人通过自身的服务感受进行评价。日本养老机构评价标准中包括了 5 个方面的内容，其评价结果在养老机构质量改进中起到了重要的补充作用。三是第三方评价，第三方评价是指养老机构根据评审的需求申请第三方（通常为当地民政部门）进行评价，同时还需要签订相应的评估合同。评估内容主要包括机构政策和组织、运营管理及服务实施三方面，由于不涉及服务机构本身和老人，此评价方法与前两种相比更具客观性和参考价值。

3. 澳大利亚养老机构质量评价

澳大利亚是一个非常重视养老机构服务质量的国家，养老机构的认证资格有效期为三年，意味着澳大利亚养老服务质量管理局对于养老机构的质量评价每三年一次，对于养老机构的质量评价并不仅仅是根据质量标准的条款进行评价，通常会有相应的工作人员进驻养老机构进行实地考察，不仅关注养老服务的质量，还关注养老机构的其他方面，同时会与养老机构的普通工作人员、服务人员进行面谈，了解养老机构运行的实际情况。澳大利亚养老机构质量标准指标参照《老年人护理标准》，设置了包括管理体系、健康与个人护理、老年人生活方式和物质环境及系统安全 4 个方面共 44 个具体的质量评价指标。其中的核心部分是健康与个人护理，共设置了包含医疗护理、医药保健、个人清洁、临终关怀、睡眠、感知觉丧失等在内的 17 个指标，该标准中共有 19 项结局性指标，与结构和过程性指标的数量相差无几，从侧面说明了澳大利亚政府非常关注老年人的健康和个人护理，也说明政府在对养老服务机构增加硬件设施建设资金投入的同时，也非常重视服务质量的提高。

4. 英国养老机构服务质量评价

英国是西方典型的实行社会福利养老制度的国家之一，早在20世纪40年代中期就完成了福利建设。为了促进养老机构服务质量的提高，英国先后颁布了《照护标准法》、《照护机构准则》及最低标准、《健康和社会保健法案》，还专门成立服务质量管理委员会，依据颁布的法律法规对养老机构进行监督管理。英国的养老机构服务质量评价主要是依据"国家最低标准"制定评价指标，该评价体系共涵盖8个维度、40项指标，包括设计机构选择、机构运营管理、关爱投诉与保护、生活质量、护理与治疗质量、员工管理、护理需求计划与偏好、物质环境等内容。而在指标权重中物质环境所占比重最大，可以看出英国比较关注老年人的生活环境以及基础配套设施建设。其整个指标评价体系也体现了过程性指标、结局性指标、结构性指标的有效结合，其中结构性指标和过程性指标的比重较大，而结局性指标仅占15%，这也非常符合英国"福利国家"的事实。

（三）国外社区居家养老服务绩效评价经验启示

通过前文分别对美国、日本、澳大利亚、英国的养老服务机构质量评价体系进行分析，整理归纳出以下几点经验启示，对我国社区居家养老服务绩效评价体系建设具有重要的借鉴意义。

1. 转变传统观念，打破传统思维模式，正视对居家养老服务进行绩效评价的重要性

根据第四次中国城乡老年人生活状况抽样调查结果，我国失能半失能老人的数量约为4063万人，占全国老年总人口的近两成，而随着老龄化程度的持续加深，该数据在未来很长一段时间内只高不低；再加上家庭结构的转变，社会压力的增加，传统的家庭养老模式已经不能满足需求，社区居家养老成为解决该问题的首选。但是由于传统养老观念的限制，以及对社区居家养老服务的不了解，许多家庭都对社区居家养老持怀疑态度并保

持观望。因此，进行社区居家养老服务绩效评价，一方面，能够向社会公众发布关于社区居家养老服务的信息，增加社会公信力，为有需要的老人提供选择性参考；另一方面，可以敦促社区居家养老服务的提供者改进不足，争取达到更高的绩效水平。

2. 适度选择与实际相结合

通过对以上几个国家的社区居家养老服务质量进行分析评价，发现它们的质量评价无一不是建立在相关立法和保险制度基础之上的，但是我国目前在养老机构的服务质量评价体系方面与上述国家存在一定的差距。因此，我国可以对它们的经验适度借鉴，采取逐步引进的方式，先引进某些关键性问题指标，初步建立我国适用的社区居家养老服务绩效评价体系，然后根据我国法律法规、制度体系、经济发展状况等实际情况进行拓展和完善。

3. 分层次、多维度评价社区居家养老服务

日本养老机构质量评价主要有养老机构自评、老人评价和第三方评价的方式，由于不同的评价方式有不同的侧重点，因此采用三位一体的综合考评；而澳大利亚养老服务质量管理局在对养老机构进行评价时也会综合考察多方面的因素。因此，对我国社区居家养老服务绩效进行评价，可以充分借鉴这两个国家的经验，从不同的角度对社区居家养老服务绩效进行综合评价，在设置具体的评价指标和标准时，也可以从不同的角度设置不同的标准和指标，将社区居家养老服务机构的结构、服务过程和服务结果结合起来。

4. 细化评价指标体系，针对关键性指标设置标准

日本养老机构质量评价指标最大的特点在于指标设置覆盖得很全面，但是彼此之间又不会重复，例如，其基本事项中就设置有10项指标，包括老年人权益、法律及伦理道德等相关内容，各指标之间的主要内容并不重复交叉。澳大利亚的《老年人护理标准》中，老年人生活方式包括了老年人情感、独立性、隐私尊重权、休闲娱乐、选择决策权等10项指标。因此，我国在构建社区居家养老服务绩效评价指标体系时也应该参考此原

则，将各方面具体的评价内容指标进行细化，切忌出现重复交叉。

二、国内社区居家养老服务发展概况

我国从2000年开始进行社区居家养老服务试点，为了构建完善的居家养老服务体系，政府及各部门在这方面做了许多努力，各地响应国家政策的号召，根据地方的实际情况构建社区居家养老服务绩效评价指标体系，使得社区居家养老服务经过近20年的发展取得了一些成效。

（一）国内社区居家养老服务绩效评价发展状况

对社区居家养老服务进行标准化建设是提高养老服务绩效水平的必经之路，也是我国未来建设养老事业的发展趋势。从国家层面看，民政部积极鼓励和引导社区居家养老服务的建设标准化；从地方层面看，各地也开始依据国家制定的相关法律和标准，陆续开展有关社区居家养老服务绩效评价的工作，从而积累了比较丰富的实践经验。

1. 上海市《社区居家养老服务规范实施细则（试行）》

2015年上海市老龄工作委员会办公室印发了《社区居家养老服务规范实施细则（试行）》，本着以人为本、公平公正、安全便捷的原则，对本辖区内提供的社区居家养老服务进行绩效评价，具体内容见表5-1。该细则中的绩效评价标准主要包括服务内容、服务管理和服务结果三方面。服务内容有生活护理、助餐服务、助浴服务、助洁服务、助行服务、洗涤服务、代办服务、康复辅助、相谈服务、助医服务等10项，且各项服务的具体服务内容都满足了老年人各方面的需求。服务管理下设置了服务机构和服务人员、服务过程控制三个方面，其中服务机构指标要求必须配备与服务项目相匹配的服务设施和服务场所，并依法进行登记注册，要建立社区居家养老服务的规章制度和管理标准，还要匹配与服务项目相符的工作人员并使用统一的标识；对服务人员要求必须遵守职业道德规范、礼仪规范，要有健康证明，并且要经过专业培训；服务过程控制则是从信息公示、服务内容核定、协议签订与终止、服务安排、意外事件处理、档案管理等方面进行相关规定。服务质量评价中规定了评价的方式方法、评价的程序，从服务对象满意度、家属（监护人）满意度、有效投诉率方面对服务评价进行量化。

表 5－1　上海市《社区居家养老服务规范实施细则（试行）》

评价维度	评价内容	评价指标
服务内容	生活护理	个人卫生护理、生活起居护理
	助餐服务	集中用餐、上门送餐
	助浴服务	上门助浴、外出助浴
	助洁服务	居室保洁、物品清洁
	洗涤服务	集中送洗、上门清洗
	助行服务	陪同散步、陪同外出
	代办服务	代购物品、代领物品、代缴费用
	康复辅助	群体康复、个体康复
	相谈服务	谈心交流、读书读报
	助医服务	陪同就诊、代为配药
服务管理	服务机构	配备服务设施和场所
		制定服务制度、制定管理标准
	服务人员	统一服务标识
		有效健康证明
		接受专业培训，持有相关证书
		遵守职业道德，保护老年人隐私
		礼仪规范
	服务过程控制	信息公示
		服务内容核定
		协议签订与终止
		服务安排
		意外事件处理
		档案管理
服务结果	服务质量	服务对象满意度
		家属（监护人）满意度
		有效投诉率

2. 大连市《养老服务机构服务质量》

2015年大连市颁布实施了《养老服务机构服务质量》，其中就包含有关于社区居家养老服务的绩效评价内容。分别从服务内容、服务过程管理、服务结果及改进措施几个方面进行评价。其中主要的服务内容有家居生活照料服务、托养服务、协助就医服务、咨询服务、通信服务、助餐服务、教育服务、购物服务、代办服务、交通服务、辅具租赁服务、紧急救援服务。服务过程管理要求在服务之前与老人签订服务合同，确定服务内容以及具体完成服务项目的条件。在服务结果中主要对社区居家养老服务运行的有效性和效率进行评价。服务质量的改进部分主要是考察社区居家养老服务的持续改进、日常改进、信息来源、数据来源、纠正措施和预防措施、投诉处理。大连市对社区居家养老服务的绩效评价采取自我评价、业务主管部门评价和社会监督评价相结合的方法，企业业务主管部门评价小组由民政部门、评议机构、服务质量监督部门和专家组成，社会监督主要是收集意见、反馈信息以及处理投诉。

3. 宁波市社区居家养老服务照料中心星级评定标准

2016年宁波市为落实浙江省关于开展社区居家养老服务星级评定的工作，加快推进宁波市社区居家养老服务规范化标准化建设，在城乡社区开展社区居家养老服务绩效评价。该评价是由正常运行半年及以上，且两年内未发生任何事故的社区居家养老服务中心申报，由区民政局推荐、市民政局初审、省民政局终审，根据评价标准的综合得分，将社区居家养老服务评定为1~5星，并根据不同的星级给予相应的社区居家养老服务中心运营补助。宁波市社区居家养老服务绩效评价体系主要包括两部分，一是工作体系的评价，主要包括政府和社区居家养老服务照料中心两部分，涉及内容为社区居家养老服务中心的基础设施、服务队伍、管理制度和服务成效；二是满意度评价，主要形式为实地考察和访谈，访谈对象为享受服务的老年人，访谈的内容包括服务态度、服务专业性和服务效果。具体的评价指标内容和标准见表5-2和表5-3。

表 5－2　宁波市城市社区居家养老服务工作体系评估指标

一级指标	二级指标	指标说明
政府主导	出台政策文件	当地政府或相关部门出台各种政策文件来规划、推动、规范、指导、扶持居家养老服务发展
	年度人均财政投入	县（市）、区财政年度投入居家养老服务专项工作经费与老年人总数之比。老年人是指60周岁以上老人
基础设施	人均服务用房面积	辖区内城市社区老年活动室（中心）的总面积与城镇户籍老年人口数之比
	服务平台覆盖率	辖区内享受市财政或福彩公益金补助的城市社区（街道）居家养老服务中心（站）数与城市社区数之比
服务队伍	专职服务人员	辖区城市社区专职为老服务人员数与城镇户籍老年人数之比
	专职服务人员持证上岗率	辖区内城市社区中持有相关政府部门颁发证件上岗的专职为老服务人员数与城市社区中专职为老服务人员总数之比
	专职服务人员管理制度	城市社区专职为老服务人员的培训、上岗、待遇、服务质量监督检查等相关制度
	志愿者（义工）	建有助老志愿者（义工）的发动、登记注册和日常管理制度等
管理制度	服务机构的法人注册制度	城市社区居家养老服务组织应以独立法人资格登记注册，也可设在或挂靠在公益性或福利性的服务机构中
服务成效	服务工作的安全防范与风险规避机制	保证服务场所设施安全、老年食堂卫生安全、服务人员和被服务人员的安全等方面的安全防范与风险规避机制。评估周期出现过重大事故或伤害事件的县（市）、区该项评估另议
	表彰激励机制	为激励社会公众、志愿者、专职服务人员、居家养老服务组织或承接运作服务的其他社会组织等投入城市社区居家养老服务而建立的各项激励机制
	享受政府购买服务和服务补助的受益面	当地城市社区享受政府购买服务和服务补助的老人数与城镇户籍老年人数之比
	享受志愿者（义工）结对上门服务的老年人比例	城市社区享受志愿者（义工）结对上门服务的老人数与城镇户籍老年人数之比

表 5 - 3 宁波市城市社区居家养老工作群众满意度测评指标

访问对象	访问内容	访问人数
享受政府购买服务或服务补助的老年人	包括服务时效、服务态度、服务质量、服务效果等	辖区城市社区内享受政府购买服务或服务补贴的老年人中随机选取 10% ~20%
享受志愿者（义工）结对上门服务的老年人	包括服务频率、服务及时性、服务水平、服务效果等	辖区城市社区内享受志愿者（义工）结对上门服务的老年人中随机选取 10% ~20%
其他一般老年人	包括服务知晓度、接受服务情况、服务评价、周边老人对服务的知晓度等	辖区内老人总数中随机选取 0.3% 左右的其他一般老年人

4. 南京市社区居家养老服务中心等级评定

与宁波市类似，南京市针对区域内的社区居家养老服务中心、城市小型托所、农村“关爱之家”、虚拟养老院等四类服务组织，结合南京市老年人的实际情况，依据江苏省老龄工作委员会办公室颁布的《社区居家养老服务中心（站）评估指标体系》，对南京市的社区居家养老服务进行绩效评价，将评价结果主要分为 A 到 AAAAA 五个等级。主要针对社区居家养老服务中心的基础设施、服务功能、服务成效、人员配备、管理制度等方面进行评价，其中基础设施部分对社区居家养老服务中心的占地面积、基础配套设施等进行标准划分，服务功能主要要求提供服务内容全面及服务创新，服务成效主要考察享受服务的老年人数量、意外情况的发生和满意度，人员配备则对服务人员的专业技能、专业培训进行考核，管理制度方面的内容主要涉及养老服务中心的日常运营管理、服务管理和人员管理，具体的评价指标及标准见表 5 - 4。

表5-4 南京市社区居家养老服务组织评定标准

评价维度	评价等级				
	A	AA	AAA	AAAA	AAAAA
基础设施	面积100平方米以下	面积100平方米左右	面积120平方米以上	面积在400平方米以上，设置配套设施	在AAAA基础上，面积在600平方米以上
服务功能	提供日常生活照料	提供上门服务和日常生活照料	提供上门服务、康复护理、文化娱乐等服务	在AAA基础上，养老床位10张以上，有电子档案	在AAAA基础上，承担本区社区居家养老服务试点创新工作
服务成效	月均服务老人数在50人以下	月均服务老人数在50人以上，满意度达80%	月均服务老人数在100人以上，满意度达90%	月均服务老人数在300人以上，满意度达95%	月均服务老人数在1000人以上，满意度达98%
人员配备	配备服务人员	配备1名专职管理人员，与服务规模相当的服务人员	有2名以上大专及以上专业服务人员，持证上岗率达85%以上	在AAA基础上，至少有1名中级技术职称专业管理人员，持证上岗率达90%以上	在AAAA基础上有1名高级技术职称专业管理人员，持证上岗率达95%以上
管理制度	配备服务流程、服务项目、服务记录等制度	有服务流程、服务项目、收费标准、服务记录、人员培训和奖惩制度，建立服务档案	在AA基础上与服务对象有服务协议，推行意外保险，实行服务诚信管理、监控和评估制度	在AAA基础上实行技术等级服务、等级收费	同AAAA级

（二）国内社区居家养老服务绩效评价存在的问题

在过去十多年的发展中，我国社区居家养老服务在借鉴国外经验，结合自身实际的情况下，在绩效评价指标设置和评价标准上不断细化完善，但是由于养老服务公共物品的属性，在市场竞争中有着先天性不足，所以其服务质量还难以保证，总的来说，我国社区居家养老服务绩效评价存在以下几方面问题。

1. 各地评价标准不统一，评价主体单一

通过对以上城市的社区居家养老服务绩效评价指标体系进行分析，可以看出在评价指标的设计方面，主要有针对服务机构运营的指标、针对服务内容的指标、针对服务结果的指标，但是具体的评价指标标准存在差异性，导致最后各地区之间的评价结果无法进行对比，这对我国建立完整的社区居家养老服务评价指标体系造成障碍，无法通过立法形式对绩效评价给予法律支撑。同时还存在评价主体单一的缺点，评价主体多是来自各管理部门或者组织，多采用内部评估，但是社区居家养老服务是一项公共服务，更应该注重社会公众的体验，缺乏外部主体尤其是服务对象的评估，同时服务对象及其家属也缺乏对绩效的实际了解，这对满意度造成一定的负面影响。

2. 绩效评价流程需进一步完善

通过对以上几个市的社区居家养老服务绩效评价方法的分析，我们可以看出，各机构均采用自评、相关部门评价和第三方评价相结合的方法，但是关于具体的评价流程却没有进行规定。因此，缺乏一套科学的社区居家养老服务绩效评价流程。首先，在评价的前期，没有对参加评价的部门相关人员和第三方进行专业培训，没有为他们普及关于社区居家养老服务的知识，在评价之前也没有明确此次评价的目的及侧重点，导致评价人员根据个人主观意识进行评价；其次，在评价过程中，没有保持对评价过程的透明度，可操作性很强，在某种程度上会影响评价结果；最后，在评价结果出来以后没有及时公布，除了对总的评价综合得分进行公示，还需要公示评价细则及对应的得分情况，另外更重要的是没有设置相应的奖惩机制，严重弱化了社区居家养老服务绩效评价的激励和引导功能。

3. 服务管理机制不健全，部门之间缺乏统一管理

社区居家养老服务在我国目前还处在探索阶段，因此并没有形成一套统一有效的管理机制，也没有完善的绩效评价体系。目前社区居家养老服务绩效评价主要依赖民政部门进行管理，其他如工商部门只是辅助管理，

而在具体的绩效评价实施过程中，也没有健全的监管机制，并且普遍存在评估观念淡薄现象，以及缺乏高层领导的有效支持，导致绩效评估成为一种形式。另外，目前社区居家养老服务中心更多的是由基层组织自发组成，承担着行政部门的职能，居家养老服务只是其工作的一部分，并没有多余的时间和精力去了解老年群体的真实情况，因此无法根据社区居民的真实需求去定制服务和制定全面有效的计划工作安排，以及提供有效的社区管理和服务。这不仅需要各部门之间配合，更需要一个部门进行统筹管理，划分各部门的任务和职责范围。

4. 服务人员的素质普遍偏低

由于社会公众对社区居家养老服务的认识缺陷，社区居家养老服务人员社会地位较低，加上工资待遇也不高，导致社会上愿意从事此行业的人并不多。目前社区居家养老服务人员大多为中青年家庭主妇或下岗职工，他们既没有高学历，也没有其他的专业技能，仅仅经过社区居家养老服务中心的短期培训就走上服务岗位，因此只能提供一些基础性服务，无法满足服务对象高层次的需求，同时也容易导致服务工作中很多意外事件的发生，这些问题严重影响了社区居家养老的服务质量。

第三节　中国社区居家养老服务绩效评价实证分析

本节主要以某一地区为例对其社区居家养老服务绩效进行评价，首先需要构建社区居家养老服务绩效评价指标体系。在进行指标体系设计时，笔者充分考虑大健康产业发展对社区居家养老的影响，借鉴国内外相关研究现状和国内外实践经验，然后采用问卷调查法收集老年人及社会公众对居家养老服务绩效的评价，并对得到的问卷数据进行信度检验、效度检验，最后对收集到的数据进行分析，对每个指标选项赋分，运用模糊综合评价法对居家养老服务绩效进行综合评价。

一、社区居家养老服务绩效评价指标体系构建

（一）绩效评价指标选取依据及原则

构建社区居家养老服务绩效评价指标体系，是进行绩效评价的首要前提，而进行指标构建时需要明确进行绩效评价的对象和绩效评价的目的。本次绩效评价的对象是成都市郫都区的社区居家养老服务中心和日间照料中心，绩效评价的目的在于确定郫都区的社区居家养老服务绩效水平，找出该社区居家养老服务发展中存在的缺陷和不足，并针对这些问题进行相应的改进。

1. 绩效评价指标选取依据

（1）大健康产业发展的影响

大健康产业是在老龄化程度不断加深的背景下迅速发展起来的，不仅给人们的生活方式带来了转变，更重要的是改变了人们的生活观念。在此背景下，人们越来越关注自身健康以及养老问题，在越来越多的人选择社区居家养老的情况下，人们也越来越关注社区居家养老服务给生活带来的便利和好处，以及生活质量的提高。因此，本书在构建社区居家养老服务绩效评价指标时，主要从服务满意度和投诉处理两个方面来反映服务的产出效果，服务质量越好且服务满意度越高，则服务绩效评价越高，反之亦然。

（2）国内外社区居家养老服务绩效评价研究现状

人口老龄化是全球问题，因此提高社区居家养老服务绩效水平是各国学者关注的重点，国外也有很多学者从事社区居家养老服务绩效评价的研究，而各研究中选用频率最高的指标是本书绩效评价指标构建的重点，这代表学术界和社会的共识，代表着大多数人的关注点。本书罗列了部分学者的社区居家养老服务绩效指标，如表 5 – 5 所示。由表 5 – 5 可知，国内外学者大都从产出效果指标进行绩效评价，具体涉及社区居家养老服务的资金情况、基础设施建设、服务队伍以及服务对象满意度等。

表5-5　社区居家养老服务体系绩效评价指标设置情况

序号	作者	年份	指标设置情况
1	章晓懿、梅强①	2012	财力投入、物力投入、人力投入、服务投入与产出比、服务种类、数量与质量、服务对象评价
2	吉鹏、李放②	2013	人力资源投入、资金来源使用、硬件设施、服务覆盖率、服务人员与范围、服务满意度
3	张会敏、于薇③	2014	硬件设施、组织机构职能、政府服务指标、资金投入、服务接受者缴纳费用
4	陈泓任，李其原④	2015	资金来源、资金使用、服务功能、基础设施建设、服务成效、内部管理、服务队伍
5	童峰、刘金华⑤	2015	硬件设施、财政情况、组织机构职能、服务人员情况、服务对象满意度、档案管理
6	李欣⑥	2015	老年人口特征及基本情况、家庭情况、硬件设施、服务机构职能、政府服务指标、资金保障
7	呼国印、杜耐可、黄舒天⑦	2016	人力资源投入、资金投入与支出、硬件设施、服务覆盖率、服务项目数量、服务对象数量、服务满意度
8	李战军、何娟、潘利雯⑧	2016	服务满意度、日常投诉、工作人员态度、设施建设、管理制度、日常规范制度、财务情况、服务队伍建设
9	满文萍⑨	2017	财务管理、组织管理、服务对象、服务队伍建设
10	王成，丁社教⑩	2018	服务人员的专业水平、信息公开、公共性、制度支持、企业投标情况、客户感知的可靠性与人性化

① 章晓懿，梅强.社区居家养老服务绩效评估指标体系研究[J].统计与决策，2012(24)：27-32.

② 吉鹏，李放.政府购买居家养老服务的绩效评价：实践探索与指标体系建构[J].理论与改革，2013(3)：104-107.

③ 张会敏，于薇.新时期居家养老模式评价体系的研究[J].统计与管理，2014(6)：51-52.

④ 陈泓任，李其原.社区居家养老服务站绩效评估研究——以A市为研究个案[J].四川理工学院学报(社会科学版)，2015(1)：12-21.

⑤ 童峰，刘金华.浅谈养老服务评估指标体系的建构[J].学术论坛，2015，38(12)：127-130.

⑥ 李欣.基于网络分析法的居家养老模式绩效评价体系研究[J].杂文月刊(学术版)，2015(3)：213.

⑦ 呼国印，杜耐可，黄舒天，等.政府向社会组织购买居家养老服务的绩效评价[J].统计与管理，2016(7)：120-121.

⑧ 李战军，何娟，潘利雯.社区居家养老绩效评估体系初探[J].中国集体经济，2016(9)：164-165.

⑨ 满文萍.基于平衡计分卡模型的社区居家养老服务的绩效评估研究[J].安徽行政学院学报，2017，8(5)：91-95.

⑩ 王成，丁社教.政府购买居家养老服务质量评价——多维内涵、指标构建与实例应用[J].人口与经济，2018(4)：12-20.

（3）国内外研究实践

随着大健康产业发展和社区居家养老模式的进一步推广，各地区陆续开展了社区居家养老服务绩效评价试点工作，本书将各地区社区居家养老服务评价指标概括提炼出来，如表5－6所示，从具体的实践过程中可以看出各地大多从管理机制、服务人员和服务项目、服务满意度等方面设置具体的绩效评价指标。

表5－6　国内外社区居家养老服务绩效评价实践情况

序号	地点	指标设置
1	澳大利亚	服务机构组织管理、健康与个人护理、老年人生活方式、生活环境及安全保障
2	日本	服务机构设置、服务内容、服务满意度、业务管理
3	上海	服务对象满意度、服务项目准确率、投诉结案率
4	宁波	政府主导、基础设施建设、服务队伍建设、管理制度、服务效果
5	南京	管理制度、服务内容、人员素质、服务质量、服务信誉、组织管理
6	广州	管理要求、服务要求、服务对象满意度

2. 绩效指标构建的原则

本书在对社区居家养老服务绩效进行指标体系构建时，应该严格遵循以下原则。

（1）理论与实际相结合的原则

对社区居家养老服务绩效水平进行评价的目的之一就是对居家养老服务机构产生激励作用，满足服务对象的各方面需求，因此在进行指标体系构建时应该将与绩效激励有关的管理理论、与需求相关的马斯洛需求层次理论考虑在内，同时也要结合地区经济发展实际、老年人生活状况、老年人需求等实际因素，构建一个全面细致的评价指标体系。

（2）规范性和持续性相结合的原则

规范性是指社区居家养老服务绩效的评价指标体系应该依据政府部门颁布的相关法律法规和养老服务实施规范，同时又要用发展的眼光看待社区居家养老服务，充分考虑到未来的发展趋势，让绩效评价的最终结果在很长一段时间内，无论是横向还是纵向都具有可比性。

（3）简洁实用性原则

社区居家养老服务绩效评价无论采取哪一种评价方式，其最终结果依据的都是服务对象的真实感受，因此服务结果性指标在指标体系中占很重要的部分。因此本书在设置社区居家养老服务绩效评价指标体系时，尽可能简单明了，最好是可以用对应的量化指标反映服务对象的真实感受。

（4）客观性原则

社区居家养老服务绩效评价无论是评价指标体系，还是评价方式、评价结果，都应该遵循公平公正、公开透明的原则。因此进行指标体系建设时应该剔除评价主体的主观意识，尽可能站在第三方的角度来设置指标。

（二）绩效评价指标确定

本书依据以上社区居家养老服务绩效评价指标体系构建的原则，结合大健康产业对社区居家养老服务的影响，借鉴国内外学者设置社区居家养老服务绩效指标的经验，最终确定了社区居家养老服务绩效评价指标体系。整个指标体系包括了6个一级指标和28个二级指标，具体的指标如表5－7所示。

表5－7 社区居家养老服务绩效评价指标体系

一级指标	二级指标
A_1资金筹集与管理	B_1资金投入规模
	B_2资金使用合理性
	B_3资金使用监督
A_2服务功能	B_4医疗保健服务
	B_5生活照料服务
	B_6精神慰藉服务
	B_7法律维权服务
	B_8信息咨询服务

续表

一级指标	二级指标
A_3基础设施建设	B_9安全防备设施
	B_{10}医疗设施
	B_{11}生活设施
	B_{12}文体设施
	B_{13}办公设施
A_4内部管理	B_{14}组织机构
	B_{15}档案管理
	B_{16}制度管理
	B_{17}流程管理
	B_{18}安全管理
A_5服务队伍建设	B_{19}服务队伍配置
	B_{20}服务队伍专业性
	B_{21}服务队伍稳定性
	B_{22}人力资源管理机制建设
A_6服务成效	B_{23}服务设施覆盖率
	B_{24}服务覆盖率
	B_{25}服务对象满意度
	B_{26}服务对象家属满意度
	B_{27}服务对象投诉率
	B_{28}社会效益

（三）指标体系说明

考虑到大健康产业发展的影响，参考国内外关于社区居家养老绩效评价研究的现状以及各地区绩效评价的实践经验，再通过咨询相关专家，最终确定了大健康背景下社区居家养老服务绩效评价指标体系，现对指标体系进行以下说明。

（1）资金筹集与管理（A_1）

充足的资金来源是社区居家养老得以运行的重要物质基础条件，而有效的资金决策程序能使资金使用更趋合理化，严格的资金监督审核机制能使整个社区居家养老服务机构的运行更有效率，因此本书主要设置了资金投入规模（B_1）、资金使用合理性（B_2）、资金使用监督（B_3）三个二级指标。就实践经验来看，社区居家养老服务的资金主要来源于地方财政补贴、公益基金、社会人士或者企业捐赠以及自身的经营收入，这也关系着养老服务机构每月可投入使用的资金规模，而资金使用的有效性则要考虑资金使用决策的流程和效率，资金的监督管理要考虑相关的财务报表、账簿的审核、核查机制。

（2）服务功能（A_2）

社区居家养老服务中服务内容是一项很重要的内容，全面周到的服务能提升服务对象的满意度，从而赢得各方更高的评价。本书主要设置了医疗保健服务（B_4）、生活照料服务（B_5）、精神慰藉服务（B_6）、法律维权服务（B_7）、信息咨询服务（B_8）五个二级指标。医疗保健服务主要考察社区居家养老服务是否能有效为老人提供健康管理、健康咨询、健康指导、预防保健服务，能做好老人常见病、多发病、慢性非遗传病的诊断、治疗、预防等；生活照料服务主要考察社区居家养老服务是否能为老人提供个人清洁卫生、起居穿衣、饮食、口腔清洁、如厕、皮肤清洁护理等服务；精神慰藉服务主要考察服务机构是否能依据老人的兴趣爱好、性格等个性特征，开展丰富多彩的娱乐活动；法律维权服务考察服务机构是否能为老人有效提供关于被侵犯人身安全、财产纠纷、赡养纠纷、虐待老人等方面的法律咨询、援助、庇护服务；信息咨询服务主要考察服务机构是否能针对部分老人或者其家属对各方面的问题进行咨询。

（3）基础设施建设（A_3）

社区居家养老服务的基础设施建设主要设置了安全防备设施（B_9）、医疗设施（B_{10}）、生活设施（B_{11}）、文体设施（B_{12}）、办公设施（B_{13}）五个二级指标。安全防备设施主要考察服务机构内部的安全监控是否正常运行且全覆盖，关于突发情况的紧急逃生通道是否畅通，各种报警装置是否正常运转，各楼层是否设置有合理数量的消防用具；医疗设施考察服务机构是否具有有效处理老年人各种突发疾病和其他紧急意外的能力，医疗室是否配置有足够的医疗、医药资源；生活设施考察服务机构老人照料室内是否配置有齐全的厨具、电冰箱、取暖器与空调等生活设施；文体设施主要考察服务机构内的公共活动场所是否配有电视机、录像带等设施，以及适合老人休闲娱乐的棋牌类、书画类用具和老人健身用器材；办公设施主要考察社区居家养老服务的服务机构是否具有固定的办公场所，办公场所环境是否通风、透气、光线充足，是否配置有电脑、老人呼叫系统等办公设施。

（4）内部管理（A_4）

社区居家养老服务的内部管理主要涉及服务机构的内部管理制度，严格的内部管理是社区居家养老服务得以规范化、标准化运行的基础。本书设置了组织机构（B_{14}）、档案管理（B_{15}）、制度管理（B_{16}）、流程管理（B_{17}）、安全管理（B_{18}）五个二级指标。组织机构主要考察各职能部门设置的合理性，以及各部门职能权责划分；档案管理主要考察服务机构对老人的基本资料信息是否建立档案；制度管理则是关于服务机构针对服务人员设置的奖惩机制；流程管理主要考察服务机构设置的服务流程是否合理与规范；安全管理则是服务机构关于突发情况以及事故的防范、应急预案、安全设施配置等。

（5）服务队伍建设（A_5）

社区居家养老服务机构中服务队伍是关键的一环，成熟的服务队伍能够给人一种专业、可信赖的感觉，有利于提升服务机构的社会认同感，给服务机构带来稳定的社会效益和经济效益。服务队伍建设主要设置了服务队伍配置（B_{19}）、服务队伍专业性（B_{20}）、服务队伍稳定性（B_{21}）、人力资源管理机制建设（B_{22}）四个二级指标。服务队伍配置主要考察各服务人员是否分工明确，以及队伍中人员数量、技术人员配备是否合理；服务队伍专业性主要考察人员中大专以上学历占比、服务人员的服务态度和服务质量，以及日常的培训；服务队伍稳定性则是考察服务人员的招聘，以及后备服务人员的设置；而人力资源管理机制建设主要考察服务人员及其他工作人员的薪酬福利、员工晋升等。

(6) 服务成效 (A_6)

社区居家养老服务的最终目的是为老人提供优质的服务，因此本书选取服务设施覆盖率 (B_{23})、服务覆盖率 (B_{24})、服务对象满意度 (B_{25})、服务对象家属满意度 (B_{26})、服务对象投诉率 (B_{27})、社会效益 (B_{28}) 六个二级指标进行度量。服务设施覆盖率主要评价服务机构提供的各项服务以及配套的服务设施是否完备，能否保障设施质量；服务覆盖率主要考察服务机构进行服务的面积范围以及能为多少人同时提供服务，同时提供何种服务；服务对象满意度是指服务对象对自己所享受到的服务是否满意，是自身能切实感知到的感受；服务对象家属满意度考察服务对象家属对服务机构环境、各方面设施、服务内容等的主观评价；服务对象投诉率主要考察在某一时间段内，服务对象针对自己不满意的服务或者未能享受到的服务进行投诉的数量；社会效益主要考察服务机构在社会公众中的信誉、好坏评价。

二、社区居家养老服务绩效评价实证分析过程

本节以成都地区 18 岁以上的社会各界人士作为调查对象，以网络形式发放问卷，通过回收数据，对居家养老服务绩效评价指标体系进行实证分析。首先对服务对象的基本信息进行分析，其次采用李克特 5 点计分法对问卷的各个问题采取赋分量化，最后采用模糊综合评价法对成都市郫都区社区居家养老服务中心进行综合评价，根据评分细则中的各项得分进行分析，并与郫都区社区居家养老服务的实际情况进行对比分析，以检验社区居家养老服务绩效评价指标体系的科学性和合理性。

(一) 问卷分析

1. 问卷的设计

本次社区居家养老服务的绩效评价主要是基于服务对象的实际感受，主要是以服务对象的实际服务需求为评价基础，通过对接受社区居家养老服务的老年人的实际服务体验，以及周围人群对自身所知道（了解）的某一社区居家养老服务机构综合衡量社区居家养老服务的实际水平，通过对指标体系

得出的评价结果与实际情况进行对比分析所得的结果，检验所设计的社区居家养老服务绩效评价指标体系的合理性和适用性。因此，本次评价主要采取问卷调查的形式，对享受社区居家养老服务的服务对象以及对社区居家养老服务有一定了解的非服务对象进行调研，并对回收的调查结果采用 SPSS 软件进行数据的分析，最后得出社区居家养老服务的绩效水平。

本次问卷主要通过网络形式进行发布，问卷的主体主要包括三部分：第一部分主要是基本信息的收集，其中涉及被调查者的家庭基本情况，包括家庭中老人的数量、年龄、老人的主要收入来源和月收入水平，老年人的生活自理能力和健康状况，以及是否接受了社区居家养老服务。第二部分为社区居家养老服务绩效评价指标体系建设中各指标权重设计的重要部分，主要是对一级指标和各一级指标下的二级指标，根据自己的理解进行重要性排序。第三部分为本次调查的主要部分，其内容是根据前文构建的社区居家养老服务绩效评价指标设置相关问题。

2. 数据采集和分析

本次采用抽样调查的形式，通过网络形式共发放了 200 份问卷，其中回收问卷 200 份，有效答卷为 195 份，问卷回收率达到 100%，有效答卷率达到 97.5%，超过了调查研究中要求的问卷回收率 95% 的最低标准，因此可以采用此次回收的调查问卷进行分析。

（1）基本信息统计分析

本次抽样调查问卷中基本信息部分，主要涉及老年人的性别、年龄、主要收入来源、每月经济收入、生活自理程度、是否患过重大疾病、入住居家养老服务机构的时间。这些基本信息充分反映了社会中老年人的真实情况以及对社区居家养老服务的需求情况，其信息的统计结果如表 5－8 所示。

表 5－8　各维度的信度分析

类别	问题内容	人数（人）	百分比（%）
性别	男	102	52.31
	女	93	47.69

续表

类别	问题内容	人数（人）	百分比（%）
年龄	60~69 岁	65	33.33
	70~79 岁	83	42.56
	80~89 岁	42	21.54
	90 岁及以上	5	2.56
主要收入来源	养老金	78	40
	子女补贴	83	42.56
	亲友资助	9	4.62
	民政补贴	25	12.82
每月经济收入	1000 元以下	88	45.13
	1000~1500 元	51	26.15
	1500~2000 元	36	18.46
	2000 元以上	20	10.26
生活自理程度	正常	34	17.44
	轻度依赖他人	57	29.23
	中度依赖他人	79	40.51
	重度依赖他人	28	14.36
是否患过重大疾病	是	156	80
	否	39	20%
入住居家养老服务机构的时间	三个月以下	32	16.41
	三个月到半年	56	28.72
	半年到一年	78	40
	一年以上	29	14.87

从表 5-8 中可以看出，此次调查结果显示，参与调查的家庭中男性老年人多于女性，比例分别为 52.31% 和 47.69%。而样本年龄中 70~79 岁的老年人居多，其比例为 42.56%，其次为 60~69 岁的老年人，其比例为 33.33%，80~89 岁的老年人比例为 21.54%，排在第三位，人数最少的是 90 岁及以上老年人，在回收的样本中仅有 5 人。在本次调查中，老年人的收入来源于子女补贴的居多，其比例为 42.56%，收入来源于养老金的人数占较大比例，其值为 40%，少部分的老年人收入来源于民政补贴和亲友

资助，其比例分别为12.82%和4.62%。在老年人的月收入水平方面，收入普遍偏低，每月收入在1000元以下的占比为45.13%，而月收入超过2000元的占比仅为10.26%。本次调查中生活自理能力完全正常的老年人比例为17.44%，意味着82.56%的老年人在生活上的自理能力或多或少都存在问题，甚至重度依赖的老年人占比为14.36%，且曾经患过重大疾病的老年人比例占据80%，表示他们的身体曾经受过重创，因此在年老时身体状况也不会特别健康，这两项数据也从侧面反映出老年人对社区居家养老服务是有需求的。而在本次调查中享受社区居家养老服务时间在三个月以上的老年人占比为83.59%，他们对社区居家养老服务已经有过一些了解，因此可以作为社区居家养老服务绩效评价的服务对象。

（2）社区居家养老服务调查问卷的信度分析

信度（reliability）分析即可靠性分析，是指采用同样的方法对测量工具进行重复测量时所得到的结果之间的相关关系，本书对社区居家养老服务调查问卷的数据进行信度分析的必要性在于检验收集的调查问卷结果的可用性，检验社区居家养老服务绩效评价指标设计的合理性。主要的信度测量方法有重测信度分析、复本信度分析、折半信度分析和α信度系数分析。本书采取比较常用的α信度系数分析，若该信度分析得出的α系数在0.8以上，表示该数据是非常可靠的；若分析结果在0.7~0.8，表示收集到的数据是可以接受的；若得出的α系数在0.6~0.7，表示收集到的数据勉强可以使用；若α系数在0.6以下，则需要考虑重新收集数据。α系数的计算公式为：

$$R_\alpha = \frac{K}{K-1}\left(1 - \frac{\sum S_i^2}{S^2}\right) \tag{5-1}$$

其中，K为社区居家养老服务绩效评价指标体系中所包括的评价指标个数（该绩效评价指标体系的K为28）；S_i^2为第i个绩效评价指标的标准差；S为整个绩效评价指标体系评分的方差；S^2为评价总得分的方差。

根据回收的调查问卷数据计算出的结果可以发现，社区居家养老服务绩效的各个测量指标的值均大于0.7，且社区居家养老服务绩效评价指标体系中各一级指标的 α 系数分别为0.792、0.713、0.804、0.853、0.819、0.773，表明收集到的数据是非常可靠的，可以用来对社区居家养老服务的绩效进行评价，同时也说明本书从资金筹集与管理、服务功能、基础设施建设、内部管理、服务队伍建设和服务成效六个方面设计的评价指标调查问卷是非常合理的。

3. 指标权重设计

（1）一级指标权重计算

本书对社区居家养老服务绩效评价的一级指标的权重设计，采用对比排序的方法，具体的方法是在问卷设计中，让被调查者根据自己对各一级指标的了解，对社区居家养老服务绩效的6个一级指标进行重要性排序，然后对各排位顺序进行赋值，排在第一位的赋值6分，排在第二位的赋值5分，根据排位顺序其值依次递减，最后根据各一级指标在被调查者中的排位顺序计算出对应的平均值，再计算各指标平均值，进行标准化。最后计算出各一级指标的权重分别为0.192、0.210、0.234、0.150、0.173、0.141。

（2）二级指标的权重设计

在进行二级指标的权重设计时，由于每一个维度的评价指标数量不一致，根据各调查对象对社区居家养老服务绩效评价指标的重要性排序结果，若该维度的评价指标为3个，则重要性排在第一位的为3分，若为4个则重要性排在第一位的为4分，若为5个则重要性排在第一位的为5分，若为6个则重要性排在第一位的为6分，后面的分值根据重要性排序依次递减，然后依据上述一级指标权重计算方法计算二级指标权重。最后计算出各二级指标的权重为：

$$W_{A_1} = (0.341, 0.339, 0.320)$$

$$W_{A_2} = (0.271, 0.271, 0.148, 0.271, 0.109)$$

$$W_{A_3} = (0.172, 0.233, 0.127, 0.233, 0.233)$$

$$W_{A_4} = (0.211, 0.156, 0.211, 0.211, 0.211)$$

W_{A_5} = （0.261，0.273，0.231，0.235）

W_{A_6} = （0.173，0.231，0.107，0.179，0.110，0.200）

三、社区居家养老服务绩效的最终评价

（一）模糊综合评价法

1. 模糊综合评价法简介

模糊综合评价法是由美国的L. A. Zadeh教授在1965年提出的模糊数学理论演化出来的，主要用于两种界限模糊、标准分类模糊的现象之间的评价分析，通过对不同的评价对象相关的单个因素进行模糊界限的划分，构建一个可以量化对比的评价矩阵，最后根据各因素的重要程度确定指标权重，从而可以对评价对象进行更加深入的分析研究，得出科学的评价结果。

2. 模糊综合评价法的具体步骤

（1）构建因素集

因素集是指影响评判对象的各种因素构成的集合。假设 $B = (b_1, b_2, \cdots, b_i)$ 为由 i 个因素所构成的评价对象，其中，b_i（$i = 1, 2, \cdots, m$）为影响目标对象的具体指标。

（2）构建评语集

构建用于评价各因素的具体值。假设 $V = (v_1, v_2, \cdots, v_m)$ 是一个根据研究需要构建的评语集，其中 v_m（$m = 1, 2, \cdots, n$）代表的是不同级别的评语。如本书由“非常不满意”“比较不满意”“一般满意”“比较满意”“非常满意”五个级别的评语所构成的评语集。

（3）构建权重集

根据各个指标的重要程度确定权重值，从而构建权重集。权重值的确定有很多方法，如对比排序法、乘积标度法、层次分析法等，本书主要采用对比排序法和乘积标度法确定指标权重。

（4）构建模糊评价矩阵

建立从 B 到 V 的模糊关系，并通过模糊评价矩阵 R 进行描述：

$$R = \begin{bmatrix} r_{11} & r_{12} & \cdots & r_{1n} \\ r_{21} & r_{22} & \cdots & r_{2n} \\ \vdots & \vdots & & \vdots \\ r_{m1} & r_{m2} & \cdots & r_{mn} \end{bmatrix}$$

其中，r_{ij}（$i=1, 2, \cdots, m; j=1, 2, \cdots, n$）为对第 i 个评价的第 j 级评语 v_j 的隶属度。本书研究中 r_{ij} 取值是通过实测数据确定的。通过整理实测数据中老年人对各个评价指标给出的评语个数，如第 i 个评价指标有 v_{i1} 个 v_1 评语，…，v_{in} 个 v_n 评语，那么对于 $i=1, 2, \cdots, m$ 利用公式 $r_{ij}=\frac{v_{ij}}{\sum_{t=1}^{n} v_{ij}}$，确定 r_{ij} 的值，最终组成模糊评价矩阵 R。

（5）最终评价结果的确定

应用模糊评价矩阵的合成运算，得到综合评价模型，即 $P=B \cdot R$，$R=(P_1, P_2, P_3, P_4, P_5)^T$，$P_i=W_i \cdot R_i$（$i=1, 2, 3, 4, 5, 6$）。最后利用公式 $S=v \cdot P^T$ 计算出最终评价结果 S。

（二）社区居家养老服务绩效的最终评价

1. 构建评语集

为了调查社区居家养老服务的绩效情况，本书采用网络形式发放绩效评价调查问卷，对问卷中各问题的选项简单地设置为 5 个等级，分别是非常不满意、比较不满意、一般、比较满意、非常满意。

问卷中根据李克特 5 级计分法，将评价等级按照满意程度分为非常不满意 v_1、比较不满意 v_2、一般 v_3、比较满意 v_4、非常满意 v_5 五个等级，即构建评语集 $V=(v_1, v_2, v_3, v_4, v_5)$。由于本书是基于老年人及社会公众对社区居家养老服务绩效感知来对服务进行评价，需对满意等级赋分，以便于计算。本书中将“非常不满意”计为 1 分，“比较不满意”计为 2 分，

"一般"计为3分，"比较满意"计为4分，"非常满意"计为5分。

2. 建立模糊评价矩阵

根据回收的数据，统计各个指标的评价结果，将因素集与评语集建立模糊关系，计算指标的隶属度，建立模糊评价矩阵。通过回收的数据得到的各指标隶属度如表5－9所示。

表5－9　评语隶属度

一级指标	二级指标	评语集					平均得分
		非常不满意	比较不满意	一般	比较满意	非常满意	
A_1	B_1	0.017	0.067	0.213	0.235	0.468	4.070
	B_2	0.026	0.101	0.169	0.224	0.480	4.031
	B_3	0.028	0.089	0.197	0.241	0.445	3.986
A_2	B_4	0	0	0.056	0.197	0.747	4.691
	B_5	0.026	0.045	0.063	0.164	0.703	4.476
	B_6	0.056	0.123	0.167	0.230	0.424	3.843
	B_7	0.033	0.041	0.149	0.372	0.405	4.075
	B_8	0.100	0.100	0.119	0.279	0.401	3.778
A_3	B_9	0	0.045	0.078	0.160	0.717	4.549
	B_{10}	0.037	0.052	0.078	0.230	0.602	4.305
	B_{11}	0.007	0.059	0.115	0.204	0.613	4.351
	B_{12}	0.025	0.078	0.141	0.305	0.431	3.979
	B_{13}	0.019	0.078	0.130	0.178	0.595	4.252
A_4	B_{14}	0.026	0.067	0.164	0.208	0.535	4.159
	B_{15}	0.071	0.082	0.108	0.416	0.323	3.838
	B_{16}	0.045	0.063	0.323	0.286	0.283	3.699
	B_{17}	0	0.015	0.071	0.197	0.717	4.616
	B_{18}	0.086	0.119	0.134	0.275	0.390	3.776
A_5	B_{19}	0.056	0.041	0.086	0.152	0.665	4.329
	B_{20}	0.033	0.048	0.048	0.413	0.457	4.210
	B_{21}	0.078	0.123	0.268	0.223	0.309	3.565
	B_{22}	0.048	0.052	0.208	0.327	0.364	3.904

续表

一级指标	二级指标	评语集					平均得分
		非常不满意	比较不满意	一般	比较满意	非常满意	
A_6	B_{23}	0.026	0.067	0.164	0.208	0.535	4.159
	B_{24}	0.052	0.078	0.182	0.242	0.446	3.952
	B_{25}	0.048	0.134	0.227	0.327	0.264	3.625
	B_{26}	0.093	0.126	0.201	0.320	0.260	3.528
	B_{27}	0.015	0.045	0.097	0.219	0.625	4.397
	B_{28}	0.045	0.067	0.089	0.160	0.639	4.281

由表5－9可知，接受调查的社会人士对各个指标的评价情况，如资金筹集与管理A_1中的可靠性指标B_1“资金投入规模：居家养老服务机构每年投入的资金数量指标”，有1.7%的人认为每年的资金投入在20万元以下，6.7%的人认为资金投入在20万～30万元，21.3%的人认为资金投入在30万～40万元，23.5%的人认为资金投入在40万～50万元，46.8%认为资金投入在50万元以上。因此可将“资金投入规模”这一因子的模糊评价向量写为（0.017，0.067，0.213，0.235，0.468），同理可以得到资金筹集与管理维度中其他因子的模糊评价向量，建立模糊关系R，得到模糊关系矩阵R_{B_1}为：

$$R_{B_1}=\begin{bmatrix}0.017 & 0.067 & 0.213 & 0.235 & 0.468\\ 0.026 & 0.101 & 0.169 & 0.224 & 0.480\\ 0.028 & 0.089 & 0.197 & 0.241 & 0.445\end{bmatrix}$$

同理，可得到其他五个维度的模糊关系矩阵：

$$R_{B_2}=\begin{bmatrix}0 & 0 & 0.056 & 0.197 & 0.747\\ 0.026 & 0.045 & 0.063 & 0.164 & 0.703\\ 0.056 & 0.123 & 0.167 & 0.230 & 0.424\\ 0.033 & 0.041 & 0.149 & 0.372 & 0.405\\ 0.100 & 0.100 & 0.119 & 0.279 & 0.401\end{bmatrix}$$

$$R_{B_3}=\begin{bmatrix}0 & 0.045 & 0.078 & 0.160 & 0.717\\0.037 & 0.052 & 0.078 & 0.230 & 0.602\\0.007 & 0.059 & 0.115 & 0.204 & 0.613\\0.025 & 0.078 & 0.141 & 0.305 & 0.431\\0.019 & 0.078 & 0.130 & 0.178 & 0.595\end{bmatrix}$$

$$R_{B_4}=\begin{bmatrix}0.026 & 0.067 & 0.164 & 0.208 & 0.535\\0.071 & 0.082 & 0.108 & 0.416 & 0.323\\0.045 & 0.063 & 0.323 & 0.286 & 0.283\\0 & 0.015 & 0.071 & 0.197 & 0.717\\0.086 & 0.119 & 0.134 & 0.275 & 0.390\end{bmatrix}$$

$$R_{B_5}=\begin{bmatrix}0.056 & 0.041 & 0.086 & 0.152 & 0.665\\0.033 & 0.048 & 0.048 & 0.413 & 0.457\\0.078 & 0.123 & 0.268 & 0.223 & 0.309\\0.048 & 0.052 & 0.208 & 0.327 & 0.364\end{bmatrix}$$

$$R_{B_6}=\begin{bmatrix}0.026 & 0.067 & 0.164 & 0.208 & 0.535\\0.052 & 0.078 & 0.182 & 0.242 & 0.446\\0.048 & 0.134 & 0.227 & 0.327 & 0.264\\0.093 & 0.126 & 0.201 & 0.320 & 0.260\\0.015 & 0.045 & 0.097 & 0.219 & 0.625\\0.045 & 0.067 & 0.089 & 0.160 & 0.639\end{bmatrix}$$

3. 建立综合评价模型

根据模糊综合评价法公式 $P_i = W_i \cdot R_{A_i}$（$i=1, 2, 3, 4, 5, 6$），应用模糊矩阵的合成运算，建立综合评价模型。而根据调查问卷的数据分析结果，可计算出一级指标的权重 $W=(0.192, 0.210, 0.234, 0.150, 0.173, 0.141)$，各二级指标的权重为：

$$W_{A1}=(0.341, 0.339, 0.320)$$

$$W_{A_2}=(0.271, 0.271, 0.148, 0.271, 0.109)$$

W_{A_3} = (0.172, 0.233, 0.127, 0.233, 0.233)

W_{A_4} = (0.211, 0.156, 0.211, 0.211, 0.211)

W_{A_5} = (0.261, 0.273, 0.231, 0.235)

W_{A_6} = (0.173, 0.231, 0.107, 0.179, 0.110, 0.200)

如 A_1 资金筹集与使用维度的综合评价向量为：

$$P_{A_1} = W_{A_1} \cdot R_{A_1}$$

$$= (0.341, 0.339, 0.320) \times \begin{bmatrix} 0.017 & 0.067 & 0.213 & 0.235 & 0.468 \\ 0.026 & 0.101 & 0.169 & 0.224 & 0.480 \\ 0.028 & 0.089 & 0.197 & 0.241 & 0.445 \end{bmatrix}$$

$$= (0.023, 0.085, 0.193, 0.233, 0.465)$$

同理，可得出 A_2，A_3，A_4，A_5，A_6 的综合评价向量为：

P_{A_2} = (0.035, 0.052, 0.110, 0.263, 0.609)

P_{A_3} = (0.019, 0.227, 0.109, 0.219, 0.580)

P_{A_4} = (0.044, 0.068, 0.163, 0.268, 0.456)

P_{A_5} = (0.054, 0.068, 0.154, 0.281, 0.249)

P_{A_6} = (0.049, 0.066, 0.159, 0.240, 0.467)

然后根据评语集 v 设置的相应分数，利用公式 $S_i = V \cdot P_{B_i}{}^T$，计算出每个维度各自的最终评价分数 S_i。例如，A_1 资金筹集与管理维度的最终评分为：

$$S_{A_1} = (0.023, 0.085, 0.193, 0.233, 0.465) \times \begin{bmatrix} 1 \\ 2 \\ 3 \\ 4 \\ 5 \end{bmatrix} = 4.029$$

同理，可计算出其他各维度的综合评价分数：

$$S_{A_2} = (0.035, 0.052, 0.110, 0.263, 0.609) \times \begin{bmatrix} 1 \\ 2 \\ 3 \\ 4 \\ 5 \end{bmatrix} = 4.566$$

$$S_{A_3} = (0.019, 0.227, 0.109, 0.219, 0.580) \times \begin{bmatrix} 1 \\ 2 \\ 3 \\ 4 \\ 5 \end{bmatrix} = 4.576$$

$$S_{A_4} = (0.044, 0.068, 0.163, 0.268, 0.456) \times \begin{bmatrix} 1 \\ 2 \\ 3 \\ 4 \\ 5 \end{bmatrix} = 4.021$$

$$S_{A_5} = (0.054, 0.068, 0.154, 0.281, 0.249) \times \begin{bmatrix} 1 \\ 2 \\ 3 \\ 4 \\ 5 \end{bmatrix} = 3.021$$

$$S_{A_6} = (0.049, 0.066, 0.159, 0.240, 0.467) \times \begin{bmatrix} 1 \\ 2 \\ 3 \\ 4 \\ 5 \end{bmatrix} = 3.953$$

根据以上计算数据可得出，基于成都市郫都区 18 岁以上的社会人士对居家养老服务绩效的服务评价中，资金筹集与管理、服务功能、基础设施建设、内部管理、服务队伍建设、服务成效的评价最终得分依次为 4.029、

4.566、4.576、4.021、3.021、3.953。

4. 社区居家养老服务绩效综合评价结果

前文已经计算出社区居家养老服务绩效各一级指标的综合得分，再将一级指标的得分乘以各一级指标权重进行加总，可以计算出我国居家养老服务整体服务绩效综合评价结果。通过公式 $S=W\cdot S_{A_i}$ 计算出整个评价体系的综合得分为：

$$S=(0.192,\ 0.210,\ 0.234,\ 0.150,\ 0.073,\ 0.141)\times\begin{bmatrix}4.029\\4.566\\4.576\\4.021\\3.021\\3.953\end{bmatrix}=4.184$$

5. 社区居家养老服务绩效综合水平分析

本书基于社区居家养老服务对象的实际服务体验，以及周围人群对自身所知道（了解）的社区居家养老服务机构情况，对成都市郫都区居家养老服务绩效进行评价的结果表明，成都市郫都区居家养老服务的服务质量从高到低依次为基础设施建设、服务功能、资金筹集与管理、内部管理、服务成效、服务队伍建设。总体来说，老年人及社会公众对成都市郫都区提供的居家养老服务是比较满意的，居家养老服务的服务质量是比较好的。

研究表明，成都市郫都区的社区居家养老服务中，基础设施建设的得分为4.576分，在社区居家养老服务评价指标体系中的得分最高，说明服务对象及非服务对象对社区居家养老服务机构的基础设施建设是最为满意的。其次对服务功能的评价较高，得分为4.566分，几乎与基础设施建设的得分持平，这也说明老年人及社会公众对于成都市郫都区的社区居家养老服务内容是比较满意的，内容全面，是社区居家养老服务中发展较为成熟的服务类别。老年人及社会公众对社区居家养老服务机构的资金筹集与管理和内部管理是比较满意的，这两个评估指标的评价得分分别为4.029

分和4.021分，说明居家养老服务机构在这两个方面还存在不足。社区居家养老服务中心的总体服务成效得分是比较低的，这部分评价是老年人及社会公众针对其他各评价指标的总体主观感受，笔者分析认为其原因可能与评价指标体系中的服务队伍建设维度有关，这一部分的得分在整个评价体系中是最低的，仅有3.021分，而服务队伍与老年人也是直接接触的，如果服务队伍在服务过程中有任何误差都会直接拉低老年人的主观感受。

四、提高居家养老服务绩效的建议

针对以上评分结果，笔者认为我国应该从增加资金投入、加强资金的使用管理、整顿内部管理、加强服务队伍建设几个方面提高社区居家养老服务绩效。

（1）拓宽资金来源渠道，增加资金投入。老年人及社会公众对社区居家养老服务机构的评价中，服务机构的资金投入也是他们比较看重的一方面，因为大多数人的直观意识为资金投入较多的机构不管服务质量还是设施建设方面都要优于资金投入较少的机构。现在大多数社区居家养老服务机构的资金来源为政府补贴、自身的经营收入、社会人士捐赠、社会基金的捐赠，其资金来源是比较有限的，因此资金的投入也有限制，所以社区居家养老服务机构要想办法拓宽资金来源渠道。

（2）要建立严格的资金使用管理的监管制度，对于各项资金的使用审评应该有一个专门的审核机构，而对于某些紧急资金项目应该有一个快速审批通道。同时社区居家养老服务机构应该保留每一项资金使用凭证，以供监督机构随时核查账目。另外，对不涉及机密的资金进行信息披露，不仅可以赢得社会公众的好感，从而增加他们购买此社区居家养老服务机构的养老服务的概率，还可以增加此社区居家养老服务机构的社会认可度，吸引其他投资者对机构进行投资等。

（3）要加强机构内部建设。对于社区居家养老服务机构的内部建设，要合理设置相关的机构部门，明确各部门的权责，遇到突发情况时要做到各部门可以快速明确自己应该做什么，事发后追究责任时能快速找到是哪一部门的失误，各部门之间要做到无缝衔接。要裁撤多余的部门和多余的人员，从而降低服务机构内部管理中的管理成本。

（4）加强服务队伍建设。在对服务人员进行招聘时，要将服务人员的个人整体素质考虑在内，例如，通过第一印象考虑此员工是否爱干净，是否拥有爱心等，上一份工作辞职的原因是什么，有条件的情况下最好将应聘员工提供的应聘资料进行核实。同时要增加对高学历人员或者拥有丰富经验的员工的招聘。在日常的服务人员培训过程中，不仅要注意对服务人员技能方面的培训，更要注意对服务员工服务态度的培训。在日常员工考核中，可加入被服务人员对服务人员的服务满意度等指标。同时完善服务机构的绩效管理，建立收入与职业资格级别相匹配的薪酬激励制度和动态调整机制。对那些长期从事社区居家养老服务的工作人员，可按照工作年限逐年提高年度绩效奖励水平，提高工资待遇。对于具备管理能力的，可晋升到管理人员序列，这样不仅畅通了工作人员的上升渠道，而且在制度上保障了社区居家养老服务工作人员的待遇和社会地位，对于提高社区居家养老服务工作人员的职业素养、业务水平，以及促进我国社区居家养老服务发展具有重要意义。

第四节　居家养老服务机构绩效影响因素实证分析

一、影响因素指标选取

社区居家养老服务机构是指为有需要的老年人提供日常生活照料、医疗卫生保健、日常活动消遣、代办事项等方面服务的综合性服务机构，具有很强的社会公益性，我国居家养老服务绩效与服务机构的收益是挂钩的，居家养老服务绩效评价越高，养老服务机构的收益就越高，因此本书在进行居家养老服务绩效影响因素指标选取时，选取居家养老服务机构的收益作为被解释变量。目前我国社区居家养老服务机构的资金主要来源于国家相关部门对社区居家养老服务的财政补贴，主要是政府购买居家养老服务，以及老年人自身用于购买居家养老的费用，因此本书认为影响我国居家养老服务机构收益的主要因素有居家养老服务机构的投入、全国各省（自治区、直辖市）有养老服务需求的老年人数量、各养老服务机构中实际接受养老服务的老年人数量、老年人月平均收入、政府对居家养老服务机构的投入等。考虑到在实证分析过程中数据的可获得性，采用居家养老服务机构的职工数量作为居家养老服务机构的投入，用65岁及以上老人的数量代替有养老服务需求的老人数量，用城镇居民人均可支配收入、农村居民人均收入代替老年人的收入，把城乡居民基本养老保险基金支出作为政府对居家养老服务机构的投入。各因素代码及名称如表5－10所示。

表5－10　各因素代码及名称

因素代码	因素名称
X_1	养老服务机构职工数量（万人）
X_2	入住养老服务机构的老人数量（万人）
X_3	全国各省（自治区、直辖市）65岁及以上人口数量（万人）
X_4	城市居民人均可支配收入（元）
X_5	农村居民人均收入（元）
X_6	城乡居民基本养老保险基金支出（亿元）

二、数据来源

本书实证分析所采用的数据来源于《中国统计年鉴》（2012—2016）以及《国民经济和社会发展统计公报》（2012—2016），为了保证数据的真实性，由于青海、海南、安徽、西藏和宁夏5个省（自治区）的数据不完整，因此将其剔除，最后采用其他26个省（自治区、直辖市）作为研究对象。

三、居家养老服务机构影响因素的实证分析

本书主要利用主成分分析法对影响全国居家养老服务机构绩效的影响因素进行分析，确定各因素对社区居家养老服务机构绩效的影响程度。具体步骤如下。

第一，由于各影响因素的数据单位不同而无法进行直接分析，因此首先需要对数据进行消除量纲处理，消除不同数据单位对数据分析造成的影响，利用软件对数据进行标准化处理。具体操作如下：设有 n 个样本，p 项指标的数据矩阵为：

$$X = \begin{bmatrix} x_{11} & x_{21} & \cdots & x_{n1} \\ x_{12} & x_{22} & \cdots & x_{n2} \\ \vdots & \vdots & & \vdots \\ x_{1p} & x_{2p} & \cdots & x_{np} \end{bmatrix}$$

令 $y_{ij} = x_{ij}/s_j$ ，

$$\begin{aligned} s_j &= \sqrt{\frac{1}{n-1}\sum_{i=1}^{n} (x_{ij} - \bar{x}_j)^2}, \bar{x}_j \\ &= \frac{1}{n}\sum_{i=1}^{n} x_{ij} (i = 1,2,\cdots,n; j = 1,2,\cdots,p) \end{aligned} \tag{5-2}$$

$$Y = \begin{bmatrix} y_{11} & y_{12} & \cdots & y_{1p} \\ y_{21} & y_{22} & \cdots & y_{2p} \\ \vdots & \vdots & & \vdots \\ y_{n1} & y_{n2} & \cdots & y_{np} \end{bmatrix}$$ 进行无量纲化处理。

第二，采用 Matlab 软件对选取的数据进行相关系数分析，构造矩阵 Y 的实对称矩阵、相关系数矩阵 R，其中 R（X，Y）表示二者之间的线性关系系数，| R（X，Y）| 越接近 1，表示 X 与 Y 的相关性越高；它的值越接近 0，表示二者之间相关性越低。

$$R(X,Y) = \frac{\sum_{i=1}^{n} (x_i - \bar{x})(y_i - \bar{y})}{\sqrt{\sum_{i=1}^{n} (x_i - \bar{x})^2}\sqrt{\sum_{i=1}^{n} (y_i - \bar{y})^2}} \tag{5-3}$$

本书依据样本数据，使用 Matlab 软件计算出全国各省（自治区、直辖市）地区生产总值、65 周岁以上人口数量、社会养老服务机构数量、社会养老服务机构床位数、农村居民人均收入、城镇居民人均可支配收入之间的相关系数，结果如表 5 – 11 所示。

表 5 – 11　变量相关系数矩阵

指标	X_1	X_2	X_3	X_4	X_5	X_6
X_1	1.0000	0.7103	0.7445	0.4164	0.4578	0.5172
X_2	0.7103	1.0000	0.7371	-0.1044	-0.0473	0.5946
X_3	0.7445	0.7371	1.0000	-0.0101	-0.0466	0.6902
X_4	0.4164	-0.1044	-0.0101	1.0000	0.9493	0.0145
X_5	0.4478	-0.0483	-0.0476	0.9489	1.0000	0.0405
X_6	0.5212	0.6010	0.6899	0.0152	0.0435	1.0000

从表 5 – 11 中可以得出以下结论：养老服务机构职工数量（X_1）、入住养老服务机构的老人数量（X_2）、全国各省（自治区、直辖市）65 岁及以上人口数量（X_3）以及城乡居民基本养老保险基金支出（X_6）之间存在很强的相关性，因此有必要选择主成分以排除相关性线性关系影响。

第三，计算各影响因素的特征值与相应的特征向量，再根据特征值计算累计贡献率，确定主成分的个数，而特征向量就是主成分的系数向量。

根据 Matlab 软件计算结果，符合累计贡献率大于 80% 且特征值大于 1 的主成分有 2 个，分别计 F_1 和 F_2，其特征值分别为 3.886 和 2.147，分别解释了变量的 56.014% 和 29.849%，累计特征贡献率达到 85.863%，相关指标的因子载荷见表 5 – 12，说明选取的因素指标可以充分解释社区居家养老服务机构的绩效影响。

表 5 – 12　相关指标的因子载荷

	X_1	X_2	X_3	X_4	X_5	X_6	特征值	贡献率（%）	累计贡献率（%）
F_1	0.9522	0.7825	0.8741	0.3245	0.3249	0.7534	3.886	56.014	85.863
F_2	0.1410	-0.3893	-0.3447	0.9262	0.9204	-0.2726	2.147	29.849	

从表 5 – 12 中可以看出，养老服务机构职工数量（X_1）、入住养老服

务机构的老人数量（X_2）、全国各省（自治区、直辖市）65 岁及以上人口数量（X_3）、城乡居民基本养老保险基金支出（X_6）在主成分 F_1 上具有较大的载荷，因此 F_1 可以看作社区居家养老服务机构和政府投入与服务量的综合代表，该综合指标表明社区居家养老服务机构的投入、政府购买养老服务的行为以及养老市场需求的大小都会对养老服务机构的绩效产生影响。城市居民人均可支配收入（X_4）、农村居民人均收入（X_5）在主成分 F_2 上有较大载荷，F_2 可以看作老年人的收入水平，它决定了老年人购买社区居家养老服务的支付能力。一般情况下，老年人的收入越高代表他们的支付能力越强，而他们在社区居家养老服务中的花费就越多，反之老年人收入越低，他们用于维持基本生活的费用比重就越高，因而花在社区居家养老服务上的费用就越低，表明他们购买社区居家养老服务的支付能力也越低。因此本书依据表 5－12 中的数据，将选取的 6 个影响因素指标缩减为 2 个具有代表性的指标，即养老服务机构及政府的投入与服务量、老年人口的支付能力，这样可以更简洁有效地说明影响社区居家养老服务绩效的因素。2 个主成分的得分系数矩阵见表 5－13。

表 5－13　主成分得分系数矩阵

主成分	X_1	X_2	X_3	X_4	X_5	X_6
F_1	0.2463	0.2021	0.2258	0.0832	0.0890	0.1937
F_2	0.0679	−0.1875	−0.1665	0.4473	0.4441	−0.1312

根据表 5－13，可以得到主成分的计算公式：

$$F_1 = 0.2463X_1 + 0.2021X_2 + 0.2258X_3 + 0.0832X_4 + 0.0890X_5 + 0.1937X_6 \quad (5-4)$$

$$F_2 = 0.0679X_1 - 0.1875X_2 - 0.1665X_3 + 0.4473X_4 + 0.4441X_5 - 0.1312X_6 \quad (5-5)$$

四、养老服务机构绩效（收益）的回归分析

笔者认为不管是政府还是私人企业主，对收益问题都比较看重，而在市场条件下，若是某一养老服务行业的收益较好，那么每年将会有很多其他养老服务机构加入，因此本书在主成分分析的基础上，以每年社区居家养老服务机构的增加数量为被解释变量，2 个主成分 F_1 和 F_2 为解释变量进行线性回归分析，分析结果见表 5 - 14。

表 5 - 14 养老服务机构绩效的回归系数

模型	非标准化系数		标准化系数（β）	t 值	Sig.
	B	标准误差			
常量	14786.531	1173.582	14786.531	11.837	0.000
F_1	11024.240	1210.673	0.872	9.076	0.000
F_2	2812.376	1210.673	0.231	2.544	0.023
调整后的 R^2	0.796（0.723）				

表 5 - 14 中的结果显示，主成分 F_1 和 F_2 调整后的 R^2 为 0.796，说明这两个主成分可以解释社区居家养老服务机构影响因素的 79.6%，且通过了 F 统计检验，因此，总体线性回归显著。第一主成分（F_1）的标准化系数 β 为 0.872，回归系数的检验 P 值为 0，小于 0.001，第二主成分（F_2）的标准化系数 β 为 0.231，回归系数的检验 P 值为 0.023，小于 0.05，表明通过了 t 检验，F_1 和 F_2 与被解释变量之间有很高的线性关系，因此可以得到如下回归方程：

$$y = 14786.531 + 0.872F_1 + 0.231F_2 \tag{5-6}$$

可见第一主成分 F_1 的系数为 0.872，表明 F_1 对养老服务机构的绩效贡献较大，第二主成分 F_2 的系数为 0.231，说明 F_2 对养老服务机构的绩效贡献相对较小。将式（5 - 4）、式（5 - 5）代入式（5 - 6）得到原始变量回归方程：

$$y = 14\,786.531 + 0.2305X_1 + 0.1329X_2 + 0.1584X_3 + 0.1759X_4 + 0.1802X_5 + 0.1386X_6 \tag{5-7}$$

分析回归方程（5－7）可以得到如下结论：第一，本书设置的6个影响因子虽然对养老服务机构的绩效存在不同程度的影响，但是总体来说都与养老服务绩效之间呈正相关关系；第二，根据回归方程系数可知，各影响因素贡献率的大小为养老服务机构职工数量（X_1）＞农村居民人均收入（X_5）＞城市居民人均可支配收入（X_4）＞全国各省（自治区、直辖市）65岁及以上人口数量（X_3）＞城乡居民基本养老保险基金支出（X_6）＞入住养老服务机构的老人数量（X_2）；第三，根据贡献值的大小可以看出，养老服务机构自身的投入对居家养老服务机构绩效的影响最大，老年人自身的收入水平次之，养老需求市场的规模、政府对养老服务的购买投入分别排在第三、第四位，入住养老服务机构的老年人数量在所选取的因素指标中对社区居家养老服务的绩效影响最小。

五、针对以上分析结果的改进建议

从前文的研究结果中可以看出，本书所选取的各个指标均对社区居家养老服务的绩效造成不同程度的影响，要想改善目前社区居家养老在我国进一步发展面临的困境，提高我国社区居家养老服务绩效的水平，必须将以上影响因素考虑在内，因此笔者结合以上分析结果提出几点改进建议。

第一，养老服务机构应该在养老机构自身建设方面增加投入，增加具有专业技能的服务人员招聘数量。

从实证分析的结果来看，我国居家养老服务机构绩效最重要的影响因素就是养老机构自身的投入，而最能反映这一指标的就是社区居家养老服务机构的职工数量，这一指标能从侧面反映一个社区居家养老服务机构的规模和运作能力，职工数量中的服务人员数量可以反映养老服务水平。目前我国社区居家养老服务机构存在的问题有：养老服务的总体水平较低、单个养老服务机构的规模较小、养老服务机构的职工服务意识不强。这些缺点在很大程度上导致了社区居家养老服务在我国难以形成规模，同时也使得老年人在有养老服务需求时无法找到令自己满意的社区居家养老服务机构。因此，当前社区居家养老服务机构应该在一定程度上增加自身建设投入，尤其是对服务人员的投入，除了对他们进行专业知识技能的培训，更重要的是培养他们的服务意识，提高服务素质，这不仅可以使养老服务机构满足服务对象的精神需求，而且可以在潜移默化中起到宣传的效果，以及吸引更多老年人及社会公众的关注。同时对于社区居家养老服务在我国实行规模经营、规范经营，缓解社区居家养老服务机构的经济压力，也是非常有帮助的。

第二，政府应该努力发展经济，提高城乡居民的月收入水平，完善对社区居家养老服务的补贴制度。

老年人的月收入水平决定了他们购买社区居家养老服务的支付能力，其中社会保障支出可以看作国家对社区居家养老服务的投入，二者都是影响社区居家养老服务绩效的重要因素。虽然我国从2005年开始每年都上调养老金基数，但是面对经济市场通货膨胀和物价上涨的压力，老年人的相对收入水平不增反降，这意味着他们购买社区居家养老服务的支付能力也在逐渐降低，导致养老服务市场上出现典型的高需求低购买现象。虽然我国政府也在社区居家养老服务机构中针对这一问题采取了一些措施，并根据老年人的收入水平和服务需求制定了相应的优惠补贴政策，但是对于绝大多数老年人，尤其是农村的老年人来说，即使是最低标准的养老服务和最高标准的补贴，他们也无法承担购买费用，因为他们收入的大部分需要用来维持基本生活。因此，政府应该想方设法提高经济发展水平，提高城乡居民的收入水平，努力保障老年人的基本生活质量，让更多的老年人有资金来购买社区居家养老服务。除此之外，国家还应该努力完善对社区居家养老服务的补贴制度，确保每一笔资金的使用都用在实处，都有利于改善老年人的社区居家养老服务水平。

第三，应当努力改变社会公众的养老观念，增加社区居家养老服务宣传，增强社会公众对社区居家养老服务的认识。

各省（自治区、直辖市）的老年人数量日渐增多，社会养老压力越来越大，而入住社区居家养老服务机构的老年人数量代表着社会对社区居家养老服务的了解与认可，这两项因素是影响社区居家养老服务绩效的重要指标。从社会现实来看，家庭养老观念和养儿防老观念在中国人民心中根深蒂固，很多人潜意识认为只有子女不孝的老年人或者无人赡养的老人才会选择入住养老服务机构，这也涉及道德问题，因此绝大部分老年人都选择由子女养老。在全国老龄工作委员会公布的2010年中国老年人状况中，有23.8%的老年人有居住养老机构的意愿，这些老人大多为生活半自理和完全不能自理。造成这一状况的主要原因在于传统养老观念的影响。因此，政府应该加大对社区居家养老服务的宣传，增加社会公众对社区居家养老服务的了解；同时加强对社区居家养老服务机构的宣传，增加社会公众对社区居家养老服务机构的了解和信任，让他们了解社区居家养老将会是未来社会养老的主流趋势，转变社会公众的养老观念，让他们从心底接受这一新的养老模式。

第六章　大健康产业视野下的居家养老模式与路径

第一节　居家养老模式分析

一、居家养老组织运营模式分析

我国居家养老组织运营模式主要有三种，一是政府主办，层级联动模式；二是政府主导，中介组织运作模式；三是政府购买，市场化运作模式（见图6－1）。

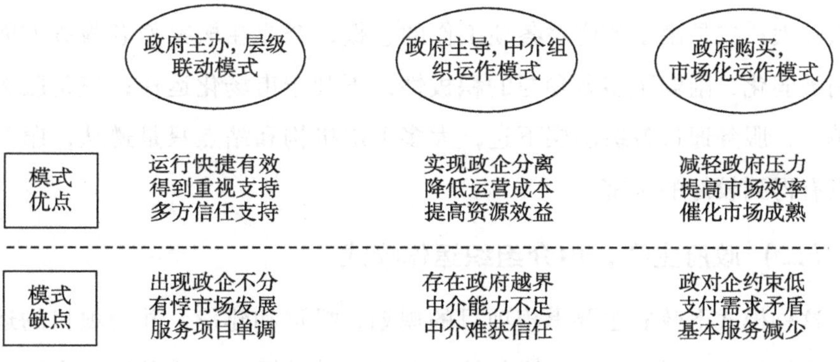

图6－1　居家养老组织运营模式

（一）政府主办，层级联动模式

这种组织运营模式是采用各级政府的层级结构来强制推动的政府主导模式，多用于中西部地区。之所以采取这种政府主管的模式，是因为中西部地区人们的思想观念和社会经济水平不高，保守陈旧的思想加之社会经济力量的不足，使得这部分地区推广居家养老需要政府作为主导力量。这种由上到下的命令式模式有传统的政府层级管理做基础，实施起来快速有效。运用各级财政资金和各级行政筹集资金建立区、街、居三级居家养老管理机构，用以匹配建立居家养老服务机构和服务站点，这些机构和服务站点的服务对象不同，服务范围大小不同，服务内容不同，各自的规模也有差别。规模由大到小依次为区、街、居家养老服务机构和站点。服务的内容也由区、街、居家养老服务机构和站点依次具体和细分差异化。一般情况，这种模式的推进是在区和街两级聘用事业单位编制人员，在居家养老服务机构和站点这一级采用居民委员会的委员和外聘人员以及志愿者作为模式推进的专门人员主管、通过每一级行政人员由上而下地推动各级居家养老服务机构和站点的建立。此类各级主办主管、层次深入的行政管理办法加强了各级主管对居家养老推进的重视，有利于快速推进取得成效，同时也与社区建设联系紧密，以便获得社区的资源支撑和人民群众的理解。

但这种模式也存在一些问题，一是层层的行政人员设置，等级森严，投入较大；二是由于政府对各项工作的包揽，企业在居家养老服务方面的作用被弱化，削弱了多方参与的积极性，不利于市场化运作；三是服务内容单一，服务通过各级层层下达，大多下层机构和站点只是遵从，服务内容没有得到较好的丰富。

（二）政府主导，中介组织运作模式

这种模式下政府主要承担项目的规划、投资和建设，并为项目的运营制定法规标准，对项目运营进行检查监督和绩效评估，这种模式多用于养老机构发展好、专业化服务水平高的东部地区和沿海地区。这种模式一般有三种运作模式：一是政府资助民间企业建设居家养老服务机构和站点，其运营由企业全权管理；二是由政府建设居家养老服务机构和站点，建成之后交与企业实施管理，也就是俗称的“公办民营”；三是政府筹资并吸取社区筹资，委托专业的养老机构在社区中建设居家养老服务设施和站

点，为各个社区建立统一标准的连锁化运营模式。这种模式的优点是：政府并未包揽居家养老服务建设的所有环节，但依旧发挥了主导作用，活跃企业和专业的养老机构，使得政企分离，克服了以政代企的弊端，政、企各司其职，提高了居家养老服务供给效率；通过资助、委托中介组织建设运营居家养老服务设施，将政府从居家养老服务的提供中解放出来，降低了运营成本，为政府减轻了财政压力，合理利用了政府和企业资源，同时也是居家养老服务专业化和规范化发展的必然要求；引入企业和专业化的养老机构等中介组织，通过专业化、连锁化的管理和运营，让他们在居家养老服务中充分发挥自身的专业作用，有利于提升服务的专业化水平，迅速地提高社区为老年人服务的专业化品质；引入市场机制，进行连锁化运营，极大地降低了运营成本，提高了服务供给效率，为不同的机构等提供了示范作用。

这种模式存在三方面的问题。一是中介组织能力不足，难当大任，很多企业和专业化的养老机构往往不够强大，能力有限，不能很好地履行政府的委托，在实施过程中往往推脱责任，一旦缺乏政府的资金支撑就出现难以为继的局面；二是中介组织在一开始运作的时候，没有像政府一样的公信力，往往得不到民众的信任，很难得到民众的支持，只能靠自己的艰苦努力，甚至是靠自己的努力也无法打开局面致使半路夭折；三是这种模式下政府一定要摆清楚自己的位置，若是政府管理越界，干预太多、过于包揽，将会扼杀企业的能动性。

（三）政府购买，市场化运作模式

这种模式下政府不提供居家养老服务基础设施的建设，而是由政府全部出资或部分出资从市场上购买居家养老服务，再将这些服务分配给不能负担照顾费用的“五保”老人、“三无”老人和特困老人等，这种模式往往存在于经济比较发达且市场化观念比较强的地区。这种模式的优点是：把政府从居家养老服务基础建设中解放出来，缓解了政府的财政压力，政府不用操心基础设施项目的建设，只需在大型企业完成基础设施建设，有充足条件提供居家养老服务时，根据现实需求进行购买分配即可；改变了政府的财政支出方式，以往政府往往需要在养老项目规划建设中投入大量的资金，但在这种模式下政府仅需对需要救助的对象进行有效识别，确定需要购买服务的数量后集中向从事服务业的企业和公司购买居家养老服务，区分不同情况并按相应的比例分配给需要帮扶的对象；盘活了企业的力量，通过市场追逐利润的内在动力和外在残酷竞争的共同作用，促使从事服务业的企业根据市场筛选服务需求，提供相对完善成熟的基础配套设施，为老年人带去良好的服务体验感，使老年人能够享受到更优质的服务。

这种模式存在三方面的问题。一是无政府出资，仅仅依靠从事服务业的企业来建设居家养老基础设施，相对于政府出资而言，往往容易出现资金缺乏、资金链断裂的问题；二是很多地方的政府未能给需要资助的对象提供充足的资助，且资助对象覆盖面窄，一些支付能力弱的老年人并未在资助范围内，影响了资助的效果；三是企业本就是追逐利益的市场主体，在实现自身利益最大化的目标指导下，企业往往偏好于提供更能创造利润的服务，对于基础性利润较小的居家养老服务，企业将较少提供甚至不提供，这就使得真正需要服务的老人很难得到其需要的基本生存服务。

从以上三种我国居家养老运营模式的特点可以看出，我国的居家养老运营模式各有优劣，且根据其各自的特点适宜于不同的地方。在居家养老的建设中，我国很多地区都实事求是、因地制宜，不仅仅是运用单一的某种模式，而是各个模式均有选取，相互融合，且因地域不同而各有侧重。

二、居家养老 PPP 创新模式分析

居家养老 PPP 模式是整合区域资源，由政府和专业化的养老服务公司合作的模式（见图 6－2）。PPP 模式于 20 世纪中叶在英国兴起，并广泛应用于城市基础设施建设。后来这种模式逐渐应用于全球公共管理的医疗卫生项目、教育项目、国防项目等项目中，现已被各国广泛应用于国内的各种公共管理领域，这种崭新的模式在我国也引起普遍关注并得到广泛应

用。PPP 模式经历了不同的发展背景，被应用于不同的领域，这使得目前 PPP 定义涵盖的范围比较广泛，且没有统一的界定，但大多数学者都赞同这个观点，即 PPP 模式是指政府公共服务部门与私人部门签署特许权协议，建立合作友好关系，由公共部门和私人部门共同提供公共物品。

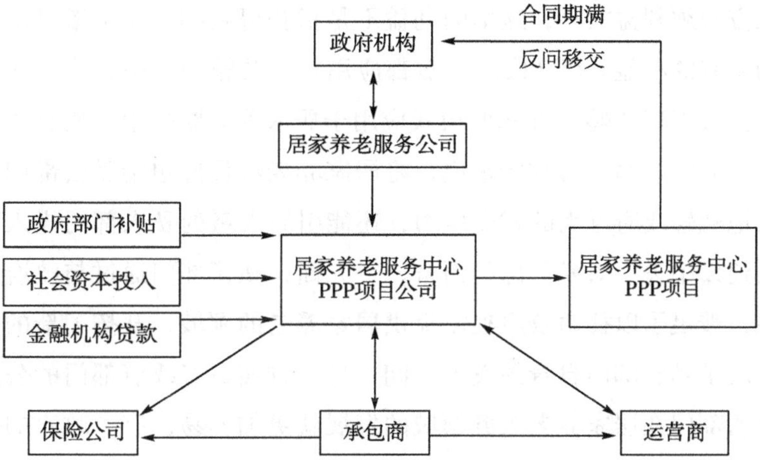

图 6-2　居家养老 PPP 模式

PPP 模式作为一种新型公共管理模式，在中国的公共管理领域主要应用于项目融资。本书认为 PPP 模式不仅是指 BOT、PFI、TOT[①] 等狭义的融资模式，还是一种大概念的公私合作运营模式。PPP 模式的最终目的不应该是融资，而是通过合作的方式利用私营部门的财力和专业的技术提高公共管理的质量，通过公私两部门的合作最大化双方的优势，尽量避开双方的劣势，有助于最小化项目的整体风险，最大化双方和社会的利益，由此产生 1+1>2 的效果。

PPP 模式包含伙伴合作关系、利益共享、风险共担三个特点。伙伴合作关系是 PPP 最核心的关系，如果没有伙伴合作关系，那么也就不存在

① BOT：Build-Operate-Transfer，即建设—经营—转让，是私营企业参与基础设施建设，向社会提供公共服务的一种方式。PFI：Private Finance Initiative，原意为“私人融资活动”，在我国被译为“民间主动融资”，是在一些西方发达国家逐步兴起的一种新的基础设施投资、建设和运营管理模式。TOT：Transfer-Operare-Transfer，即移交—经营—移交，是指政府部门或国有企业将建设好的项目的一定期限的产权和经营权，有偿转让给投资人，由其进行运营管理。

PPP 模式。政府公共部门和私营部门以实现风险最小化和利益最大化为目标而建立伙伴合作关系，也就是政府和私营企业在互相信任的基础上，签订协议，充分发挥各自的优势，以实现双赢的局面。每一个公共管理项目都不是一朝一夕就能完成的，要想长期地维持双方的这种亲密合作伙伴关系，双方必须利益共享，这里的利益不是指获得利润，而是指可以给双方带来的所有的利益。PPP 模式一般都应用在公共管理当中，养老问题也属于社会公共管理范畴，将 PPP 模式应用于居家养老服务中，能有效提高社会居家养老的效率。对政府来说，将居家养老项目外包给私营部门，不仅能有效地减轻政府巨大的财政压力，还能引导大量的私人部门投入到居家养老的建设中去。对私营部门而言，一方面，私营部门通过与政府建立合作关系，涉足了以往由政府独家提供居家养老的领域，开拓了新的经营范围，扩展了私营部门自身的发展空间；另一方面，有政府部门的公信力支持，私营部门在居家养老服务领域的发展就更加容易，有了政府的保驾护航，私营部门的营运风险将大大减小，能获得稳定的收益。对于整个社会而言，政府与私营部门合作，各自发挥了自己的优势，也就是让各自在自己专业的领域充分发挥作用，能有效地提高居家养老服务质量。在现实中收益与风险相伴，收益越高往往意味着风险也越大，在 PPP 模式中整体的风险由双方共同承担，要实现整体风险最小化，就要使双方在自己更能降低风险的环节充分发挥作用，以此降低整个项目的风险，通过两方合作实现的风险最小化要比两方单独追逐风险最小化更能降低风险。

目前世界各地对 PPP 模式的分类都未能达成共识，本书综合世界银行、欧盟委员会等国际组织，并结合我国当前居家养老 PPP 创新模式的现状，将 PPP 模式分为外包类、特许经营类和私有化类三种类型。在外包类 PPP 模式中，政府始终拥有项目的所有权，项目的主要投资建设都是由政府主导，只是仅仅将项目中的一个或少数几个环节外包给私营企业来建设，并支付给私营企业一定的外包费用，这些外包费用几乎就是私营企业的全部收益。在这种外包类 PPP 模式中，政府承担了大部分的项目风险，企业只承担小部分的风险。特许经营类 PPP 模式的项目所有权仍然属于政府，但私人部门有项目的使用权，负责运营，实现项目收益，最终通过移交的方式将项目的所有权交回到政府手中。在这种特许经营类 PPP 模式下，私人部门负责项目大部分的投资建设，政府在保证居家养老服务提供质量的同时，还应实施健全的监管措施，同时还应保障私人部门的合理收益，因此私人部门此时承担的风险大于外包类模式，而政府承担的风险较外包类模式小。这种类型充分发挥了政府和私人部门各自的优势，是目前相较而言使用比较广泛的类型。特许经营类 PPP 模式一般分为 TOT、BOT 两种，TOT 又可细分为 PUOT① 和 LUOT② 两种；BOT 分为 BLOT③ 和 BOOT④ 两种。私有化类 PPP 模式一般是私人部门担任投资建设的主体，政府在此过程中更多的是承担对私人部门进行严格监管的职责，根据项目最终所属权的差异，可以将私有化类分为完全私有化和部分私有化，完全私有化又包括 PUO⑤、BOO⑥ 两种形式，部分私有化主要是股权转让。在完全私有化中，项目最终的所有权完全归私人部门所有，政府从头到尾只扮演监管者的角色，通过对私人部门严格的监管，防止私人部门出现哄抬价格等恶劣行径，保证居家养老服务产品的质量。在部分私有化中，项目的所有权一部分归私人部门所有，一部分归政府所有，政府在这一过程中不仅扮演监管者的角色，还要扮演公共产品提供者的角色，对项目进行监管并参与到项目的建设中，不仅能有效提高居家养老服务的质量，还能保证公共服务的国有化。在私有化类中，私人部门承担了很大一部分风险。

我国居家养老 PPP 模式比较典型的代表是江西省赣州市章贡区社区居家养老服务中心 PPP 项目，这是江西省首个居家养老 PPP 项目，不仅得到

---

① PUOT：Purchase - Upgrade - Operrate - Transfer，购买—更新—经营—转让，是指政府部门或国有企业将拥有的公共基础设施有偿转让给社会资本方，社会资本方经过一定程度的更新、扩建后经营该设施。

② LUOT：Lease - Upgrade - Operate - Transfer，租赁—更新—经营—转让。

③ BLOT：Build - Lease - Operate - Transfer，建设—租赁—经营—转让。

④ BOOT：Build - Own - Operate - Transfer，建设—拥有—经营—转让。

⑤ PUO：Purchase - Upgrade - Operate，购买—更新—经营。

⑥ BOO：Build - Own - Operate，建设—拥有—经营。

了政府的重视，还得到了国家开发银行的支持。该项目在 2015 年的签约代表着江西省迎来居家养老 PPP 模式的发展，该项目的建设内容十分丰富，包括了生活服务设施、保健康复设施、休闲娱乐设施等建设，建设工程投入高达 1.4 亿元，该项目由政府和社会资本共同投资建设，已于 2017 年建成投产，预计该项目的运营期限可长达 15 年，目前已经为章贡区 10 万左右 60 岁及以上的老年人提供居家养老服务。

我国农村养老资源分布分散，单位区域内呈点状分布，未能成片区。农村居家养老资源分布集中度不够，多以村为单位。集聚度不够的村级养老服务机构既难以吸引社会资金和相关专业人才，又不便于进行统一管理，阻碍了资源的配置和服务水平的提高。应将基层县域内的村级养老服务机构整合起来，根据县域人口规模、土地面积等具体情况成立一个或多个专门的管理机构，对县域内农村养老服务资源进行统一管理，由政府提供资金支持，引入现代企业管理模式进行组织管理，由与政府合作的居家养老服务公司或社会组织解决农村地区居家养老的服务问题，在此过程中向基层农村地区提供专业服务。同时这样做也有利于转变政府职能，推进政府“放、管、服”改革，彰显服务型政府形象，更有利于推动我国农村地区居家养老服务的发展。

三、农村居家养老模式分析

（一）社区照护模式

社区照护模式是我国目前农村居家养老服务供给的主要模式。由村委会和村老年协会等村级组织提供养老服务、由助老员和志愿者提供服务是社区照护模式的两个主要特征，还有一个最为基本的特征是老年人是服务的消费者。农村居家养老发展的方向就是要为老年人提供内容丰富、高质量的居家养老服务。因此，在社区照护模式中，要把老年人这一服务消费者放在第一位。

在农村由于经济条件的薄弱，居家养老服务的提供主体主要有两种，一种是村委会这类村级基层组织为老年人提供养老服务，此外，若当地村中有老年协会组织，老年协会也将成为居家养老服务的提供主体。另一种是来自祖国各地的热爱老年事业的志愿者提供养老服务。

志愿者与村委会、村老年协会虽然同为居家养老服务的提供主体，但其具有不同的特点。村委会主要起总的决策和组织作用，村老年协会主要起具体运作的作用，志愿者则主要是为老年人提供无偿的日常生活照料、医疗服务、法律服务。

（二）老年食堂模式

在全国各地建立的老年食堂模式成为解决我国农村地区老年人吃饭问题的重要途径。对于农村高龄、失能和半失能的老年人而言，吃饭问题就成为最紧迫的问题。我国的老年食堂由村集体经济补助、政府补贴、社会捐赠，村委会运营管理，村老年协会协助具体管理，村集体或相关的社会组织生产服务。经营方式非常灵活，主要有三种方式：一是村内自建型。这种类型的老年食堂是由村委会指导组织，村内居民自己出资筹建，自主经营。二是他建型。由他人与村内合作投资建设，是一种私人承包经营的方式，允许其在一定程度上营利。三是依赖型。这种类型的村级老年食堂是为了节约建设成本，直接依靠村内少数大企业的员工食堂进行改造，为老年人提供餐饮服务。老年食堂的建立，在很大程度上解决了老年人由体力较差、生活习惯和饮食偏好引起的就餐难问题，减轻了子女对老年人就餐的压力，使得农村家庭更加和谐。

（三）村级养老院模式

村级养老院，顾名思义就是在村级单位建立的为农村高龄、失能和独居老年人等提供养老服务的场所。虽然村级养老院在我国属于最基层的养老场所，但是其基本的洗衣、做饭、打扫卫生以及理发等养老护理服务都是具备的。由于村级养老场所等级较低，不同于乡镇及以上养老院的高要求，收费标准也较低，有很多无偿的志愿服务，门槛较低，这满足了很多对高费用望而止步的老年人群的需求，特别是农村“五保户”和城镇“三无”人员。加之此种村级养老模式距家较近，能满足老年人强烈的故土依赖感，在老年人熟悉的地方享受良好的养老服务，兼顾了居家养老和机构养老的优点，是农村特色的养老服务的充分体现。

（四）护院挂钩模式

护院挂钩模式是一种比较少见的模式，目前在我国存在不多，符合消费护院挂钩模式条件的老年人也比较小众化，通常规定60周岁以上的患精神病、严重智障、传染病、常年瘫痪、孤寡老人等才符合护院挂钩模式的消费主体条件。这种供给模式虽然受益群体较小，但是对于农村养老的全面发展有重要意义。由于老年人情感的脆弱和强烈的自尊心，虽然这部分老年人符合入住养老院集中供养条件，但本人又不愿意进养老院养老。针对这类老年人，政府支持其养老意愿，并给予相应补助。这类老年人在得到亲属的支持后，与养老院签订养老协议，政府每年按照一定的比例给予老年人适当的补助，老年人的家属或亲属为老年人提供养老服务。

（五）互助养老模式

我国农村互助养老模式最早进行尝试且发展较为典型的地区是河北肥乡县，后被称为“肥乡模式”。这种模式就是在不改变老年人农村居住地的前提下，将村中没有人住的房屋进行修缮改造，集中给农村中的留守老人居住，老年人签订协议之后即可入住，达到了“离家不离村”的目的，相关的费用由老年人及其子女自行承担，其中老年人由比自己年轻的老年人照料。这就是以“集体修院、集中居住、自我承担、互助服务”为运作方式的农村互助养老模式。“肥乡模式”在我国农村互助养老方面起到了示范作用，因此得到了大范围的推广，为我国农村养老模式提供了参考。

但这种模式存在四个方面的问题。一是缺乏政府完善的配套措施，资金扶持力度弱，我国居家养老主要靠政府定期的资金保障，而这一模式并没有得到政府定期的专项资金支持，且与之配套的政策缺乏，导致在具体的实施过程中缺乏可持续性与规范性，并且存在资金断裂难以为继的风险；二是互助养老概念模糊、界定不清，目前互助养老模式概念界定不清晰，村委会、养老管理机构、政府都有参与，但是权责并未明晰；三是发展模式较为单一，此模式就是将老年人集中在村中修缮后的房屋中居住，老年人自费居住，年轻的老年人照顾年老的老年人，此模式较为适合少数情况特殊的地区，是农村地区居家养老的一种因地制宜的创新发展模式，并且会受到当地经济状况、养老基础设施和资金的影响，若在我国广大的其他地区单一实行“肥乡模式”并不能解决农村地区老年人的养老问题；四是缺乏专业的养老服务人才，因为此模式下，老年人一般由比自己年轻的老年人照顾，但是老年人缺乏专业化的培训，互助内容只能以简单的日常生活照料为主，对一些老年人的疾病护理和一些紧急情况下的救援经验不足，对老年人的心理疏导等更高级的护理更是无能为力，这些都导致养老服务的质量低下，不利于互助养老模式的高效发展。

四、城市居家养老模式分析

经过不断探索，我国城市出现了三类典型的居家养老服务模式，一是聚合型养老服务模式，二是网络型养老服务模式，三是公益型养老服务模式。

（一）聚合型养老服务模式

聚合型养老服务模式具有服务主体多元、服务方式丰富、功能集合等特点。聚合型养老服务模式就是将多个居家养老服务的提供主体聚集到一个社区，形成多元服务提供主体在空间上的聚集，强调空间的聚合性。养老服务提供主体主要可分为家庭、社区、政府、企业和志愿者五类（见图6－3）。家庭在居家养老服务供给中扮演递送者、道德的引导者角色，能为老年人提供及时的、无偿的生活照料和亲情慰藉，但是家庭提供往往资金不足，家庭成员大多需要上班，在家照顾的时间受到限制，提供照料的内容很普通，缺乏专业性。社区在居家养老服务供给中扮演递送者、生产者的角色，社区作为居家养老的载体，为老年人居家养老提供丰富的社区资源，社区覆盖面广，降低了其提供服务的成本，社区可以较低的成本为老年人提供安全、紧急救援、热线咨询等服务，并为老年人社会活动的举办提供场所，但是社区内的资金和服务人员有限，不能及时提供服务。政府在居家养老服务供给中扮演主导者角色，政府法律法规的颁布，资金的筹集，服务的购买，对居家养老项目的规划、监督、评估都决定了居家养老服务的走向。居家养老服务的供给离不开政府强有力的支持，政府提供居家养老服务充分体现了公平性、公益性，但政府毕竟不能代替企业的作用，倘若政府在居家养老服务的提供中大包大揽，将会削弱企业的力量，导致高成本、低效率情况的发生。企业在居家养老服务供给中扮演生产者、递送者的角色，企业作为市场中最活跃的主体能够为居家养老服务提供丰富的内容，在预防保健、医疗复健、社会参与、老年房屋等各个方面都能提供差异化的服务，企业本是利润的追逐者，这一特点使得企业紧随市场热点，不断改进养老服务供给质量，企业供给具有专业性强、高效率的特点。志愿者在居家养老服务提供中扮演契约者、递送者的角色，志愿者在自愿的基础上为老年人提供无偿的养老服务，能为老年人提供生活照料、精神慰藉、权益维护、预防保健、医疗复健等养老服务，但是志愿者可自主选择提供无偿养老服务的时间长短，因此其提供服务的时间不稳定。

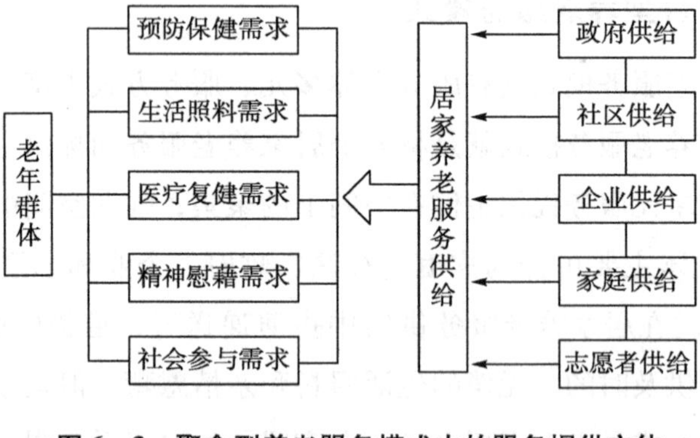

图 6-3　聚合型养老服务模式中的服务提供主体

以上五类居家养老服务提供主体共同集聚到社区中，可构建多元化居家养老服务格局。空间的集聚化将带来功能上的集聚化，即在社区中汇集日间照料、半托式养老服务、全托管式养老服务等服务功能，构成立体式、多元化的养老服务体系。在这个体系中，各种服务都包括在内，如日常的生活照料、心理疏导、精神慰藉、医疗诊治、医疗复健、身体检查、康复理疗等。老年人可根据自身的经济情况和需要，灵活购买服务。

1. 社会工作引入城市社区居家养老模式

近年来，政府的不断认可推动了社会工作的发展。2015 年，社会工作得到多部委的支持，这也使得社会工作的专业服务能力赢得了社会认可。2015 年 1 月，社会工作为加强行业规范，进行了行业转型升级。2015 年 3 月，社会工作首次写入政府工作报告，成为国家重要战略部署。2015 年 7 月，社会工作写入《中华人民共和国反家庭暴力法》标志着其专业服务得到法律的支持。我国城市社区出现的社会工作引入模式是我国养老服务现状的客观需要，是养老服务形式和手段多样化的现实需要，是养老服务内容与服务方式差别化的需要。从作为受助对象的老年群体的角度看，居家养老是老年人更愿意选择的养老方式，社会工作引入城市居家养老模式可提高老年人的生活质量。

社会工作引入模式是我国养老服务现状的客观需要。老年人更倾向于选择居家养老的养老方式，原因有以下四点：一是社区居家养老模式的功能体系的特点是多层次性、开放性和优势互补性，社区居家养老的这些特点可以满足不同老年人的不同需要，老年人可以在社区中获得更多的满足感；二是社区居家养老模式下的养老环境具有开放性的、情感交流密切的特点，颠覆了传统“家”的封闭的物理空间概念，在这种轻松开放的环境下，老年人可以获得身心愉悦感；三是在社区居家养老模式中，老年群体能获得的免费的养老资源更丰富，这些资源的来源也是不同的，这些多元化的资源往往来源于政府、社会、社区、家庭、个人等五个方面，通过资源引入社区充分利用，服务的覆盖面更广，降低了养老成本，提高了服务效率，缓解了我国的养老资源短缺压力，适合应用于社区；四是社区居家养老模式符合我国老年人的普遍心理诉求，我国老年人受传统观念的影响，排斥机构养老方式，极不愿意离开自己生活的地方，而社区居家养老模式既可以让老年人在自己熟悉的居住地度过晚年，还能减轻家庭的养老压力。但是社区和家庭中的护理人员往往只能照料老年人的日常生活，却不能很好地关注老年人的心理健康问题，这时就需要社会工作的介入，为老年人提供专业的心理疏导，而传统的居家养老中大多数没有社会工作的介入，随着老年人需求的不断多样化，传统的居家养老模式已不能满足老年人的需求，因此社会工作介入居家养老模式的发展十分必要。在提供居家养老服务中体现社会工作的理念，运用专业理论的社工知识解决老年人的需求问题，这将为社会经济的健康有序发展提供稳定的社会基础，为今后更好地发展国民经济节省大量的人力、物力、财力；减轻社会经济的压力，为我国经济的健康稳步发展减小阻力。因此，社会工作引入模式是我国养老服务现状的客观需要。

社会工作引入模式是养老服务形式和手段多样化的现实需要。随着老龄化问题的加剧，更多新的养老矛盾也暴露出来，以往的养老服务已经无法满足新形势下的养老需求。不同的老年人对养老服务的需求也是不同的，甚至对同一养老服务的服务形式需求也是不同的，这种差别化的服务需求对养老服务提出了新的挑战，社会工作的介入能积极应对这个挑战，社会工作能够利用自身的专业知识针对老年人个体、群体提供有差别的服务，利用个案、小组、社区为不同的老年人制定不同的服务方案和计划。社会工作介入居家养老模式中能够为老年人提供专业化的养老服务，社会工作人才的培养增加了人才的供给，丰富了养老服务的形式和手段。政府部门对社会工作的专业性十分重视，2012 年，国务院十八部委就联合推出了《关于加强社会工作专业人才队伍建设的意见》。

社会工作引入模式之所以受到政府部门和社会各个机构的重视，有两方面的原因。一方面，专业社会工作介入社区居家养老服务，为社区配以专业的社会工作知识和人才队伍，不仅能提高社区的服务效率和服务质量，为社区服务增添专业技术和专业方法，使之更好地为老年人群服务，还可将社会工作独有的助人价值理念、工作视角和工作方法以无形的方式带入社区养老服务工作中，增加了服务的温度与人情味，更能贴近老年人的正常生活。现代社会随着经济形势的变化，社会矛盾和社会问题也不断改变和更新，目前住房问题、就业问题和弱势群体问题等都导致社会福利需求的内容产生新变化，即社会福利服务不仅要提供经济物质层面的支持，也要提供社会精神层面的支持，这就需要社会工作这种新型的服务专业加入其中。因此，将社会工作专业知识技能和方法有效地运用到社区居家养老模式中，可以更好地促进社区居家养老的实施和改进，使之能更好地服务于老年人的晚年生活，这是养老服务形式和手段多样化的现实需要。另一方面，鼓励社会工作专业人才介入社区居家养老服务过程中，更是为社会工作人才提供良好的实践机会，更高素质的社会工作人才往往需要通过社会实践的磨砺。在很多高校中，社会工作也会有固定时间长度的实习，让更多社会工作者介入到社区居家养老中，这也是社会工作人才完成学业的需要，让更多社会工作专业的人才从事居家养老工作或者到社区居家养老服务岗位做志愿者，为社区居家养老服务提供源源不断的动力。

社会工作介入居家养老有其独特的模式方法，个案工作、小组工作、社区工作是社会工作的三大方法，不同的方法有其独特的模式。社会工作的三大方法及其对应的模式都包括发现问题、了解问题、解决问题等步骤，注重解决实际问题，比如个案工作中的行为治疗模式、叙事治疗模式就特别适合应用于养老服务中。由此可以看出，社会工作介入居家养老服务中，拥有其他专业不可比拟的优势，比如，社会工作可以在老年人愿意接受的聊天中发现老年人的心理问题，并为其提供心理疏导服务。社会工作独特的方法和模式使社会工作能够更好地介入居家养老模式中。此外，社会工作中还注重尊重这一价值，这与以往的统一服务标准不同，将不仅仅是尊重服务对象，更是在居家养老服务过程中，观察其特点，针对不同的老年人提供个性化的尊重。

社会工作直接介入城市居家养老有个案工作、小组工作和社区工作三种服务模式（见图 6 -4）。这三种模式在介入时都会考虑老年人群的基本特点，进而提高居家养老服务质量和水平。老年群体作为我国的弱势群体，有着与其他人群不同的特点。随着老年人年龄的不断增长，视觉和听觉功能不断退化，智力也逐渐衰退，这些生理上的改变影响了老年人的心理健康。不少老年人感到焦虑和孤独，经常有挫败感，处于困扰当中。这就使得老年人的情感变得比一般人脆弱，需要家人和社会更多的温暖。但是在现实中，很多老年人出于子女上班等原因常常成为空巢或独居老人，并未得到子女很多的照顾和关怀。

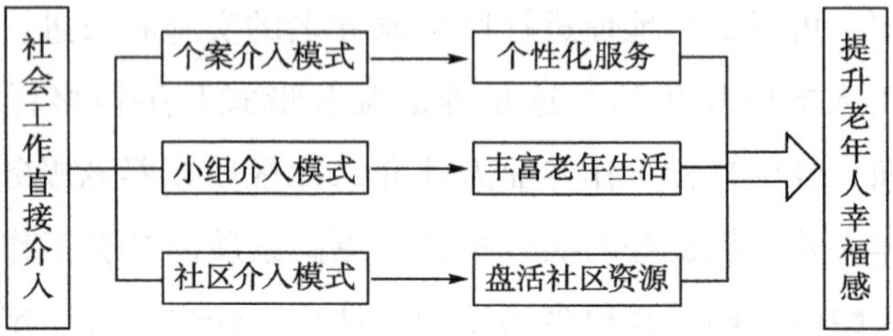

图 6－4　社会工作直接介入居家养老模式

社会工作个案介入模式是根据不同老年人差别化的需求，由专业社会工作者运用社会工作相关知识和技巧制定不同的居家养老服务方案，这种模式的目的是帮助老年人发现问题、解决问题。这种模式的原则就是要体现个性化。这种模式就是在社会工作介入的过程中，对老年人给予充分的尊重，对不同的老年人根据其自身特点进行细分，形成差异化，与老年人建立友好的关系，然后通过与不同老年人进行沟通交流，用耐心、细心和责任心，更深入地了解老年人的差异及其对居家养老服务的需求，针对这些不同之处，调整服务计划和服务方案，并在此过程中了解老年人主要面临的问题，鼓励支持老年人直面困难，运用专业的社会工作个案实施技巧帮助老年人解决困难。这种模式的服务对象细化到个体，针对每个老年人的实际情况制定计划，因此居家养老服务效果十分明显，可以对老年人的个人情况进行收集整理，对每个老年人进行长期的观察和追踪。但是由于目前我国社会工作介入居家养老服务的专业人员还不够多，像这种个案模式又需要大量的专业社会工作者充分考虑老年人个体的生理、心理特征，所以个案模式虽好，但这种一对一的介入不能有效满足我国庞大的老年群体的需求。

社会工作小组介入模式，为了满足老年群体的不同需求，以社会工作的专业理论为依据，鼓励老年人积极地参与各种社会活动，目的是丰富和充实老年人的生活，避免老年人因退休而与社会脱节，使老年人的生活更具幸福感。工作小组邀请有意愿参与活动的老年人，走访和鼓励平时不太爱参与活动的老年人参与活动，在选取活动时，要选择简单易学的活动内容，以老年人喜闻乐见的兴趣小组和学习小组为主，也可以根据老年人的不同层次的需求，设计不同种类的小组活动形式。通过这种小组形式的活动，建立老年人活动社交网络，提高老年人参与活动的积极性，提高老年人的活动水平，丰富和充实老年人的晚年生活。但是由于老年群体的特殊性，小组工作在介入的时候需要关注老年人可能出现的特殊情况，比如，一些老年人可能因为体力不支或种种情况在活动的中途就退出，或是因为老年人智力和行动力的衰退，学习新事物的能力下降，在活动中往往学习速度比较慢，因力不从心而产生羞愧和懊恼的情绪，不能与社会工作者进行及时有效的互动，这些情况都需要得到社会工作者的理解和照顾。

社会工作社区介入模式，动员社区的居民和社区内可利用的资源，通过发动和组织社区内居民参与活动，发现社区的问题和需求。通过这种集体活动的形式，做到有问题解决问题，没有问题则以合力积极预防问题。针对社区内居家养老服务存在的问题，动员社区内的人员和资源来进行解决，适当情况下可利用外援，提高社区的福利水平。在集体的预防和解决问题的过程中，减少了社会冲突，改善了社区内的人际关系，增强了社区人群的凝聚力，为社区内的老年人群体提供了和谐融洽的社区氛围。在居家养老服务过程中，我们的服务对象是社区内的老年人，因此活动也主要围绕老年人展开，充分发挥社会工作者的专业性。由专业的社会工作者从人力、物力、财力等方面发动社区内的资源，这里的人力包括了社区内的所有居民，以老年人为参与主体，社区组织举办一系列活动，如以节日为依托举办主题活动，或是以老年人生日等特殊的日子为契机举办一些活动，提升老年人的幸福感。在节日中空巢老人的孤独感会更加明显，通过举办活动减轻老年人的失落感和孤独感，为老年人带来心灵慰藉。

社会工作间接介入城市居家养老也有三种形式，分别是连接社会资源、发展社区本土志愿者和社区介入模式（见图6-5）。我国居家养老的充分发展需要发挥社会工作者的专业作用，连接社会资源，调动多方社会资源共同投入到居家养老的建设中来。目前我国的居家养老服务体系建设大多依靠政府和社区居委会的推动，但居家养老体系的建设是一个大工程，不能只依靠政府和社区居委会的力量，还需要医院、企业等丰富的社会资源都来为居家养老服务体系贡献力量，这个时候就需要充分发挥社会工作者的专业作用，连接社会资源，使其投入到居家养老服务体系的建设中来。在培育本土化的志愿者队伍过程中，引导志愿者参与、招募热衷服务的助老志愿者队伍、定期开展志愿者专业服务培训、为助老服务的开展营造氛围、不断提高社区居民助老意识等环节都需要社会工作者的参与，由专业的社会工作者引导社区居民参与到助老志愿者的建设中来，提高社区的养老服务水平。社会工作者作为居家养老服务一线的工作人员，掌握了大量老年人的居家养老需求情况，对居家养老也有很深层次的理解，因此社会工作者向地方政府反映意见，有助于地方政府颁布更具有建设性的政策措施。

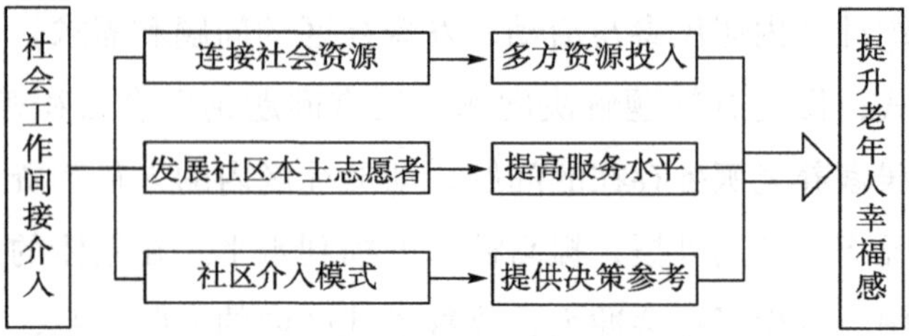

图6-5 社会工作间接介入居家养老模式

2. 医养结合养老模式

医养结合是一种创新的养老模式（见图6-6），以功能为主要创新点。大多数学者认为医养结合就是将社区内或社区周边的医疗资源与老年人日常的养老融合起来。其中，“医”的部分是指这种养老模式明显区别于其他养老模式，确切地说就是利用社区内或周边的医疗资源，为老年人提供健康体检、医疗诊治、康复检查等医疗卫生服务；“养”的部分同一般的社区居家养老相似，在社区中享受社区一般资源，安度晚年。将“医”和“养”结合起来，让老年人在有病的时候可以得到及时救治，在无病的时候也可以在社区中安享晚年，最终实现“老有所医、老有所养”的目标。医养结合模式不断推动我国逐步实现健康老龄化。不断改进完善现有的医养结合模式，充分整合和利用政府、社会、社区、医院、养老院等多方面资源，通过不断为老年人提供更高质量的服务，促进我国居家养老服务业的发展。

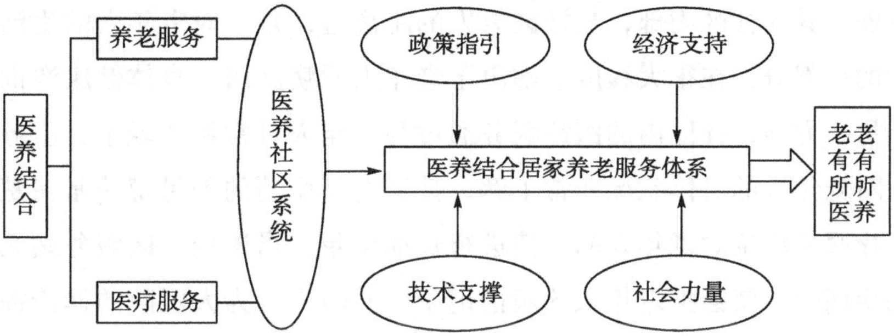

图6－6　医养结合居家养老服务模式理念

医养结合的养老模式得到越来越多的老年人的青睐，主要有两方面的原因。一方面，医养结合模式迎合了老年人浓厚的家庭传统观念。社区中的老年人受传统家庭观念的影响，对亲人的情感依赖较强，都更倾向于在自己长期生活的社区里面居住，且社区里一般还有志愿者为他们提供无偿的服务，志愿者服务包括线上和线下两种形式。在有些社区，志愿者分为三类：第一类是帮助定期访问，并登记老年人不同阶段身体状况的社会爱心人士；第二类是与老年人组成一对一帮扶的上班人群，这类上班人群上班地点通常在老年人住处附近，此类人群提供的服务是收费的；第三类是热心养老的党员人群，这类党员人群提供的服务完全是免费的，他们的志愿服务将会被一一记录下来，党员的先锋模范作用由此体现。

另一方面，医养结合养老模式能够得到社区内居委会和服务组织的鼎力支持。社会各地的志愿者对老年人的帮扶和关心是间歇性的，有时间断点，老年人平时的身体状况等动态信息不能得到充分关注，这就需要社区内的居委会和服务组织发挥其就近优势，通过上门拜访，与老年人面对面交流，及时跟进老年人的最新情况，并记录整理老年人需要解决的新问题，为老年人排忧解难。另外，医养结合模式下能享受到社区卫生服务站提供的优质医疗服务。社区卫生服务站属于三级管理模式，卫生服务站的服务内容主要包括：家庭签约式服务、健康教育、老年管理、计划生育等。社区服务站是医养结合模式中最基层的医疗服务单位，作为与社区老年人直接接触的医疗服务处，其在社区居家养老过程中发挥了重要作用。一方面，其在社区内部，与社区老人的距离近，是平时老年人的生活不可缺少的一部分，在很大程度上解决了老年人看病就医、身体健康咨询的问题。另一方面，社区内的医疗服务通过与老年人日常密切联系，服务站的医生对老年人的身体状况非常了解，甚至对其用药的剂量都非常清楚，这类医疗服务单位对老年人的病情进行长期记录，当遇到社区服务站无法医治的疾病时，就会把老年人的病情记录一并转入，为大医院的诊治提供有效的参考。

对于老年人来说，随着年龄的增长，身体机能退化，患各种疾病的概率增高，受疾病影响的时间长，需要治疗的时间周期也长，对很多老年人来说退休之后的养老大多时间都是在养病，有长期护理的需要。因此，在日常生活照料中如何加入“医”这一元素，满足老年人长期医疗服务的需求，就成为重要的现实问题。目前我国医疗系统和养老系统分别属于卫生系统、民政系统，两者大多处于分割状态，还不能做到良好的衔接。医养结合作为居家养老模式中的一种创新模式，对它的研究大多停留在概念层面，理论上来说医养结合模式能够弥补老年人在居家养老过程中长期医疗服务缺乏的不足，为老年人的疗养提供更多的便利，但目前各地医养结合模式大多还处于探索阶段，取得的经验和成果还不足，由此看来，我国的医养结合模式的发展潜力巨大。

以下将分析我国医养结合模式面临的内部环境和外部环境。外部环境为我国医养结合模式发展带来了机遇和挑战。在政治方面，医养结合的养老模式得到国家的政策文件支持，医养结合政策也不断得到完善，社区建设的规划不断推进。在经济方面，我国经济稳步增长，对医养结合的财政投入不断增加。在社会方面，医养结合模式获得老年群体的认可，符合居家养老发展的趋势。在技术因素方面，互联网、云计算等技术为医养结合平台的建立提供了支持。在获得发展机遇的同时也面临挑战，在政治方面，我国养老产业的法律法规尚不完善，居家养老体系也未能建立，关于医养结合的政策虽有推进但是速度缓慢。在经济方面，医养结合模式的推进需要大量的资金支持，目前资金来源很不稳定，致使医养设施建设不足，很多地区存在供需不平衡的问题，医养结合模式在各地的发展存在明显差异，我国东、西部地域差异特别明显。在社会方面，由于区域差异，医养结合几乎无法做到统筹发展，居家养老医护服务资源分布不均。在技术因素方面，现有的技术无法实现医养平台的对接，致使无法提供精准性的服务。不仅外部环境有机遇和挑战，内部环境也同样存在机遇和挑战。内部环境的机遇表现在我国医养结合模式已经在试点地区建立，并且一直受到媒体和学者的关注，经过一些社区的不断努力，已经初步积累了有关医养结合模式的经验。存在的问题有医养结合模式自主发展不足，多是由政府自上而下推进，对社区的行政依赖比较严重，医养结合中的公益性和营利性一直难以平衡，社区内的医生和护理人员不足，社区人员的参与不够，医养结合整体力量薄弱。

目前，由于理论准备不充分，社区在促进医养结合方面的资源不足，政府在探索医养结合方面的经验不够，所以在政策的制定和优惠政策的扶持方面力度不够。尽管如此，一些地方通过不断努力也取得了一定的经验，可以为以后医养结合模式的发展提供参考，以下将介绍比较典型的医养结合居家养老模式。目前我国比较典型的医养结合居家养老模式主要有两种，分别是医养机构合作模式、医疗机构养老辐射模式（见图6－7）。

医养机构合作模式是一种比较常见的模式，就是社区内的养老机构和社区内的医疗服务两者达成医养共创的合作，有效整合社区内的医养资源，一方面为社区内的老年人提供日常照料服务，充分发挥养老机构在老年人日常专业化照料方面的优势，另一方面为社区内的老年人提供健康护理方面的医疗服务，充分发挥医疗机构在老年人日常医疗服务方面的优

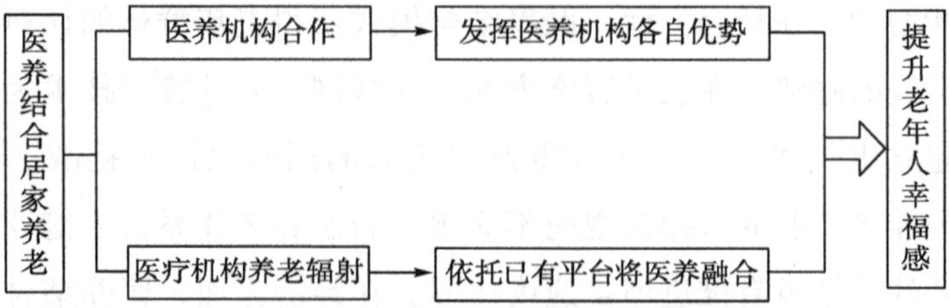

图6-7　医养结合居家养老模式常见的两种方式

势。这种模式比较简单，由于只需社区内的养老机构和社区内的医疗机构达成协议，所以实施起来很容易。这种模式的关键就是对社区资源进行整合，对社区内已有的资源进行重组，比如，社区服务中心和医疗服务机构共同建立老年医疗诊治中心，并为老年医疗诊治中心配备健康检查仪器、座位、诊台、电脑、空调等设备，聘请专业、负责任的医生出诊，并在诊治的同时为老年人建立健康诊治系统，将老年人每次的诊治情况记录在系统中，对患有各种慢性疾病的老年人进行分类，通过建立标准化、系统化的计算机健康系统，可以长期追踪老年人的身体健康情况。同时，聘请专业的护理人员，为行动不便的老年人提供上门换药等服务，指导残疾的老年人进行康复训练。

我国的浙江省宁波市江东区和上海市是实施这种模式比较典型的地区。浙江省宁波市江东区的街道社区卫生服务中心成立了家庭医疗服务科，内含12个专职团队实施服务项目，为首批试点的老年人提供高质量的医养服务。服务团队中的核心是签约的专业医生，签约的医生每月都要进行以全科医生为主的专业培训，每月都要接受社区对医疗服务质量的打分，并且公示结果以接受多方的监督。专业医生除了日常为老年人进行诊治，还重点为社区内85岁以上的老年人提供身体检查等医疗服务，记录下老年人的身体健康状况，完善老年人的身体健康信息。在上海的规划中，社区内的卫生服务中心还将扮演医养结合支持平台的重要角色，就是利用社区卫生服务中心的天然地理优势向周边的医疗机构辐射医疗资源。社区卫生服务中心处于医疗体系的神经末梢位置，与老年人接触的距离最短，是老年人实现医疗救护的最快路径。由以上两个实例我们可以看出，这种模式在社区内虽已发展起来，但是由于社区的经济条件不同，社区内医疗设施的建设差异较大，存在医疗资源投入不足、资金缺乏、资源分配不均匀的问题，一方面面临着资源不足的问题，另一方面却又存在资源浪费的现象，所以需要提高资源利用率。

医疗机构养老辐射模式主要是为老年人提供专业化的医疗服务，就是将养老机构设立在医院里，医院依托已有的平台设立将医疗诊治和康复养老结合为一体的无陪护老年病房，这种病房有住院和修养两种状态，当老年人病情稳定的时候，病房就自动转为修养状态；当老年人病情恶化的时候，病房就自动转为住院状态。老年人还可根据自己的情况选择自理型、半自理型、全护理型和临终关怀型住院方式，得到针对性的服务，在此过程中，住院和治疗的费用可以通过医保报销。这种模式的特点就是将已有的医疗资源辐射开来，将养老服务纳入专业化的医疗服务中，把养老服务融入医疗机构内部，进而实现医养结合。

恒大互联网社区医院，又被称为中国第一家互联网社区医院，就是我国医疗机构养老辐射模式典型的案例。利用目前先进的互联网技术，及时迅速地汇集了大量的专业医疗资源，与国内外上千名顶级医生合作，独创了居家养老和医疗服务结合的健康管理，与社区养老中心联手，强有力地整合了医疗资源，为社区内的老年人提供医疗保健。居家护理的服务，弥补了家庭照顾的弱化和社区医疗服务资源的不足。这种利用互联网的方式，将吸引更多的市场力量加入医养结合模式的建设中来，将进一步促进医养结合的发展。

（二）网络型养老服务模式

网络型养老服务模式就是突出互联网等技术在居家养老服务中的积极作用，发挥网络在居家养老服务中的核心和支持作用，变革传统的养老服务机制、服务流程和服务管理等方面，使居家养老在服务质量方面实现质的飞跃。运用互联网整合线上、线下的资源，精准有效地挖掘老年人的居家养老需求，这就是网络型养老服务模式的运行机制。网络型养老服务模式包含服务内容和服务方式两方面的内容。在服务内容上，利用互联网、云技术对老年人的需求进行挖掘和数字化处理，通过紧急呼叫系统、风险防控系统、无线呼叫器、传统手机式终端、可穿戴类设备等设备连接居家养老服务，把老年人的服务需求信息传达给服务提供者。在服务方式上，通过网络平台衔接线上、线下资源，老年人可以通过信息服务平台选择饮食服务、家政、文化娱乐、健康医疗、紧急救助等服务项目，还能得到与服务供应商的互动服务，也就是通过O2O的方式实现居家养老服务交易，老年人只要在信息服务平台上对服务进行选择和购买，就能享受到线下服务提供方精细化的居家养老服务。

1. “互联网+居家养老服务”模式

“互联网+”是随着电子商务的发展与繁荣而逐渐兴起的。近年来，互联网的不断发展在一定程度上阻碍了实体经济的发展。互联网平台的设计和开发以人为中心，能够实现未曾谋面的网络者的沟通交流、生意合作。互联网通过对丰富多样的服务器进行连接，从而为网络者提供免费、平等、开放的交流服务平台。对于“互联网+”，比较通俗的理解就是把互联网与各种现实中不同的行业连接起来，但是这种连接又不是简单地将资源重合在一起，而是利用大数据、云计算、通信、物联网等信息技术，建立互联网络平台，从而将现实中的实体行业与互联网紧密联系在一起，利用互联网大数据处理技术等优势，为各个行业的更好发展铺路。

“互联网+居家养老服务”就是要将互联网在信息处理、信息交换、信息挖掘方面的优势技术应用到居家养老的服务提供中来，基于大数据、物联网等技术，为老年人提供购买生活照料服务、医疗诊治服务、精神慰藉服务等多种服务，搭建更为便利的平台（见图6-8）。在此模式下服务的提供路径是搭建互联网信息服务交流平台，使其成为连接政府、养老服务机构、家庭的纽带，通过互联网技术，提高居家养老服务的便捷性、灵活性，为老年人带来新的服务体验。通过这种互联网与居家养老服务融合的方式，探索更有价值的居家养老服务形式，有利于满足老年人多层次的居家养老服务需求。目前我国居家养老服务在内容上已经得到了很好的丰富，要在已有的基础上提高居家养老服务的水平，就必须保证居家养老服务可获取途径的便利化、畅通化，提高居家养老服务的管理效率和供给效率。老年人由于身体机能退化，大多腿脚不便，不便出门或者走太远的路程，致使老年群体对居家养老服务的购买有一定的困难，因此，要想提高居家养老服务供给的质量，必须减少时间成本和人力成本，探索出一种让老年人足不出户就能下单购买居家养老服务的新方式，而"互联网+居家养老服务"模式整合了社会资源，通过为养老服务的供需双方提供新的沟通交流方式，更有效地配置社会中的养老资源，极大地提高了居家养老服务的供给效率，解决了传统居家养老模式中服务的供给方与服务的需求方信息不对称、居家养老服务提供商各自经营的问题，使居家养老服务提供的及时性和灵活性都得到显著的提升。

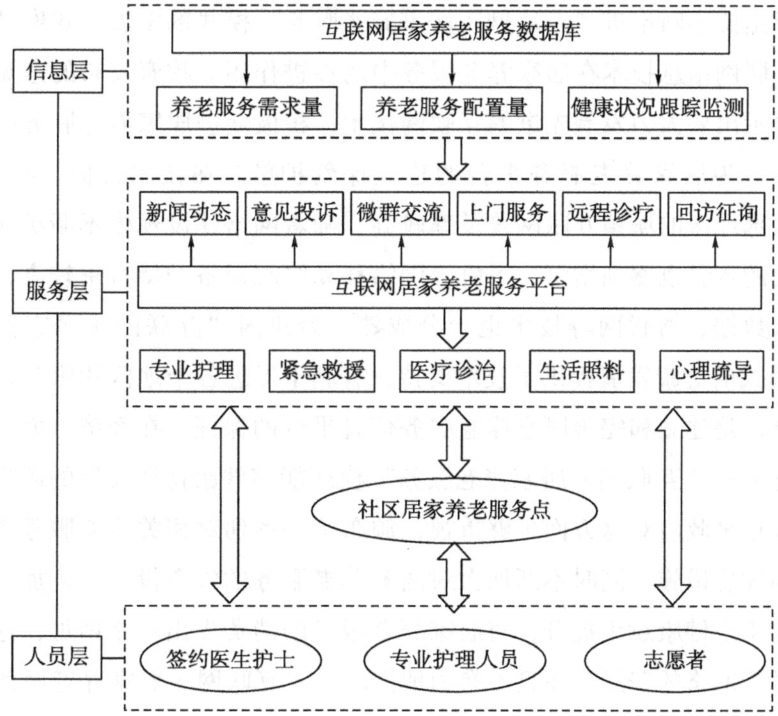

图6-8　"互联网+居家养老服务"模式发展机理

"互联网+居家养老服务"模式利用现代化的信息技术，满足了老年人日益增长的新的养老服务需求。实质上，“互联网＋居家养老服务”模式也是多方参与的居家养老模式，在这个过程中，政府、家庭、养老服务机构、社会组织等都为居家养老事业贡献了力量。其中，政府让企业充分发挥居家养老服务提供者的优势，通过建立健全法律法规制度，加强对“互联网＋居家养老服务”模式各个环节的监管。企业负责“互联网＋居家养老服务”模式中技术与服务的提供和运营，发挥自身的专业性优势。老年群体及其家庭成员则通过互联网与养老服务提供商进行远程交流，购买其所需要的养老服务。社区则担当监督者的角色，在“互联网＋居家养老服务”模式中依据政府已经颁布的法律法规，具体实施监督办法。

目前我国“互联网＋居家养老服务”模式迎来政策、技术、经济、心理四个方面的发展机遇。在政策方面，国务院在经过了多项基层的调查研究后指出要不断推进“互联网＋居家养老服务”模式的发展，政府越来越重视互联网信息技术在居家养老服务中的促进作用。政府发布的意见和政策都显示出要大力发展先进的互联网技术，积极促进居家养老服务的获得便利性，为居家养老服务平台的建立保驾护航。在技术方面，我国东、中、西部地区的城镇互联网普及率较高，随着网络建设规模不断扩大，我国网民的数量也逐渐增多，手机等网络移动终端设备的持有率较高，云技术、大数据、物联网等技术也十分成熟，为我国“互联网＋居家养老服务”模式的健康发展提供了技术支持，有利于促进各个地区的服务信息互联共享，是建立和完善居家养老服务信息平台的保证。在经济方面，资金的支持将是“互联网＋居家养老服务”模式能够健康持续发展的源泉和动力，近年来政府对这方面足够重视，颁布了一系列对相关养老服务供给方减税的优惠措施，同时不断加大对居家养老服务的资金投入，再加上我国居民近年来健康意识提升，对居家养老服务的消费支出不断增加，这些不仅刺激了网络的普及，而且更有力地推动了“互联网＋居家养老服务”模式的发展。在心理方面，居民对“互联网＋居家养老服务”模式的接受程度也是决定其能否得到很好发展的重要因素，否则就算“互联网＋居家养老服务”模式在政策、技术、经济等方面有得天独厚的优势，没有老年群体的消费需求，也只会半途夭折。随着我国互联网信息技术的不断普及，老年群体对互联网的认知也不断增加，特别是相对较年轻的老年人对于互联网的使用情况良好，他们逐渐发现互联网给日常生活带来了便利，不少城镇中的老年人已经主动进行网络购物，享受及时、便捷的互联网服务。“互联网＋居家养老服务”模式凭借其为老年人群提供更高效率和更高质量服务的宗旨，逐渐获得了老年人群的理解和好感。

养老服务的供给增长速度远远赶不上养老服务需求的增长速度，这种供给不平衡在很大程度上造成了居家养老的资源错配。第一，养老服务供需不平衡主要是由养老服务各环节的信息不对称造成的，特别是供给、输配、使用三大环节的信息较为闭塞，沟通不顺畅，使得供给和需求的数量有较大的差距，供给力度不够，主要是重视日常生活服务的提供，忽视了老年人对精神方面服务的需求，不能有效满足老年人日益增长的养老服务需求。一是缺乏精神慰藉服务，老年人得到心理服务的方式主要是通过服务提供人员与老年人聊天，时间不稳定，通常是不定期的，这种简单的聊天往往只是聊一些琐事，虽然能为老年人解闷，但不能走进老年人的内心，不能为老年人带来专业的心灵慰藉。一般社区内不设立心理咨询室，难以满足老年人对心理服务的需求，特别是独居老人、空巢老人时常感到孤独，对心理服务有较大的需求。二是服务水平不高，往往不能提供上门服务。目前大多数养老服务机构所提供的服务都是为了满足老年人基本的日常生活需求，如清洗衣物、打扫房间、做饭等，老年人与大多数人一样，也会遇到下水道堵塞、灯泡不亮、家电损坏等问题，但这类服务往往不包括在养老服务当中。三是医疗保障不健全，缺乏足够的医疗服务。一部分原因是社区内的医疗资源不够，缺乏专业的医生、护士，所以能为老年人提供的医疗服务也受到限制；另一部分原因是医疗保障制度不够成熟，很多医疗服务如上门体检、上门护理没有纳入医保范围内，这增加了老年人及其家属的负担，很多老年人为了减轻家庭负担，不愿消费这类医疗服务。第二，信息传递不够顺畅。由于目前大多数社区的服务信息传递还是以传统的方式为主，没有利用互联网科技建立良好的信息交流服务系统，因此老年人的需求往往不能及时得到满足，在服务的时间上达不到需求者的预期。

目前我国居家养老服务机构分散在各个社区，养老资源也分散在各个社区，社区与社区之间很难资源共享，未能形成社区居家养老资源整体的协同发展。为解决这些问题，“互联网+居家养老服务”模式应运而生。一方面，通过“互联网+”的技术路径，有效搭建养老服务信息平台，突破由地域限制造成的信息闭塞，使养老服务的供给和需求信息能超越社区，通过“互联网+”的引入，广阔空间的养老服务信息一览无余，有效实现供需的无缝衔接，为老年人提供及时的服务。另一方面，互联网具有强大的资源整合能力，在居家养老模式上利用互联网、物联网，将为居家养老服务带来巨大的信息资源，引入互联网技术是居家养老发展的必然选择。“互联网+”平台具有强大的信息整合能力，一边整合所联系区域内所有社区中各个老年人的需求，实时发布，一边联系提供居家养老服务的机构、社会组织、志愿者等，将供给和需求进行匹配，在极短的时间内为老年人提供紧急救护、家政预约等服务以满足老年人的实时需求。

目前在我国各地积极试点“互联网+居家养老服务”模式，以提高居家养老服务质量。通过梳理各地的试点情况，分析总结出老年人居家养老层级分为信息层、服务层、人员层三层。首先是信息层。信息层是“互联网+居家养老服务”模式区别于其他居家养老服务模式的主要部分。信息层主要是将服务所辖范围内某一时点上所有老年人的养老服务需求量、养老服务配置量、健康状况跟踪监测情况整合起来，通过互联网技术，构建互联网居家养老服务数据库，连接了老年用户和养老服务提供机构、组织、志愿者。其次是服务层。居家养老服务平台不仅为老年人提供线下的服务，还能为老年人提供线上的交流、意见回访、远程诊治等服务，这些线上的服务真正做到了实时，在老年人需要的第一时间就可获得，摆脱了传统居家养老服务提供时间和空间上的局限性。线下的养老服务包括生活照料服务、专业护理服务、医疗诊治服务、心理疏导服务。最后是人员层。人员层也就是为老年人提供服务的人群，通常为养老服务机构、组织内的签约医生、护士、专业的护理人员，还有一些是来自各地的养老服务志愿者，他们作为服务的提供者，直接与老年人接触，与老年人联系密切。

“互联网＋居家养老服务”模式为老年人带来的服务非常丰富，线上、线下相结合的模式受到老年人的欢迎。对于不同的养老服务需求，服务流程大致相同，一共有五步，但老年人主要完成前四步就可以完整体验一次“互联网＋居家养老服务”。第一步是提出需求，老年人或其亲属通过手机、电脑等各种终端向信息平台发布服务需求。第二步是信息匹配，互联网居家养老服务平台根据服务需求者的需求和社区位置进行匹配，为配发服务做准备。第三步是派发服务，信息匹配后会将服务需求者的需求和位置发送给入网的养老服务机构、组织、志愿者，这些服务者接受订单并提供服务。第四步是客户回访。互联网居家养老服务平台在一定时间内打电话回访客户，了解老年人对服务的满意度，并征集其建议。至此，老年人完成一次服务体验。但要提高居家养老服务质量，仍需互联网居家养老服务平台整理老年人的服务需求和建议，并根据老年人反馈的意见和建议，及时淘汰不合格的养老服务机构、组织，吸纳新的养老服务机构、组织。

在服务层中，居家养老服务平台提供的线下养老服务主要有生活照料、专业护理、紧急救援、医疗诊治、心理疏导五种。

生活照料。除了我们熟悉的老年人日常照料服务，利用“互联网＋”为老年人提供代缴费用、代取快递等服务将更加快捷，同时也可以针对老年人日常的生活问题，使用微信等沟通工具线上回答。从前这些服务大多需要等待，建立了互联网居家养老服务平台后，老人及其亲属通过手机等发布需求即可，非常方便，特别是线上的实时回复服务，降低了老年人的不安全感，受到老年人的欢迎。

专业护理。针对大部分老年人的专业护理需求，线上实时回复都能较大程度地予以满足。但针对一些需要长期护理的特殊人群，将通过互联网、物联网技术实时收集老年人的健康状况信息，24 小时监测老年人健康数据，并在互联网居家养老服务平台进行整理分析。最后，根据整理分析后的数据，为老年人提供饮食、运动等日常生活建议。

紧急救援。紧急救援主要是为老年人的突发情况提供及时救助，但这类工作并不是在老年人出现突发状况时才进行，而是在老年人出现这类情况前，就已经利用互联网、物联网技术对老年人身体进行监测，一旦出现突发状况，就触发互联网居家养老服务平台中的报警系统，相关机构和组织将立刻派救护人员救治。

医疗诊治。互联网技术在居家养老服务中的应用，改善了老年人的诊治环境，对于一些不需要吃药的病症，不用再去诊治点医治，特别是腿脚摔伤等需要就地诊治的情况，在家就可线上诊治。

心理疏导。利用互联网居家养老服务平台，可以通过线上回复、微信聊天等为孤寡老人提供心理服务，同时也方便老人预约服务人员线下聊天，丰富了老年人的情感交流体验。

2. 智慧养老模式

智慧养老最早是由英国提出来的，在当时也被称为“智能居家养老”。智慧养老模式与“互联网+居家养老服务”模式都依托于现代物联网、互联网技术，但是不同的是“互联网+居家养老服务”的侧重点在于利用成熟的互联网技术搭建居家养老网络平台，将居家养老服务提供方与需求方连接起来。而智慧养老模式则侧重于利用各种传感器将各方的养老资源联合起来，为老年人提供多层次、24小时的高质量服务（见图6-9）。

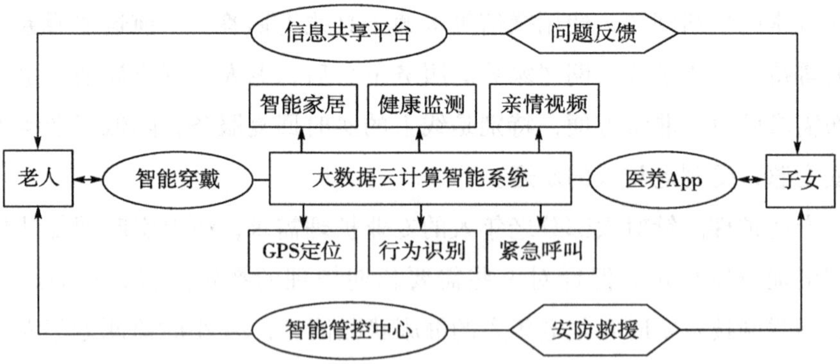

图6-9　智慧养老模式理念

智慧养老是指以物联网、大数据、云计算、智能硬件等创新技术，实现个人（家庭）、政府（社区）、机构与各种健康养老资源的有效对接和优化配置，推动养老服务的智慧化升级，全面提升健康养老服务水平。信息技术的应用将极大推动居家养老产业的发展，智慧养老在一些国家已经发展成熟。智慧养老在我国发展较晚，相关的理论和实践不足，目前处于初步发展阶段，但其发展前景广阔，受到政府及社会各界的关注与支持。表6－1是我国关于智慧养老的系列政策。

表6－1 智慧养老相关政策

年份	相关政策
2012	首次提出“智能化养老”的理念
	启动建设“全国智能化养老实验基地”
2013	发布《全国智慧化养老实验基地建设规范》

智慧养老强调两个部分，一是“智慧”，二是“养老”。养老并不难见，独特的是“智慧”。“智慧”就是要为老年人提供实时、快捷、有针对性的养老服务，这些服务依靠互联网等，整合多方资源，为老年人提供及时且种类丰富的养老服务，让老年人感受到智慧养老区别于其他养老的便捷，提高老年人的养老质量。

智慧养老将从多个方面改变传统的养老服务模式，实现综合性服务创新。通过提升养老机构和社区的管理效率，使得居家养老和社区养老慢慢发展成熟。通过打造养老服务的供需对接平台，满足老年人更高层次的养老服务需求。

自全国老龄工作委员会办公室于2012年对“全国智能化养老项目”批复后，目前已有17家智能养老实验基地落地，全国已有多地进行智能居家养老模式试点，如苏州沧浪区建立的“虚拟养老院”项目、南京秦淮社区构建的慢性病管理服务平台、杭州各城区陆续成立的智慧居家养老服务平台等。浙江省的乌镇是智慧居家养老模式的典型代表，乌镇政府与智慧居家养老服务商亲密合作，在居家养老服务中引入“智慧养老”，形成了独具特色的智慧居家养老服务模式。

智慧居家养老服务的运作路径是：当老年人有居家养老服务需求或者

是监测老年人健康的智能设备报警时，老年人及其家人通过智能设备根据需求下订单，智能设备也会呼叫智慧居家养老服务中心。需求信息几乎同时到达智慧居家养老服务中心，此时智慧居家养老服务中心将会对订单的需求进行识别，当识别出订单是需求者需要购买的服务时，智慧居家养老服务中心会根据老年人的服务下单情况为老年人配置日间照料服务或生活服务等；当识别出是老年人身上的智能设备报警时，智慧居家养老服务中心将会及时为老年人派去应急救助，必要时会替老年人拨打当地的120服务热线，同时会对老年人的救助进行持续的跟踪。最后这两种服务的质量都将由老年人打分反馈。具体如图6－10所示。

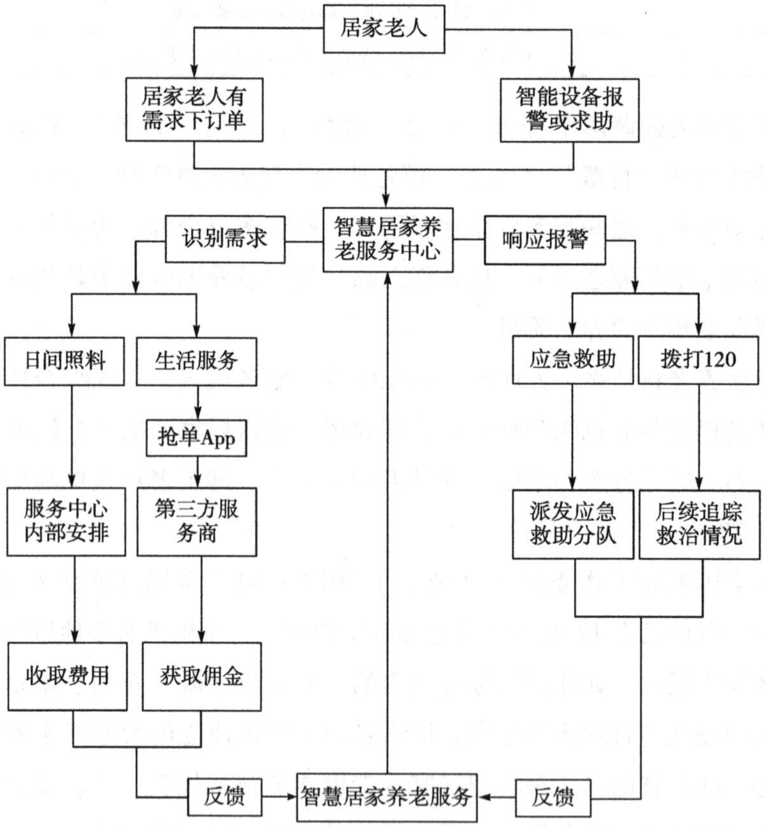

图6－10 智慧居家养老服务运作路径

智慧养老主要由智能化设备、线上信息平台、线下服务资源三大板块构成。智慧养老服务平台的构成主要包括三部分：信息平台、物联网设备、互联网应用。信息平台由老年人信息管理服务系统、服务机构和服务人员信息系统、服务需求评估系统、照护服务管理系统、社区服务交互系统组成。老年人信息管理服务系统是全方位收集老年人年龄、性别、收入、受教育程度、住址、子女数量及职业等信息，将这些信息整合起来，建立老年人个人健康系统，持续跟进老年人的身体健康状况。服务机构和服务人员信息系统是整合线上养老服务机构和服务人员的数量、位置、规模、层次、联系方式等的系统。服务需求评估系统将区别、细分老年人的需求，将老年人的需求与服务进行匹配，为老年人提供多层次的服务，并提出专业的建议。照护服务管理系统对老年人的护理需求进行分级，提供个性化的照护服务人员。社区服务交互系统通过智能设备对老年人的身体指标进行全天候监测，一旦智能设备报警，交互系统将立马做出反应，为老年人提供及时的紧急救助。物联网设备主要是针对空巢、独居、失能老人，分为室内和室外两个部分，其运作机理都是通过智能设备的 GPS 定位对老年人突然出现的身体指标异常、摔倒等紧急情况进行报警，在接收到报警的第一时间，服务人员将赶去现场紧急处理，并将紧急处理的过程记录在系统中。互联网应用主要是指通过 App、网站等方式，使老年人及其家属能够随时观测身体健康情况，通过这些设备将家人和老年人更紧密地联系在一起。

（三）公益型养老服务模式

公益型养老服务模式就是公益组织作为服务提供主体，凸显公民的积极参与，整合政府、社会力量等多方资源来保证居家养老服务的持续性供给是公益型养老服务模式的运行机制。这种模式的特点是整合了公益组织、社会资本、公民参与等多方资源，使他们共同投入到满足老年人的持续性需求当中。在公益型养老服务模式中，既能发挥社会资本的作用，也能发挥商业机制的作用。让社会资本发生作用的目的是为老年人服务，其中网络化服务是其使用的主要形式，商业运行机制在公益型养老服务模式中的运用是公益组织突破其纯粹公益性的服务模式。

综上所述，聚合型养老服务模式、网络型养老服务模式和公益型养老服务模式三种模式在服务辐射场域、服务提供主体、政府与养老服务主体合作动机、合作形式、服务性质、服务特点、服务形态等七个方面各有差异。聚合型养老服务模式因其将资源聚合于社区的特点，其居家养老服务主要辐射到家庭、社区及周边地区，专业化的养老服务组织是其居家养老服务主要的提供主体，对于政府而言，其与居家养老服务组织合作的目的是充分发挥其他养老服务主体的主观能动性，减轻政府的财政压力，也是政府转变职能的需要。在这种模式下政府与养老服务主体的合作形式主要是服务外包模式和 PPP 模式，主要以营利为目的，存在一定的公益性。服务多功能化、综合化是聚合型养老服务模式的特点，呈现给我们的是一种多重功能混合的养老形态。网络型养老服务模式的服务辐射场所同聚合型养老服务模式相同，都对家庭、社区及周边进行辐射，技术型养老服务组织是服务提供主体。政府需要创新养老服务方式是政府与养老服务主体通过服务外包和 PPP 模式合作的动机。该模式的特点也是以营利性目的为主，辅以一定的公益性目的。服务特点是智能化、精准化和高效化，服务形式是网络化的。公益型养老服务模式的服务辐射场域比较窄，主要辐射家庭和社区，公益组织是其服务提供主体，政府与养老服务主体合作的动机是促进政府职能转变，合作的形式只能是服务外包。这是一种公益性目的为主、营利性目的为辅的养老服务模式，公益型养老服务模式体现了养老服务的公益性、普惠性和互助性，是公益性主导下的新型居家养老模式。

第二节　模式有效性实证研究

一、层次分析模型构建

层次分析法是运筹学家萨蒂提出的用于解决难以定量分析问题的一种权重分析方法。将复杂的问题分解为高层、中层、低层三个层次，运用模型特定方法计算各个层级的比重大小，比重最大的就是最好的决策方案。其分析步骤如图 6 – 11 所示。

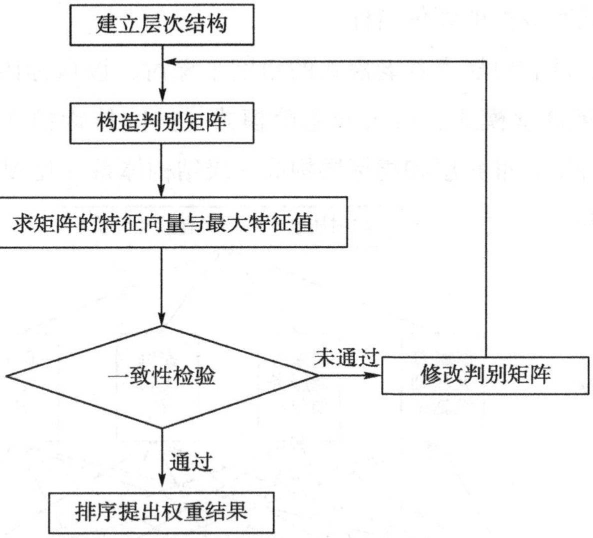

图 6 – 11　层次分析法步骤

本书认为影响评价的因素有居家养老基础设施、居家养老服务质量、家庭支持和政策支持。第一，居家养老基础设施是评价居家养老最直观的因素，老年人的养老需要有一个设施完备的场所，完善的养老医疗设施、消防设施、安全设施、生活设施、服务设施等硬件设施将带给老年人更好的养老体验。第二，居家养老服务质量的好坏直接影响老年人的养老体验，高质量的专业人员队伍，不仅给老年人提供基本的生活服务，还会给予老年人精神慰藉，使老年人感受到温暖的关怀。第三，受传统养儿防老观念影响，我国老年人比较倾向于同子女居住，对子女有较强的依赖感，父母养老的方式通常会和子女商量，取得子女的支持，因此子女及家庭的支持会影响其对居家养老有效性的评价。第四，国家的政策倾向也成为影响居家养老有效性评价的重要因素，法律政策的不断完善可以促进居家养老的健康发展，对于更有效的居家养老模式，政策定会大力倡导。

上面提到的居家养老基础设施、居家养老服务质量、家庭支持、政策支持这四个维度，都是影响居家养老模式有效性的因素，实质上就是筛选出这四个因素中对居家养老模式影响最大的因素。本书将从四个方面设计居家养老模式有效性的评价指标。

一方面，从农村居家养老模式的角度来探讨，该指标体系包含社区照护模式、老年食堂模式、村级养老院模式、护院挂钩模式、互助养老模式，并由目标层、准则层和指标层构成三级结构体系（见图6－12）。

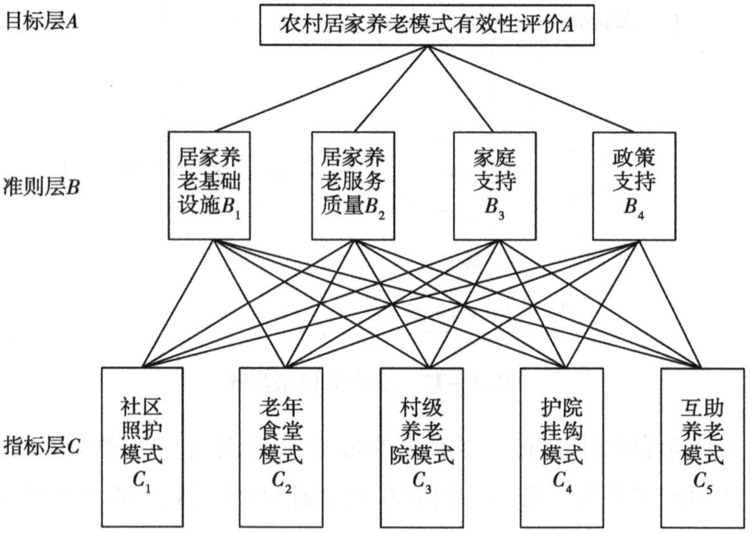

图6－12　农村居家养老模式有效性评价指标体系结构

另一方面，从城市居家养老模式来探讨，该指标体系包含了聚合型养老服务模式、网络型养老服务模式、公益型养老服务模式，并由目标层、准则层和指标层构成递阶层次体系（见图6－13）。

二、模型系统分析

（一）以农村居家养老模式为例

A 为此例中最高级目标层，B 为中级准则层，以 A 为判断矩阵比较标准，B 层次各因素的两两比较判断矩阵为 $A—B$；逐级类推，当以 B_i 为比较准则，C 层次各因素的两两比较判断矩阵为 $B_i—C$。对于最高级目标层 A，

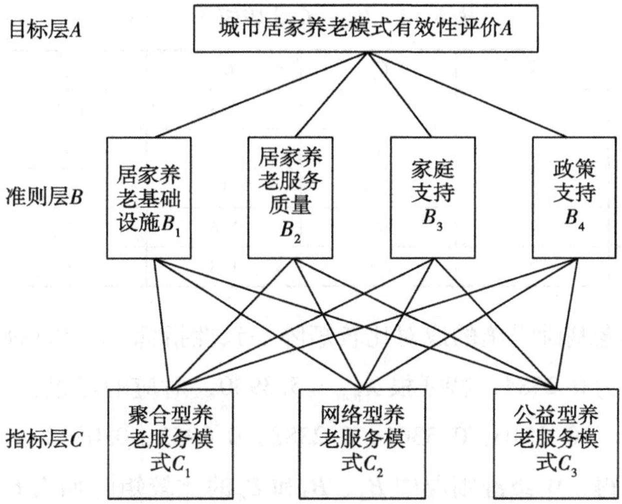

图 6-13　城市居家养老模式有效性评价指标体系结构

则选择在居家养老领域资深的科研领军人物和业内工作人员对各个指标的重要程度打分，由此有以下 $A—B$ 比较矩阵（见表 6-2）。

表 6-2　$A—B$ 比较矩阵（一）

$A—B$	B_1	B_2	B_3	B_4
B_1	1	1/2	1	6
B_2	2	1	3	6
B_3	1	1/3	1	4
B_4	1/6	1/6	1/4	1

由表 6-2 分别计算出农村居家养老模式有效性评价影响因素的成对比较矩阵一致性指标 CI = 0.0271，对总目标的权重为 1，特征根 λ_{max} = 4.0814，对应的经过标准化之后的特征向量 W_0 = (0.2584，0.4761，0.2081，0.0574)。

综合整理众位专家的打分后，得出中级准则层的各个维度的权重，并以中级准则为标准，作为下一级指标层的比较判断矩阵。同理，准则 B_1 的比较矩阵如表 6-3 所示。

表 6－3　B_1— C 比较矩阵（一）

B_1—C	C_1	C_2	C_3	C_4	C_5
C_1	1	1/8	1/3	1/4	1/2
C_2	8	1	3	8	6
C_3	3	1/3	1	6	3
C_4	4	1/8	1/6	1	1
C_5	2	1/6	1/3	1	1

居家养老基础设施的成对比较矩阵一致性指标 CI＝0.0985，对有效性评价的权重为 0.2584，特征根 λ_{max}＝5.3940，对应的经过标准化之后的特征向量 W_1＝（0.0510，0.5301，0.2388，0.0953，0.0848）。

同理可得，中级准则层中 B_2、B_3和 B_4的比较矩阵如表 6－4、表 6－5 和表 6－6 所示。

表 6－4　B_2— C 比较矩阵（一）

B_2—C	C_1	C_2	C_3	C_4	C_5
C_1	1	4	1/8	1	2
C_2	1/4	1	1/9	1/6	1
C_3	8	9	1	6	9
C_4	1	6	1/6	1	2
C_5	1/2	1	1/9	1/2	1

表 6－5　B_3— C 比较矩阵（一）

B_3—C	C_1	C_2	C_3	C_4	C_5
C_1	1	9	5	8	4
C_2	1/9	1	1/3	1	1/2
C_3	1/5	3	1	4	4
C_4	1/8	1	1/4	1	1/6
C_5	1/4	2	1/4	6	1

表 6－6　B_4— C 比较矩阵（一）

B_4—C	C_1	C_2	C_3	C_4	C_5
C_1	1	5	6	1/4	2
C_2	1/5	1	3	1/6	1/2

续表

B_4—C	C_1	C_2	C_3	C_4	C_5
C_3	1/6	1/3	1	1/6	1/6
C_4	4	6	6	1	6
C_5	1/2	2	6	1/6	1

居家养老服务质量的成对比较矩阵一致性指标 CI = 0.0625，对有效性评价的权重为 0.4761，特征根 λ_{max} = 5.2499，对应的经过标准化之后的特征向量 W_2 =（0.1230，0.0460，0.6251，0.1475，0.0584）。

家庭支持的成对比较矩阵一致性指标 CI = 0.0625，对有效性评价的权重为 0.2081，特征根 λ_{max} = 5.4354，对应的经过标准化之后的特征向量 W_3 =（0.5636，0.0593，0.2069，0.0460，0.1243）。

政策支持的成对比较矩阵一致性指标 CI = 0.0899，对有效性评价的权重为 0.0574，特征根 λ_{max} = 5.4028，对应的经过标准化之后的特征向量 W_4 =（0.2320，0.0741，0.0370，0.5219，0.1350）。

最后，计算出各个居家养老模式对有效性评价的权重 W_5 =（0.2023，0.1755，0.4045，0.1344，0.0833）（见表 6－7）。

由表 6－8 可知，所有 5 个层次单排序的 CR 值均小于 0.1，符合一致性要求。

表 6－7　各个模式总权重的计算过程（一）

模式	权重
社区照护模式	0.2584 × 0.0510 + 0.4761 × 0.1230 + 0.2081 × 0.5636 + 0.0574 × 0.2320 = 0.2023
老年食堂模式	0.2584 × 0.5301 + 0.4761 × 0.0460 + 0.2081 × 0.0593 + 0.0574 × 0.0741 = 0.1755
村级养老院模式	0.2584 × 0.2388 + 0.4761 × 0.6251 + 0.2081 × 0.2069 + 0.0574 × 0.0370 = 0.4045
护院挂钩模式	0.2584 × 0.0953 + 0.4761 × 0.1475 + 0.2081 × 0.0460 + 0.0574 × 0.5219 = 0.1344
互助养老模式	0.2584 × 0.0848 + 0.4761 × 0.0584 + 0.2081 × 0.1243 + 0.0574 × 0.1350 = 0.0833

表 6－8　层次单排序及结果检验（一）

矩阵	层次单排序的权重向量	λ_{max}	CI	RI	CR
A—B	（0.2584，0.4761，0.2081，0.0574）	4.0814	0.0271	0.9	0.030

续表

矩阵	层次单排序的权重向量	λ_{max}	CI	RI	CR
B_1—C	（0. 0510，0. 5301，0. 2388，0. 0953，0. 0848）	5. 3940	0. 0985	1. 12	0. 088
B_2—C	（0. 1230，0. 0460，0. 6251，0. 1475，0. 0584）	5. 2499	0. 0625	1. 12	0. 056
B_3—C	（0. 5636，0. 0593，0. 2069，0. 0460，0. 1243）	5. 4354	0. 0972	1. 12	0. 087
B_4—C	（0. 2320，0. 0741，0. 0370，0. 5219，0. 1350）	5. 4028	0. 0899	1. 12	0. 080

（二）以城市居家养老模式为例

同理，A 为此例中最高级目标层，B 为中级准则层，以 A 为判断矩阵比较标准，B 层次各因素的两两比较判断矩阵为 A—B；逐级类推，当以 B_i 为比较准则，C 层次各因素的两两比较判断矩阵为 B_i—C。对于最高级目标层 A，则选择在居家养老领域资深的科研领军人物和业内工作人员对各个指标的重要程度打分，由此得出 A—B 比较矩阵（见表 6 -9）。

表 6 -9　A—B 比较矩阵（二）

A—B	B_1	B_2	B_3	B_4
B_1	1	1/3	3	6
B_2	3	1	5	8
B_3	1/3	1/5	1	2
B_4	1/6	1/8	1/2	1

由表 6 -9 分别计算出城市居家养老模式有效性评价影响因素的成对比较矩阵一致性指标 CI = 0. 0222，对总目标的权重为 1，特征根 λ_{max} = 4. 0665，对应的经过标准化之后的特征向量 W_6 =（0. 2730，0. 5666，0. 1044，0. 0560）。

$$CR = CI/RI = 0.0222/0.9 = 0.0247 < 0.1$$

由表 6 -9 分别计算出最大特征值 λ_{max}、一致性指标 CI 和一致性比例 CR。

综合整理众位专家的打分后，得出中级准则层的各个维度的权重，并以中级准则为标准，作为下一级指标层的比较判断矩阵。同理，准则 B_1 的比较判断矩阵如表 6-10 所示。

表 6-10　B_1—C 比较矩阵（二）

B_1—C	C_1	C_2	C_3
C_1	1	7	9
C_2	1/7	1	3
C_3	1/9	1/3	1

居家养老基础设施的成对比较矩阵一致性指标 CI = 0.0410，对有效性评价的权重为 0.2730，特征根 λ_{max} = 3.0819，对应的经过标准化之后的特征向量 W_7 =（0.7766，0.1549，0.0685）。

同理，对准则 B_2、B_3 和 B_4 的比较判断矩阵如表 6-11、表 6-12 和表 6-13 所示。

表 6-11　B_2—C 比较矩阵（二）

B_2—C	C_1	C_2	C_3
C_1	1	8	9
C_2	1/8	1	3
C_3	1/9	1/3	1

表 6-12　B_3—C 比较矩阵（二）

B_3—C	C_1	C_2	C_3
C_1	1	1/7	1/9
C_2	7	1	1/2
C_3	9	2	1

表 6-13　B_4—C 比较矩阵（二）

B_4—C	C_1	C_2	C_3
C_1	1	1/8	1/9
C_2	8	1	1/3
C_3	9	3	1

居家养老服务质量的成对比较矩阵一致性指标 CI = 0.0556，对有效性评价的权重为 0.5666，特征根 λ_{max} = 3.1112，对应的经过标准化之后的特征向量 W_8 = （0.7861，0.1464，0.0675）。

家庭支持的成对比较矩阵一致性指标 CI = 0.0109，对有效性评价的权重为 0.1044，特征根 λ_{max} = 3.0218，对应的经过标准化之后的特征向量 W_9 = （0.0577，0.3468，0.5955）。

政策支持的成对比较矩阵一致性指标 CI = 0.0548，对有效性评价的权重为 0.0560，特征根 λ_{max} = 3.1095，对应的经过标准化之后的特征向量 W_{10} = （0.0543，0.3059，0.6398）。

最后，计算出各个居家养老模式对有效性评价的权重 W_{11} = （0.666，0.179，0.155）（见表 6 - 14）。

表 6 - 14　各个模式总权重的计算过程（二）

模式	权重
聚合型养老服务模式	0.2730 × 0.7766 + 0.5666 × 0.7861 + 0.1044 × 0.0577 + 0.0560 × 0.0543 = 0.666
网络型养老服务模式	0.2730 × 0.1549 + 0.5666 × 0.1464 + 0.1044 × 0.3468 + 0.0560 × 0.3059 = 0.179
公益型养老服务模式	0.2730 × 0.0685 + 0.5666 × 0.0675 + 0.1044 × 0.5955 + 0.0560 × 0.6398 = 0.155

由表 6 - 15 可知，所有 5 个层次单排序的 CR 值均小于 0.1，符合一致性要求。

表 6 - 15　层次单排序及结果检验（二）

矩阵	层次单排序的权重向量	λ_{max}	CI	RI	CR
$A—B$	（0.2730，0.5666，0.1044，0.0560）	4.0665	0.0222	0.9	0.0247
$B_1—C$	（0.7766，0.1549，0.0685）	3.0819	0.0410	0.58	0.0707
$B_2—C$	（0.7861，0.1464，0.0675）	3.1112	0.0556	0.58	0.0959
$B_3—C$	（0.0577，0.3468，0.5955）	3.0218	0.0109	0.58	0.0188
$B_4—C$	（0.0543，0.3059，0.6398）	3.1095	0.0548	0.58	0.0944

三、有效性结果分析

由 W_0 =（0.2584，0.4761，0.2081，0.0574）可知，对居家养老模式有效性影响程度由高到低排序分别为居家养老服务质量、居家养老基础设施、家庭支持和政策支持。其一，居家养老服务是老年人直接接触到的养老服务，是老年人日常吃穿住行基本生活所必需的服务，居家养老服务质量的提高是农村居家养老中社区照护模式、老年食堂模式、村级养老院模式和护院挂钩模式四种模式的首要目标。其二，居家养老基础设施是养老场所中重要的一部分，是必不可少的物质载体，居家养老基础设施将为社区照护模式、老年食堂模式、村级养老院模式和护院挂钩模式的运营提供必要场所。其三，家庭的支持将直接影响老年人选择哪种居家养老模式，故家庭偏好也决定了其对社区照护模式、老年食堂模式、村级养老院模式和护院挂钩模式的选择偏好。其四，政策是国家层面对居家养老模式的支持，通过国家法律等政策的偏向，将促进居家养老模式的不断完善和健康发展。

由 W_5 =（0.2023，0.1755，0.4045，0.1344，0.0833）可知，在农村地区，在准则层为居家养老服务质量、居家养老基础设施、家庭支持和政策的条件下，所选取的居家养老模式的相对有效性从大到小依次为：村级养老院模式、社区照护模式、老年食堂模式、护院挂钩模式和互助养老模式。我国的农村居家养老模式已经有了较快的发展，并且模式多样，也出现了像老年食堂模式等创新模式。但是由于农村地区的经济条件和自身传统观念的束缚，不迁出住处的村级养老院模式和社区照护模式都很受农村地区老人的欢迎，其不仅解决了老年人的吃饭问题，还照顾了老年人的基本生活，并使老年人得到情感慰藉。相较而言，老年食堂模式只解决了老年人的吃饭问题，其受欢迎程度不及前两者。护院挂钩模式的受众仅包括有传染病和精神病的特殊老年人群体，由于覆盖范围比较窄，很多服务有待加强。互助养老模式在我国居家养老产业发展中的实际应用比较少，特别是在很多地方老年群体并不知道这个模式，故此模式在农村居家养老服务模式有效性中的评价比较低。

由 W_{11} = (0.666，0.179，0.155）可知，在城市地区，在准则层为居家养老服务质量、居家养老基础设施、家庭支持和政策支持的条件下，所选取的居家养老模式的相对有效性从大到小依次为：聚合型养老服务模式、网络型养老服务模式、公益型养老服务模式。聚合型养老服务模式的特点是综合各方资源聚集到社区中，根据其特点，医养结合模式和引入社工模式也囊括在聚合型养老服务模式中。网络型养老服务模式主要强调利用现代互联网信息技术为老年群体提供居家养老服务，根据其特点，“互联网+居家养老服务”模式和智慧养老模式也囊括在网络型养老服务模式中。老年群体处于生命的黄昏期，很多老年人都有一些老年慢性疾病。老年人对医疗服务的需求越来越多，医养结合模式可以很好地满足老年人对医疗的多样化需求。社工引入模式也为老年人居家养老提供了很多服务，这种模式下提供服务的人员大多不会长时间一致，提供服务的质量也参差不齐。目前我国虽已出现“互联网+居家养老服务”模式和智慧养老模式，但覆盖面不广，普及度低，这两类模式是对更高层次养老服务的追求，也是我国未来发展的方向。公益型养老服务模式的特点是由公益组织主导，正是因为其公益性的特点，所以常常缺乏资金支持，给老年群体带来的满意度也较低。

第三节　居家养老路径分析

一、城市居家养老路径分析

我国城市居家养老近年来不断发展，但仍存在政府政策支持不到位、资金筹措困难、专业化服务内容单一和服务供给主体单一的问题。本书通过分析我国城市居家养老发展的现状和问题，提出了我国城市居家养老发展的四条路径，如图 6－14 所示。

路径一：加大政策支持，鼓励多方踊跃加入，给予更好的优惠政策。

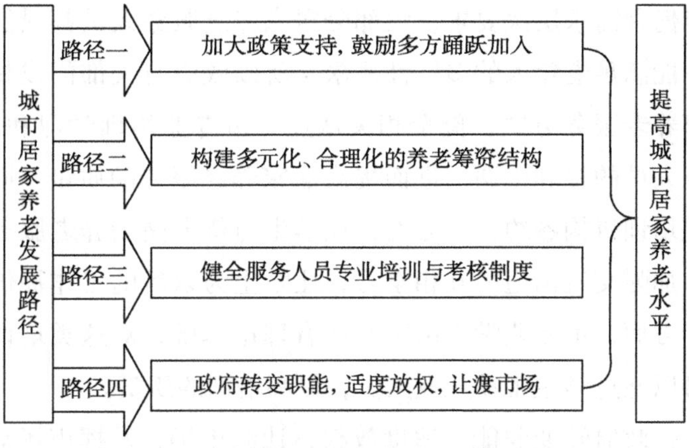

图 6－14　城市居家养老的发展路径

我国目前不仅没有完整的法律法规保障体系，关于居家养老的优惠政策也比较少，导致我国不少居家养老市场出现混乱，企业等市场主体参与居家养老的积极性低。因此，需要建立一套标准清晰的法律法规体系，加大政策优惠支持力度，这将是鼓励非营利机构和企业等营利性主体踊跃加入的最主要的方式。目前，企业对居家养老服务的无偿捐赠和义务志愿活动都已减少，说明政府支持的后劲不足，出现疲软和后退的趋势，企业的主动参与意愿受到打击。

路径二：构建多元化、合理化的养老筹资结构，拓宽资金来源渠道。我国的城市地区同农村地区一样，在资金筹集方面存在诸多不尽如人意的困扰。我国养老资金的筹集主要靠政府出面，随着居家养老的资金需求量越来越大，政府的资金投入与需求存在的差距也越来越大。仅仅依靠我国政府的力量只会加剧我国居家养老资金结构不合理的问题。政府对居家养老服务的单一渠道资金补贴，已经不能满足日益增长的老龄化人口及其多样化、多层次、精细化的养老需求。我国居家养老亟待吸收多方资金并合理优化资金结构。

路径三：健全服务人员专业培训与考核制度，提高行业人员待遇。目前我国从事居家养老服务行业的人员大部分文化程度不高、素质偏低，没有接受过关于养老方面职业知识的系统就业指导与考核。因此，不论需求者对服务有何种需求层次要求，大部分居家养老服务人员都只能提供单一的服务，不能满足老年人的多样性需求。所以政府有关部门或相关学者应该创新居家养老服务方式，健全相关从业人员专业培训学习和考核制度，并提高服务人员的福利待遇，进而提高居家养老服务的质量。同时，鼓励高校与相关培训机构签约，一方面，让学生与待上岗的养老服务人员一起进行培训，加强交流沟通，互相学习，让学生为以后的工作提供免费培训机会；另一方面，本专业学生由于其已有理论基础，对这类培训的学习能力较强，可以通过学生带动从业人员，提高培训的质量。

路径四：政府转变职能，适度放权，让渡市场，发挥市场活力。我国尚处于经济新常态的转型时期，政府受到经济社会发展水平的限制，人口老龄化所带来的各方面的负担加剧了我国的财政负担。因此，急需家庭与政府之外的企业等市场主体的力量来解决养老的困境。政府是居家养老服务的主导者，主要负责对居家养老服务行业提供政策支持，建设居家养老服务基础设施。为减轻政府负担，保证居家养老服务产业能够良性发展，居家养老服务产业的后期运行可以灵活进行，鼓励民营企业踊跃加入城市居家养老的建设当中，充分发挥市场的作用。

二、农村居家养老路径分析

本书针对农村居家养老存在的一系列问题，提出以下四个发展路径（见图6－15）。

路径一：构建资金筹集和补助平台，提高居家养老生活质量。资金是阻碍我国养老发展的首要问题，农村地区与城市地区获得的资金补助有很大的差距，加上农村地区经济本就薄弱，资金问题成了农村地区居家养老的最大问题。目前，农村居家养老主要依靠政府的财力支持，加上慈善机构筹集和老人及其亲属自己负担一部分。农村地区政府的财力不足，直接影响了其对农村地区的资金投入，甚至有些地方因为政府债务过重，无力负担，养老不被重视，不同地区政府对养老的投入不足造成了农村地区养老的落后局面。因此，需要构建资金筹集平台和补助平台，吸收社会多方的资金缓解地方政府购买养老服务的财政压力。

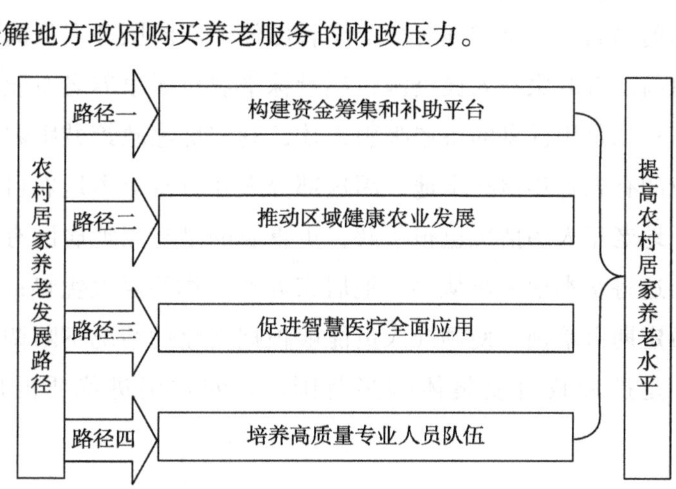

图 6－15　农村居家养老的发展路径

路径二：推动区域健康农业发展，提高自护能力。随着我国城镇化的发展和统筹城乡的实施，不少农村的基础设施建设取得了较大成果。城市周围的农村绿色农业和休闲农业两大产业发展迅速，成为城市发展空间的释放地。中草药种植、花卉种植和观光农业等给城镇周边的农村带来了可观的收益。利用当地的资源推动健康农业的发展，可使身体健壮的老年人就近就业，按时上下班将充实老年人的生活，在此过程中老年人可以进行情感交流，得到情感慰藉，减少老年人的失落感。盘活当地农业资源，让老年人参与到绿色农业的生产中，不仅可以促进大健康产业的发展，还可以减轻农村居家养老负担，提高老年人自护能力。

路径三：促进智慧医疗全面应用，延缓衰老恶化。农村地理位置大多离城区较远，而医疗条件较好、评级较高的国家级医院往往集中在城市中，农村到城市医院路途较远，挂号预约也困难颇多。促进智慧医疗的应用，使之覆盖全国人民，通过现代化的信息技术可缓解农村老年人进城看病难的问题，这样，农村老年人可及时得到高质量的医疗救治，帮助其延缓衰老和病情恶化。

路径四：培养高质量专业人员队伍，给予人性临终关怀。针对目前我国农村地区养老服务人员大量短缺的问题，应该从引入、培训等方面着手，改善当前局面。一是加强对待上岗和已经上岗的服务人员的培训和指导，优化目前已有的服务人员资源，尽量抹平农村居家养老专业服务人才的市场缺口；二是用优良的待遇吸引人才，制定优惠政策鼓励农村本地热爱养老事业的有志青年留在本地，因这部分人才自身对本地农村环境非常熟悉，对当地老年人的情况也很了解，更重要的是与当地居民有情感上的密切联系，这将是本地人员从事当地居家养老工作的巨大优势；三是对村级领导人员定期再培训，使领导人员能够根据变化的情况不断调整养老服务工作；四是扩大政府或集体购买范围，为农村引进优质的居家养老服务。

第七章　大健康产业视野下的居家养老服务需求分析

第一节　相关理论概述

一、理论基础

（一）福利多元理论

1978 年沃尔芬德在其《沃尔芬德的志愿组织报告》中提出志愿者也属于福利提供者行列，这是福利多元主义最早出现的形式。罗斯在其著作《相同的目标、不同的角色——国家对福利多元组合的贡献》中对福利多元主义理论进行了明确的阐述，认为福利绝不是政府的产物，政府也不是福利的唯一提供者，福利是全社会的产物，是由政府、家庭、市场提供的社会总福利。该理论肯定政府在福利提供方面的主要作用，个人、家庭都需要从市场中获得福利，且纵观历史发现家庭一直是最基本的福利提供者。市场、家庭、国家三者相互补充，扬长补短，政府提高福利的目的是纠正“市场失灵”，政府和市场为纠正“家庭失灵”而提供福利，家庭为纠正政府“市场失灵”而提供福利，三者循环。后来伊瓦斯在罗斯的基础上，提出了福利“三分法”和“四分法”的分析方式。“三分法”认为应该从文化、政治和经济背景三个角度去分析福利，其体现的应该是组织、社会成员和价值的关系，强调三方的互动关系。“四分法”研究范式认为福利起源于市场、政府、民间社会和社区，并且十分重视来源于民间社会的福利，认为它是联系市场、政府、社区的纽带，使得私人利益和公共利益结合在一起。

居家养老服务的本质就是为老年人提供社会福利服务，福利多元主义理论对分析居家养老服务的需求有着重要的理论指导意义。首先，政府应该在提供居家养老服务的时候适当下放权力，充分调动社会、志愿者、家庭等多元供给主体的积极性，使其共同参与到居家养老服务建设中来；其次，在居家养老服务过程中，政府扮演政策制定、宏观把控的指导角色，负责引导市场、志愿者、社区的参与，社区根据国家政策具体负责居家养老服务项目工作的实施，市场和志愿者发挥服务补充作用，通过市场和志愿者的参与，满足老年人差异化、个性化、丰富化的服务需求。

（二）需求层次理论

1943 年，马斯洛需求层次理论诞生，由美国心理学家亚伯拉罕·马斯洛提出，该理论作为人本主义科学的理论之一，将人的需求分为生理需求、安全需求、社会需求、尊重需求和自我实现五个等级（见图 7－1）。其中，生理需求是最基本的需求，位于该层次理论的最底端，表示人为了生存的基本需要，其中包括呼吸、水、食物、睡眠等基本元素，一旦这些元素不能得到满足，人的身体机能将不能正常运转，生命也会受到威胁。马斯洛认为生理需求得到满足之后，其他需求就会成为激励剂，推动人们追求更高层次的需求满足。安全需求顾名思义就是指涵盖人安全保障方面的需求，如人身安全、家庭安全以及财产安全，甚至健康方面的安全或者保障等，因为有机体具有一个追求安全的机制，一旦这些需求被满足，也就不再成为激励因素。社会需求是指人在人际交往和社会交际中所得到的需要，例如，人与人之间的感情、关心和照顾，其比一般的生理需求更为细致。尊重需求分为两个方面，一是内部尊重，二是外部尊重，内部尊重指人在不同场景中所能获得的信心、自尊等，外部尊重指从他人处得到的肯定、良好评价和认可。自我实现位于马斯洛需求层次理论的金字塔顶端，涵盖理想抱负、个人道德品质、创造力，自我实现需要要求人尽自己最大能力，力所能及，能够接受别人，成为自己想成为的人。马斯洛需求层次理论的五种需求按照阶梯形式，逐次由低到高实现，但这种层次高低的划分并不是绝对的，也会因为特殊情况变化。该理论还认为，只有某种需求被满足后，后一种需求才会出现。该需求实现之后，更高层次的需求起着激励作用，激励人向更高等级追求。其中，生理需求、安全需求属于第一层次的基本需求，而社会需求、尊重需求和自我实现属于第二层次的需求，需要通过内部因素得到满足。

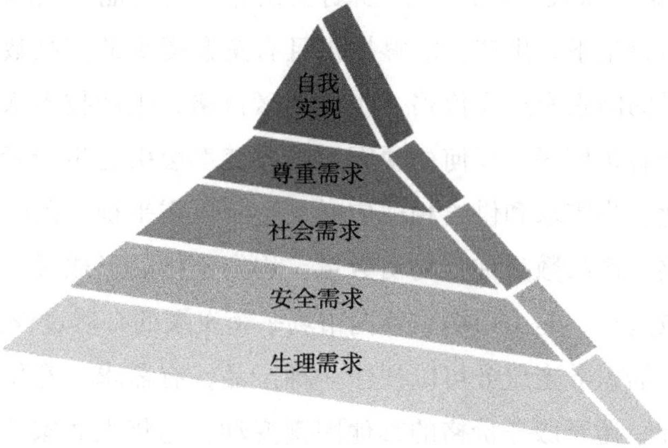

图 7－1　马斯洛需求层次理论

综上所述，发现马斯洛需求层次理论对研究老年人居家养老服务需求有重要的理论指导作用。首先，老年人身体机能降低，行动不便，需要最基本的生活照料服务，如衣、食、住、行等，老年人还有看病就医的需要，这属于马斯洛需求层次理论的生理需求和安全需求；其次，老年人还需要有照顾人员对其提供交谈、精神安慰等服务，需要情感寄托，这属于社会需求；再次，老年人在丧失自理能力的情况下，依旧希望他人对其学识、能力给予肯定，得到他人尊重，这是尊重需求；最后，老年人虽然年龄大，有诸多因素限制，但是他们依旧有自己的抱负，期待实现理想，实现自我价值，这属于自我实现需求。

马斯洛需求层次理论有助于我们更好地了解老年人的需求结构，进而从不同角度分析老年人的需求，为本书的研究提供指导。

（三）需求供给理论

需求供给理论作为经济学理论的奠基理论，主要研究因产品价格变化而引起的产品需求和供给的变动。需求和供给是市场上人们的一种行为表现，目的在于相互交易。需求是指在一定时期、一定产品价格下，消费者愿意且有能力购买的产品的数量，一般认为主要有以下几个因素会影响消费者需求数量：该产品的价格、收入、相关产品价格（包括互补品和替代品）、消费者偏好以及对产品价格预期变化等。相应地，供给是在特定时间、特定价格背景下，生产者能够提供且有意愿提供的产品数量，影响生产者的供给量的因素有产品价格、生产要素价格、生产技术水平、相关产品价格、生产者预期等，任何一项因素的改变都会引起生产者供给、消费者需求的变化。当需求和供给相适应时，达到供需平衡，此时的产品价格称为均衡价格，产品数量称为均衡数量。均衡价格的形成过程本质上是市场均衡的形成过程，是由市场失衡向市场平衡发展的必然过程。

实质上，居家养老服务可以视作一种产品，有需求、有供给。由需求供给理论得知，抛开服务价格的其他因素变动，老年人居家养老服务需求也会发生改变；相应地，其居家养老服务供给也会因为除价格之外的其他因素产生变动。因此，针对大健康产业视野下居家养老服务需求的研究，就有必要找出这些影响因素，然后才能更好地解释引起老年人居家养老服务需求变化的原因。从供给角度出发，根据老年人对居家养老服务需求变化的因素，养老服务的供给主体便可以适当调整服务的供给，使居家养老服务的需求和供给更协调。可见，居家养老服务的供给者有必要根据老年人的实际需求，积极创造研究更多、更高质量的能够满足老年人差异化需求的服务项目，增加老年人的满足感和幸福感。

（四）顾客导向理论

顾客导向（customer orientation）理论是指企业根据消费者需求、增加消费者价值作为企业经营的出发点，分析消费者能力、行为和偏好，然后由此研发新产品和使用新的营销手段，实时根据消费者需求改变企业的经营手段。该理论强调企业不能忽略消费者的实际需求而自行主观猜测。戴维·奥斯本和特德·盖布勒在《改革政府》一书中阐述了顾客导向能产生一系列的积极作用，包括以顾客导向为原则的企业或组织能肩负对消费者真正应有的责任，同时顾客导向还能避免政治因素的不当干预，以顾客导向为原则的企业能够被激发出更多的创新活力；对消费者而言，顾客导向背景下还能有更多的选择；顾客导向原则下顾客能自然增加自己的选择能力；而且顾客导向原则下，更多的公平机会会被创造出来。

基于顾客导向理论的原理，关注老年人的需求，需要什么和不需要什么，接受什么和反对什么，这些需求是发展老年服务事业、发展老龄事业的根本。也就是说，必须清楚地了解老年人的需求，才有机会实现供给和需求平衡，推动养老事业健康发展。

（五）羊群效应

羊群效应（herd effect）又称为“从众效应”，最早是用于股票投资的术语，如今在管理学和行为金融学领域成为一种比较典型的现象。羊群效应指个体受到旁人的影响和施加的压力，产生怀疑自己、改变自己的观点甚至是行为等，从而追随他人，又称为“随大流”。羊群平时是一种很散乱的组织，但是一旦有头羊行动，其他羊也会急忙跟随，不管是否存在威胁，因此用羊群效应比喻人的从众心理，这种从众效应既有积极的，也有消极的。根据羊群效应的原理，结合老年群体的实际情况，发现老年人也多有这种从众效应，如盲目买保健品、进行股票投资、跳广场舞等。这些现象表明老年人的自主决策意识减弱，很容易受到他人影响。一般情况下子女、配偶等对老年人有引导作用，但是也不排除个别老年人全权由子女包办事情。因为老年人养老不只是其个人的事情，也关乎整个家庭。老人年迈之后，子女掌握家里的大权，因此老年人不仅不能随意选择自己喜欢的养老方式，也会受到他人的影响。

二、概念界定

（一）需要与需求

1. 需要的内涵

关于需要的内涵界定主要有两个研究方向，一个是从客观的角度解释需要表现为一种缺乏状态，如社会学中界定“需要是人生存的一种状态，表现为对其他事物的依赖关系”；另一个是从主观角度认为需要就是一种意识，即人对某种目标的渴求和欲望，正如行为科学所持观点“需要就是人类对社会各类提出的要求反映在大脑中”，心理学家还认为促使人类产生各种行为动机的欲望也是需要。总之，因为有需要，人才会产生行为，推动人们采取某种行动。人类从最早的维持生存和延续后代，形成了最初的需要，如冷需要穿衣、饿需要食物、累需要休息等。后来人们为了生存和发展就必然产生了社会需要，如通过劳动创造财富、通过人际交往交流感情等。随着人类生活水平的提高，逐渐有了更高层次的物质需要和精神需要。人因为有需要，所以去努力、去追求、去争取。

而对需要的性质产生分歧的原因主要在于不能从人性的角度真正地分析人的本性，不能从自我生成的角度去理解需要。马克思的需要理论从人的本性角度理解需要，认为“人的需要就是人的本性”。他还认为“当我通过劳动满足了我的需要，然后物化了人的本质，至此又创造了与另一个人的本质需要相符合的物品”。马克思从人的本性角度理解人的需要，还认为人的需要即人的本质。

需要是生命体区别于其他非生命体的重要标志，是所有生命体的共同特征。任何生命体自从出现以来都必然会产生各种各样的需要，因此可以理解为生命同需要是一体的，没有生命就没有需要，反之没有需要也就没有生命。本书研究大健康产业视野下的居家养老服务需求，正是从马克思的人本主义的需要视角出发，将需要界定为人在其生命过程中所表现出来的一种缺乏状态。

需要具有以下特点：一是需要都是与明确的对象相联系的，如追求某种东西的意念，避开某种事物的意识等；二是除个别高级的需要外，基本的需要都往往表现为某种周期性，循环往复；三是需要跟随社会的进步而改变，从最基本需要到更高级需要，从简单到复杂。需要的这些特点反映在人身上可以体现在以下几个方面：①对象性，即人的需要有目的、有对象，而且根据需要的对象变化而变化。人的需要对象既有物质的东西，如衣食住行，也有精神文化，如信仰、艺术等，还有人的活动，如日常生活和精神方面的活动，以及活动结果，如通过人际交往认识新朋友、放松心情等，总之需要不同，表现对象也不同。而且无论是物质需要还是精神需要，外部的物质条件都是基础。②阶段性。人的需要根据年龄和阶段不同而有所变化，比如，婴幼儿时期主要是生理需要，吃、喝、睡；青少年时期主要是对知识、安全的需要，逐渐发展为对婚姻、恋爱的需要；成年时期表现为对名声、地位的需要。③社会约束性。表现为人的需要会受到社会因素的影响，其需要也会有所不同，受生活质量低下的影响，人会产生温饱的需要；在经济水平足够、生活质量较高的时期，除了基本的物质需要，还有精神需要。可见人的需要受到社会的制约。④差异性。人与人之间除了有需要的共同性，如基本的生理、生活需要，还表现为差异性，即不同的人由于年龄、社会地位、经济条件的差异，有不同的需要。

根据需要的产生来源可以将需要分为自然性需要和社会性需要。自然性需要是人延续和发展所必需的，是与生俱来的需要。而社会性需要是人在成长过程中，通过经验积累所形成的一种独特需要，是后天发展起来的更高级的需要。

2. 需求的内涵

在经济学范畴中，需求表示在一定时期、一定价格水平下，消费者有意愿并且能够支付得起的商品。影响需求的因素主要有：一是商品本身的价格，一般来说，商品价格与其需求量是反向发展的，即价格越高，需求越低。二是相关产品（互补品、替代品）的价格。替代品是指能够替代该商品功能或者使用价值相近的商品，替代品的价格同商品的需求呈反向变动关系；互补品指必须与该商品互补使用才能满足人们的某种需要，一般来说互补品的价格同商品需求同方向变动。三是消费者的收入水平，收入水平越高，对该商品的需求量也会越大。四是消费者偏好。消费者对某商品的偏好程度越高，对该商品的需求量也会越大。五是消费者规模，即消费者规模越大，对某商品的需求量也会越大。在影响需求的五个主要因素中，收入水平、商品价格通过直接影响消费者的支付能力从而影响需求，而消费者规模、消费者偏好更多的是通过影响消费者的消费意愿而影响需求。如果没有足够的支付能力，纵然有消费意愿，那也只是一种潜在需求，这种情况多出现于高档消费品的消费上。而现实需求指的是实实在在能够实现的需求，既有意愿又能支付。可见现实需求同潜在需求可以相互转化。

3. 需要和需求的关系

需要与需求的内涵界定既有重合的地方，又有不同，如图 7 – 2 所示。简单来说，没有意愿的需要即还没被发现就不能转化为需求，而有意愿的需要也并不能百分之百地转化为需求。而不能转化为需求的原因之一是供给方没有合适的商品，也有可能因为消费者没有支付能力。有意愿、有支付能力的需要转化为需求，这种需要就能得到满足。而没有需要的需求会占用公共资源，是没有必要的。由此分析可得，需要是需求产生的基础，而需求又是需要的表现。需求站在需和求的角度，强调需要和追求满足，是对需的实现。因此，需要是客观、长久、普遍的，而需求带有主观性、暂时性且有对象意义。需要不产生行为，而需求体现在行为上。需要与提供相对应，需求与供给相对应。

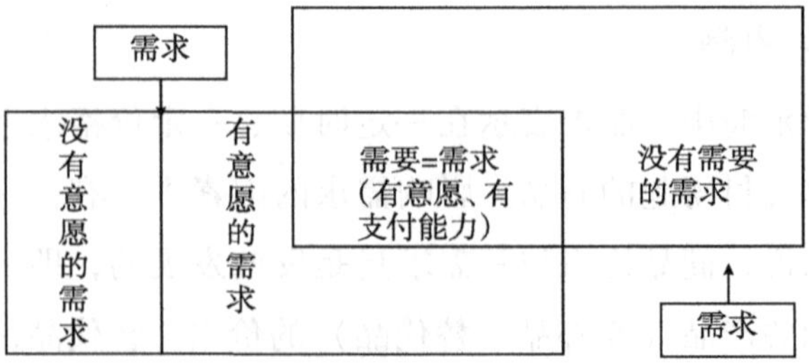

图 7 – 2　需要与需求的关系

（二）养老服务需要与养老服务需求

根据马克思的需要理论，可将老年人的养老需要理解为人进入老龄期之后在生理、心理、经济、社会和文化上的一种缺乏状态，即人进入老年期都有养老需要，这是必然的，也是必需的。而养老服务需要是根据老年人的养老需要派生出来的，能够降低老年人风险的需要。从宏观上理解养老服务需要与人口老龄化的程度和结构息息相关，微观上养老服务需要即指老年人为了生存、自我价值的实现产生对生活、医疗、精神文化等的要求。

关于老年人养老需要的划分，现在学术界主要将其分为与经济、日常生活照顾照料、健康医疗医护和精神文化相关的四大类。其中，经济需要属于资金保障的范围，指经济供给。日常生活照顾照料需要、健康医疗医护需要和精神文化需要都有各自对应的服务（见表 7－1），这三种需要的目标是保障生存、生活和发展。老年人的养老服务需要与其他年龄阶段的人群有差异性，原因在于老年人的身体机能逐渐退化，很难通过自身努力而满足其基本生存和生活需要，需要借助外界的帮助。这些帮助是根据老年人的生存、生活状态产生的，因此具有普遍性和专业性的特征。由此可以理解养老服务指的是各种无偿、有偿的服务，可以满足老年人的需求。

表 7－1　老年人养老需要与养老服务需要分类

养老需要	养老服务需要	目标	层次
经济需要	—	生存	低
日常生活照顾照料需要	衣食住行需要	正常生存、生活	较低
健康医疗医护需要	医护医疗、精神安慰需要	有品质的生活	中
精神文化需要	娱乐文化、兴趣需要	自我价值实现	高

而当老人所处的家庭不能向老年人提供所需的服务时，这种需要的满足就要转向他人，如政府、社会等，即由社会提供养老服务，也就是本书所研究的居家养老服务。

老年人的养老服务需求即指一定时期、一定价格水平和缺乏状态下，老年人有意愿并且有支付能力、有生产者供给的养老服务种类和具体数量。由前文关于需要和需求的概念分析可知，缺乏性是产生需要和需求的前提，而有意愿和支付能力是养老服务需求产生的核心。缺乏强调养老服务需求是由养老服务需要衍生的；意愿是老年人能够意识到并且愿意通过这些养老服务来维持和改善生活质量的主观策略；支付能力是指在有意愿的基础上，获得养老服务的资金购买能力。

第二节 老年人居家养老服务的需求与供给状况

一、老年人养老福利的基本状况

（一）老年人口结构

根据人口统计学的划分，60～80岁的老年人属于中低龄老年人，而80岁及以上的老年人则属于高龄老年人。根据《国民经济和社会发展统计公报》统计数据，2012—2017年中国60岁及以上老年人口的年龄结构分布如表7－2所示，限于数据的可获得性和完整性，本书将老年人划分为两个年龄段，老龄初始阶段指60～64岁，其他都属于正式老龄阶段，包括65岁及以上，便于分析我国老年人口年龄结构的分布情况及预测未来发展趋势。从表7－2中可以看出，我国2012年60～64岁老年人口数量为6676万人，占总人口的4.9%，65岁及以上人口为12714万人，占总人口比重为9.4%，可以推算出2012年我国步入老龄阶段的总人数为19390万人，占总人口的14.3%。2017年，我国60岁及以上老年人口比重已经达到了17.3%，其中65岁及以上老年人口比重为11.4%，相当于5年间，65岁及以上老年人口占比增加了2%。这些数据从侧面反映了我国老龄化是加速的，并且老龄化程度是相对较深的。而随着时间的推移，未来这些老年人群必将会因为身体机能下降和生活环境的变化而出现各种问题，届时会出现巨大的养老服务需求，因而老年问题应引起人类重视。

表 7－2　2012—2017 年中国老年人口结构

年份	总人口（万人）	60～64 岁		65 岁及以上	
		人数（万人）	占总人口比重（%）	人数（万人）	占总人口比重（%）
2012	135404	6676	4.9	12714	9.4
2013	136072	5240	5.2	15003	9.7
2014	136782	6856	5.4	14386	10.1
2015	137462	8445	5.6	13755	10.5
2016	138271	9925	5.9	13161	10.8
2017	139008	8259	5.9	15831	11.4

资料来源：《国民经济和社会发展统计报告》（2012—2017）。

（二）老年人口的收入情况

老年人取得收入的途径一般较为固定和单一，总体分为以下渠道：一是领取类，包括养老退休金和再工作薪资或者子女赡养费；二是资助类，由亲友或者社会、政府等福利资助；三是存款类，由老年人长年积蓄或者投资所取得的收入回报。这三类中最常见、最稳定的收入来源就是养老金或者养老保险基金，根据《中国统计年鉴》数据，我国城乡居民社会养老保险的实际领取人数从 2012 年的 13882.2 万人增长到 2017 年的 15598 万人（见图 7－3）。人力资源和社会保障部的数据显示，对于企业退休职工来说，2005—2017 年，我国已经连续 13 年提高企业退休人员基本养老金，人均基本养老基金水平也从 640 多元提高到 2017 年的 2500 多元。而有关研究表明，老年人的收入越高，他们在养老服务上的花费就越高，从而对

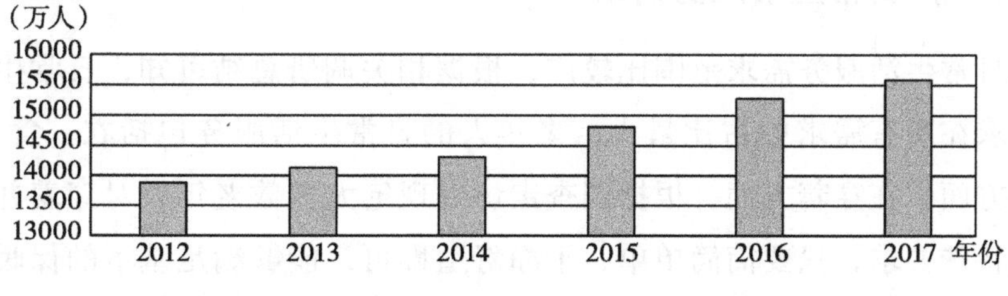

图 7－3　2012—2017 年城乡居民社会养老保险实际领取人数

资料来源：《中国统计年鉴》。

养老服务的需求也越高。

（三）养老服务格局

随着人口老龄化的快速发展以及高龄化空巢老人问题的显现，传统家庭养老方式已经不能承受当前严重的养老压力，一些地区开始着手构建养老服务体系。例如，2008年北京市民政局等五个部门联合下发《关于加快建设养老服务机构发展的意见》，首先就提出了“9064”模型，即到2020年，老年人口的90%实现社会服务协助下的居家养老，老年人口的6%选择政府购买照顾服务的社区养老，老年人口的4%选择机构养老。2007年《上海民政事业发展“十一五”规划》出台，该文件指出上海的老年民政中出现的较为常见的模式就是“9073”模式，选择家庭照顾的占90%，而7%倾向于社区居家养老，剩下的3%选择机构养老。无论是“9073”还是“9064”模式，虽然在中国多年的实践中，发现它们的比例都是不对的，但是90%这个居家养老服务的比重说明了在中国整个养老服务体系中居家养老占有重要地位，同时也表明居家养老服务的需求是非常大的。

二、居家养老服务的需求状况

根据马斯洛需求层次理论，老年人的实际需求不同于一般群体。根据实际调查以及访谈，在借鉴前人的研究基础上，本书总结了老年人对居家养老服务的需求主要涵盖日常生活服务、医疗保健服务、精神文化服务以及权益保障服务等四大类。

（一）日常生活服务需求

日常生活服务需求范围比较广，根据相关调研总结可知，日常生活服务需求在所有需求中占比最大，老年人的日常生活服务包括衣、食、住、行等方面。在穿着方面，根据调查走访发现绝大多数老年人对穿着并没有什么特殊要求，只要简简单单、干净舒适即可，能够满足基本的保暖御寒功能，而且一般情况下老年人不会在这方面花费过多的资金。但是不排除一些年轻时在事业机关单位工作的女性，有自己独特的审美，她们要求衣物在满足基本功能之外还必须能够体现个人的审美、品位和特色。在饮食方面，根据调查，绝大多数老人对饮食都比较注重，一方面，要求餐饮地点不能过远，由于老年人的腿脚不灵便，他们希望每个社区都有一个专门的“老人食堂”，最好能够提供上门送餐服务；另一方面，多数老年人患有高血压、脂肪肝等疾病，因此更加注重饮食的营养、健康搭配，希望食堂能够根据不同老人的身体状况提供各种健康营养餐。在住宿方面，老年人希望住宿环境要保持整洁干净，加之老年人的自理能力有限，无法料理家务，因此需要有定时、定点的上门服务，包括清洁卫生打扫、衣物清洗、居室整理等。同时老年人还要求服务人员具有良好的道德品质，细心，能与老年人交谈。在出行方面，由于年龄过大，老人的身体机能下降，记忆力、视力减弱，为避免出行过程中发生摔倒、走失或者其他意外情况，希望政府在规划基础设施建设时多考虑老年人的需求，建立有助于老人出行的安全设施，如无障碍通道、紧急热线等。

（二）医疗保健服务需求

随着年龄的增长，身体机能会逐渐退化，抵抗力也会弱化，极容易受到疾病的困扰。调查数据显示，多数老年人患有或大或小的疾病，需要药物长期治疗。该部分老年人每月的支出大部分都花费在就医、药物方面，而且医疗保健的需求对高龄老人来说更是一种刚性需求。根据需求强度大小可以将医疗保健服务划分为两个层次，一是基本的常规医疗服务，包括定期体检、健康档案、讲座宣传、健康理疗等；二是更为专业的医疗服务，包括疾病诊断、家庭病床、术后修复等。一般情况下，低龄老人的需求更多集中于基本的医疗服务，而高龄老人更加倾向于专业化程度更高的医疗服务，由专业家庭医生上门护理、检查。同时由于城市和农村的基本情况存在差异，专业护理在农村地区并不盛行，普及度不够高，老年人对专业护理没有清晰的认识，为了节约，一部分老年人会强撑，严重情况下才到医院就医。但是他们对定期体检、健康知识讲座的兴趣比较浓厚，调查显示大约 90% 的老年人对该项服务的需求都比较强烈。

（三）精神文化服务需求

在满足了基本的生理需求和安全需求之后，老年人开始追求社会需求的满足。由于性格差异、兴趣爱好和个人特征，在精神文化方面老年人也有不同的需求。据相关报告可知，老年人的精神文化需求主要集中在情感倾诉、心理安慰、社交娱乐、老年旅游和老年大学等五大方面。

1. 情感倾诉

调查发现部分老人由于早年丧偶、离异或者子女不能陪伴在身边，过着独居生活，内心比较空虚寂寞，期待与他人能够交流、谈心。老年人也希望跟晚辈交流，学习最新的知识和用语，了解外面的世界。

2. 心理安慰

一方面，独居的老年人由于一直一个人生活，需要有人能够安慰情绪；另一方面，由于年老，时常面对的死亡恐惧会导致老年人产生抑郁和急躁情绪，因此需要合适的心理辅导疏导、排解老年人的不满情绪和忧虑情绪。而且老年人认为这种情绪是隐私，不应该被他人知道，因此希望一对一地疏导。

3. 社交娱乐

老年人不用工作，有很多的空闲时间，希望能够结交朋友，同伙伴下棋喝茶，聊天解闷；而且很多老年人都有自己的兴趣爱好，希望居家养老服务能够帮助他们重拾这些爱好，或者培养爱好打发时间，如音乐、跳舞、书法、绘画、摄影、戏曲等。除此之外，近年来老年人对理财的兴趣也越来越浓厚，希望能有正确的渠道和方法进行投资理财。

4. 老年旅游

退休之后老年人有很多的时间出去旅游，他们希望在世的时候多在这个世界走走，还可以避开年轻人的旅游高峰期。综观现在旅游市场发展，发现“夕阳团”旅游占有很大的比重，跟着导游去看看这个世界的同时还可以结交来自五湖四海的朋友。

5. 老年大学

老年人为了适应时代的发展，与时俱进，积极学习新知识、新技能。调查发现，很多老年人会一直阅读报纸、参加老年大学课程，学习新语言和操作技能。

（四）权益保障服务需求

调查发现，老年人对权益保障和法律维权的认识大多数都还不是很清楚，而且有相关需求的老年人占少数。但是维护自身合法权益依旧是老年人比较关注的领域，特别是一些文化程度较高、退休前在机关企事业单位工作的老年人。在实际生活中，老年人可能因为人际交往、购物、就医等产生权益纠纷，但是自己又不知道如何处理，当财产继承、子女不愿赡养等自身权益受到侵害且不知如何维权时，一般情况下他们都会向社区、政府部门求助。因此，老年人对于普法讲座、法律咨询和援助等权益保障服务的需求都比较强烈，希望通过法律援助服务为老年人答疑解惑，帮助其学会如何维护自己的正当权益。

综上可知，老年人要求居家养老服务是丰富的，而且需求差异比较大。根据马斯洛需求层次理论，可以对居家养老服务的日常生活需求、医疗保障需求、精神文化需求、权益保障需求做进一步划分，其中日常生活需求和医疗保障需求属于基本需求，而精神文化需求和权益保障需求属于更高层次需求。居家养老服务要根据老年人的不同层次需求，提供更加专业、个性、多样化的服务，才能更好地满足老年人的需要，从而使供给和需求达到更高层次的平衡。

三、居家养老服务供给状况

（一）居家养老服务的政策环境

我国政府越来越重视养老事业的发展，在基础设施领域注入了较多的心力，并且都取得了不错成果，如养老机构数逐年上升且增势迅猛，据统计，到2017年9月，我国养老机构数接近14.5万家，较2012年增长了接近2倍。在人口老龄化形势日益严峻的背景下，我国持续加大养老基础设施建设，不断提高养老服务水平，为切实解决老龄化问题采取措施。

首先，为规范养老机构设施建设和统一服务标准，《养老机构设立许可办法》《养老机构管理办法》等规章陆续出台，同时《养老机构基本规范》《养老机构安全管理》《养老机构服务质量基本规范》等国家标准也相继发布。据统计，截至2017年养老服务领域已颁布12项标准，还有19项标准正在制定中。2017年3月，我国民政部联合多部门实施全国养老院服务质量建设专项活动，该活动重点强调了9项任务，并提出了从2017年至2020年分阶段目标。同时，为进一步简化流程，推动养老服务建设，民政部还进行了制度改革，例如，取消个别养老机构竣工验收合格证明的事项，简化流程，并取消国家养老护理员职业资格证考试。同时，国家相关部门也在进一步研讨是否取消养老机构设立许可等工作。

将医疗与养老融合是我国推动养老服务质量高端化发展的一项重大措施。经各方面的努力，截至2017年7月，我国78.6%的养老机构丰富了养老服务，将医疗服务纳入日常养老服务中，并事先完成50%的既定目标；并且养老护理型床位也较2015年提高了至少16.4%。

（二）居家养老服务供给面临的问题

1. 地域差异问题

城市居家养老服务需求不足、供给过剩，农村居家养老服务需求较高，供给不足。受制于城乡差距和地域差异，老年人所能享受到的居家养老服务水平差距显著。

一方面，城市老年人对法律援助、康复治疗、上门看病的服务需求高，同时城市地区居家养老服务的供给者也比较多。大多数社区的服务已将上门护理、法律援助等纳入基本服务范围内。只是这些服务的使用率依旧偏低，多数老年人会选择使用上门做家务和上门看病，而利用其他服务项目的比例极低。供给和实际需求之间的差距之大，导致了服务过剩。特别是城市范围内，上门护理和提供家庭服务的供给者远远大于实际需求者。

另一方面，与城市地区服务过剩的形势相比，大多数乡村领域的居家养老服务远远不够，甚至没有此类服务。但是较为一致的情况就是无论城市还是农村，居家养老服务的使用率都普遍偏低。农村老年人在居家养老服务中选择上门护理、看病、做家务和聊天解闷服务的比城市要少。在居家养老服务的供给方面，城乡差距如此之大，且在农村区域需求远远大于供给。但同时，农村老年人的居家养老服务利用率低，又造成了服务供给相对过剩的情况。

2. 服务供给链存在问题

（1）服务供给阶段“以服务为导向”观念明显

在服务供给阶段中，居家养老服务进入市场的前期阶段。在这个阶段中，居家养老服务产品的开发、设计理念，以及居家养老服务信息是否能够有效传达给服务对象并且被消化，与居家养老服务的使用和老年人的满意度息息相关。若是居家养老服务一直秉承温馨适宜的设计理念，且服务信息传递有限，则老年人在这种情况下可尽情地享受养老服务；反之，老年人的养老需求将无法满足。

目前我国居家养老服务在推行中主要的观念还是提供计划性的服务。中国长期以来依靠家庭养老来解决老年人的需求问题，政府也为特殊老年群体建立了相应的福利保障政策和措施。但是伴随老龄问题的突出，老年人的养老压力日渐增大，根据我国的国情，各级政府主导社会养老服务体系的建立，包括建设基本的居家养老基础设施和购买基本的居家养老服务等。目前我国虽有公私合作的新型居家养老模式，但是政府职能的转变还未完善，因此居家养老服务在很大程度上带有“政府主导”的特点，还未能在很大程度上实现服务“以人为本”“随需应变”。由于在服务的对象、内容、模式方面还未能充分放权给市场，所以未能做到根据老年群体的需求开发产品。老年人的需求是多样、动态和可变的。老年人对居家养老服务的需求，会根据身体、财力、家庭结构甚至工作的不同而有所不同，也会在服务方式、服务时间、服务强度方面存在明显差别。

因此，这种供给模式在很大程度上满足了一部分老年人的服务需求。同时也可能会造成供需失衡，使得居家养老服务资源配置效率低下，浪费了社会资源。居家养老事业服务的对象是老年人群，因此其服务本质应该是满足老年人的需求，若只是简单地从现有资源出发以满足老年人的需求，提供相应的服务，则会本末倒置，最终既浪费了公共资源，也不能满足老年人养老需求。

（2）“信息不对称”影响服务利用

提高老年人对服务的认知将会大大提高老年人的满意度。据以往调查，人们对居家养老服务的概念认识还很模糊，从而也不清楚居家养老是以何种模式运作的，提供哪些服务，能满足哪些需求，当然对服务的申请流程以及一些优化政策也就一无所知。一些地方建立了专门的居家养老服务网，便于更加快速、便捷地为老年人提供养老服务。通俗地说，通过网络传播让老年人更加了解居家养老服务，加强信息对称和信息交流沟通，从而能从老年人的需求出发提供服务甚至创新养老服务方式。但是我国许多老年人都不会使用电脑，对居家养老服务信息知之甚少，因此很少有老人能够利用网上发布的服务信息来申请服务。“信息不对称”导致我国现阶段居家养老服务发展一直停滞不前。

（3）“群体、单一、模式化”问题

一是服务对象的群体化。现阶段，我国并没有建立均等的享受居家养老服务的机会政策。在多数情况下，政府的居家养老服务主要覆盖到特殊群体，如“三无”、“五保”、低收入且无自理能力的“弱势老年群体”；而有经济实力购买市场化居家养老服务的群体是富裕阶层的群体，但这部分群体只是少数。前者主要是政府购买居家养老服务为其提供保障；后者是由于自身经济实力强。而占有大比例的普通老年群体能够享受到政府提供的居家养老服务的就很少，这部分人群也没有足够的经济实力自己购买市场化的居家养老服务。

二是服务内容的单一化。为满足老年人多层次的养老需求，养老服务内容应该是全面的。这个全面既包括服务范围的全面，也包括服务过程的全面。当前我国居家养老服务内容比较单一化，服务范围也很有限，未来应该不断创新、增加养老服务项目和服务方式，从而满足不同老年人的多样化需求。调查发现，目前一些为失能老人提供照料的日托所已经沦为健康老人的娱乐场所。我国现有的居家养老服务大多只集中于家政清洁、送餐、紧急呼叫等领域，还未能覆盖到老年人在进食、如厕、行走、洗澡等基本生活自理方面的需求。

三是服务方式的模式化。目前我国养老事业的发展过程中，养老服务的提供一般都是程序化且固定的模式，上门服务的时间、频次等都是固定不变的。但老年人的需求在一天 24 小时内都是会产生的，这就使得在一些时间段老年人的需求得不到满足。特别是对于身体状况不好的老年人，极有可能在半夜发病，因此提高服务的灵活度是我国当前居家养老服务首先要解决的问题，例如，服务时间、服务内容、服务方式等都要根据服务对象及其需求的不同而有所变化。

（4）服务利用阶段“购买服务”理念还未形成，养老服务需求供给利用不平衡

一方面，我国居家养老市场的发展起步较晚，对于目前开展的居家养老服务，许多老年人对居家养老的认知不够，“购买服务”的意识在老年人群体中还未普遍形成。受传统观念影响，人们更倾向于从家庭获得所需的养老服务，而对市场上提供的养老服务认可度普遍偏低，加之受制于经济能力，居家养老服务的消费率普遍偏低。

另一方面，我国城乡差别大，这在居家养老服务方面也有体现，一是乡村地区供给远不能满足需求，二是城市地区供给远远大于需求，而这两者之间差距大的根本原因就是居家养老服务在我国的普遍接受度偏低，以及受制于经济水平等客观条件。若是居家养老服务的供给从其需求出发，而居家养老服务的接受度增高直至供给和需求达到均衡，那么届时我国养老事业将会朝向更高层次发展，社会福利保障问题也会得到充分解决。现阶段，我国居家养老服务的主要问题在于需求无法得到满足，而提供的服

务又得不到充分利用。

第三节　居家养老服务需求意愿影响因素的理论分析

由以上分析可知，我国居家养老服务还存在供给与需求不匹配的问题，主要体现在以下几个方面：一是老年人对居家养老的认知度有限；二是从空间范围看，居家养老服务范围有限，特别是城市和农村存在明显差异；三是居家养老服务项目的种类有限，亟待提高；四是老年人受观念影响，对养老服务的接受度不高。事实上，老年人对居家养老服务的需求受多方面因素的影响，因此有必要深入挖掘这些因素是否显著地影响老年人对居家养老服务的需求，从而更加深入地研究居家养老模式的有效性，努力推动居家养老服务达到供需平衡状态，从而有效解决大健康产业视野下居家养老运行过程中出现的各种问题。

秉承科学、合理、实用的原则，本章从个人因素、家庭因素、社会因素和特殊因素的角度，构建大健康产业视野下居家养老服务的需求影响因素体系。为了更细化地描述各大因素，每个大因素下面还相应建立多个子因素。其中，个人因素主要包括性别、年龄、受教育程度、生活自理状况、个人收入状况、退休前职业、婚姻状况等七大子因素；用子女个数、家庭经济状况以及居住方式描述代表家庭因素；社会因素包含户籍、医疗保障、补贴状况等；考虑到老年人选择接受居家养老服务会受到子女的影响，加入特殊因素作为衡量老年人选择接受服务的影响因素之一。

一、个人因素

个体特征是反映人与人之间差异的最显著特征，因此从老年人个人因素角度，选择了七个子因素，从而更加全面地考察影响大健康产业视野下居家养老服务需求的因素。

（一）性别

综合实际情况，一般情况下认为女性的自理生活能力要优于男性，而男性在自身照顾方面处于相对弱势，容易依赖外界照料服务。在中国文化传统的背景下，女性的自理能力要优于男性，尤其是针对60岁及以上的老年人。基于此，本书认为在大健康产业视野下，男性更倾向于去向外界求助。

H1：相对于女性来说，男性对大健康产业视野下居家养老服务的需求更高。

（二）年龄

一般情况下，随着年龄的增长，身体的新陈代谢以及机能运作都开始呈现下降趋势，患病概率也越来越高，年龄越大受疾病困扰也就越多。虽然会有个别老年人没有严重的疾病，但是各种慢性疾病也会出现，尤其是高龄老人，不仅会丧失自理能力，行动也有不方便之处，因此迫切需要他人的服务照料，此外老年人的心理状态也需要有人关注，要帮助其排除空虚，满足其安全感。据此分析提出以下假设：

H2：随着年龄的增长，老年人对大健康产业视野下居家养老服务的需求增大。

（三）受教育程度

受教育程度较高，反映着该人的学习能力相对较强，思想也相对较开放，更容易接受居家养老服务。受传统文化观念影响，以及各种局限性，居家养老服务的观念还不是很普及，接受度也偏低，因此将老年人的受教育程度作为大健康产业视野下居家养老服务的影响因素。此外，受教育程度高的老年人会更容易通过各种信息渠道了解居家养老服务的相关服务和申请要求、流程。据此本书提出以下假设：

H3：受教育程度越高，对大健康产业视野下居家养老服务的需求越大。

（四）生活自理状况

生活自理能力是直接关系到人是否需要他人照顾的因素。身体机能下降、疾病等各种因素会影响老年人的生活自理能力，而生活自理能力低的老年人，意味着其更需要他人照顾，更需要向外界寻求帮助，尤其患有疾病、不能行走的老年人，更加需要有子女和亲属24小时陪伴在身边，可见生活自理能力低的老年人更加需要向社会资源求助。

H4：生活自理能力越低，对大健康产业视野下居家养老服务的需求越大。

（五）个人收入状况

收入状况直接影响老年人是否有足够的能力支付居家养老服务费用。基于实际情况，现有的居家养老服务的补贴对象和标准都没有明确的规定，补贴范围也有限，因此依旧需要个人支付一部分费用。相比于个人收入低的老年人可能迫于生活压力，尽管有养老服务需求，但无法负担，而收入高的老年人在满足日常生活需要的情况下，也更有能力选择是否满足自身需求意愿。因此本书建立以下假设：

H5：个人收入越高的老年人对大健康产业视野下居家养老服务的需求越大。

（六）退休前职业

一般情况下，职业会影响一个人的经济情况、社会地位以及思想认识。特别是相比于其他职业，退休前在机关事业单位工作的老年人，更有渠道享受各种社会资源，对养老政策的认识比较深入，且退休后的保障待遇也相对较高，有一定的经济能力，对居家养老服务的需求也高。据此建立以下假设：

H6：与退休前从事其他职业的老年人相比，退休前在机关事业单位工作的老年人对大健康产业视野下居家养老服务的需求更大。

（七）婚姻状况

配偶起着重要的照料作用，能够照顾另一半的生活起居。而无配偶的老年人生活起居、家务工作都需要亲力亲为，可能力不从心，更需要来自外界的帮助与支持，并且这部分人群更喜欢同他人多交流，参与各项活动。可见，相对于配偶健在的老年人来说，没有配偶的老年人更需要居家养老服务。据此建立以下假设：

H7：无配偶的老年人对于大健康产业视野下居家养老服务的需求更大。

二、家庭因素

除个人因素外，家庭也是影响老年人对居家养老服务需求的因素，因为对养老服务的需求不仅是老年人一个人的问题，也关乎整个家庭。本书选取居住方式、家庭经济状况和子女个数等三个子因素来考察影响居家养老服务需求的家庭因素。

（一）居住方式

居住方式反映了对家庭资源的利用程度，如果老年人跟配偶或者子女居住在一起，更能够获得来自配偶和子女的生活照料和精神慰藉，那么对于社会资源的需求也就较小。可见，独居老人更需要来自社会资源的帮助、支持。据此建立以下假设：

H8：独居老人对大健康产业视野下居家养老服务的需求更大。

（二）家庭经济状况

选择是否接受居家养老服务，不仅需要考虑个人收入等个人因素，还需要将家庭经济状况纳入考虑范围内。家庭经济不仅反映了该家庭的购买能力，还反映了该家庭对更高生活质量的追求。一般而言，经济状况好的家庭，更倾向于支持老年人接受更专业、更全面的居家养老服务，即这样的家庭更有可能为老年人购买居家养老服务，如医疗保健、雇用专业陪护人员等。由此建立以下假设：

H9：经济状况越好的家庭对大健康产业视野下居家养老服务需求越大。

（三）子女个数

受传统观念的影响，我国大多数情况下都是由子女负责老年人的养老。子女反映了家庭的代际关系，子女可以照顾老年人的生活起居，并且子女的陪伴对老年人的心理、精神起着一定的安慰作用。子女之间的互动关系还可以使老年人的幸福满意度更高，子女多的家庭还可以轮流负责照顾老年人的生活，分担工作，这种情况称为家庭养老，而不是居家养老。可见与子女多的老年人相比，子女少的老年人更需要居家养老服务。由此建立以下假设：

H10：子女少的老年人对大健康产业视野下居家养老服务需求更大。

三、社会因素

人不是一个单独的个体，处在社会中，进行任何活动都会受到各种社会因素的影响，包括作决策。因此，老年人选择是否接受居家养老服务也会受到社会因素的干扰，本书提取户籍、医疗保障、补贴状况三个子因素来描述社会因素。

（一）户籍

众所周知，每个城市都有人员流动，而且每个城市都有自己专门的养老服务保障体系和福利措施。这些福利政策一般情况下会因为是否是本地户籍而有所差异，因此本书将户籍纳入分析范围，分析户籍对老年人选择居家养老服务的影响机理或者影响程度。一般认为，每个城市本地户籍的老年人所能享受的福利政策、待遇都较外来人口多，而且他们对该城市的养老政策以及申请流程都比较熟悉，加之其医疗补贴力度也比外地人口大，因此更加倾向于利用家庭之外的社会资源为自己的晚年服务。据此提出以下假设：

H11：该城市本地户籍的老年人对大健康产业视野下居家养老服务的需求更大。

（二）医疗保障

一般认为有医保的老年人更加有可能购买其他养老服务，提高自己的晚年生活质量，因为有医保，所以他们不会担心自己未来生病会耗费巨大资金。而相比之下，没有医保的老年人习惯于存款，以备将来看病的不时之需。可见，有医保的老年人有更大的可能性购买居家养老服务。由此建立以下假设：

H12：有医保的老年人对大健康产业视野下居家养老服务的需求更大。

（三）补贴状况

有补贴相当于增加了收入，因此有足够的购买能力。有补贴的老年人经济负担比没有补贴的老年人小，对购买居家养老服务的意愿更高，较少可能因为经济因素而放弃居家养老服务。据此建立以下假设：

H13：有补贴的老年人对大健康产业视野下居家养老服务的需求更大。

四、特殊因素

随着年龄的增长，老年人不仅身体机能会下降，大脑的思维能力以及决策能力也会降低。身处一个家庭中，老年人的决策判断或多或少会受到子女、他人的影响，因此本书特将受子女影响决策作为特殊因素来判断老年人是否选择接受居家养老服务。而子女作为年轻人，对类似于居家养老服务的接受度较高，据此建立以下假设：

H14：受子女影响的老年人对大健康产业视野下居家养老服务的需求更大。

第四节　居家养老服务需求影响因素的实证分析

一、问卷的基本情况及研究变量的选择

（一）基本情况及变量的选择

本次实证分析所需要的数据均来自针对老年人的调查问卷。此次调查采用派发问卷、实地考察、访谈相结合的方式。由于老年人身体机能原因或者行动不便，主要采取实地走访社区、入户采访的形式，访问对象都是60岁及以上的老年人。此次调查共发放问卷150份，回收并筛选的有效问

卷132份，有效率达88%。

针对本书的研究目标以及老年人的基本情况，此次问卷共设置了19个问题，主要是基于个人因素、家庭因素、社会因素和特殊因素四个方面设计问题。并且考虑到老年人听力、理解能力减弱的现实因素，因此问题的表述应秉承简单、易懂、清晰的原则。为有效考察影响老年人对大健康产业视野下居家养老服务需求的因素，问卷一共设计了39个问题，借鉴前人的研究经验以及自身对可能产生的回答的认识，设置了不同的回答。

根据问卷回收整理、分类、编码处理，得到变量的具体名称和具体取值，如表7－3所示。

表7－3　变量的设定及变量的赋值

变量类型	变量名称		变量编码值
因变量	老年人是否有居家养老服务需求		有＝1；没有＝2
自变量	个人因素	性别	男＝1；女＝2
		年龄	60～79岁＝1；80岁及以上＝2
		受教育程度	小学及以下＝1；初中＝2；高中/中专＝3；本科/大专及以上＝4
		生活自理状况	不完全自理＝1；完全自理＝2
		个人收入状况	1000元以下＝1；1000～2000元＝2；2000～3000元＝3；3000元以上＝4
		退休前职业	机关企事业单位＝1；其他＝2
		婚姻状况	无配偶＝1；有配偶且健在＝2
	家庭因素	居住方式	独居＝1；非独居＝2
		家庭经济状况	2000元以下＝1；2000～5000元＝2；5000～10000元＝3；10000元以上＝4
		子女个数	两个以下＝1；两个及以上＝2
	社会因素	户籍	本地户籍＝1；非本地户籍＝2
		医疗保障	已参加＝1；未参加＝2
		补贴状况	有补贴＝1；无补贴＝2
	特殊因素	是否受子女影响	不受影响＝1；受影响＝2

（二）模型设定

我们会遇到一些实际问题，其因变量并不是连续的，是一个二分类变量，即变量只能取两个值，这样的回归分析模型被称为二项逻辑（binary logistic）回归模型。在二项逻辑回归模型中，其因变量 Y 为二项分布，取 1 和 2 两种情况，其中 1 表示事件没有发生的情况，2 表示事件发生的情况。因变量为 Y，p 表示事件发生的概率，$1-p$ 表示事件没有发生的概率，因此有 $E(Y)=P(Y=1)=p$，记事件 $Y=1$ 即发生的条件概率为 p 有：

$$p=\frac{e^{\beta_0+\beta_1X_1+\beta_2X_2+\beta_3X_3+\cdots+\beta_nX_n}}{1+e^{\beta_0+\beta_1X_1+\beta_2X_2+\beta_3X_3+\cdots+\beta_nX_n}} \tag{7-1}$$

事件发生与未发生的概率之比为 $\frac{p}{1-p}$，对其进行对数变换之后，即可得到 Logistic 回归模型的线性模型如下：

$$\ln\left(\frac{p}{1-p}\right)=\beta_0+\beta_1X_1+\beta_2X_2+\beta_3X_3+\cdots+\beta_nX_n \quad (i=1,2,3,\cdots,n) \tag{7-2}$$

在此次研究中，因变量为是否有居家养老服务需求，其中 1 代表有需求，2 代表没有需求。在式（7-2）中，p 代表有居家养老服务需求的概率，相应地，$1-p$ 代表没有居家养老服务需求的概率。X_i 表示自变量，具体包括性别 X_1、年龄 X_2、受教育程度 X_3、生活自理状况 X_4、个人收入状况 X_5、退休前职业 X_6、婚姻状况 X_7 等 7 个个人因素自变量；居住方式 X_8、家庭经济状况 X_9、子女个数 X_{10} 等 3 个家庭因素自变量；还包括户籍 X_{11}、医疗保障 X_{12}、补贴状况 X_{13} 等 3 个社会因素自变量和是否受子女影响 X_{14} 这个特殊因素自变量。β_i 表示各自变量的回归系数，即反映该自变量的影响方向和影响程度。

二、实证分析过程

（一）样本描述性分析

根据老年人对居家养老服务需求的调查问卷，经过整理得到调查结果，对其进行描述性分析。

1. 自变量的描述性分析

接下来对个人因素、家庭因素、社会因素和特殊因素四个方面的自变量进行频数分析和描述性分析。

(1) 个人因素的描述性分析

基于调查结构，初步了解被调查老年人的个人基本情况，描述性统计分析结果如表 7－4 所示。

表 7－4　个人因素描述性统计分析

个人因素	样本量	最小值	最大值	均值	标准差
性别	132	1	2	1.52	0.502
年龄	132	1	2	1.28	0.451
受教育程度	132	1	4	3.55	0.850
生活自理状况	132	1	2	1.63	0.485
个人收入状况	132	1	4	2.94	1.294
退休前职业	132	1	2	1.75	0.435
婚姻状况	132	1	2	1.75	0.435

由表 7－4 分析可得出以下几点：

①性别：男性老年人占比 48.5%，女性老年人占比 51.5%，均值为 1.52，标准差为 0.502。可见此次调查中男性与女性数量大体相近。

②年龄：调查结果显示，年龄结构的均值为 1.28，标准差为 0.451，说明被调查的老年人中低龄老人占比较高，其中 60～79 岁的老年人比例为 72.0%，80 岁及以上的老年人比例为 18.0%。

③受教育程度：均值和标准差分别为 3.55、0.850，表明受调查的老年人受教育程度总体较高。频数统计结果显示，本科/大专及以上学历的老年人比例为 73.5%，高中/中专学历的老年人比例为 12.1%，初中、小学及以下学历的老年人占比分别为 9.8%、4.5%。

④生活自理状况：均值为 1.63，标准差为 0.485，表明受调查老年人中大部分自理状况比较好，能够照顾自己。

⑤个人收入状况：从老年人的每月收入来看，其均值为2.94，标准差为1.294。1000元及以下的老年人比例为24.2%，月收入1000~3000元的老年人总占比为19.7%，个人月收入为3000元及以上的老年人占比为56.1%。

⑥退休前职业：统计结果显示，受调查老年人中退休前在机关企事业单位工作的比例为25%，其他职业的老年人占比75%，均值为1.75，标准差0.435。

⑦婚姻状况：均值为1.75，标准差为0.435，反映了绝大部分老年人有配偶陪伴。在调查中，有配偶且配偶健在的老年人占比75%，无配偶的老年人占比为25%。

（2）家庭因素的描述性分析

根据调查机构统计分析，可得到受调查老年人的家庭基本情况，如表7-5所示。

表7-5　家庭因素描述性统计分析

家庭因素	样本量	最小值	最大值	平均数	标准差
居住方式	132	1	2	1.64	0.481
家庭经济状况	132	1	3	2.42	0.773
子女个数	132	1	2	1.23	0.426

根据表7-5的统计结果，分别对居住方式、家庭经济状况、子女个数进行描述性统计分析。

①居住方式：均值为1.64，标准差为0.481，其中独居的老年人比例为35.6%，非独居的老年人比例为64.4%。

②家庭经济状况：家庭经济收入在2000元以下的老年人占17.4%，2000~5000元的老年人占22.7%，5000元及以上的老年人占59.8%。变量取值的平均数是2.42，标准差为0.773。由此说明，此次被调查的老年人家庭经济状况总体较好，超过半数的老年人家庭月收入在5000元及以上，但家庭之间的收入差距比较明显。

③子女个数：均值为1.23，标准差为0.426，频数统计结果显示，子

女个数为 2 个以下的老年人占 76.5%，子女个数为 2 个及以上的老年人占 23.5%。并且被调查老年人中有子女的比例大约为 50%。

（3）社会因素的描述性分析

根据调查结构，对影响老年人居家养老服务需求的社会因素进行描述性统计，如表 7－6 所示。

表 7－6　社会因素的描述性分析

社会因素	样本量	最小值	最大值	平均数	标准差
户籍	132	1	2	1.11	0.309
医疗保障	132	1	2	1.11	0.309
补贴状况	132	1	2	1.92	0.266

由表 7－6 可得出以下结论：

①户籍：调查结果显示，此次调查中是本地户籍的老年人占比 89.4%，非本地户籍的老年人占比为 10.6%，均值为 1.11，标准差为 0.309，可见老年人还是比较倾向于在户籍所在地养老。

②医疗保障：在调查的老年人中，已参加医疗保障的老年人占比为 89.4%，没有参加医疗保障的老年人比例为 10.6%，均值为 1.11，标准差为 0.309，可见大多数老年人都有医疗保险的保障。

③补贴状况：均值为 1.92，标准差为 0.266，说明没有补贴的老年人占大多数，频数统计结果显示，其中有补贴的老年人大约为 7.6%，没有补贴的老年人比例为 92.4%。

（4）特殊因素的描述性分析

特殊因素（是否受子女影响）影响老年人是否选择居家养老服务的分析结果如表 7－7 所示。

表 7－7　特殊因素的描述性分析

特殊因素	样本量	最小值	最大值	平均数	标准差
是否受子女影响	132	1	3	1.54	0.530

在调查的老年人中，受子女影响的老年人占比 47.7%，不受子女影响

的老年人占比52.3%，均值为1.54，标准差为0.530，这说明受子女影响的老年人和不受子女影响的老年人的比例相近。

2. 因变量的描述分析

（1）老年人对居家养老服务的认知情况分析

为进一步分析现阶段我国老年人对居家养老服务的认知和接受情况，本次调查问卷设置了“非常了解”“有点了解”“完全不了解”三个等级，统计分析老年人对居家养老服务的认知程度，如图7－4所示。

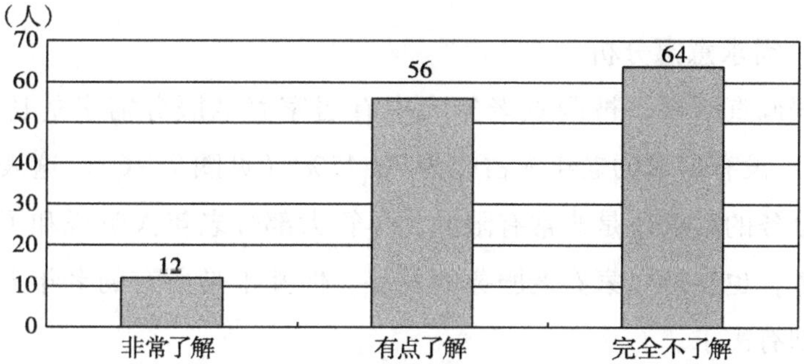

图7－4 老年人对居家养老服务的认知情况统计

图7－4显示，在对居家养老服务是否了解这一项，被调查老年人中自认为“非常了解”的老年人占比为9.09%，“有点了解”的老年人比例大约为42.42%，“完全不了解”的老年人占比最高，达48.48%，由此可以推知老年人对居家养老服务的认知程度偏低，因此亟待通过各种途径普及居家养老服务这一概念。接着针对老年人对居家养老服务的支持情况进行调查，如图7－5所示，由统计结果可知，大约59.09%的老年人对居家养老服务持积极的态度，支持该服务的发展，约有37.12%的老年人保持“中立”态度，“不支持”的老年人占极少数，仅为3.79%。由此说明，老年人对居家养老服务的接受度总体较好，这为居家养老服务的普及和发展提供了良好的基础。

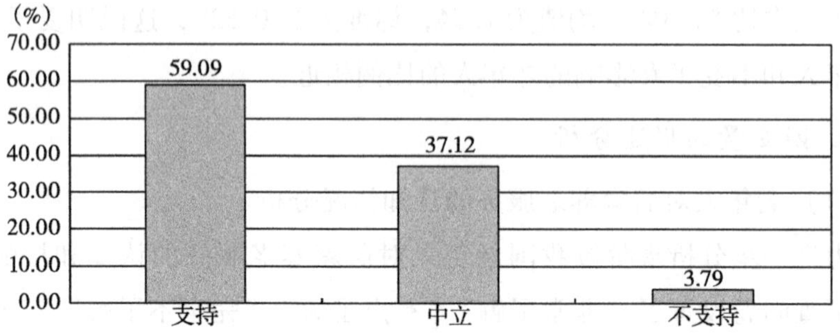

图 7－5　老年人对居家养老服务支持情况统计

（2）需求意愿分析

根据调查结果，被调查老年人中有居家养老服务需求的比例大约为 29.55%，没有需求的老年人占比为 70.45%（见图 7－6）。这表明当前居家养老服务的需求还是非常有限的，尽管大部分老年人听说和了解过居家养老服务，也支持居家养老服务的发展，但并不是所有的老年人对居家养老服务都有需求。

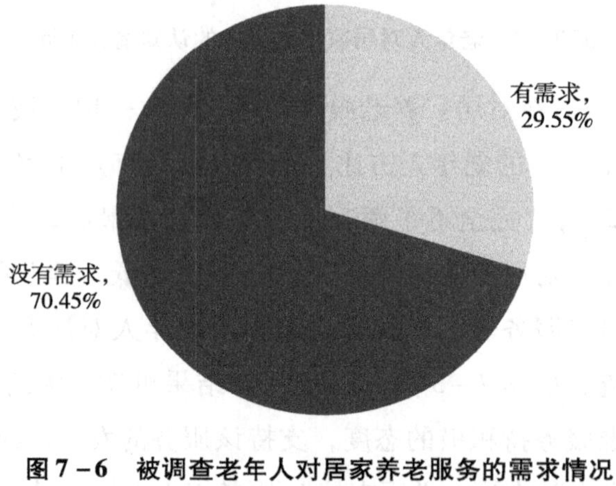

图 7－6　被调查老年人对居家养老服务的需求情况

为进一步分析本地户籍老年人与外来户籍老年人对居家养老服务的需求差异情况，根据统计结果（见图 7－7）可知，在被调查的本地户籍老年人中有 36.23% 的老年人对居家养老服务有需求，相比之下外来户籍的老年人对居家养老服务有需求的比例为 22.22%，低于本地户籍的老年人比例，但是这部分老年人的需求也应该受到重视。因为在属于该群体的老年人中，每 5

个老年人就有 1 个需要居家养老服务，这意味着每 1000 个外来户籍老年人，就有 200 个老年人需要社会向他们提供养老资源，满足其居家养老服务需求。

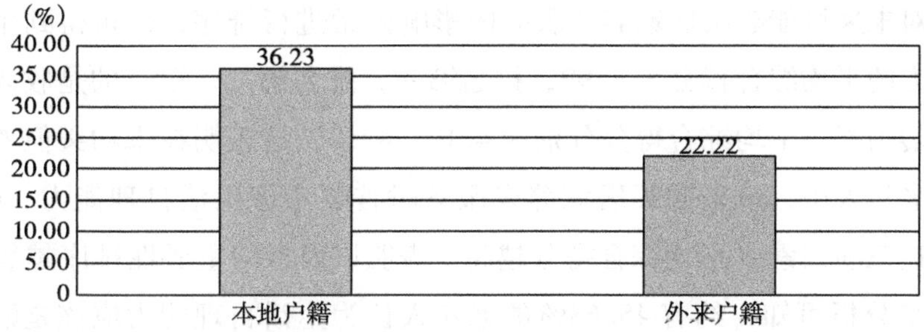

图 7-7　不同户籍老年人有居家养老服务需求意愿的统计

（3）老年人选择或不选择居家养老服务的原因的统计分析

为分析被调查老年人目前关于购买居家养老服务的总体情况，根据调查结果统计得到图 7-8。由图 7-8 可知，在被调查老年人中已经购买过或者正在购买居家养老服务的老年人占有极少数，仅为 10.61%。而未购买也不会考虑购买的老年人占比为 28.03%，目前未购买但会考虑购买的老年人占比为 61.36%。对以上数据的分析表明，我国居家养老服务的发展才刚刚起步，以后还有更大的发展空间。

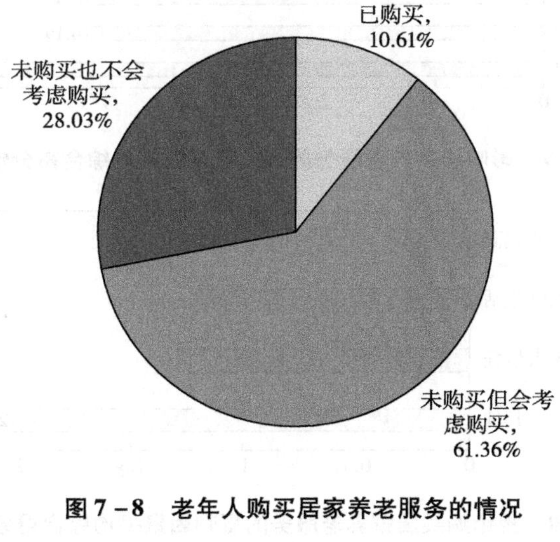

图 7-8　老年人购买居家养老服务的情况

为进一步调查目前还未购买居家养老服务的老年人情况，分别对未购买但考虑购买的老年人和未购买也不打算购买的老年人的考虑因素进行分析，得到图7－9和图7－10。由图7－9可知，让未购买但考虑购买的老年人对未来可能购买居家养老服务的影响因素进行排序，分析得到生活自理能力的平均综合得分为4.99，排名第一，排名第二、第三的是收入因素和年龄因素，平均综合得分分别为4.19、4.12，这表明在未购买但考虑购买的老年人中，未来购买居家养老服务时首要考虑生活自理能力、收入、年龄这三项因素（平均综合得分越高，表明该因素的重要性排序越靠前）。进一步分析可知，约有45.68%的老年人认为生活自理能力应该是购买居家养老服务首要考虑的因素，分别有16.05%和17.28%的老年人认为购买居家养老服务应该首要考虑年龄和收入因素。接下来，平均综合得分由高到低依次是家庭因素、服务价格、思想观念，得分分别为3.32、3.09、2.07，这表明思想观念对购买居家养老服务的影响程度并不是很大，服务价格的排名也不是很靠前。

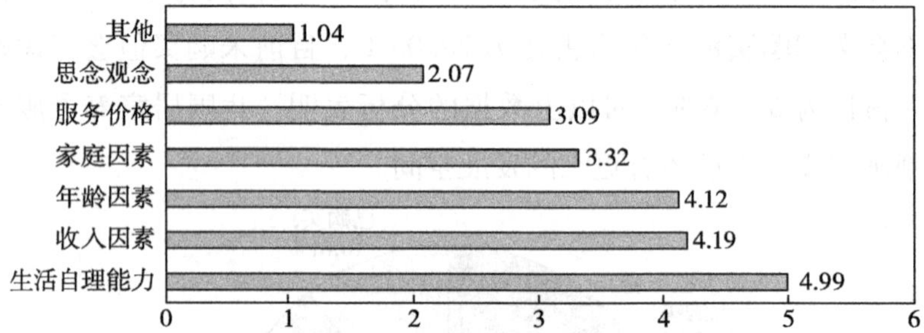

图7－9　影响居家养老服务因素的重要性平均综合得分情况

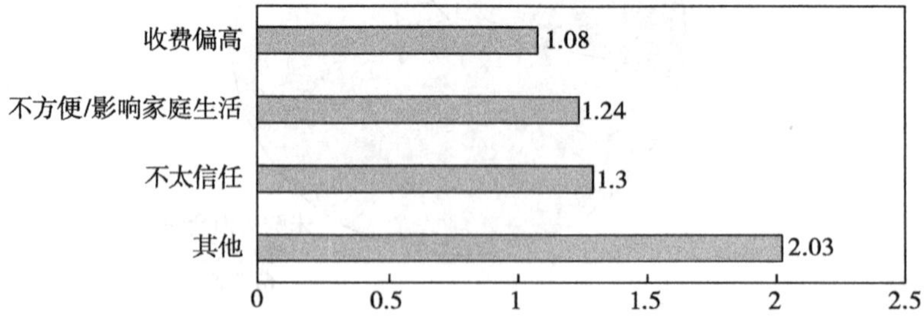

图7－10　拒绝购买居家养老服务的影响因素平均综合得分情况

对目前未购买也不打算购买的老年人进行进一步调查，同样让这部分老年人对不购买居家养老服务的原因进行排序得到图 7 - 10，不太信任的平均综合得分为 1.3，可见老年人对居家养老服务的信任度还不高，从而阻碍了我国居家养老服务业的发展。不方便/影响家庭生活和收费偏高的平均综合得分分别为 1.24、1.08，这说明未考虑购买居家养老服务的老年人依旧认为服务价格是重要因素，但并不是首要考虑的原因。并且现有的居家养老服务在为老年人提供方便的同时依旧影响了老年人的家庭生活。因此大力宣传居家养老服务的相关知识，普及观念并且解决服务价格偏高的问题有助于更好地推动我国居家养老服务发展。

3. *老年人对居家养老具体服务项目的需求情况分析*

继续分析老年人对居家养老服务项目的需求情况，对日常生活服务、医疗保健服务、精神文化服务、权益保障服务及其他服务进行重要性排序，得到统计结果如图 7 - 11 所示。其中，日常生活服务的平均综合得分为 3.6，这说明老年人对居家养老服务项目中的日常生活服务最为看重，认为日常生活服务项目是居家养老服务首要提供的基本服务。接下来平均综合得分由高到低排序依次为医疗保健服务、精神文化服务和权益保障服务，得分依次为 3.3、2.27、1.9，说明老年人对居家养老服务的需求除日常生活照料外，接下来渴望得到满足的依次是医疗保健需要、精神文化需要和权益保障需要，这与马斯洛需求层次理论基本相符。

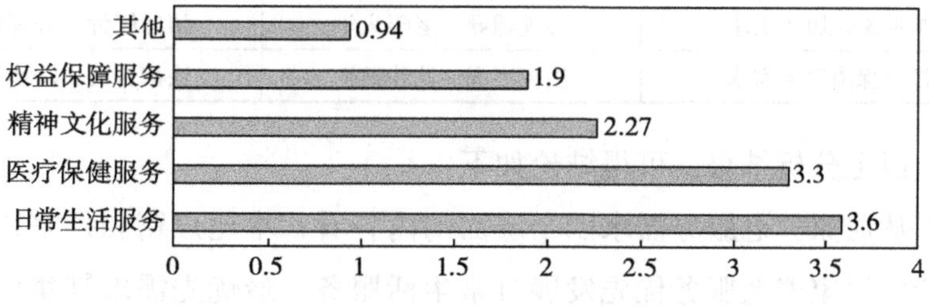

图 7 - 11　居家养老具体服务的平均综合得分情况

为了完善我国居家养老服务，对居家养老服务未来需要改进的方面进行了调查，如图 7 - 12 所示。在被调查的老年人中，约 70.45% 的老年人认为应该增加居家养老服务项目，同样约70.45%的老年人认为还应该提高服务人员素质，分别有67.42%、66.67%、57.58%的老年人认为应当降低服务价格、加大补贴、延长服务时间。

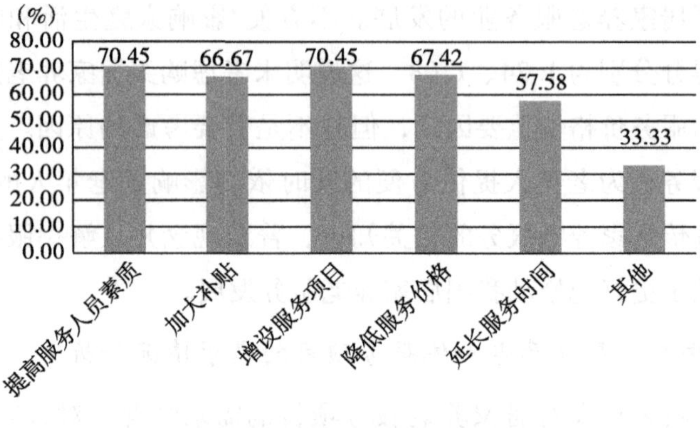

图7－12 居家养老服务改进方面的总体情况

基于老年人的实际需要，以是否为所居住地的户籍为划分标准分析老年人在对居家养老服务需求的具体服务方面的共同点和差异，由此了解不同人群对居家养老服务的需求，统计如表7－8所示。

表7－8 老年人对居家养老服务项目的需求情况

服务需求	本地户籍老人	外来常住老人
优先倾向的服务	日常生活服务	日常生活服务
日常生活服务需求	紧急呼叫、日间照料	紧急呼叫、日间照料
医疗保健服务需求	定期体检、陪同就医	专业护理、定期体检
精神文化服务需求	心理辅导、老年大学	情感倾诉、心理辅导
权益保障服务需求	法律咨询、法律援助	法律咨询、法律援助

由以上分析结果，可得结论如下：

①从居家养老服务需求四个层面的内容看，本地户籍和外来户籍老年人都希望居家养老服务优先发展日常生活服务，最优先需求都集中于低层次需求。

②关于日常生活服务的具体项目，本地户籍老年人和外来户籍老年人都很重视紧急呼叫和日间照料两项服务内容，认为是较为重要的。

③针对医疗保健服务的具体项目，本地户籍老年人认为应该优先发展定期体检和陪同就医，而外来户籍老年人更希望优先发展专业护理、定期体检，这说明两类群体对定期体检服务都比较重视。

④关于精神文化服务，本地户籍老年人希望优先发展心理辅导和老年大学项目，而外来户籍老年人希望优先发展心理辅导和情感倾诉，从两者对心理辅导的重视程度可以看出老年人对心理需求的追求都是极为看重的，但相比之下本地户籍老人也希望不断学习新的知识、培养新的兴趣，外来户籍老年人对情感方面更为注重。

⑤关于权益保障服务的具体项目，本地户籍老年人和外来户籍老年人都需要法律援助服务，维护自身合法权益，并且希望有日常法律咨询服务，通过与专家面对面交流获得权威的法律解释。

（二）交互分析

基于以上描述性统计分析，得到了影响老年人居家养老服务需求的因素。接下来从个人因素、家庭因素、社会因素和特殊因素的14个自变量与是否接受居家养老服务需求的相互关系进行交互分析以及卡方检验，结果如表7－9所示。

表7－9　变量交互分析统计结果　（%）

变量名称	变量分类	是否有居家养老服务需求		P值
		有	无	
性别	男	26.92	73.08	0.359
	女	35.42	64.58	
年龄	60～79岁	18.90	81.10	0.000
	80岁及以上	56.80	43.20	
受教育程度	小学及以下	60.00	40.00	0.056
	初中	41.67	58.33	
	高中/中专	0	100.00	
	本科/大专及以上	31.94	68.06	
生活自理状况	不完全自理	28.60	71.40	0.851
	完全自理	30.10	69.90	

续表

变量名称	变量分类	是否有居家养老服务需求		P 值
		有	无	
个人收入状况	1000 元以下	26.92	73.08	0.213
	1000 ~ 2000 元	37.50	62.50	
	2000 ~ 3000 元	66.67	33.33	
	3000 元以上	26.92	73.08	
退休前职业	机关企事业单位	54.50	45.50	0.000
	其他	21.20	78.80	
婚姻状况	无配偶	18.20	81.80	0.099
	有配偶且健在	33.30	66.70	
居住方式	独居	14.90	85.10	0.006
	非独居	37.60	62.40	
家庭经济状况	2000 元以下	42.11	57.89	0.594
	2000 ~ 5000 元	22.73	77.27	
	5000 ~ 10000 元	32.26	67.74	
	10000 元以上	28.57	71.43	
子女个数	两个以下	20.80	79.20	0.000
	两个及以上	58.10	41.90	
户籍	本地户籍	28.80	71.20	0.593
	非本地户籍	35.70	64.30	
医疗保障	已参加	32.22	67.78	0.428
	未参加	20.00	80.00	
补贴状况	有补贴	62.50	37.50	0.045
	无补贴	28.26	71.74	
是否受子女影响	受影响	27.00	73.00	0.538
	不受影响	31.90	68.10	

1. 个人因素与老年人居家养老服务需求

①性别：在此次调查中男性有居家养老服务需求的比例为 26.92%，女性有居家养老服务需求的比例为 35.42%，两者有居家养老服务需求的比例都很低，而且女性有居家养老服务需求的比例大于男性，这与最开始

的假设不符，且该变量也未通过0.05显著性水平下的卡方检验。可见性别差异并不会引起居家养老需求的差异。

②年龄：本次调查中60~79岁年龄段的老年人有居家养老服务需求的比例为18.90%，而80岁及以上的老年人中有居家养老服务需求的比例为56.80%，远远大于60~79岁的老年人，这与初始假设年龄越大的老年人对居家养老服务需求意愿越强烈相符，并且卡方检验的P值小于0.05，通过了显著性检验，表示年龄与居家养老服务需求有关系。

③受教育程度：本次调查中小学及以下学历的老年人有居家养老服务需求的占比为60.00%，初中学历的老年人有居家养老服务需求的比例为41.67%，而文化程度为高中/中专的老年人在本次调查中均没有居家养老服务需求，本科/大专及以上的老年人有居家养老服务需求的比例为31.94%。但是该变量未通过0.05显著性水平下的卡方检验（P=0.056>0.05），由此可知受教育程度与居家养老服务需求没有关系。

④生活自理状况：将受调查的老年人主要分为不完全自理和完全自理两大类，根据分析发现，不完全自理老年人中有28.60%的人有居家养老服务需求，而完全自理老年人中有居家养老服务需求的比例为30.10%，大于不完全自理的老年人群。这与初始假设的情况不相符，并且未通过0.05显著性水平下的卡方检验。

⑤个人收入状况：本次调查的老年人月收入为1000元以下、1000~2000元、2000~3000元和3000元以上有居家养老服务需求的比例分别为26.92%、37.50%、66.67%、26.92%，总体来说中等收入水平的老年人对居家养老服务需求意愿较高，而低收入和较高收入水平的老年人对居家养老服务需求均偏低，这与初始假设收入越高对居家养老服务需求的意愿越高不符，且该变量的P=0.213>0.05，未通过显著性检验，说明从目前来看收入对居家养老服务的需求差异影响不大。

⑥退休前职业：此次调查中，退休前职业为机关企事业单位的老年人中54.50%对居家养老服务有需求，超过其他职业的老年人对居家养老服务的需求33.3个百分点，这与初始假设情况相符，并且该变量通过了

0.05 显著性水平下的卡方检验（$P = 0.000 < 0.05$），表明退休前职业情况对居家养老服务需求是有影响的。

⑦婚姻状况：在被调查人群中，无配偶的老年人有居家养老服务需求的比例为 18.20%，而有配偶且健在的老年人有居家养老服务需求的比例为 33.30%，这与初始假设不符，且未通过 0.05 显著性水平下的卡方检验（$P = 0.099 > 0.05$），表明婚姻状况对居家养老服务需求的影响不显著。

2. 家庭因素与老年人居家养老服务需求

①居住方式：在被调查的老年人中居住方式为独居的老年人中有约 14.90% 的人对居家养老服务有需求，而非独居的老年人有 37.60% 的人有居家养老服务需求，这与初始假设不符。但是该变量通过了 0.05 显著性水平下的卡方检验（$P = 0.006 < 0.05$），说明居住方式对居家养老服务需求的影响是显著的。

②家庭经济状况：被调查的老年人中家庭月收入在 2000 元以下的老年人有居家养老服务需求的比例为 42.11%，家庭月收入为 2000 ~ 5000 元的需求比例为 22.73%，5000 ~ 10000 元的需求比例为 32.26%，10000 元以上的老年人有居家养老服务需求的比例为 28.57%。总体来说，不同家庭经济收入情况对居家养老服务需求的差异程度影响不大，其中 2000 元以下的老年人对居家养老服务需求意愿最强。但是该变量并未通过 0.05 显著性水平下的卡方检验（$P = 0.594 > 0.05$），可见家庭经济状况与居家养老服务需求的关系不大。

③子女个数：被调查的老年人中子女个数为两个以下的老年人中有 20.80% 的人对居家养老服务有需求，子女为两个及以上的老年人中有 58.10% 的人对居家养老服务有需求，这与初始假设不相符。但是该变量通过了 0.05 显著性水平下的卡方检验（$P = 0.000 < 0.05$），说明子女个数对居家养老服务需求的影响是显著的。

3. 社会因素与居家养老服务需求

①户籍：此次调查中户籍为本地的老年人中有 28.80% 的人有居家养

老服务需求，而35.70%的非本地户籍老年人对居家养老服务有需求，这与初始假设情况不相符，并且该变量未通过卡方检验（P=0.593>0.05），说明户籍对居家养老服务需求的影响不显著。

②医疗保障：被调查的老年人中有医疗保障的老年人有居家养老服务需求比例为32.22%，高于没有医疗保障的老年人有居家养老服务需求比例大约12个百分点，这与初始假设有医疗保障的老年人对居家养老服务需求意愿更高相符。但是该变量未通过0.05显著性水平下的卡方检验(P=0.428>0.05)，说明医疗保障对居家养老服务需求的影响并不显著。

③补贴状况：由表7-9可知，补贴对居家养老服务需求的影响是显著的，因为该变量通过了0.05显著性水平下的卡方检验（P=0.045<0.05）。其中，有补贴的老年人对居家养老服务有需求的比例为62.50%，而没有补贴的老年人对居家养老服务有需求的比例为28.26%，远远低于有补贴的老年人对居家养老服务需求意愿，这与初始假设有补贴的老年人对居家养老服务需求意愿更强烈相符。

4. 特殊因素与居家养老服务需求

是否受子女影响：本次调查特地引入是否受子女影响的变量考察其对居家养老服务需求的影响，根据调查统计结果，受子女影响的老年人中有27.00%的人有居家养老服务需求，而不受子女影响的老年人中有31.90%的人有居家养老服务需求，与初始假设受子女影响的老年人对居家养老服务需求的意愿更强烈不相符。且该变量并未通过0.05显著性水平下的卡方检验（P=0.538>0.05），表明是否受子女影响对居家养老服务需求的影响是不显著的。

（三）Logistic 回归分析

借鉴交互分析结果，为更加深入研究老年人居家养老服务的影响因素，将前文设定的个人因素、家庭因素、社会因素、特殊因素等四个维度的14个变量引入Logistic回归模型，利用SPSS计量软件进行二元Logistic回归分析。所有变量全部进入模型，由回归分析结果得到的Wald值和相应概率分析影响老年人居家养老服务需求的显著因素。

由表 7 – 10 可知，Logistic 回归结果显示由 14 个自变量建立的回归模型的整体适配度卡方值为 43. 463，P = 0. 000 < 0. 05 通过了显著性检验，但是 Hosmer – Lemeshow 检验值为 8（P = 0. 095 > 0. 05），未达到显著性水平，由此说明这个模型的适配度还是比较理想的。而且关联强度系数 Cox&Snell R^2 = 0. 281，Nagelkerke R^2 = 0. 399，表示自变量与因变量之间有关系存在，能够用于解释分析。

表 7 – 10　Logistic 回归模型分析结果

变量	B	S. E.	Wald	Sig.	Exp（B）	关联强度
性别	–0. 003	0. 529	0. 000	0. 996	0. 997	Cox&Snell R^2 = 0. 281 Nagelkerke R^2 = 0. 399
年龄	–0. 751	0. 652	1. 326	0. 250	0. 472	
受教育程度	0. 026	0. 313	0. 007	0. 933	1. 027	
生活自理状况	–0. 096	0. 515	0. 035	0. 852	0. 909	
个人收入状况	0. 146	0. 268	0. 297	0. 586	1. 157	
退休前职业	1. 845	0. 572	10. 396	0. 001	6. 331	
婚姻状况	–0. 055	0. 627	0. 008	0. 930	0. 947	
居住方式	–0. 552	0. 634	0. 759	0. 384	0. 576	
家庭经济状况	0. 408	0. 409	0. 994	0. 319	1. 503	
子女个数	–1. 559	0. 663	5. 534	0. 019	0. 210	
户籍	–0. 854	0. 737	1. 341	0. 247	0. 426	
医疗保障	1. 513	1. 024	2. 184	0. 139	4. 539	
补贴状况	0. 885	0. 833	1. 129	0. 288	2. 424	
是否受子女影响	–0. 595	0. 486	1. 499	0. 221	0. 552	
对于模型整体适配度的检验	χ^2 = 43. 463（P = 0. 000 < 0. 05） Hosmer – Lemeshow 检验值 = 8（P = 0. 095 > 0. 05）					

就具体变量分析，只有退休前职业和子女个数两个变量通过了显著性检验，这与交互分析的结果一致，其余变量都没有通过显著性检验，说明退休前职业和子女个数与居家养老服务需求有显著性联系，而其他变量没有。

而且在此次调查对象中，退休前职业因素对居家养老服务需求的影响为正，这与最开始退休前机关企事业单位工作的老年人对居家养老服务的需求意愿要更强烈的假设相符，并且机关企事业单位的老年人是非机关企事业单位的老年人需求的6.331倍。子女个数对居家养老服务需求的影响作用为负，这与子女少的老年人对大健康产业视野下居家养老服务需求更大的初始假设相符，即并不是子女个数越多对居家养老服务需求意愿也就越高，同时在控制了其他变量的情况下子女个数少的老年人对居家养老服务需求意愿是子女个数多的老年人的1.21倍。

其余进入模型中的自变量均没有通过显著性检验，原因可能在于以下几点：一是样本数据不够多，即样本量有限；二是被调查对象的老年人特征相对比较集中，集中于中低龄、生活自理能力较强的老年人；三是自变量选取以及分类还需进一步严密、科学，并综合多方面因素考虑。

三、实证结果的归纳性分析

由以上实证分析的结果，可以得到如下结论：

老年人对居家养老服务的认知情况还普遍偏低，对居家养老服务完全不了解的人群占比接近一半，与了解居家养老服务需求的老年人比例大致相近，但是完全了解居家养老服务的老年人仅占9.85%，说明该区域内还亟须加强对居家养老服务的宣传，也从侧面反映了居家养老服务在该区域的发展还远远不够，但是有了一定的基础。

调查发现，大多数老年人对居家养老服务都是持积极、支持的态度的，不支持的老年人比例仅为3.79%，还有小部分人对居家养老服务持中立态度，这说明居家养老服务已经逐渐得到认可，居家养老的观念也逐渐渗透。进一步研究发现，居家养老服务得到很多老年人的认可，但是有需求的老年人仅约为1/3，这说明了被调查老年人的身体状况都比较好，能够独立照顾自己或者说是家庭给予的照料服务已经能满足老年人的需求，当然其中的具体原因还需进一步研究。基于此，居家养老服务的提供者应当学会进一步细分市场，充分了解老年人的需求。然后对不愿意购买居家养老服务的老年人进行进一步调查，发现不信任成为导致居家养老服务发展缓慢、落后的关键原因之一，还有调查问卷未能涉及的其他因素是主要原因，因此以后的研究中有待进一步考察阻碍居家养老服务发展的原因。

由交互分析结果可知，年龄、居住方式、退休前职业、子女个数和补贴状况对居家养老服务需求的影响是显著的，而其他变量均未通过0.05显著性水平下的卡方检验，说明其他变量对居家养老服务需求的影响不显著。进一步通过二元Logistic回归模型分析影响居家养老服务需求的各种因素，得到退休前职业和子女个数两个变量通过了显著性检验，这表明家庭因素中的子女个数和个人因素中的退休前职业与居家养老服务需求之间有显著的关联，而社会因素和特殊因素对居家养老服务需求的影响没有得到证实。并且子女个数对居家养老服务需求的影响为负，这与初始假设子女个数越少的老年人对居家养老服务需求越大相符。但是退休前职业对居家养老服务需求的影响为正，这与初始假设不相符，这可能与此次调查受众文化程度比较集中有关。而除子女个数和退休前职业之外，其余变量进入回归模型均未通过显著性检验，一方面是本次调查的老年人大多为低龄老人，而且很多因素变量都相近、比较集中，另一方面也有可能是样本量不够大造成的。

第五节　提升养老服务质量的路径

根据以上对老年人的供需现状和存在的问题以及需求影响因素的实证分析结果，接下来将针对提高老年人居家养老服务的供给效率提出改善路径。

一、针对养老服务的供给主体

政府对居家养老服务的供给起着重要作用，首先政府担任编制规划、颁布政策等领导角色，还承担提供服务、执法检查、提升服务、保障基础等执行者的角色，可见政策发展和资金扶持对居家养老服务的发展产生直接作用。首先，政府应当加大财政预算，增加对养老服务的资金投入，建立与养老需求和经济发展相对同步的财政增长机制。其次，政府应当充分调动各方积极性，发挥多元主体的参与作用，扩大资金来源渠道，逐步探索建立由政府、各社区（村）、社会公众等多方主体共同投入的机制。例如，加大税收优惠，调动企事业单位的积极性，鼓励社会力量参与到居家养老项目的投资建设中。同时，政府还可以建立产业基金，调动各金融机构的积极性，加强宣传引导，动员全社会参与养老服务的建设。政府还应当从服务型政府出发，多听取群众呼声，多吸取各方建议，把握群众的需求，根据群众需求建立有针对性、可切实落地实施的政策，切忌政策华而不实。

同时，随着居家养老服务规模的扩大和老年人需求层次的提高，现有的政府购买等方式已经远远不能满足社会需求，应当让更多的社会力量参与到居家养老服务中来，加大市场竞争，优胜劣汰，实现资源的有效配置。

二、针对居家养老服务的供给内容

政府、企业等居家养老服务的提供者需要从该地区老年人的实际需求出发，提供有针对性的服务，才能提高供给效率，推动居家养老服务市场均衡发展。具体可以采取以下措施。

（一）对服务内容进行适时调整

定期开展市场调研，深入了解、把握老年人的群体特征和需求变化，选取合理的细分变量对市场进行细分，并针对各个细分市场的服务内容不断优化完善。此外还要控制好价格水平，在更好地满足老年人需求的同时也要让老年人能够负担得起。

（二）对服务内容进行适时完善

现有的居家养老服务是基于日常生活照料、医疗保健、文化娱乐、精神安慰和权益保障等方面，还需根据市场变化和老年人需求，不断丰富养老服务项目，满足老年人的个性化需求，努力做到使老年人的晚年生活无忧无虑，完美无憾，尤其是要增加一些既能体现社会发展趋势又符合老年人个性化定制需求、有特色的居家养老服务项目，让老年人获得更多的幸福感和满足感。

三、针对居家养老服务的传送路径

在居家养老服务过程中，服务的传送路径尤为重要。比如，很多情况下，传送服务的时效性、准确性等都会对老年人居家养老服务的满意度产生直接影响。因此有必要高度关注居家养老服务传送路径，从而提高服务的传送速度，提升服务的质量。

（一）加大居家养老服务的宣传力度

政府和各级行政机构应当高度重视居家养老服务政策和基本知识宣传，争取做到人人都知道居家养老服务内容、标准、政策优化、维权方式等，且目标对象不能仅局限于老年人群体，还应当覆盖其他各个年龄段，争取在全社会营造一种居家养老服务业健康发展的良好氛围。提供服务的相关机构、企业应当充分借助互联网、报纸、广播等多媒体形式推广居家养老服务，使全社会对居家养老服务都有清晰的认识和深入了解，减少供给者和需求者之间信息不对称现象的发生频率，建立有效的信息沟通机制。

（二）加强居家养老服务“智能化”建设

把大数据、互联网、人工智能等先进科学技术与居家养老服务充分结合起来，缩短居家养老服务供给方和需求方的信息传送时间，完善服务信息响应机制。加大与信息技术公司和信息技术运营商的沟通合作，研发适合老年人使用的移动终端，将移动终端与智慧养老服务平台连接起来，以低偿甚至是无偿的形式发送给残疾老人、高龄老人、失能老人和独居老人等老年人群体，以便他们能及时发起对居家养老服务的呼叫。

（三）加强居家养老服务从业人员队伍建设

加强居家养老服务从业人员队伍建设，提升从业人员的整体素质和专业度。一方面，可以建立从业人员持证上岗的制度，凡是从事居家养老服务的人员必须取得相关职业资格证书，新进人员必须经过合格培训和职业技能鉴定，持证上岗；已持证上岗的人员，也要定期进行培训，加强专业知识的巩固并学习先进知识，提高技能；同时还需要加强宣传、教育；为从业人员打造保障体系，适当提高工资、福利待遇，增强从业人员的认同感和自豪感。另一方面，加强社区（村）健康医疗、康复等人员队伍建设，既可以通过与医学院合作，联合培养相关的专业人才，到各个社区（村）实习或者参加工作；也可以调动社会力量加入养老服务队伍，壮大志愿者队伍，充分发挥志愿者的作用；还可以建立志愿服务登记制度和管理体系，建立公民志愿者服务记录，各高校可以将其设置成实践学分以激励学生加入志愿者队伍，促进居家养老服务规范发展。

四、加强居家养老服务质量保障

建立并且践行标准的管理理念和模式是居家养老服务供给主体始终应该坚持的关键原则之一，这样才会使居家养老服务质量得以提高，使老年人需求得到满足，使老年人幸福感和满足感得以提升。

（一）建立针对服务设施的相关标准，健全对养老服务机构的评价体系

一方面，各级政府针对所辖区域内的居家养老服务设施点做长期规划，上级政府也要适当地下放管理权。另一方面，政府要建立关于居家养老服务机构和设施的实施细则和管理办法，制定城乡统一的居家养老服务设施的建设标准、服务内容、管理模式和管理队伍。要建立健全居家养老服务机构的评估体系和办法，从而引导居家养老服务机构规范化发展。除此之外，各级政府的政绩考核指标体系应当将居家养老服务情况纳入其中，激励部门监管，确保养老服务机构切实执行任务，推动居家养老服务业高质量发展。

（二）建立项目和服务的标准化清单

企业提供服务的好坏直接关系到养老服务质量的好坏。首先，相关部

门应该制定标准化规则和服务清单，对服务内容、制度、流程和人员队伍等方面都要清楚地作出规定，还要有专门的途径向社会公示，发挥社会公众的监督作用，使社会各界对养老服务各项规范、标准都有清楚的认识和了解。其次，应该建立服务信息反馈机制，不定期慰问老人，以各种形式调查老年人对现有居家养老服务的满意度及评价情况，调查机构有针对性地改正不足，以指导居家养老服务业未来的工作方向。最后，要建立对服务人员的评奖考核制度，督促服务人员落实工作职责，提升服务质量。

（三）建立多方组成的多层次监管、评价体系

建立并完善由政府、第三方机构、社会组织和消费者组成的多层次监管、评价体系。邀请有资质、专业化的第三方机构参与养老事业的建设，考核评价养老服务机构和居家养老服务质量，提出改进建议，然后共同推动居家养老服务质量的提高。建立居家养老服务的强制退出制度，对于服务质量、服务条件、管理制度等方面不符合规范、不符合标准的居家养老服务供给主体，由监管部门或者政府进行督促整顿、管制甚至取消运营资格等处罚，充分保护老年人的权益。

第八章　大健康产业视野下居家养老服务监管分析

第一节　相关理论概述

一、理论基础

（一）新公共管理理论

20 世纪 80 年代，英美等西方国家盛行一种新的公共行政理论和管理模式，称为新公共管理理论。该理论认为政府应该在公共行政中制定政策，而不是政策执行者，而且有必要将政府的管理过程和具体措施区分开，政府的职能是保障公共产品和服务的充分性和有效性，而这些公共产品和服务由企业或者社会组织生产和提供。总之，新公共管理理论强调政府应该由“划桨者”转变为“掌舵者”。新公共管理理论主张在政府等公共部门引入私营部门的管理模式和竞争模式，强调公共服务的产出，以及领导者是否能够及时响应公众的需求、是否对政治有敏感的视角。

新公共管理理论以现代经济学为基础，作为一种新的管理理论，与以前的行政理论有很大差异，具体体现在两方面：一是新公共管理理论诞生于现代经济学，从中摄取很多理论作为理论基础，如“理性人”假设（即假定人都是完全理性的，以利益为目标，期望以最小的代价实现利益最大化）是绩效管理的基础；新公共管理理论还以市场或者顾客导向理论作为依据，从而为公共策略选择和交易成本的控制制定决策，最终提高公共服务效率和质量，实现服务的有效性；经济学的成本—效益原则是新公共管理理论中对政府绩效考核、测量以及评估的参考原则。二是新公共管理理论借鉴私营管理模式，吸取经验。它认为私营部门的许多管理方法同样适用于公共部门的管理，如私营部门能够根据环境的变化而变化，迅速找到新环境的生存方式；新公共管理还强调产出和成果；新公共管理还认为私营部门的灵活的合同雇佣制和绩效工作模式对公共部门的人事管理也有很大作用，抛弃原来的录用终身制。总之，新公共管理理论认为那些已经用于或者正在实施的私营管理方法同样适用于公共部门的管理。

养老服务质量的监管需要政府部门发挥掌舵作用，而新公共管理理论正好为分析居家养老服务质量监管起着理论指导作用。首先，在养老服务质量的监管中，由政府部门制定政策，即政府作为掌舵者，而具体行为的监管由专门的部门执行；其次，在居家养老服务机构的工作中，需要积极借鉴私营部门的先进、适用的管理模式，如绩效、人事管理。而且私营部门的竞争机制的引入有助于公共部门如监管部门提高工作效率，认真恪守职责。

新公共管理理论有助于我们更好地理解政府监管的理论依据和工作任务，为居家养老服务质量监管的研究提供了理论指导。

（二）政府管制理论

政府管制理论又称为管制经济学（economics of regulation），最早由施蒂格勒于 1971 年提出，他认为政府管制是指政府为达到一定目的，凭借一切干预市场活动。《管制和反垄断经济学》中提出，政府管制是衡量政府和市场相互作用的一把尺子，政府为了达到某种目的，通过干预行动改正或者管制市场买方和卖方的行为。史普博认为管制是由政府部门或者行政机关通过制定或者执行政策，干预市场原有机制或者间接影响生产者和消费者决策的行为。也有学者提出政府管制是由有法律角色且独立的监管机构依照相关法律法规对企业或者其他人采取的监督和行政管理行为。可见政府管制的核心就是为市场运行和企业操作建立相应的法律法规，解决市场失灵，保障市场经济正常有效运行，实现社会福利最大化的目标。借鉴以上定义，本书认为政府管制就是政府部门或者相关行政管理机构对市场参与者（主要是服务提供者，即企业）的行为进行监督和规制，从而规范企业行为，保证服务质量，实现社会效益最大化。

从经济角度，政府管制包括经济管制和社会管制两大类。经济管制主要是政府对市场价格、进退条件或一些特殊行业的服务标准的规范和控制。当企业或生产者提供的服务质量不合理、价格不合理，或危害他人利益时，政府部门就要采取规制行为。社会管制主要用于对环境的保护以及保障消费者健康安全，即社会管制强调交易行为的出现危害第三方或者社会时，如环境污染、猎杀野生保护动物等，政府对其进行规制，一般采取设定市场准入门槛和行业标准以及建立信息披露机制等措施。社会性管制和经济性管制的共同目标是弥补市场失灵，维护市场有效健康运行。

对居家养老服务质量进行监管，一方面是对居家养老服务质量的好坏进行监管，主要包括服务价格是否合理，是否能够达到政府部门和权威组织制定的行业标准和服务标准；另一方面是对养老服务机构行政管理的监督和管理，监督养老服务机构是否存在违法、偷税行为，是否影响社会公共福利。可见，政府对居家养老服务的管制既包括经济性监管又包括社会性监管。政府通过对提供养老服务的直接和间接相关者进行干预管理，保证养老服务质量，保障老年人的健康和权益，管理养老服务市场的行为，实现公共福利最大化。可见，政府管制理论为居家养老服务质量的监管研究提供了理论指导。

（三）博弈论

作为现代数学的新分支和运筹学的重要学科，博弈论又称为对策论、赛局理论，主要研究已经公式化的激励结构之间的相互关系和相互影响，是研究有竞争性质和斗争性质现象的数学理论和方法。关于博弈论的定义，《博弈圣经》中《人类未知的蓝色档案》写到，动物利用大自然移动的瘾魂，在决策人期待的空间里，形成三维均衡的语文学理论，我们称之为博弈论。《博弈圣经》还写到，博弈论就是双方在参与相同的斗争中各自根据对方的策略选择来改变己方的对抗策略，从而取胜。简言之，博弈论就是研究互动决策的理论，因为双方的策略是相互影响的，每方选择自己的策略必须将他方的策略纳入考虑，同时还要将别人对自己的考虑纳入考虑之中……如此循环往复进行决策，最终选择对自己最有优势的策略。由于博弈论研究视角的独特性，所以其应用领域十分广泛，包括经济学、生物学、政治学等，如生物学利用博弈论来研究进化预测论的某种结果，经济学用博弈论来分析经济和贸易竞争，国际政治用博弈论来分析国家间的政治决策和安全问题等。

博弈思想主要来源于我国古代的《孙子兵法》，《孙子兵法》不光是一部军事著作，更是一部关于博弈论的专著，20 世纪初博弈论发展成为一门真正的学科，经过不断发展，如今已经成为一门较为成熟的学科。而博弈论中存在一些经济假设：博弈论假设参与人都是“理性的”，每个博弈参与方都是根据自己的利益做出理性决策，理性人参与博弈的最直观的目标就是寻找最优策略，实现自身利益最大化。博弈方为使自身利益最大化而选择的某种特定行为策略称为“最优策略”。在博弈过程中，博弈策略是相互影响的，每个参与方都假设是理性的，也会做出最优行为，因此每个人都会面对一个复杂形势。博弈策略以博弈参与方的利益最大化为目标，将理性假设下的策略选择转化为理论模型。

一个完整的博弈模型中必然有以下要素：①博弈决策者。博弈决策者在博弈过程中能够独立决策且能够承担相应结果，以实现效用和收益最大化为目标。②博弈信息。指博弈参与者对博弈对方的特征和策略的掌握情况。决策与整个博弈的均衡有关，对各博弈方也至关重要，博弈方决策的适用性与其获得的信息的完全程度有关。在博弈过程中，博弈方需要掌握博弈规则、博弈方的信息、利益大小，这样才能实现自身博弈决策效用最大化。③博弈策略。指博弈参与方在决策过程中所选择的行为集合，参与者根据获得的博弈信息选择最优策略。④博弈收益。针对博弈的每一种策略的相应结果都可以量化。⑤博弈方的支付。支付代表博弈参与方在特定策略组合下所能获得的收益和效用水平。参与方权衡不同策略的收益，以此区分最优策略。⑥博弈均衡。指在博弈结果中，所有参与者都处于一种相对静止的状态，即所有参与者的最优策略组合。在该形势下，除非其他参与者改变策略，否则自己不会改变策略。通过博弈理论的规则来预测均衡是博弈分析的目标。

二、概念界定

监管的英文为“regulation”，也可以翻译成“规制”“管制”等，含义大体相同。关于监管的内涵，主要从狭义和广义的角度界定。狭义的监管指行政机关依据相应的法律法规对市场实施的一系列监督、管制措施，如美国管理和预算办公室定义的监管是指各级政府或行政机关根据国家法律规定所执行的一系列章程和行为。这些章程也可以理解为一些标准或者命令，主要是针对个人、企业和组织能做什么、不能做什么以及应该做什么、不应该做什么。广义的监管指的是国家行政机关或相关机构进行的宏观、微观的管理。OECD 将监管定义为包括政府以及由政府授予监管权力的所有非政府部门、行业协会和自律组织所颁布的一系列法律法规、行政章程、正式和非正式标准等，是政府为了保证市场有效运行制定的所有措施。由以上不同组织、机构给出的监管定义可知，解决市场失灵、维持市场秩序、促进市场有效竞争和扩大公共福利是监管的目标。

本书参考 OECD 对监管的定义，对养老服务质量的监管进行定义：由于养老服务涉及政府、消费者、行业协会、养老机构等多个主体，同时考虑到养老服务机构作为对其实施行为的第一责任人，根据养老服务质量的内涵和内容，认为养老服务质量的监管指的是在政府机构发挥主要监管职责的大背景下，消费者、养老服务机构、行业协会等多个利益主体通过正式与非正式监督、管控等方式共同参与的对养老服务质量的监督、管理和控制。

第二节 大健康产业视野下居家养老服务监管概况

一、居家养老服务监管的现状

（一）居家养老监管相关政策法规制定规范化、制度化、法律化

在中国老龄化加速背景下，社会公众在关注老年人养老服务问题的同时，也将眼光更多投向养老服务的监管问题。中华人民共和国自成立以来，一直比较重视老年人的养老问题，同时也发布了很多与之相关的法律法规和部门规章，现在已经形成了一整套以《老年人权益保障法》为核心，以相关法律、部门规章制度、地方性法规等为配套的养老法律监管体系，目前我国现行有效的且与居家养老服务监管有关的法律规章都是针对养老服务机构设置的，具体情况如下。

1. 法律

涉及养老机构监管的现行最完善的法律是《老年人权益保障法》，它被视为老年人权益保障立法体系中最基础完善的法律，同时也是唯一一部涉及居家养老服务监管的法律文件，对我国养老服务机构的监管具有基础性指导作用和全面激励作用。它以法律形式，对养老服务机构的准入条件、准入程序以及准入资格有明确的规定，对养老服务机构的行政监管部门、责任义务、养老条款以及养老合同终止变更等内容都有涉及，但是此部分内容比较粗糙，有待进一步细致完善。

2. 部门规章制度

我国养老服务机构的行政监管主要体现在设立严格的部门规章制度。现行有效的是2013年制定、2015年修订的《养老机构设立许可办法》，修订版中对设立养老机构应符合的条件和应提交的文件资料有明确说明，对于养老机构许可管理也有明确规定，除此之外，监督检查和法律责任条款中对虐待老人和不符合规定的养老机构也有明确的处罚机制。这份文件是

我国目前比较细致的关于养老机构设立准入和监管规定的文件，是我国养老服务机构监管的主要依据。另外一部涉及养老服务监管的文件为《社会福利机构管理暂行办法》，目前实行的是1999年制定、2015年修订的版本，里面同样有关于养老部分的监管内容和违反处罚条例。

3. 地方性法规及规章

养老服务机构的地方性法规主要是各地方政府或者监管部门为了更加方便本地养老服务机构的统一监管而制定的适合本地施行的养老机构管理条例，其内容主要与养老机构设立的条件、运行和服务本身相关，对象主要为获得政府政策优惠的养老服务机构。例如，《北京市养老服务机构监管办法》是在结合《老年人权益保障法》《养老机构管理办法》《北京市居家养老服务条例》等法规，以及国务院、民政部等关于养老服务政策的基础上制定的，主要适用于北京市辖区内从事养老服务的各类养老服务机构。其监管的内容囊括了财政资金使用、政策标准实施、老年人权益维护、建筑设施、医药食品卫生、人才管理、收费管理等，其监管方式中对监管程序等有明确说明，此外还制定了相应的监管制度和惩罚措施。

4. 规范性政策文件

从2000年开始，为了进一步推进我国养老服务产业和养老事业的发展，改善我国日趋严重的养老问题，国务院、民政部等部门开始积极构建完善养老服务体系，鼓励机构养老，并针对养老服务机构的监管问题制定一系列措施。2009—2014年我国出台的养老机构监管相关政策统计如表8－1所示。

表8－1　2009—2014年养老机构监管相关政策

年份	文件名称	发文字号
2009	《关于开展养老机构落实“两规范一标准”情况专项检查的通知》	民办函〔2009〕241号

续表

年份	文件名称	发文字号
2010	《关于在民政范围内推进管理标准化建设的方案（试行)》	民发〔2010〕86号
	《社会组织评估管理办法》	民发〔2010〕39号
	《社区老年人日间照料中心建设标准》	建标143—2010
	《老年养护院建设标准》	建标144—2010
2011	《养老护理员国家职业技能标准》	人社厅发〔2011〕104号
2012	《社会管理和公共服务标准化工作“十二五”行动纲要》	国标委服务联〔2012〕47号
	《养老机构安全管理》	MZ/T 032—2012
	《养老机构基本规范》	GB/T 29353—2012
	《光荣院服务规范》	GB/T 29426—2012
	《民政部、财政部关于政府购买社会工作服务的指导意见》	民发〔2012〕196号
	《民政部关于鼓励和引导民间资本进入养老服务领域的实施意见》	民发〔2012〕129号
2013	《国务院关于加快发展养老服务业的若干意见》	国发〔2013〕35号
	《国务院办公厅关于政府向社会力量购买服务的指导意见》	国办发〔2013〕96号
	《社会管理和公共服务综合标准化试点细则（试行)》	国标委服务联〔2013〕61号
	《养老机构设立许可办法》	民政部令第〔2013〕48号
	《养老机构管理办法》	民政部令第〔2013〕49号
	《民政部关于推进养老服务评估工作的指导意见》	民发〔2013〕127号
	《老年人能力评估》	MZ/T 039—2013
2014	《关于加强养老服务设施规划建设工作的通知》	民发〔2014〕17号
	《养老服务设施用地指导意见》	建标〔2014〕23号
	《关于做好政府购买养老服务工作的通知》	财社〔2014〕105号

5. 我国养老机构监管相关法规政策的分析

我国养老机构监管政策经历了全面监管、开放发展、规范发展和标准化建设四个主要发展阶段，在我国养老服务机构监管不断趋于细致完善的过程中，养老机构的监管政策根据时代的要求也在不断变化。首先，政府职能逐渐转变。在居家养老服务逐渐趋于社会福利化的过程中，我国政府的角色从养老服务的提供者逐渐变成养老服务的购买者和监管者，从政府包办所有到转移至协助和第三方监管，在政策上对养老服务机构的各种准入机制放松，登记管理不断松绑。其次，政府的支持协助功能不断增强。面对越来越严重的老龄化问题，养老机构的监管政策也在随时代的变化不断进行完善，政府出台各种优惠政策引导投融资资金转向养老服务业，鼓励民间投资、海外投资。再次，养老服务监管政策的内容逐渐细化。从最初养老服务机构的准入条件、许可程序、服务内容和法律责任，逐渐延展到与之相关的服务设施、服务人员管理、医药食品卫生、机构建筑等内容，对涉及侵犯老年人权益的惩罚措施也更加细致和严格。最后，监管政策的目标趋于理性化。为了方便对养老服务机构的一系列监管内容进行评估，民政部等相关部门制定了一系列国家标准和行业标准，对养老机构的内容进行评估时严格按照行业标准执行，使得养老服务机构的监管政策逐渐转向制度化、规范化、明确化和可执行化。

（二）政府在居家养老服务监管体系中的作用增强

养老服务是老龄化社会发展到一定阶段的必然产物，具有显著的社会化特征和公共物品属性。随着老龄化程度的不断加剧，我国对养老服务的重视程度与支持力度也越来越大。而现在，养老已经成为普遍的社会问题，其服务对象几乎覆盖了社会上绝大多数的老年人。中华人民共和国成立后，计划经济体制中社会福利部分有关养老问题都是由政府一手包揽，形成了由政府筹集资金、民政部主管主办的养老服务管理体制，其中政府在养老服务中的监管作用相对于其他作用来说还比较小。改革开放以后，我国经济发展的同时，养老服务事业也进一步发展，政府不再像之前那样一手包揽养老服务，而是出台相应的激励政策鼓励民办机构养老和公办机构养老，同时家庭养老的功能也逐渐弱化。在这个发展过程中，政府的角色转变为从旁协助，从政策上给予优惠和支持，同时为了保证养老机构的有效运行，政府的监管作用进一步加强。1996 年我国《老年人权益保障法》出台之后，我国政府在养老服务监管中有了明确的法律依据，在之后的发展中又出台相应的养老机构管理办法等，在所有这些条例执行过程中，政府的监管作用从未停止，并且在监管方面越加严格。

二、居家养老服务监管问题分析

（一）养老服务监管的部门规章、地方性法规建设不完善

我国养老服务体系建设不完善是不可否认的事实，而现行的相关法律体系也不完善，这就使得居家养老服务监管没有充分的法律依据和制度标准，从2013年中国《老年人权益保障法》修订以来，养老机构终于有了法律支撑，从而在监管方面有了法律依据。但是《老年人权益保障法》多为纲领性、原则性的规定，而涉及养老机构监管部分的内容仍然很少，只有一小部分提及针对侵犯老年人权益做出的惩罚。在部门规章和地方性法规建设中，由于国家层面没有一个统一的标准，各地各部门只能根据国家出台的笼统的养老服务监管办法、《老年人权益保障法》等文件，结合本地方的实际情况设置相应的地方性法规，导致各地的监管方式、监管内容、监管标准无法统一，再加上我国各地公共服务发展不平衡，出现了国家层面缺乏高层次的法律监管原则、地方层面缺乏养老服务机构监管统一目标的局面。

（二）养老服务机构监管主体多元导致职责不清

在养老服务机构监管主体方面，某些地方性法规、部门规章做了明确规定，但是把这些法律法规综合起来看，不难发现养老服务监管的主体既容易出现监管一体，也容易出现监管主体太多导致职责不清的问题。众所周知，民政部门是养老服务行业的审批人和主要负责人，是养老服务机构设立的业务主管部门，同时它也是众多法律规章中明确的主要监管部门，这就容易出现监管一体问题，导致监管不力。而养老服务机构的申请则需要到工商部门进行登记，需要提交资料进行审批，同时又需要提交资料到民政部门进行资格审批，而这两个部门所需要的资料和流程不完全一致，在整个过程中养老服务机构需要同时接受这两个部门的监管，但是两个部门的监管标准从各部门职责出发是不一样的，因此，在监管过程中应该谁主谁次，以及法律对于他们之间的权力、责任划分都没有明确的规定。这

就导致在各部门实施监管的过程中，在相同的监管领域里有多个监督者，而各部门根据自身要求对被监督者的要求是不一样的，导致被监督者不知道以何标准规范自身行为。

1. 监管方式缺乏合理性

《养老机构管理办法》的监督检查这一章中，罗列了养老服务机构的监督管理方式：①通过书面检查或实地查验进行监督检查，并向社会公布检查结果；②养老机构每年提交工作报告；③建立养老机构评估制度，对养老机构进行评估；④定期对养老服务行业进行统计；⑤建立对养老机构管理举报和投诉制度以及层级监督机制。这些监管方式表面上看起来多种多样，但是在实际操作中没有太大的价值，最明显的问题在于没有设置详细全面的养老机构评估标准，没有将养老服务机构的监管标准和监管结果进行公开，包括对某些有影响力事件的处理流程和处理结果。在监管方式中较严重的问题是激励性的监管政策落实不到位，主要表现为政府提供的优惠政策无法落实。目前很多地方政府为了鼓励本地方的养老机构发展，在文件中明确提出给予某些优惠政策，但是这些优惠政策大多数也只是为了响应国家政策号召，而在实际操作中，由于观念或者资金等问题并没有落到实处。

2. 缺乏对养老服务机构、从业人员的监管

在我国养老服务机构的发展中，社会最关注的问题在于养老服务机构的服务，但是在现实的养老服务机构监管中，往往最缺乏的就是服务质量的监管，而在《老年人权益保障法》等法律中，也仅仅是针对虐待老人、侵犯老年人权益的惩罚。除此之外，针对养老机构服务人员的监管却少有涉及，现行的监管仅仅是在事情发生之后对涉案人员进行惩处，这种问题产生的原因归根结底在于对养老服务机构和服务人员缺乏监管，不仅对服务质量缺乏监管，对服务人员素质也缺乏监管。目前不管是法律法规还是部门规章，对于服务人员和服务机构的监管和质量标准都是比较缺乏的。

第三节 养老服务提供者、政府与第三方监管机构的利益分析

为切实保障老年人合法权益，2013 年民政部门颁布了《养老机构管理办法》，明确提出要加强监督管理，提高养老服务质量。该办法提出由民政管理部门、各级政府负责对养老市场进行监督和管理，负责对养老机构的设立准入、养老机构服务质量、养老机构人员配备、行政管理、消防安全等方面进行监督管理，具体要求包括养老机构为老年人提供的服务应当符合国家、行业标准和规范；按照国家相关规定建立消防、安全、档案管理等制度，并制定服务标准和相应的工作流程；建立消防安全管理制度等。与此同时，各级政府、商务局、发展改革委等部门对养老机构也会有相应政策。因为对养老服务质量的监管角色涉及多个部门，为了方便研究将涉及监管的各个部门统称为监管部门。

在市场运行中，监管部门和养老服务机构的角色不同，但二者之间仍然存在一定联系，监管部门希望实现自身运作效益最大化，提高绩效，贯彻落实保障老年人权益，而养老服务机构在一定公共福利基础上，依旧追求的是利润最大化目标，二者之间存在一定的矛盾。监管部门有对社会监督、管理的职责，促进养老服务机构提供健康、高质、安全的养老服务，因此会对养老机构的各种行为操作进行管制、干预，但是监管部门利益依旧会对监管部门的监管职责产生很大影响。养老服务机构为追求客户量、提高客户忠诚度会重视养老服务质量，努力实现盈利，利润最大化依旧是养老机构的目标。如今养老服务质量普遍偏低，而且养老机构的不合理操作和违规行为不一定会导致老年人申诉和服务事故，加上社会公众对养老服务的关注普遍偏低，难以避免养老服务投机行为。

解决养老服务机构和监管部门之间的矛盾点，争取使两者目标达到一致，有利于提高养老服务质量，促进行业发展。监管部门执行职责时要考虑为此付出的监管成本，而上级政府或者相关部门对监管部门职责和监管力度

进行监督甚至惩罚也会对监管部门的行为产生影响。同时，养老机构面临严峻的市场竞争，在资源有限的形势下往往没有重视服务质量的提升，因此养老机构必然会在服务质量、利润和效率之间进行权衡。

养老机构是养老服务质量的第一责任人。如果政府部门能够完善监管政策，根据养老机构的需求进行规制和鼓励，同时提高监管部门的监管积极性，合理地解决养老机构和监管部门的利益相容问题，才可以推动养老机构的规范管理，提升养老服务质量和监管效率，提高社会效益。

第四节　养老服务提供者与政府的博弈模型

一、静态博弈

（一）模型设定

基于前文分析的居家养老服务监管参与主体的行为，构建政府与养老服务机构的博弈结构，如图 8－1 所示。

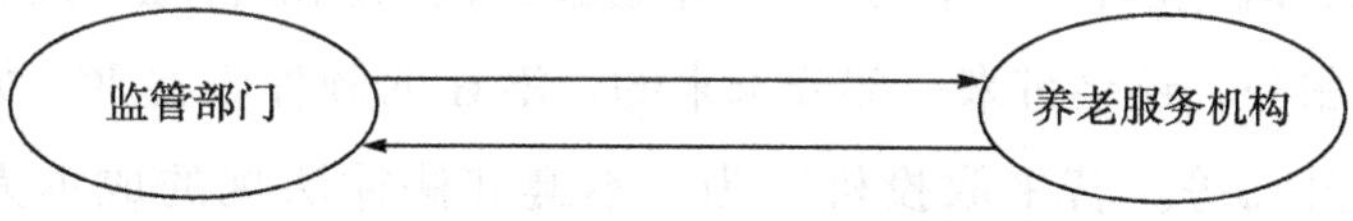

图 8－1　监管部门与养老服务机构之间的关系

1. 模型基本假设

基于监管参与主体，建立养老服务监管的博弈模型，该模型存在以下假设。

H1：居家养老服务质量监管博弈的参与人由两方构成，一方是监管部门，监管部门是指政府、工商等对居家养老服务有监管责任的部门的统称，另一方是居家养老服务提供者，简称养老服务机构，是养老机构、原料供应商等各种与居家养老服务提供有直接或间接作用的所有提供者的统称，并且假定监管部门与居家养老服务提供者间的监管博弈模型中监管部门与养老服务机构都是完全理性的。

H2：监管部门负责养老服务机构规范管理和行为标准，从而提高居家养老服务质量，监管部门在策略选择上有“严格监管”和“宽松监管”，表示为 $S = \{S_1, S_2\}$；政府和相关协会对居家养老服务制定一系列的法律法规和服务质量标准，养老服务机构在策略选择上有“遵守”和“不遵守”，表示为 $L = \{L_1, L_2\}$。

H3：监管部门与养老服务机构同时行动，每方都不知道对方的具体行为选择，仅知道其呈现为一定的概率。监管部门选择“严格监管”的概率为 $\alpha(0 \leqslant \alpha \leqslant 1)$，“宽松监管”的概率为 $1 - \alpha$；养老服务机构选择“遵守”的概率为 $\beta(0 \leqslant \beta \leqslant 1)$，“不遵守”的概率为 $1 - \beta$。

H4：假定居家养老服务质量的高低只与养老服务机构是否遵守相关标准和法律法规相关，不考虑个别因未遵守法律法规而出现服务质量没问题的因素，即养老服务机构遵守法律规定，提供高质量的养老服务；不遵守法律规定，提供低质量的养老服务。

H5：居家养老服务提供者是以营利为目的，其提供养老服务的收入为 P，遵守法律法规时其成本为 C^a，养老服务机构规范管理、提供高质量的居家养老服务，还会带来一部分未来的、潜在的额外收益 W，如名誉度增高，评级升高等。若采取投机行为，不遵守法律法规的成本为 $C^b(C^a > C^b)$，且被监管部门严格查处会面临惩罚 $F_1(F_1 > E)$。

H6：监管部门监管也会付出成本，为了便于模型探讨，此时将“宽松监管”成本设为0，“严格监管”的成本设为 E。

H7：养老服务机构提供各种各样的服务，能促进养老产业发展，使一大批劳动力得以释放，增加就业，使服务提供者管理更加规范，在“遵守”的情况下，会为社会创造额外的收益 L^a，在“不遵守”的情况下，为社会创造的额外收益为 $L^b(L^a > L^b)$。监管部门的收益来源于额外的收益所带来的税收，税率为 t。

表8-2为各参数符号意义说明。

表 8－2　各参数符号意义说明

参数符号	含义	单位
S	博弈参与方监管部门的策略集合	—
L	博弈参与方养老服务机构的策略集合	—
α	监管部门选择“严格监管”策略的概率	—
β	养老服务机构选择“遵守”策略的概率	—
P	养老服务机构通过提供养老服务得到的收入	元
C^a	养老服务机构“遵守”策略下提供养老服务所需要付出的成本	元
C^b	养老服务机构“不遵守”策略下提供养老服务付出的成本	元
W	养老服务机构“遵守”时提供好质量的养老服务所获得潜在的额外收益	元
E	监管部门“严格监管”策略付出的成本	元
F_1	监管部门“严格监管”时对养老服务机构“不遵守”的处罚	元
L^a	养老服务机构提供好质量的养老服务所创造的额外的社会收益	元
L^b	养老服务机构“不遵守”时提供养老服务所创造的额外的社会收益	元
t	税率	—

2. 模型建立

养老服务机构与监管部门各自的两种策略形成了四组收益结果，双方的收益均受到对方策略的影响。

（1）监管部门选择“严格监管”策略并且履行职责，假如养老服务机构选择遵守相关标准和法律法规，表示此时养老服务机构提供好的服务质量，养老机构得到收入 P，还会得到未来潜在收益 W，养老服务机构在“严格监管”策略下需花费成本为 C^a，可得到此种情形下养老服务机构的总收益为 $P-C^a+W$，监管部门严格监管付出成本 E，也会有因为养老服务机构提供高质量服务创造的额外社会收益所带来的税收即 tL^a，因此监管部门的收益为 tL^a-E。若养老服务机构“不遵守”法律法规和相关规定，表示提供低质量服务，其付出的成本为 C^b，会得到收入 P，但是由于监管部门“严格监管”，养老服务机构会受到监管部门处罚 F_1，那么养老服务机构的总收益为 $P-C^b-F_1$；监管部门“严格监管”成本为 E，除了得到惩罚养老服务机构的罚金 F_1，也会得到养老服务机构创造的额外社会收益带

来的税收 tL^b，表示养老服务机构在“不遵守”策略下监管部门“严格监管”的总收益为 $tL^b - E + F_1$。

（2）在监管部门选择“宽松监管”的策略下，若养老服务提供者遵守上级下达的政策文件和行业协会制定的相关标准，那么其得到的收入 P 不变，付出成本 C^a，也会因为提供优质的养老服务得到未来的潜在收益或者名誉度上升 W，那么养老服务提供者的总收益为 $P - C^a + W$；监管部门“宽松监管”的成本远远小于“严格监管”，假定“宽松监管”情形下其监管成本为0，但是监管部门依旧会得到因为养老服务提供者提供高质量的养老服务所创造的额外收益所带来的税收收入，因此其总收益为 tL^a。若养老服务提供者不进行规范管理，不遵守标准和法律法规，提供低质的养老服务，成本为 C^b，收入为 P，则养老服务机构的总收益为 $P - C^b$；监管部门“宽松监管”时其监管成本记为0，得到养老服务机构创造的额外社会收益所带来的税收 tL^b，那么监管部门不“严格监管”的收益为 tL^b。

（3）由博弈支付矩阵可知，当监管部门“严格监管”时，养老服务机构“遵守”的收益（$P - C^a + W$）必定大于“不遵守”的收益（$P - C^b - F_1$）或（$P - C^b$），否则养老服务机构会选择“不遵守”规定而提供低质量的养老服务。当养老服务机构不规范管理，不遵守相关法律法规时，监管部门严格监管的收益必定大于不严格监管的收益，即 $tL^b - E + F_1 > tL^b$，否则监管部门会缺乏监管动力。

由以上分析，得到完全信息条件下居家养老服务提供机构同监管部门的静态博弈矩阵，如表8－3所示。

表8－3 监管部门与服务提供者的监管博弈矩阵

服务提供者	监管部门	
	严格监管 α	宽松监管 $1-\alpha$
遵守 β	$P - C^a + W$	$P - C^a + W$
	$tL^a - E$	tL^a
不遵守 $1-\beta$	$P - C^b - F_1$	$P - C^b$
	$tL^b - E + F_1$	tL^b

（二）博弈分析

在该混合策略中，可得双方的效用函数，具体如下。

居家养老服务提供者的效用函数：

$$U_L = P - (1-\beta)C^b - \beta C^a - (1-\beta)\alpha F_1 + \beta W$$

监管部门的效用函数为：

$$U_S = (1-\beta)tL^b + \beta tL^a + (1-\beta)\alpha F_1 - \alpha E$$

分别对 U_L、U_S 求导得到：

$$\frac{\partial U_L}{\partial \beta} = F_1 \times \alpha - (C^a - C^b) + W$$

$$\frac{\partial U_S}{\partial \alpha} = (1-\beta)F_1 \times E$$

分别令 $\frac{\partial U_L}{\partial \beta} = 0$、$\frac{\partial U_S}{\partial \alpha} = 0$，解得：

$$\alpha^* = \frac{C^a - C^b - W}{F_1}$$

$$\beta^* = \frac{F_1 - E}{F_1} = 1 - \frac{E}{F_1}$$

根据纳什均衡原理，在此混合策略下，得到监管部门“严格监管”与“宽松监管”的均衡点 $\alpha^* = \frac{C^a - C^b - W}{F_1}$，居家养老服务提供者“遵守”与“不遵守”的均衡点为 $\beta^* = 1 - \frac{E}{F_1}$。

由 β^* 的表达式可知，居家养老服务机构选择“遵守”相关法律法规和严格按照标准规范管理服务的概率 β 受到监管部门的监管成本和监管部门的惩罚力度的影响。当监管部门的监管成本较低时，监管部门也会更加倾向于“严格监管”，因为这对监管部门来说耗费的成本不会太高，那么养老服务提供者“遵守”被监管的概率也会大，因此养老服务机构会趋向于采取“遵守”策略。而当监管部门加大惩罚力度，养老服务提供者会害怕高额惩罚金，“遵守”的意愿也会相应提高。

由 α^* 的表达式可知，监管部门是否尽职尽责，是否“严格监管”，与居家养老服务机构选择“遵守”与“不遵守”的投机收入和监管部门对养老服务机构的惩罚力度有关。$W - C^b$ 为养老服务机构的投机收入，当养老服务机构的投机获利较大，为了营利，服务提供者会倾向于选择“不遵守”，那么选择“不遵守”的概率也会提高，此时监管部门为了加强管理、保证居家养老服务质量，就会增强监管力度，即严格监管的概率会提高。同时，监管部门的监管还与居家养老服务机构提供低质量养老服务时所受到的惩罚力度有关，若监管部门对养老服务机构的惩罚力度不大，那么养老服务机构不会害怕高额罚金，甚至是高额罚金远远小于养老服务机构“不遵守”时的投机收入，那么此时养老服务机构会选择“不遵守”，此时监管部门知道养老服务机构的心思，并为了保障居家养老服务质量会加大监管力度，倾向于对居家养老服务机构进行“严格监管”。

二、演化视角下居家养老服务监管博弈

（一）演化博弈理论

传统博弈理论假定参与人是完全理性而且在完全信息条件下参与博弈，而实际中这种情况难以实现。而演化博弈理论假设人是有限理性的，也不要求完全信息的条件。西蒙（H. A. Simon）在研究决策问题时提出人是有限理性的，认为人只能意想合理但是行为不能完全实现理性。威廉姆森对人是有限理性的原因进行总结发现：一是人在获取、存储、利用信息时不能做到没有失误，人的感知认识能力有限；二是语言的限制，人在用他人容易理解的语言去表达自己的思想和感情时，并不能完全表达清楚，最终导致人会在行动中感到失望或者丧气。因此，完全理性的人并不存在。根据此假设，演化博弈理论结合了博弈分析和动态演化理论，区别于传统博弈理论研究静态或者比较静态均衡，强调的是一种动态均衡。演化博弈还将传统博弈的支付转为适应度，引入突变机制精炼纳什均衡演化为稳定均衡，引入选择机制建构复制者动态模型，只有符合选择和突变两

方面的博弈模型才能被称为演化博弈模型。总之，演化博弈模型具有以下特征：①研究对象为参与人群体，研究动态演化过程，分析该群体达到该种状态的原因以及如何达到该状态。②演化博弈模型的基础就是选择（selection）和突变（mutation），选择是很多参与者都能获得高效用的策略，突变强调选择的随机性，随机选择可能获得高效用或低效用的策略。本质上，突变也是一种选择，在博弈过程中不断修正，不断试错，学习和效仿，适应新环境，直至实现演化稳定策略。③若群体选择过的行为接下来有惯性，即继续被选择。演化博弈模型中当复制动态方程 $F'(x) < 0$ 时，$F'(x)$ 趋向于0，即参与人将选择趋向于稳定的策略。

（二）复制动态方程模型建立

在实际操作中，居家养老服务质量监管博弈并不是一次简单的静态博弈，而是实时变化的动态博弈，不断演化。监管部门和居家养老服务提供者都是在各种不确定性及有限的理性情况下不断博弈，而且各自的策略选择都是实时调整的，不断模仿改进，直至所有博弈方都趋向于某个稳定的策略。由此建立居家养老服务质量监管演化博弈模型。

1. 养老服务机构

养老服务机构选择“遵守”时的期望收益为：

$$U_\beta = \alpha(P - C^a + W) + (1 - \alpha)(P - C^a + W) = P - C^a + W$$

选择“不遵守”时的期望收益为：

$$U_{1-\beta} = \alpha(P - C^b - F_1) + (1 - \alpha)(P - C^b) = -\alpha \times F_1 + P - C^b$$

养老服务机构的总体期望收益为：

$$U_L = P - (1 - \beta)C^b - \beta C^a - (1 - \beta)\alpha F_1 + \beta W$$

由以上公式可得养老服务机构选择“遵守”策略比例的复制动态方程 $F(\beta)$ 为：

$$F(\beta) = \frac{d\beta}{dt} = \beta(U_\beta - U_L) = \beta(1 - \beta)[F_1 \times \alpha - (C^a - C^b) + W]$$

2. 监管部门

监管部门选择“严格监管”策略时的期望收益为：

$$U_{\alpha} = \beta(tL^{a} - E) + (1 - \beta)(tL^{b} - E + F_{1})$$

选择“宽松监管”时的期望收益为：

$$U_{1-\alpha} = \beta \times tL^{a} + (1 - \beta) \times tL^{b}$$

监管部门的总体期望收益为：

$$U_{S} = (1 - \beta)tL^{b} + \beta tL^{a} + (1 - \beta)\alpha F_{1} - \alpha E$$

同理，可以得到监管部门选择“严格监管”策略比例的复制动态方程 $F(\alpha)$ 为：

$$F(\alpha) = \frac{\mathrm{d}\alpha}{\mathrm{d}t} = \alpha(U_{\alpha} - U_{S}) = \alpha(1 - \alpha)[(1 - \beta)F_{1} \times E]$$

三、复制动态方程分析

（一）养老服务机构的复制动态方程分析

当 $F(\beta) = \frac{\mathrm{d}\beta}{\mathrm{d}t} = 0$ 时，养老服务机构选择“稳定”策略在其博弈过程处于稳定状态，由此得到其可能的稳定点 $\beta_1 = 0$，$\beta_2 = 1$ 或 $\alpha^* = \frac{C^a - C^b - W}{F_1}$。$\alpha = \alpha^* = \frac{C^a - C^b - W}{F_1}\frac{C^a - C^b - W}{F1}$ 是养老服务机构复制动态方程的一个稳定条件，此时无论 $\beta(0 \leqslant \beta \leqslant 1)$ 取何值，都是稳定状态，表示在混合均衡策略下养老服务机构选择“遵守”意愿为 $\alpha = \alpha^*$，此时“遵守”和“不遵守”的比例达到均衡。当时，在 $\beta \in (0,1)$ 内 $\frac{\mathrm{d}\beta}{\mathrm{d}t} > 0$，$\beta \in (0,1)$ 内 $\frac{\mathrm{d}\beta}{\mathrm{d}t} > 0$，$F'(0) > 0$ 且 $F'(1) < 0$，$\beta_2 = 1$ 是局部均衡值，则是居家养老服务机构演化的稳定策略，表示养老服务机构选择“遵守”的意愿越来越强烈并且达到一定的规模，使得最终养老服务机构“遵守”意愿的比例趋向于 $\beta_2 = 1$，从而达到稳定策略。当 $\alpha < \alpha^*$ 时，在 $\beta \in (0,1)$ 内 $\frac{\mathrm{d}\beta}{\mathrm{d}t} < 0$，且 $F'(0) < 0$，$F'(1) > 0$，此时 $\beta_1 = 0$ 是局部均衡值，即当养老服务机构“不遵守”意愿比例小于 α^* 时，养老服务机构最终倾向于

“不遵守”相关标准和规定。养老服务机构选择“遵守”的演化博弈路径复制动态方程相位图如图 8－2 所示。

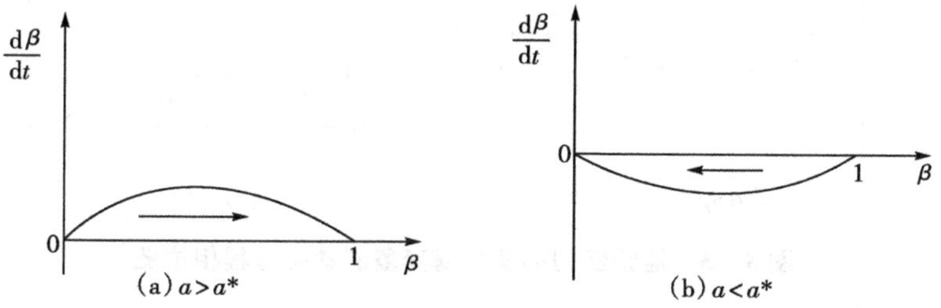

图 8－2　养老服务机构的演化博弈复制动态方程相位图

（二）监管部门的复制动态方程分析

当 $F(\alpha)=\frac{\mathrm{d}\alpha}{\mathrm{d}t}=0$ 时，此时监管部门选择“严格监管”策略比例在其博弈过程中处于稳定状态，这时可以得出可能的两个稳定点为 $\alpha_1=0$，$\alpha_2=1$ 或 $\beta^*=1-\frac{E}{F_1}$。β^* 是监管部门复制动态方程的一个稳定条件，当 $\beta=\beta^*=1-\frac{E}{F_1}$ 时，无论取何值，均有 $F(\alpha)=0$ 且 $F'(\alpha)=0$，表示当监管部门选择“严格监管”策略比例达到 $\beta=\beta^*$ 时，监管部门选择“严格监管”和“宽松监管”的比例达到了均衡状态。而当 $\beta>\beta^*$ 时，有 $F(\alpha)=\frac{\mathrm{d}\alpha}{\mathrm{d}t}<0$，$F'(0)<0$ 且 $F'(1)>0$，$\alpha_1=0$ 为局部均衡值，此时 $\alpha_1=0$ 是监管部门的动态稳定策略，监管部门“严格监管”的策略比例大于 β^*，“宽松监管”的策略比例逐渐增加，最终监管部门选择“不严格监管”。而当 $\beta<\beta^*$ 时，$F(\alpha)=\frac{\mathrm{d}\alpha}{\mathrm{d}t}>0$，且 $F'(0)>0$，$F'(1)<0$，$\alpha_2=1$ 是局部均衡值，表示监管部门采取“严格监管”的意愿逐渐增强，且越来越强烈，最终监管部门的进化稳定策略趋向于 $\alpha_2=1$。监管部门选择“严格监管”策略的演化博弈复制动态方程相位图如图 8－3 所示。

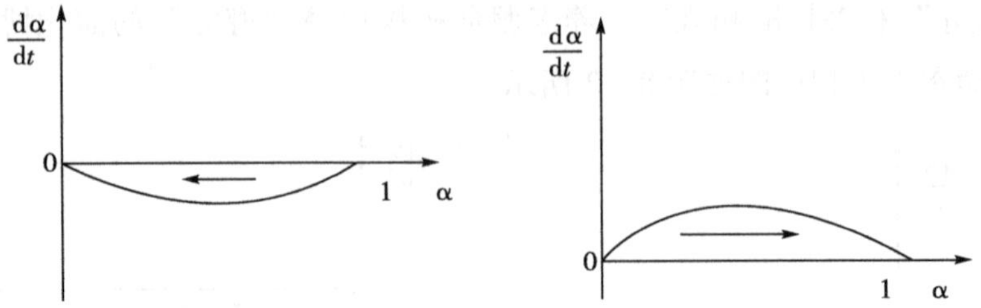

(a) β>β*　　(b) β<β*

图8－3　监管部门的演化博弈复制动态方程相位图

（三）养老服务机构与监管部门的动态演化分析

为进一步分析养老服务监管博弈模型中的均衡状态，根据以上分别对养老服务机构和监管部门的动态演化进行分析，由图8－4可以看出养老服务机构与监管部门在博弈模型中的运动过程、运动方向和路径与初始状态密切相关，并且在假设的经济环境不变的情况下，养老服务监管模型是一个动态、循环往复的过程，没有最终的稳定均衡。

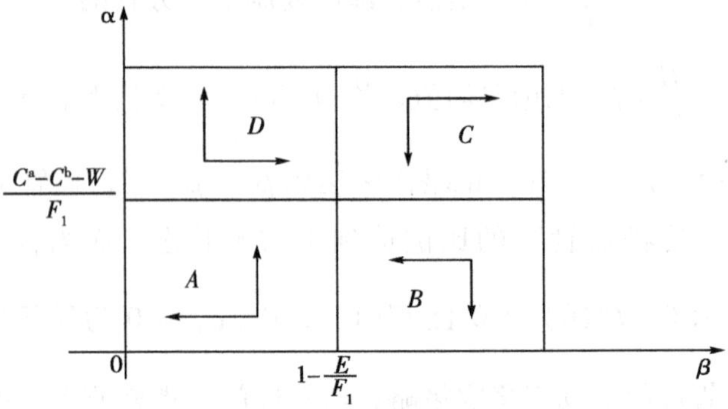

图8－4　动态演化过程

当养老服务机构和监管部门的组合策略在 *A* 区域时，此刻监管部门“严格监管”的意愿偏低，因此养老服务机构为追求利益最大化，获取投机收入，会偏向于“不遵守”策略。随后监管部门基于此，便开始转变策略，逐渐趋向于“严格监管”策略，两者的策略组合向 *D* 区域逐渐运动。最终当策略组合落到 *D* 区域时，监管部门选择“严格监管”的意愿比较强，并且概率比较大，此时养老服务机构害怕因为严格监管受到惩罚、付出更多的成本，便开始转变策略，趋向于“遵守”策略。然后策略组合就向 C 区域移动，当组合策略落到 C 区域时，养老服务机构“遵守”意愿还是比较强，坚持提供高质量的居家养老服务，于是监管部门为了节约成本，便开始“宽松监管”，然后组合策略向 B 区域移动。当策略组合落到 B 区域时，由于养老服务机构规范的做法和优质的居家养老服务质量，监管部门依旧选择“宽松监管”，但是此时养老服务机构察觉到监管力度下降，便又开始萌生投机心理，为使利益最大化，选择“不遵守”策略，此时策略组合向 A 区域移动，最终落到 A 区域。通过这样的移动过程，博弈模型循环往复，周而复始。总体来说，C 区域和 D 区域是比较优质的区域，当组合策略落到此区域时，养老服务机构“遵守”的意愿一直处于提高状态，然后最终偏向于选择“遵守”策略。

第五节　博弈分析的结论与启示

对以上博弈分析结果进行分析总结，可以得到以下结论和启示。

第一，监管部门和养老服务机构在利益目标方面存在差异性，因此有必要根据其利益不同分别进行分析，然后提供相应的约束和激励，督促监管部门和养老服务机构恪尽职守，共同改善养老服务质量，切实保障老年人权益，使社会福利最大化。

第二，加大对养老服务机构的资金支持和奖励，有助于促进养老服务机构遵守法律法规、规范服务管理，同时适当地加大对养老服务机构“不遵守”法律法规的惩罚力度对养老服务机构增加“遵守”意识也具有积极作用。此外，政府部门还应当帮助养老服务机构提高养老服务质量增加收益，如提高评级、加大资金扶持、扩大知名度，这样做一方面有助于企业继续保持规范管理提供高质量的养老服务，另一方面对其他养老服务机构起到先进示范和带动作用。

第三，监管部门监管养老服务机构是否规范管理的成本对监管部门最终实施的监管效果具有重要影响。根据博弈分析结果可知，应该适当降低监管成本，同时加大对监管不力行为的处罚力度，从而提高监管部门主动履职的积极性，最终扩大监管的发展空间。

第四，应当重视社会公众和消费者对养老服务质量的监管作用，相关部门可以采取有效可行的措施提高消费者维权的概率，充分调动社会公众的参与积极性，使其加入养老服务机构监管队伍中来，从而直接或间接地帮助监管部门提高监管效率，督促养老服务机构遵守法律法规和相关行业标准，提供优质的养老服务。与此同时，加大宣传力度，宣传对养老服务的相关标准和规范，宣传维权的便利渠道和方式，约束养老服务机构的违法违规操作行为，同时促进监管部门的监管。

第五，完全信息条件下，养老服务机构是否“遵守”相关的居家养老服务法律法规和规范，由政府的监管成本和惩罚力度决定，而监管部门是否“严格监管”，尽职尽责的意愿程度与养老服务机构选择“不遵守”时的投机收入密切相关。

第六，动态演化博弈模型下，养老服务机构和监管部门之间的行为策略是一个动态过程，相互影响，相互制约。一方面，监管部门的策略选择受到监管部门的监管成本和惩罚力度影响，并以$\beta = \beta^*$为临界点，当$\beta > \beta^*$时，监管部门倾向于选择“宽松监管”策略，而$\beta < \beta^*$时，监管部门趋向于选择“严格监管”策略。另一方面，养老服务机构的策略选择与养老服务机构的投机收入有关，并且以$\alpha = \alpha^*$为临界点，当$\alpha > \alpha^*$时，养老服务机构趋向于选择“遵守”策略，而当$\alpha < \alpha^*$时，养老服务机构趋向于选择“不遵守”策略。

第七，以上监管有利空间和养老服务机构的投机性空间的分析计算都是基于相关的法律法规健全、服务标准完善以及执法部门监管有效等方面。由此可见，要提高监管部门的监管效率、发挥社会公众的重要参与作用，有必要健全相关法律法规、保障监管部门的支付力度。

第六节　养老服务质量监管的改进路径分析

基于上述的博弈结论分析可知，在居家养老服务的监管博弈模型中，监管部门的监管成本和对养老服务机构的激励政策与居家养老服务质量的高低有重要关系。因此，可从以下几个方面制定措施，促使最优市场的实现。

一、完善居家养老服务行业的管理规范标准

综观我国现有关于养老产业的政策性文件，多是一些领导性文件，可实践性和操作性较差，养老服务机构遵守国家及政府规定的管理规范，监管部门按照国家及政府规定的相关法律法规和管理流程执行监管职责，因此一套科学、完整并且具有可操作性的养老服务行业管理规范标准至关重要。这套管理规范标准不仅包括行业管理标准、养老机构执业资格标准以及建筑设计标准，还应该对养老服务内容和质量标准做出清晰的规定，并且需要建立一套专业的养老服务质量评估制度。所有的管理规范、标准制度应该是定量化、科学合理且可操作的。若没有明确衡量养老服务质和量的标准，不仅会无形之中降低高质量养老服务的标准，还会打击优质养老服务机构的积极性，因此建立科学合理的行业规范标准和完善养老服务内容迫在眉睫。

二、促进监管中的激励相容

（一）降低监管成本

虽然监管部门作为政府机构，目标是社会效益的提升，但是也具有“经济人”的某种特征。当监管部门对养老服务机构进行管制时，必然要投入人力、物力、财力。并且随着监管对象的增多，其监管成本也会增加，加之对监管部门未履行监管职责的惩罚力度较小，导致监管部门的“严格监管”积极性受到影响，同时对监管部门的激励措施有待提高。由

博弈模型可知，监管部门的监管成本越低，监管部门的执法积极性越高，从而会推动养老服务机构规范操作行为，提供优质的居家养老服务。因此，为实现居家养老服务的高质量供给，就要提高监管部门的执法积极性，一方面是降低监管部门的监管成本，另一方面是增加对监管部门有效履行监管责任的激励，如提高监管人员的绩效考核等。

1. 降低监管部门的监管成本

降低监管部门的监管成本，一方面有助于提高监管部门履职的积极性，从而降低养老服务机构违规的有利空间，另一方面有助于降低政府部门的成本。首先，政府部门可以根据监管部门的实际情况，协同工商部门、行业协会等其他部门，分担监管成本。其次，监管部门还需要简化常规监管项目，注重监管内容与服务质量的联系，特别重视居家养老服务流程中容易出现问题的环节。最后，需加大对养老服务从业人员的培训，提高工作人员的专业素质，加强服务的标准化和专业化。

2. 提高监管人员的绩效考核

增加监管人员的绩效收益，提高监管部门履职的积极性，从而减少居家养老服务机构投机空间。首先，可以通过建立一套完整的对监管部门进行监督和考核的科学体系，对履职的监管人员给予考核，给予适当的奖励，并予以客观公正地记录。同时对表现优异的还可以给予额外的奖励，如升职、评先进等。尤其要注意的是，监管人员的奖励金不能与养老服务机构的惩罚金挂勾。此外还需要建立一套问责机制，对疏职行为要给予一定的惩罚，并且与绩效挂钩。

（二）加大对居家养老服务的扶持力度

根据博弈模型的分析，加大对养老服务机构的扶持可以缩小养老服务机构的投机空间。一方面，加大政府对养老服务机构的补贴力度，建立相应的优惠税收政策，降低养老服务机构提供高质量居家养老服务的成本。比如，政府可以设置专项补贴资金，对“遵守”法律法规的养老服务机构给予奖励及适当的税收优惠，鼓励养老服务机构购买相应的设备和设施，完善养老社区的消防安全设施。同时政府还可以组织人员培训，包括设备维护维修人员、养老服务人员等，增强居家养老服务的保障。还可以鼓励校企合作，降低人员培训成本，为养老服务行业输送专业人才。

另一方面，可以对提供优质居家养老服务的机构给予相应的鼓励和支持，包括政策和资金。还可以建立养老服务质量等级评价体系，对排名靠前的养老服务机构通过媒体发布服务信息和宣传，充分发挥优质企业的标杆、带动和示范作用。

三、提升监管效力，加大对违法违规行为的惩罚力度

养老服务机构为追求利益最大化，总是抱有投机的心理进行违规操作，从而直接损害了消费者权益。根据博弈模型分析可知，加大对养老服务机构违规操作的惩罚力度，从而缩小养老服务机构违规操作的有利空间，通过“威慑作用”促使居家养老服务机构遵守相关法律法规和规范标准。需要注意的是，加强监管也会使监管部门的监管积极性受到影响，因此应当适当加大对养老服务机构违规违法的惩罚力度，平衡好养老服务机构遵守法律法规的积极性和监管部门“严格监管”的效果。除了资金惩罚之外，监管部门对养老服务机构的惩罚还应该采取通报批评、降低养老服务机构的服务评级等措施，对于情节严重的养老服务机构甚至可以通过媒体向社会通报乃至取消其经营资格。

附 录

附录一 社区居家养老服务绩效调查问卷

尊敬的专家：

您好，本征询稿是大健康产业与社区居家养老专著调研的一部分，目的在于检验社区居家养老服务绩效评价指标体系设计的科学性、合理性，为社区居家养老服务进行绩效综合评价。本调查问卷不用填写姓名，答案也无对错之分，我们将对所有的资料进行保密，请如实进行填写。您的参与将为我们设计社区居家养老服务的绩效评价指标体系提供非常有用的帮助。

课题组

二〇一八年八月

第一部分 基本信息填写

1. 您的年龄____________

2. 您家里有（ ）老人

A. 没有　　B. 1 位　　C. 2 位　　D. 3 位及以上

3. 您家中老人的性别为（ ）

A. 男性　　B. 女性

4. 您家中老人的年龄为（ ）

A. 60～69 岁　　B. 70～79 岁

C. 80～89 岁　　D. 90 岁及以上

5. 您家中老人的主要收入来源为（ ）

A. 养老金 B. 子女补贴 C. 亲友资助 D. 民政补贴

6. 您家中老人的收入区间为（ ）

A. 1000 元以下 B. 1000 ~ 1500 元

C. 1500 ~ 2000 元 D. 2000 元以上

7. 您家中老人生活是否能自理（ ）

A. 正常 B. 轻度依赖他人

C. 中度依赖他人 D. 重度依赖他人

8. 您家中老人是否患过重大疾病（ ）

A. 是 B. 否

9. 您家中老人接受居家养老服务的时间为（ ）

A. 三个月以下 B. 三个月到半年

C. 半年到一年 D. 一年以上

第二部分 对社区居家养老服务绩效评价指标体系重要性排序

10. 请您根据自己的了解，对以下一级指标进行重要性排序

（ ）资金筹集管理

（ ）服务功能

（ ）基础设施建设

（ ）内部管理

（ ）服务队伍建设

（ ）服务成效

11. 请您根据自己的了解，对一级指标资金筹集管理下的二级指标进行重要性排序

（ ）资金投入规模

（ ）资金使用合理性

（ ）资金使用监督

12. 请您根据自己的了解，对一级指标服务功能下的二级指标进行重

要性排序

（ ）医疗保健服务

（ ）生活照料服务

（ ）精神慰藉服务

（ ）法律维权服务

（ ）信息咨询服务

13. 请您根据自己的了解，对一级指标基础设施建设下的二级指标进行重要性排序

（ ）安全防备设施

（ ）医疗设施

（ ）生活设施

（ ）文体设施

（ ）办公设施

14. 请您根据自己的了解，对一级指标内部管理下的二级指标进行重要性排序

（ ）组织机构

（ ）档案管理

（ ）制度管理

（ ）流程管理

（ ）安全管理

15. 请您根据自己的了解，对一级指标服务队伍建设下的二级指标进行重要性排序

（ ）服务队伍配置

（ ）服务队伍专业性

（ ）服务队伍稳定性

（ ）人力资源管理机制建设

16. 请您根据自己的了解，对一级指标服务成效下的二级指标进行重要性排序

（ ）服务设施覆盖率

（ ）服务对象满意度

（ ）服务对象家属满意度

（ ）服务对象投诉率

（ ）社会效益

第三部分 对居家养老服务绩效的评价

17. 您所在（知道/了解）的居家养老服务机构每年的资金投入规模为（ ）

A. 20 万元以下　　B. 20 万～30 万元

C. 30 万～40 万元　　D. 40 万～50 万元

E. 50 万元以上

18. 您所在（知道/了解）的居家养老服务机构的资金使用（ ）

A. 很不合理　　B. 不合理

C. 一般　　D. 比较合理

E. 非常合理

19. 您所在（知道/了解）的居家养老服务机构的资金使用监督管理（ ）

A. 很不严格　　B. 不严格

C. 一般　　D. 比较严格

E. 非常严格

20. 您对所在（知道/了解）的居家养老服务机构提供的医疗保健服务（ ）

A. 很不满意　　B. 不满意

C. 一般　　D. 比较满意

E. 非常满意

21. 您对所在（知道/了解）的居家养老服务机构提供的生活照料服务（ ）

A. 很不满意　　　　　　　　　　B. 不满意
C. 一般　　　　　　　　　　　　D. 比较满意
E. 非常满意

22. 您对所在（知道/了解）的居家养老服务机构提供的精神慰藉服务（　）

A. 很不满意　　　　　　　　　　B. 不满意
C. 一般　　　　　　　　　　　　D. 比较满意
E. 非常满意

23. 您对所在（知道/了解）的居家养老服务机构提供的法律维权服务（　）

A. 很不满意　　　　　　　　　　B. 不满意
C. 一般　　　　　　　　　　　　D. 比较满意
E. 非常满意

24. 您对所在（知道/了解）的居家养老服务机构提供的信息咨询服务（　）

A. 很不满意　　　　　　　　　　B. 不满意
C. 一般　　　　　　　　　　　　D. 比较满意
E. 非常满意

25. 您对所在（知道/了解）的居家养老服务机构配置的安全防备设施（　）

A. 很不满意　　　　　　　　　　B. 不满意
C. 一般　　　　　　　　　　　　D. 比较满意
E. 非常满意

26. 您对所在（知道/了解）的居家养老服务机构配置的医疗设施（　）

A. 很不满意　　　　　　　　　　B. 不满意
C. 一般　　　　　　　　　　　　D. 比较满意
E. 非常满意

27. 您对所在（知道/了解）的居家养老服务机构配置的生活设施（　）

A. 很不满意　　B. 不满意

C. 一般　　D. 比较满意

E. 非常满意

28. 您对所在（知道/了解）的居家养老服务机构配置的文体设施（　）

A. 很不满意　　B. 不满意

C. 一般　　D. 比较满意

E. 非常满意

29. 您对所在（知道/了解）的居家养老服务机构配置的办公设施（　）

A. 很不满意　　B. 不满意

C. 一般　　D. 比较满意

E. 非常满意

30. 您对所在（知道/了解）的居家养老服务机构的组织机构管理（　）

A. 很不满意　　B. 不满意

C. 一般　　D. 比较满意

E. 非常满意

31. 您对所在（知道/了解）的居家养老服务机构的档案管理（　）

A. 很不满意　　B. 不满意

C. 一般　　D. 比较满意

E. 非常满意

32. 您对所在（知道/了解）的居家养老服务机构的制度管理（　）

A. 很不满意　　B. 不满意

C. 一般　　D. 比较满意

E. 非常满意

33. 您对所在（知道/了解）的居家养老服务机构的流程管理（ ）

A. 很不满意　　B. 不满意

C. 一般　　D. 比较满意

E. 非常满意

34. 您对所在（知道/了解）的居家养老服务机构的安全管理（ ）

A. 很不满意　　B. 不满意

C. 一般　　D. 比较满意

E. 非常满意

35. 您对所在（知道/了解）的居家养老服务机构的服务队伍配置（ ）

A. 很不满意　　B. 不满意

C. 一般　　D. 比较满意

E. 非常满意

36. 您对所在（知道/了解）的居家养老服务机构的服务队伍专业性（ ）

A. 很不满意　　B. 不满意

C. 一般　　D. 比较满意

E. 非常满意

37. 您对所在（知道/了解）的居家养老服务机构的服务队伍稳定性（ ）

A. 很不满意　　B. 不满意

C. 一般　　D. 比较满意

E. 非常满意

38. 您对所在（知道/了解）的居家养老服务机构的人力资源管理机制建设（ ）

A. 很不满意　　B. 不满意

C. 一般　　D. 比较满意

E. 非常满意

39. 您对所在（知道/了解）的居家养老服务机构的服务设施覆盖率（ ）

A. 很不满意　　B. 不满意

C. 一般　　D. 比较满意

E. 非常满意

40. 您感觉所在（知道/了解）的居家养老服务机构的服务对象满意度为（ ）

A. 很不满意　　B. 不满意

C. 一般　　D. 比较满意

E. 非常满意

41. 您感觉所在（知道/了解）的居家养老服务机构的服务对象家属满意度为（ ）

A. 很不满意　　B. 不满意

C. 一般　　D. 比较满意

E. 非常满意

42. 您感觉所在（知道/了解）的居家养老服务机构的服务对象投诉率为（ ）

A. 很不满意　　B. 不满意

C. 一般　　D. 比较满意

E. 非常满意

43. 您感觉所在（知道/了解）的居家养老服务机构的社会效益为（ ）

A. 很不满意　　B. 不满意

C. 一般　　D. 比较满意

E. 非常满意

附录二　老年人居家养老服务需求调查问卷

您好！非常感谢您参与本次调查活动，此问卷主要了解您的居家养老服务需求。问卷不记名，调查所获取的资料内容仅供研究之用，请根据实际情况在您的选项标号上打“√”（如无特殊说明，皆为单选题）。感谢您的支持！

第一部分　个人情况

1. 您的性别：

①男　②女

2. 您的年龄（周岁）：

①60～64岁　②65～69岁　③70～74岁　④75～79岁　⑤80岁及以上

3. 您的民族：

①汉族　②其他

4. 您的户籍状况：

①本地城市居民户籍　②本地农村户籍　③外来城市居民户籍　④外来农村户籍

5. 您目前的婚姻状况：

①已婚且配偶健在　②丧偶　③离婚　④未婚

6. 您的文化程度：

①小学及以下　②初中　③高中/中专　④本科/大专及以上

7. 退休前您主要从事的职业：

①党政机关公务员　②事业单位工作人员　③国有企业职工　④私营企业主　⑤农林牧渔劳动者　⑥工人/商业服务人员　⑦军人　⑧其他职业

8. 您目前的生活自理情况：

①完全自理　②部分不能自理　③完全不能自理

9. 您的经济来源（可多选）：

①退休金　②子女赡养　③个人储蓄　④亲友资助　⑤政府或社会资助　⑥个人再工作的报酬　⑦养老保险　⑧其他

10. 您目前每月的收入情况：

①1000 元以下　②1000～2000 元　③2000～3000 元　④3000 元以上

11. 您目前每月的消费情况：

①1000 元以下　②1000～2000 元　③2000～3000 元　④3000 元以上

12. 您每月消费主要集中于哪些方面：

①日常饮食　②日用品　③营养保健品　④医疗费　⑤文化娱乐　⑥其他

13. 您认为每月养老服务的支出合理范围应该是：

①500 元以下　②500～1000 元　③1000～2000 元　④2000 元以上

14. 您是否参加医保（包含基本医疗保险、商业医疗保险和合作医疗保险等）：

①是　②否

第二部分　家庭基本情况

15. 你是否有子女：

①有子女　②没有子女

Ⅰ 若有子女，子女个数为多少：

①一个　②两个　③两个以上

16. 您目前的家庭状况（家庭结构）：

①夫妻两人　②两代同堂　③三代同堂　④四代同堂　⑤其他

17. 您目前主要的居住方式：

①自己独居　②与配偶同居　③与子女同居　④与配偶、子女同居　⑤其他

18. 在您的养老问题上您是否会受子女的影响：

①完全不受子女影响　②部分情况下会受子女影响　③完全受子女影响

19. 家庭目前每月的总体收入为：

①2000 元以下　②2000 ~ 5000 元　③5000 ~ 10000 元　④10000 元以上

第三部分　居家养老服务需求情况

20. 若是遇到困难，您第一时间会向谁求助：

①配偶或子女　②其他亲戚　③邻居及朋友　④社区居委会（村）干部　⑤相关社会机构　⑥其他

21. 你倾向于哪一种养老方式：

①家庭养老服务（在家里由家人提供服务）　②机构养老服务（养老机构专业化服务）　③居家养老服务（利用社会资源在家里或社区里享受专业化服务）　④其他

22. 您对居家养老服务是否了解：

①非常了解　②有点了解　③完全不了解

23. 您目前是否享受居家养老的补贴：

①是　②否

Ⅰ若享受居家养老补贴，享受补贴的类型为：

①低保、低收入且生活不能自理老人补贴　②高龄老人补贴　③不了解

24. 您是否支持居家养老服务：

①支持　②中立　③不支持

25. 您是否有社区居家养老服务需求：

①没有需求　②有需求

26. 您的子女是否支持您选择居家养老服务：

①支持选择　②不支持选择

27. 您目前是否已购买居家养老服务：

①已购买　②未购买但会考虑购买　③未购买也不会考虑购买

Ⅰ若已经购买：

a. 请选择目前接受的居家养老服务类型：

①高价上门服务　②低价上门服务　③无偿上门服务　④高价日间照料服务　⑤低价日间照料服务　⑥无偿日间照料服务　⑦其他形式的志愿者服务等

b. 对居家养老服务的满意度为：

①非常满意　②比较满意　③一般　④不太满意　⑤非常不满意

Ⅱ如果还未购买但会考虑购买，请选择您未来可能购买居家养老服务的主要影响因素：

①生活自理能力　②年龄　③收入　④家庭因素　⑤思想观念　⑥服务价格　⑦其他

Ⅲ如果还未购买也不会考虑购买，请选择原因：

①收费偏高　②不方便/影响家庭生活　③不太信任　④其他

28. 您认为居家养老服务应该将哪一项考虑放在第一位：

①日常生活服务　②医疗保健服务　③精神文化服务　④权益保障服务

29. 您希望未来日常生活服务优先包括哪些（仅限 3 项）：

①紧急呼叫　②日间照料　③陪同聊天　④上门做家务　⑤上门维修　⑥送餐服务　⑦其他

30. 您希望未来医疗保健服务优先包括哪些（仅限 3 项）：

①陪同就医　②专业护理　③定期体检　④家庭病床　⑤健康讲座　⑥术后康复　⑦其他

31. 您希望未来精神文化服务优先包括哪些（仅限 3 项）：

①心理辅导　②情感倾诉　③老年大学　④兴趣培养辅导　⑤其他

32. 您希望未来权益保障服务优先包括哪些（仅限 3 项）：

①法律咨询　②普法讲座　③法律援助　④网上答疑　⑤其他

33. 您希望未来居家养老服务在哪些方面加以改进（多选）：

①增设服务项目　②降低服务价格　③延长服务时间　④加大补贴　⑤提高服务人员素质　⑥其他

参考文献

[1]MUELLER H,KAUFMANN E L. Wellness tourism:market analysis of a special health tourism segment and implications for the hotel industry[J]. Journal of Vacation Marketing,2001,7(1):5 –17.

[2]DAVIS P K. The new wellness revolution[J]. Idea Fitness Journal,2007.

[3]Eberl B. 健康产业的商机[M]. 北京:中国人民大学出版社,2010.

[4]IRIART C,FRANCO T,Merhy E E. The creation of the health consumer: challenges on health sector regulation after managed care era[J]. Globalization & Health,2011,7(1):2.

[5]CARRIQUIRY M,BABCOCK B A. Reputations,Market Structure,and the choice of quality assurance systems in the food industry[J]. American Journal of Agricultural Economics,2007,89(1):12 –23.

[6]LOBO A,MASCITELLI B,CHEN J. Opportunities for small and medium enterprises in the innovation and marketing of organic food: investigating consumers'purchase behaviour of organic food products in Victoria,Australia[J]. AI & Society,2014, 29(3):311 –322.

[7]ALÉN E,LOSADA N,DOMÍNGUEZ T. The impact of ageing on the tourism industry:an approach to the senior tourist profile[J]. Social Indicators Research,2016,127(1):1 –20.

[8]PICKARD K T,SWAN M,PICKARD K T,et al. Big desire to share big health data:a shift in consumer attitudes toward personal health information[C]// AAAI 2014 Spring Symposium Series,2014.

[9]STAA T P V,GOLDACRE B,BUCHAN I,et al. Big health data:the need to earn public trust[J]. BMJ,2016(354):i3636.

[10]GOLI – MALEKABADI Z,SARGOLZAEI – JAVAN M,AKBARI M K. An effective model for store and retrieve big health data in cloud computing[J]. Computer Methods and Programs in Biomedicine,2016,132(C):75 – 82.

[11]MA Y,WANG Y,YANG J,et al. Big health application system based on health internet of things and big data[J]. IEEE Access, 2017,5(99):7885 – 7897.

[12]OLA O,SEDIG K. Beyond simple charts:design of visualizations for big health data[J]. Online Journal of Public Health Informatics, 2016,8(3):e195.

[13]段晓梅. 旅游型城市大健康产业发展机制研究——以桂林市为例[C]. Publishing. Proceedings of the 4th International Conference on Engineering and Business Management. 美国科研出版社,2013:4.

[14]王秀华. 发展大健康产业　培育新的经济增长点[J]. 法制与经济,2015(10):120 – 122.

[15]雷顺群. 大健康的核心思想和中心内容[J]. 中医杂志,2017,58(2):91 – 95.

[16]段志光. 大健康人文:医学人文与健康人文的未来[J]. 医学与哲学(A),2017,38(6):6 – 9.

[17]蒋东旭,梁志伟,苏子仁,等. 大健康产业视野下的中医药现代化与数字化研究实践[J]. 世界科学技术(中医药现代化),2012,14(4):1754 – 1759.

[18]兰青山. 中药大健康产业发展任重道远[J]. 中国现代中药,2014,16(9):771 – 775.

[19]肖远平,王伟杰. 大健康产业背景下民族医药民俗的传承与保护研究[J]. 中南民族大学学报(人文社会科学版), 2016,36(4):29 – 33.

[20]王智民,刘晓谦,高慧敏,等. 发展大健康产业过程中的药食两用中药研发[J]. 中国药学杂志,2017,52(5):333 – 336.

[21]陈淑娇,李灿东. 论大健康背景下的中国特色的中医健康管理模式[J]. 中华中医药杂志,2017,32(11):4789 – 4792.

[22]王德章,吕金莲. 食品安全监管问题研究[J]. 对外经贸,2009(7):

90 - 91.

[23]张贵祥,胡愈.贵州特色健康食品开发与产品创新路径选择——来自A公司百合案例启示[J].经济研究参考,2016(37):75 - 83.

[24]赵大珍.食品安全监管问题与对策探索[J].产业与科技论坛,2018,17(18):249 - 250.

[25]李俊,李淼.从抗生素残留问题看食品安全监管体制的完善[J].焦作师范高等专科学校学报,2018,34(3):67 - 70.

[26]杨迎春,巢健茜,王小雨,等.健康管理现状及发展趋势探析[J].现代预防医学,2008(22):401 - 403.

[27]黄奕祥.健康管理:概念界定与模型构建[J].武汉大学学报(哲学社会科学版),2011(6):66 - 74.

[28]杜鹏,王雪辉."医养结合"与健康养老服务体系建设[J].兰州学刊,2016(11):170 - 176.

[29]白鸥.健康旅游研究综述[J].旅游研究,2010(3):44 - 49.

[30]吴之杰,郭清.我国健康旅游产业发展对策研究[J].中国卫生政策研究,2014,7(3):7 - 11.

[31]单亚琴,姚国荣.国内健康旅游研究综述[J].牡丹江大学学报,2015(7):171 - 174.

[32]袁珍,朱智英,杨慧,等.中医药健康旅游发展策略研究[J].中国市场,2018(5):283 - 284.

[33]张再生,邵辉.老年健康产业发展的思路与对策——基于战略性新兴产业视角[J].中国政策卫生研究,2014(3):1 - 6.

[34]马剑平,戴艳平.健康养老战略性新兴产业发展问题研究——以广西为例[J].学术论坛,2016,39(6):49 - 53.

[35]张晓刚,孙立照,王大鹏,等.融媒体时代下的智慧养老产业探索[J].有线电视技术,2018(10):70 - 71.

[36]王锋,杨政水.大健康产业发展模式的构建与选择——以贵州省铜仁市为例[J].农村经济与科技,2017,28(17):196 - 200.

[37]黄惠勇.谈大健康产业创新发展模式[J].湖南中医杂志,2017,33(3):

1－4.

[38]汪敏敏.依托黄山茶叶培育大健康产业[J].中外企业家,2017(18):49－50.

[39]苏汝劼,张寰宇.利用互联网金融发展中国健康产业的模式和途径分析[J].宏观经济研究,2018(3):118－124,147.

[40]张伯礼,张俊华,陈士林,等.中药大健康产业发展机遇与战略思考[J].中国工程科学,2017,19(2):16－20.

[41]汤浒,苏红键.我国健康产业发展现状、趋势与对策研究[J].城市,2016(11):57－65.

[42]彭玮.医学模式转变对发展中医药健康产业的启示[J].卫生软科学,2017,31(12):10－13.

[43]王印,张兆龙.大健康视角下全民健身战略的价值、实施困境及消解[J].南京体育学院学报(社会科学版),2017,31(5): 77－80.

[44]祁峰.英国的社区照顾及启示[J].西北人口,2010,31(6):20－24,28.

[45]JAMIESON A. A new age for older people? Policy shifts in health and social care[J]. Social Science & Medicine,1989,29(3): 445－454.

[46] CLARKE J. Community care [J]. British Dental Journal, 2001, 191(5):226.

[47]DAVID BASS, LINDS S. Family caregiving: a focus for aging research and intervention[M]. New York: Springer Publishing Company, 1997.

[48]MOODY C M, STULL D E. Ethnicity and long－term care[M]. New York: Springer Publishing Co, 1998:3－21.

[49]BARROW G M. Aging, the individual, and society[M]. Wadsworth Publishing Company, 1999.

[50]MEINOW B K, Reholt I, Lagergren M. According to need? Predicting the amount of municipal home help allocated to elderly recipients in an urban area of Sweden[M]//Health & Social Care in the Community, 2008.

[51]Relationship between serum albumin level and aging in Community－Dwelling Self－Supported elderly population[J]. Journal of Nutritional Science and Vitami-

nology,2007(53):37 –42.

[52]LEWIS S. According to need? Predicting the amount of municipal home help allocated to elderly recipients in an urban area of Sweden[J]. Health & Social Care in the Community,2010,13(4):366 –377.

[53]VALKILA N,LITJA H,AALTO L,et al. Consumer panel study on elderly people's wishes concerning services[J]. Archives of Gerontology & Geriatrics,2010, 51(3):66 –71.

[54]STONE R. Familial obligation:issues for the 1990s[J]. Generations,1991.

[55]Soulet A Bruno Crémilleux Francois Rioult. The performing state:reflection on an ideal whose time has come whose implementation has not [J]. oecd Journal on Budgeting,2003,3(2):74 –108.

[56]CHAPPELL. Aging and social care[C]// Handbook of Aging and the Social Science[M]. New York:Academic Press,2004: 34 –35.

[57]董红亚. 中国社会养老服务体系建设研究[M]. 北京:中国社会科学出版社,2011.

[58] MEREDITH B. The community care handbook: the new system explain [M]. London:Age Concern England,1993:356.

[59]CIOUTIER – FISHER D,JOSEPH A E. Long – term care restructuring in rural Ontario:retrieving community service user and provider narratives[J]. Social Science,2000,50(7):1037 –1045.

[60]ZIMMER R,YANG M. Growing role of home – based primary care for individuals with dementia[J]. Journal for Nurse Practitioners,2018,14(3):166 –171.

[61]DAINTY K N,GOLDEN B R,HANNAM R,et al. A realist evaluation of value-based care delivery in home care:the influence of actors,autonomy and accountability[J]. Social Science & Medicine,2018(206):100 –109.

[62]STUCK A R,CROWLEY C,KILLEEN J,et al. National survey of emergency physicians concerning home – based care options as alternatives to emergency department – based hospital admissions[J]. Journal of Emergency Medicine,2016,68(4): S87 –S87.

[63]鞠秋锦,邓卫华.浅析中国的居家养老[J].辽宁经济,2004(12):45.

[64]向征.居家养老怎么养?——浅析我国居家养老的两个基本问题[J].中国民政,2015(15):9-11.

[65]陶恩.浅析我国居家养老服务[J].智富时代,2015(5):161.

[66]王轲.居家养老概念辨析[J].新西部,2018(23):13,17-19.

[67]乔志龙.社区养老——我国城市养老模式的新选择[J].内蒙古农业大学学报(社会科学版),2008,10(6):252-253,256.

[68]徐聪.社区养老:城市养老模式的新选择[J].长白学刊,2011(6):149-150.

[69]刘婷婷.人口老龄化背景下中国城镇社区居家养老模式研究[J].小品文选刊(下),2016(11):141.

[70]陈静,赵新光.从"购买"到"共治":政府向社会组织购买居家养老服务模式创新研究——基于老龄社会治理的视角[J].佳木斯大学社会科学学报,2018,36(1):58-65,67.

[71]宋雪,连春茗,谢园琳.PPP模式在社区居家养老服务的应用研究——以赣州市章贡区为例[J].农村经济与科技,2018,29(5):255-257.

[72]迟晓华,吕静,王双艳,等.不同养老模式下老年人的心理健康状况[J].中国老年学杂志,2018,38(8):2013-2014.

[73]李梅,张毅,杨奕."互联网+"背景下社区居家养老服务转型问题研究[J].中国房地产,2018(6):70-79.

[74]韩济阳.我国居家养老服务存在的问题及建议[J].知识经济,2018(2):24-25.

[75]刘存,董斌.中日社区居家养老设施设计比较研究[J].包装工程,2018,39(2):197-201.

[76]王延涛,王媛杰.我国居家养老社区支持的现状、困难及建议[J].现代管理学,2018(7):45-47.

[77]解芳芳.日本社区居家养老模式的经验及启示[N].中国人口报,2018-06-11(003).

[78]刘璟莹,杨继鹏,刘彦慧.我国社区居家养老医疗服务满意度量表的构

建及信效度研究[J]. 中国全科医学,2018,21(7): 841 - 846.

[79]陈杏子,曾智,沈永健. 我国台湾地区长期照护体系对大陆居家养老的启示[J]. 中国全科医学,2017,20(9):1031 - 1036.

[80]陈旭. 基于物联网智慧养老系统的关键技术研究[J]. 无线互联科技,2017(15):134 - 135,140.

[81]许琳,唐丽娜. 残障老年人居家养老服务需求影响因素的实证分析——基于西部六省区的调查分析[J]. 甘肃社会科学, 2013(1):32 - 37.

[82]郭斌. 老龄化背景下居家养老服务需求影响因素研究——基于上海市老年人调查的实证分析[J]. 魅力中国,2014(27): 257 - 258.

[83]孙欣跃. 社区居家养老服务满意度的影响因素研究[D]. 大连:大连理工大学,2016.

[84]吕德才. 合肥市居家养老服务满意度影响因素研究[D]. 合肥:安徽财经大学,2018.

[85]段晓梅. 旅游型城市大健康产业发展机制研究——以桂林市为例[C]// International Conference on Engineering and Business Management,2013.

[86]任庭周. 旧州镇发展大健康中医药旅游产业的思路[J]. 价值工程,2017(12):191 - 193.

[87]孟令忠. 大健康产业背景下民族传统体育产业发展探讨[J]. 运动,2015(23):134 - 135.

[88]杨杰,方俐洛,凌文铨. 关于绩效评价若干基本问题的思考[J]. 自然辩证法通讯,2001,23(2):40 - 51.

[89]王长缨. 从绩效考核到绩效管理是人力资源管理方式的深刻变革[J]. 吉林省经济管理干部学院学报,2006,20(1):42 - 44.

[90]邢伟. 探究 KPI 指标在公司管理中的应用[N]. 中国会计报,2018 - 10 - 19(008).

[91]郑春晰,张胜利. KPI 考核助力 HSE 管理提升[J]. 现代职业安全,2018(9):82 - 84.

[92]胡娟华,唐子然. 基于平衡积分卡的民办院校绩效评价体系研究[J]. 现代商贸工业,2018,39(28):68 - 70.

[93]李国新. 平衡积分卡在茶叶企业绩效管理中的应用[J]. 福建茶叶，2018,40(6):55.

[94]章晓懿，梅强. 社区居家养老服务绩效评估指标体系研究[J]. 统计与决策，2012(24):27－32.

[95]吉鹏，李放. 政府购买居家养老服务的绩效评价:实践探索与指标体系建构[J]. 理论与改革，2013(3):104－107.

[96]张会敏，于薇. 新时期居家养老模式评价体系的研究[J]. 统计与管理，2014(6):51－52.

[97]陈泓任，李其原. 社区居家养老服务站绩效评估研究——以 A 市为研究个案[J]. 四川理工学院学报(社会科学版),2015(1): 12－21.

[98]童峰，刘金华. 浅谈养老服务评估指标体系的建构[J]. 学术论坛，2015,38(12):127－130.

[99]李欣. 基于网络分析法的居家养老模式绩效评价体系研究[J]. 杂文月刊(学术版),2015(3):213.

[100]呼国印，杜耐可，黄舒天，等. 政府向社会组织购买居家养老服务的绩效评价[J]. 统计与管理，2016(7):120－121.

[101]李战军，何娟，潘利雯. 社区居家养老绩效评估体系初探[J]. 中国集体经济，2016(9):164－165.

[102]满文萍. 基于平衡计分卡模型的社区居家养老服务的绩效评估研究[J]. 安徽行政学院学报，2017,8(5):91－95.

[103]王成，丁社教. 政府购买居家养老服务质量评价——多维内涵、指标构建与实例应用[J]. 人口与经济，2018(4):12－20.

后　记

“纸上得来终觉浅，绝知此事要躬行。”对于我国老龄化方面的问题，多年来我一直收集相关资料，也到国内、国外多地调研，有了一些体悟，并决定将这些收获撰写成这本专著，以期为我国养老事业的探索和研究提供一些参考。

2011—2012 年，我进行了“房地产投资信托运营”项目的研究，其间对我国房地产投资信托的业务范围、模式和投资组合提出了具体规划；此后，还完成了“美国房地产投资信托（REITs）研究及对我国的启示”课题。2013 年 9 月至 2014 年 10 月，我在美国加利福尼亚州立大学商学院做访问学者期间，有机会得以和林浩教授、周坚中博士等养老金融领域的专家深度交流有关美国的养老金融研究和实践成果。

美国 REITs 的市场经营规模庞大且法规建设有其独特优势，而我国的经济金融、法律法规建设发展现状暂时不能为“地产 + 金融平台”REITs 这种养老投资模式的发展提供温床，不过随着我国资产证券化水平的提高，这种模式也将是未来我国养老产业发展的新方向。

美国 REITs 不仅推动了房地产证券化，更为奇妙的是，由此引发的灵活的经营模式造就了养老投资商，其形成的 REITs 模式十分适合投资商业化养老社区，现已成为美国最重要的养老模式之一。美国以 AFAM 公司为代表的服务居家养老的商业模式，以 BKD 公司为代表的规模化、专业化养老社区运营商模式，这些在本书中都有涉及，但篇幅不长，主要考虑到我国的实情，现阶段还是应该从目前发展状态出发，先研究我国的养老产业发展状况，探索出使养老产业发展提升一个层次的路径，然后在养老发展较为成熟的基础上，探索如何发展中国养老产业的投资、运营模式。

我国人口老龄化问题仍在不断加剧，本书的出版只是我调研、思考第一阶段工作的总结。中国大学问家孟子说“一日暴之，十日寒之，未有能生者也”，养老问题逐渐渗透到我国经济发展的各个方面，目前诸多课题都只是提出研究，但还未深入，还有大量养老领域的相关问题亟待研究解决，我对养老问题的研究也当持续下去，久久为功。最近受四川某电力集团的委托，未来一段时间我将做“多层次养老保障体系下企业年金缴费激励机制研究”课题，此间，我会把实践和理论融合，继续为我国养老产业发展提供一些小建议。

“合抱之木，生于毫末；九层之台，起于累土。”从最初意识到研究老龄化问题的重要意义到如今成书，其间经历了翻阅资料、实地调研、交流探讨、切磋琢磨、斟酌修改的过程，反复多次，终于在经过整整7个月的紧张删述，于近不惑之年，全部书稿得以完成。中国的诗人李白说“我志在删述，垂辉映千春”，作为从事社会科学研究的一分子，我虽不敢有如此宏愿，但仍然希望自己的研究成果，能够为祖国的养老事业贡献微不足道的力量。

尽管我已竭尽全力，反复推敲，但出于各种原因，书中仍难免存在一些缺陷。本书出版后，我将通过研讨会、学术论坛、读书交流会、网络直播等形式与社会各界关注养老事业的人士进一步交流，共同推动中国居家养老事业的发展，也诚恳期盼广大读者朋友对本书进行批评指正，帮助我继续改进。

何秋洁

2018 年 11 月于蓉城